本书由河北省高等学校人文社会科学重点研究基地"董仲舒与传统文化研究中心"资助出版。

　　本书为衡水市政协委托项目"董仲舒与儒学思想研究"系列成果之一；

　　河北省教育厅人文社会科学研究重大课题攻关项目"董仲舒思想及其现实意义研究"（ZD202125）阶段性成果；

　　国家社会科学基金重大项目"董仲舒传世文献考辨与历代注疏研究"（19ZDA027）阶段性成果；

　　国家社会科学基金一般项目"董仲舒学术研究史"（19BZX051）阶段性成果；

　　国家社会科学基金重大项目子项目"董子春秋决狱、赋章书对祝及其文本历代注疏研究"（19ZDA027）阶段性成果。

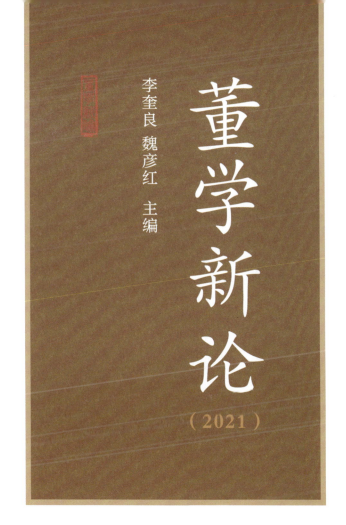

李奎良 魏彦红 主编

董学新论

（2021）

燕山大学出版社

·秦皇岛·

图书在版编目（CIP）数据

董学新论.2021 / 李奎良，魏彦红主编 . — 秦皇岛：
燕山大学出版社，2022.7

ISBN 978-7-5761-0371-7

Ⅰ.①董… Ⅱ.①李… ②魏… Ⅲ.①董仲舒（前
179-前104）－哲学思想－思想评论 Ⅳ.①B234.55

中国版本图书馆 CIP 数据核字（2022）第 106791 号

董学新论（2021）
DONGXUE XINLUN (2021)

李奎良 魏彦红 主编

出 版 人：陈 玉		
责任编辑：柯亚莉	版式设计：方志强	
封面设计：吴 波	责任印制：吴 波	
出版发行：燕山大学出版社	地 址：河北省秦皇岛市河北大街西段 438 号	
邮政编码：066004	电 话：0335-8387555	
印 刷：秦皇岛墨缘彩印有限公司	经 销：全国新华书店	

幅面尺寸：170mm×240mm	印 张：24.25	字 数：340 千字
版 次：2022 年 7 月第 1 版	印 次：2022 年 7 月第 1 次印刷	
书 号：ISBN 978-7-5761-0371-7		
定 价：88.00 元		

编　委　会

河北省高等学校人文社会科学重点研究基地"董仲舒与传统文化研究中心"、河北省董仲舒研究会、董子学院共同主办

2021 中国·衡水董仲舒与儒家思想国际研讨会暨中华孔子学会董仲舒研究委员会学术年会成功举行

河北省董仲舒研究会 2020 学术年会暨儒商文化研讨会召开

原衡水市委宣传部部长马福华在河北省董仲舒研究会2020学术年会
暨儒商文化研讨会开幕式上讲话

董子学院董学研究基地落户衡商总会

李奎良会长（左）为黎红雷教授（右）颁发荣誉聘书

原衡水市委宣传部部长马福华（左）与中山大学黎红雷教授（右）为河北省董仲舒研究会董学研究基地揭牌

博鳌儒商论坛理事长、中山大学黎红雷教授在儒商文化研讨会发表主旨演讲

为著名儒商企业家颁发河北省董仲舒研究会聘书

国际儒联第七届"国学与大学德育"研讨会在故城县董学村隆重召开

首届全国儒学史研讨会暨河北省董仲舒研究会2021学术年会在故城县董子学村隆重举行

2021 年度河北省教育厅人文社会科学研究重大课题攻关项目开题论证会暨"董子思想的创造性转化和创新性发展"学术研讨会专家研讨

参加"董仲舒传世文献考辨与历代注疏研究"国家社科基金重大项目论证会

协办泰伯吴都文化国际学术研讨会暨《春秋公羊传》暑假密集型读书班

董子学院、河北省董仲舒研究会、中华孔子学会董仲舒研究委员会研究基地在衡水市故城县董学村董子园揭牌成立

董子后裔董忠泉先生（右）向河北省董仲舒研究会捐款

　　董子学院和《衡水学院学报》在"民营企业赶大集"活动中备受原衡水市委书记王景武（右二）的关注

董子学院和《衡水学院学报》服务地方博士团队

举办暑期《春秋繁露》读书班

在枣强大原书院举办董子思想系列讲座

董子讲坛隆重推出李奎良教授（中）讲座《儒学中兴从衡水走来》

董子学院隆重推出《春秋繁露》精读班

曹迎春教授为河北省委第九督查组（驻衡督查组）讲授董仲舒思想

李奎良教授在安平"梅花文化节"发表致辞《梅与君子》

魏彦红教授（左二）参加《冀州学脉》地域文化访谈活动

主办"董子文化拜大年"系列活动

魏彦红教授（右一）在中华孔子学会2020学术年会发言

参加中华孔子学会 2021 学术年会

《董仲舒思想通解》出版座谈会暨图书捐赠仪式举行

中央电视台拍摄第三部董学成就专题片《承千秋礼乐 访儒乡衡水》

白立强博士作党史专题讲座

与中国孔子基金会、孔子网合作，录制"董子名言"短视频 1

与中国孔子基金会、孔子网合作，录制"董子名言"短视频 2

全国总工会和中国社科院一行到访董子学院

廊坊师范学院一行到董子学院考察访问

序

　　"董学"的研究对象是董仲舒的思想体系和他的社会实践。这个概念的推出由来已久。近代大儒康有为写了《春秋董氏学》一书，提出了"董氏学"的概念，经学家皮锡瑞提出了"董子之学"。1935年，李兆明写了《董学研究》一文，发表在《协大学术》上，正式有了"董学"概念。此后，得到了学界的普遍认可与应用。

　　2015年，地处董仲舒故里衡水市的衡水学院成立了"董子学院"，以研究董学为己任，广泛联络海内外董学研究学者，采用多种形式开展董学研究，搭建研究平台，出版研究文集。董子学院成立前后，两个重要的学术团体"河北省董仲舒研究会""中华孔子学会董仲舒研究委员会"也先后成立，董子学院是这两个学会的秘书处所在地，董子学院的教师同时也是这两个学术团体的骨干成员。董子学院同人逐步展开董学资料整理和董学研究工作。迄今为止，形成了一批初步成果。

　　我们在研究中坚持了两个特点。其一，前后贯通，即把董仲舒思想与先秦学术、秦代"以吏为师"、汉初黄老盛行等统筹研究，同时，联系董仲舒以后的今古文经学、南北朝的南学北学、唐朝的经学统一、两宋的理学、明代心学、清代朴学等进行系统研究，以期发现内在逻辑联系和发展脉络。在此基础上，还要放宽视野，把董仲舒思想与世界文化进行关联或比较研究，比如董仲舒的察举思想与文艺复兴时期某些思潮的比对、察举思想与文官制度的联系等等都应给予关注。其二，左右兼顾，即以西汉前期的社会文化为背景，把董仲舒思想与当时各种文化现象作关联研究，不仅要用哲学方法，还要用文化学、历史学方法开展多维研究，以期少有偏颇。以综合的视角看待董仲舒，我们发现汉代大儒董仲舒不仅是儒学发展第二阶段的代表人物，继承发展了孔子的学说，而且还是社会改革家和社会制度的设计师，其理论与实践对儒学文化圈影响深远，有些思想还与欧洲文化相通。

流经衡水城的滏阳河水波澜不惊、朴实无华而又深流劲水、勇往直前，这种品格形象地描述了我们对董子学院未来发展的深深期许，希望滏阳河畔的董子学院能够孕育出董仲舒研究的"滏阳学派"，成果丰硕，人才济济。

是为序。

李奎良

目　录

董仲舒思想研究

儒家法律文化研究

董仲舒思想研究

董仲舒天人哲学及其人文价值

白立强

（衡水学院　董子学院）

天人哲学是儒学的基本问题，也是"儒家价值观的核心"[1]35-43。董仲舒以天为原发境域，同时予之以仁之品格，进而在天人同构的范式中厘定了天人关系的三重维度：天人合一、天人感应以及天人合德[2]46-54。相对而言，天人合一是天人关系的形式，天人感应是其机制，而天人合德为其核心。董仲舒援天正人，故在个体意义上，通过法天之道以王道人格涵养着人的主体性地位；在整体意义上，以朝向理想社会的旨归而型构着现实社会的良性秩序。

一、董仲舒思想中的天之内涵

在学术研究史上，建基于天之上的董仲舒思想曾被视为"唯心主义"[3]64"神学"[4]84或"神学的唯心论"[5]125，因而，其理论"极其荒谬"[6]25-36。之所以存在如此判断，既有历史的因素，也有对先哲的苛求。时至今日，对董仲舒思想的认识逐渐趋于客观与理性，在予之以"神学目的性的宗教维度"定性下，同时认可其"人文性的伦理维度"[7]106-115，甚至有学者断言，董仲舒之天及其哲学即"科学思想"[8]1-4。

就其理论体系而言，董仲舒援引阴阳五行以论天，"天、地、阴、阳、木、火、土、金、水，九，与人而十者，天之数毕也"（《春秋繁露·天地阴阳》，以下引此书，只注篇目），从而使天成为系统的整体结构图式，由是，董仲舒哲学思想成为"名副其实的天的哲学"[9]304，这在中国哲学发展史上开辟了"新阶段"[10]139。正是在此意义上，中国文化方成为"本原性文化"[11]22-29。

对于董仲舒之天的具体内涵，学界多有探讨并且予之以相对确定性分类。或将其视为"自然物质性、封建人伦性和自然神性"的统一体[12]41-47，或分为"无所不包的宇宙""与地相对的上空""本原的天"以及"神性的天"[13]70-73，或称之为"神性主宰"基础上的"道德超越"与"自然生化"的统一[1]35-43，抑或"神灵之天、道德之天和自然之天"[5]122。亦有学者将其含义分为三个层面：一为"包容万物的、规律性的宇宙总体结构"，二为"具有人性化、伦理化的品格"，三为"人心信仰的源出"，"人不得不尊崇和敬畏的对象"[14]85。一定程度上，上述论说一则均涉及天之神性，"天者，百神之大君也"（《郊语》）。以往学界对董仲舒思想予以神学之判断盖由此而出。实际上，在中国传统文化语境中，"神"的根本意指为"万物的变化"[15]55，或世间万物刚健笃实的"向前动进的性能与倾向""自性自能""不息不已"，此亦体现了"儒家性能一元的宇宙论之精义"。[16]39二则出于深入研究的需要，将天进行了较为明确的类别划分。这当然有其合理的一面，但同时也极易导致曲解与误读①。就概念而言，中国传统思维方式体现着彼此贯通、交融以及相互转化[15]26，不存在确定性内涵与外延。

故就实质而言，董仲舒思想中的天乃多层次、多面向复合统一体。既表现为现实具象的物质世界，也包括无形抽象的客观存在，"陈其有形以著其无形"（《人副天数》）；既涉及人伦关系，也涵摄着宇宙规律；既

---

① 金春峰认为董仲舒之天的三个方面："即神灵之天、道德之天和自然之天……存在着内在的混乱和矛盾。"（参见金春峰：《汉代思想史》，中国社会科学出版社 2006 年，第122 页）

包括现象世界，也包含过程领域等。总之，一切存在均为天[16]44。故对于天以绝对确定性的对象化去理解极易导致对天的偏离，虽然天以其浑然一体包含着无限丰富的多重向度，但各个向度之间不是彼此离析的孤立存在，而是在相互涵摄中统摄于整体之天域。大体说来，天具有五重特征：一是至上性。"天高其位而下其施，藏其形而见其光。高其位，所以为尊也；下其施，所以为仁也；藏其形，所以为神；见其光，所以为明。故位尊而施仁，藏神而见光者，天之行也。"（《离合根》）天以其位高而至尊，以其形藏而为神，自然化为至高准则的颁布者，唯"上系天端，方陈受命"[17]8，故"受命于天""奉天而法古"（《楚庄王》）成为王者为政的正当性根据。进而言之，通过"上探天端"，亦助益"正王公之位"，以上达天道、下导人与万民。二是根本性。"大者，万物之祖，万物非天不生。"（《顺命》）天作为万物的源发境域，以超然的状态涵摄着万事物相，并蕴含着无限生机，其先在性与化生性奠定了本然的绝对神圣地位，是故"法天奉本"（《三代改制质文》）成为不可移易的圭臬，从而天道内化为普罗大众的共同心理。人以对天的信仰进而在内心型构起法天之德的信念，故与天地并立而结为"相为手足，合以成体，不可一无"的"万物之本"的地位（《立元神》）。三是完善性。天以无声无息展现着内在的自足性而成"天地之美"（《官制象天》）。故"德在天地"（《正贯》），"仁，天心"（《俞序》），"天，仁也"（《王道通三》）。天以其仁德而化生万物，天之仁德具体表现为中、和。"中者，天地之所终始也；而和者，天地之所生成也。夫德莫大于和，而道莫正于中。"天以其中和之理而本具内在之完美，"中者，天之用也"，"天地之美达理也"，"和者，天之功也。举天地之道，而美于和"（《循天之道》）。天地以中和之功用示现着"天地之行美"（《天地之行》）。四是统一性。"《春秋》谓一元之意，一者万物之所从始也，元者辞之所谓大也。谓一为元者，视大始而欲正本也。《春秋》深探其本，而反自贵者始。故为人君者，正心以正朝廷，正朝廷以正百官，正百官以正万民，正万民以正四方。"（《汉书·董仲舒传》）人君为朝廷、百官、万民以及四方存在状态的先导性条件，即人君之正直接匡正与引领着社会之风气，故近者悦而远者来。而人君又系之于元，"元者，始也，言本正也"（《王道》），元作为宇宙的创始之点以其正能量将一切统摄而导之以正，故元构成了天及其万物事相的终极原点。"是故春秋之道，以元之深正天之端，以天之端正王之政，以王之政正诸侯之位，五者俱正而化大行。"（《二端》）五是丰富性。"天有十端，十端而止已。天为一端，地为一端，阴为一端，阳为一端，火为一端，金为一端，木为一端，水为一端，土为一端，人为一端，凡十端而毕，天之数也。"（《官制象天》）故"天的含义很丰富"[15]50，既包括纵向维度的层次性，也包括横向维度的多面性，还蕴含阴阳五行等作用机制。实际上，天之丰富性在纵横双重维度的交叉中相互涵融而结为一体。"天地之间，有阴阳之气"，在阴阳之气作用下，天地人以及事物诸相"其犹鱼之离水，一也，其无间"（《天地阴阳》）。正是在天人一体图式中天人合一、天人感应以及天人合德得以发生。

二、董仲舒天人哲学之意蕴

天人同构乃中国文化传统。董仲舒于天人同构境域中在逻辑上进一步充实了天人关系，形成了天人关系之外在形式、内在机制以及理论核心三重范畴。天人合一作为外在形式包含两个维度：类别维度与联系维度。"天亦有喜怒之气、哀乐之心，与人相副。以类合之，天人一也。"（《阴阳义》）此即类别维度。"人有三百六十节，偶天之数也；形体骨肉，偶地之厚也；上有耳目聪明，日月之象也；体有空窍理脉，川谷之象也；心有哀乐喜怒，神气之类也。观人之体一，何高物之甚，而类于天也。"人之于天"偶之弇合。于其可数也，副数；不可数者，副类。皆当同而副天，一也"。人就是天的副本，天人之间因相应而归于同类，在此意义上，"人之绝于物而参天地"，进而在"天德施，地德化，人德义"之图式中，人得以与天地并立。（《人副天数》）

"天人之际，合而为一"（《深察名号》），即联系维度。天人之际意味着彼此弥合一体状态[18]111。现代科学证明，就理论而言，人本身作为一种能量场，与宇宙具有同等的广延性，这正体现了"宇宙大人身、人身小宇宙"之道理，故天人之际本即不可分割、相互融合之一体。[19]12尤其是"人之为人本于天"（《为人者天》），"人生于天，而取化于天"（《王道通三》）等，此中，天作为人之生成的原发境域既是人之为人的先在条件，也是人之为人的化育成长环境。由是，人先天兼具了天地固有的信息密码。这更是天人际与融合的内在深层动因。

天人因同类而使发生感应具有了可能性，而天人因联系则使感应成为现实。同声相应、同气相求、同类相动。"故气同则会，声比则应，其验皦然也。试调琴瑟而错之，鼓其宫则他宫应之，鼓其商而他商应之。五音比而自鸣，非有神，其数然也。"所以，天人在际与中发生着同频共振状态。"类之相应而起也"（《同类相动》）。其机则为"天有阴阳，人亦有阴阳，天地之阴气起，而人之阴气应之而起，人之阴气起，天地之阴气亦宜应之而起，其道一也"，"故琴瑟报，弹其宫，他宫自鸣而应之，此物之以类动者也"。（《同类相动》）

董仲舒以其阴阳五行架构的天人感应理论型构起了完备的宇宙结构系统[20]284，且借助"开放性超巨复杂系统理论"[21]29-39而得到印证。董仲舒天人感应思想在天人同类、同类相应的前提下，以阴阳作用机制阐释了天人关系的合一状态，而天人合一"更准确地说应当是'天人合德'"[15]55。由此推而言之，天人感应也含有"人文思考"[15]17的底蕴。

这就体现了中国文化传统一个基本命题，即"以天为则"[15]47，非常强调"君子贵建本而重立始"（《说苑·建本》）。故"人质诸天"（《王道通三》）乃中国文化内在基因。同时，对天地宇宙的洞彻又着眼于对人的关照，即"建本于人生"[16]40。二者统一于天人合德之图谱中。"天人之际，合而为一。同而通理，动而相益，顺而相受，谓之德道。"（《深察名号》）天人在际与融合的前提下，因同而理通，由阴阳之作用而相互补益、相得益彰，从而共同达于德道之态。"德道犹道德"[22]281，即天人同合于德。《乾·文言》释九五爻曰："夫大人者，与天地合其德，与日月合其明，与四时合其序，与鬼神合其吉凶，先天而天弗违，后天而奉天时。天且弗违，而况于人乎？况于鬼神乎？"

"天德施，地德化，人德义。"（《人副天数》）人居于天地之间，顺承天地之德而为义。具体言之，"仁之美者在于天。天，仁也"，"人之受命天也，取仁于天而仁也"。（《王道通三》）天施地化乃天之仁德，人取化于天而为仁。正所谓"诚者，天之道也。诚之者，人之道也"（《中庸》）。天施地化作为其本自仁德，以其生生不息之机而展现，从而成为人之取法的直接样态。就形式而言，虽然人法天则地之择善固执存在着某种外在性，但人之所以择其善更在于人自身本固有的善端。《汉书·董仲舒传》："性者，生之质也。"而"性比于禾，善比于米"，犹"米出禾中"，而"善出性中"也（《深察名号》），故"性有善质"（《实性》）。在本自善端前提下，"性待教而为善"（《深察名号》），从而去伪贪、成仁德之善。如《礼记·礼运篇》："人者，其天地之德，阴阳之交，鬼神之会，五行之秀气也。"人以合天地之德而成"天地之心"。

天人之合根植于元。《六书正讹》："元，从二从人。仁则从人从二。在天为元，在人为仁。"故元与人即具有了某种相通性。"惟圣人能属万物于一，而系之元也"。"元犹原也"，"为万物之本"，人只有"与天元、本天元命"，触及"本所从来而承之"，才能"遂其功"。（《玉英》）董仲舒以对天元本体的溯源，从而开启了在本根意义上型构人之为人的逻辑进路，由"天文"而达"人文"。

三、董仲舒天人思想的人文价值

天是董仲舒天人关系的存在本体，而"元"则是其生成本体，即天人宇宙图式的"意义生成机制"[18]77，其构成了天地人等诸相的深层表征，为天人一体奠基了发生学的动力始源。质言之，人、社会、存在以及价值意义等皆由元而出。董子以对天人关系的溯源既表达着对现实社会的导引与关切，又型构着基于现实社会之上的理想社会之模式，从而在逻辑上完成对当下现实的超越，此即天人关系思想之目的——王道（圣人）政治。具体而言，政统从属道统，道统从属天统。此之谓"大一统"："天不变，道亦不变。"（《汉书·董仲舒传》）所以，董仲舒建基于人之伦理秩序而又超越于此型构的天人境域包含着深刻的"审美意蕴"[23]9-13，一定程度上，映射着董仲舒思想的"人文理性特征"[2]46-54，于今犹有价值和意义。

首先，天人一体图式将天之本初仁善予人同化为一，在全新意义上型塑了人（王者）之为人的主体性地位。董仲舒将人纳入天之端、元之界域中，从而在根本意义上开启了从整体性、全面性认识人的角度与视野。正所谓"春秋修本末之义""遂人道之极者也"（《玉杯》）。这意味着，鉴于人由元而生成，故人与生俱来兼具了天元之全部信息内涵，并以潜隐方式内在于人。这直接规制了天元之完善性与丰富性以潜移默化的方式对人产生着相应的影响与作用，为此，这构成了人待教而善，进而由"正人""善人"达"君子"乃至"圣人"（《官制象天》）的先天条件。

同时，就天人关系而言，天的先在性意味着天的至上性与神圣性。实际上，天本身并不存在至上与神圣，只是人的后天介入进而在正反双重意义上影响、改变着天的状况，致使天以其自然必然性（道）产生着相应的反应与调整。人以道感，天以正应；反之，人背道而行，则天以灾应。为此，天之至上与神圣完全就是天人相互作用的结果，而天以其先在性本自涵养着中道之仁，由此注定了即使灾异也是"天意之仁而不欲陷人"（《必仁且智》）的仁义展现，这正是天道信仰的直接根源。鉴于此，认可天的先在性，法天而行，则天的至上性与人的主体性同步确立，即人天皆为"万物之本"（《立元神》），"人下长万物，上参天地"（《天地阴阳》），"唯人独能偶天地"（《人副天数》），"惟人道可以参天"（《王道通三》）等，均体现了借天言人、倚天立人。进而言之，天人同构下天之于人的行为所产生的"感应－奖惩"机制，客观上在正反双重维度形成了对人的主体性建构的潜在性永恒培固。就此而言，董仲舒的天人哲学奠定了"中国文化的基本形态与发展道路"[1]35-43。其直接效应是，人在天地之中始终处于"能动""主动""核心"的地位[15]229。为此，"以人为本的人文精神是中国文化最根本的精神"[15]46，而决定人的命运的根本因素是人的"德行"，即"以'德'为本"[15]50，此中蕴含着"上薄拜神教、下防拜物教的现代理性精神"[15]230，这集中反映了董仲舒思想的人文精神。

其次，天人境域下的王道预期既强调通过建立度制规范以优化当时社会格局的思想，同时也指向了对现实社会的超越。董仲舒在回应武帝迫切闻知的治世之"大道之要，至论之极"时，即从"天人相与之际"切入，且"王者欲有所为，宜求其端于天"，方"德日起而大有功"。（《汉书·董仲舒传》）由此，"奉天""奉本"成为王者治世理政的圭臬，从而形成了天道下的王道观。

王道"可求于天"（《基义》），故天以"爱利为意"，王者以"爱利天下为意"（《王道通三》）。天道统领下的王道之政并非"奉天法古"（《楚庄王》）底蕴下粗线条的神秘性勾勒，而是包括具体的治理原则。如经济上，"天不重与"，因而"有大奉禄亦皆不得兼小利""调均"（《度制》），"不与民争利"；教化方面的"立太学""设庠序""置明师"以及德主刑辅；官吏任命上的"量材而授官，录德而定位"等。（《汉书·董仲舒传》）诸如此类关于社会治理的诸多设计、规范以及原则，均在逻辑层面体现了改善当时社会现状的企及。

而王道之精神更在于上探天元以期"六合同风，九州共贯"（《汉书·王吉传》）之状态。即"以元之深，正天之端，以天之端，正王之政，以王之政，正诸侯之即位，以诸侯之即位，正竟内之治。五者俱正，而化大行"。（《玉英》）"五者同日并见，相须成体，乃天人之大本，万物之所系"[17]10。此中，唯以元统天，天方得以成其化。"元者，始也，言本正也。"（《王道》）故"《春秋》谓一元之意，一者万物之所从始也，元者辞之所谓大也。

谓一为元者，视大始而欲正本也"。（《汉书·董仲舒传》）故"《春秋》大一统者，天地之常经，古今之通谊也"。（《汉书·董仲舒传》）元作为事物万象的本体具有双重属性：一是生发，二是端正。由是，元这一原初境域所主导生成之存在皆内置着良正之性，从而导引了整个天地之大化流行。

《春秋》以对天元之始基的强调，以期"深探其本"，故为人君法天元本体而养正，由是，"正心以正朝廷，正朝廷以正百官，正百官以正万民，正万民以正四方。四方正，远近莫敢不壹于正，而亡有邪气奸其间者。是以阴阳调而风雨时，群生和而万民殖，五谷孰而草木茂，天地之间被润泽而大丰美，四海之内闻盛德而皆徕臣，诸福之物，可致之祥，莫不毕至，而王道终矣"。（《汉书·董仲舒传》）此即体现了超越现实的理想诉求。

毋庸置疑，董仲舒的王道思想作为对理想社会的期盼建基于当时的专制政体，但"天下为公"[9]270，以公天下而代替家天下始终是其一贯的价值诉求。故以元正天、以天正王、以王道平天下成为董仲舒内心的坚守。"天之生民，非为王也，而天立王以为民也。故其德足以安乐民者，天予之；其恶足以贼害民者，天夺之。"（《尧舜不擅移汤武不专杀》）

第三，基于当时的时代条件，天人一体整体视域涵摄了"生命共同体"的价值理念。其"生命共同体"包含了多重向度，而关键乃为天人之维。"王者，人之始也。王正，则元气和顺，风雨时，景星见，黄龙下。王不正，则上变天，贼气并见。"（《王道》）董仲舒将中国文化传统意象思维下的天人同构借助阴阳五行进行了素朴的一体论证。"天、地、阴、阳、木、火、土、金、水，九"（《天地阴阳》），此均统摄于天地之气当中，统而为气，化而为阴阳、四时以及五行，即"天地之气，合而为一，分为阴阳，判为四时，列为五行"。（《五行相生》）五行之相生相胜只不过是天地之气内在作用机理之表现。阴阳、四时与五行有其内在对应统一性，"春，出阳而入阴；秋，出阴而入阳；夏，右阳而左阴；冬，右阴而左阳"。（《阴阳出入上下》）就四时与五行关系而言，其对应性为："木者春""火者夏""土者夏中""金者秋"以及"水者冬"（《春秋繁露·五行顺逆》）。

天地、阴阳以及五行作为天之端皆统属于天，同时，"天亦有喜怒之气、哀乐之心，与人相副。以类合之，天人一也"。故天之四时与人之情具有内在统一性，即"春，喜气也，故生；秋，怒气也，故杀；夏，乐气也，故养；冬，哀气也，故藏。四者，天人同有之，有其理而一用之"。天即人、人即天。因而，人之言行与天直接联系在一起。鉴于此，"与天同者大治，与天异者大乱"。（《阴阳义》）

"天、地、阴、阳、木、火、土、金、水，九，与人而十者，天之数毕也。"这意味着，"天之数"自然构成了"生命共同体"。其中，天数"起于天至于人而毕。毕之外谓之物，物者投其所贵之端，而不在其中。以此见人之超然万物之上，而最为天下贵也"。（《天地阴阳》）人之所以为贵在于"天道施，地道化，人道义"（《天道施》），故"下长万物，上参天地"。人与天地并立的一体格局注定了人与天地息息相关的内在统一，即"其治乱之故，动静顺逆之气，乃损益阴阳之化，而摇荡四海之内"。（《天地阴阳》）

结　语

"善言天者必有征于人，善言古者必有验于今。"（《汉书·董仲舒传》）借天以言人、倚天而立人构成了董仲舒天人哲学的底色。董仲舒天人哲学包括作用机制、表现形式、核心内容、生成始源以及人文价值等，构成了系统性的天人哲学思想。在其以自然生化为内容的天道宇宙图式中同时蕴含着儒家的人文情怀与道德诉求[1]，故为"群儒首""儒者宗"（《汉书》）。为此，董仲舒作为"引领了一个时代的思想风气和政治思维发生根本转向"[24]34-56的思想家，不仅对当时汉武王朝提出了契合现实的治理之道，也以深深的王道情怀指向了天下大化的理想图式。

参考文献

[1] 丁为祥.董仲舒天人关系的思想史意义 [J].北京大学学报(哲学社会科学版),2010(6).

[2] 韩星.董仲舒天人关系的三维向度及其思想定位 [J].哲学研究,2015(9).

[3] 任继愈.中国哲学史（二）[M].北京：人民出版社,1966.

[4] 侯外庐,等.中国思想通史（卷二）[M].北京：人民出版社,1957.

[5] 金春峰.汉代思想史 [M].北京：中国社会科学出版社,2006.

[6] 阳作华.董仲舒"天人感应"论批判 [J].黄石师院学报,1981(1).

[7] 康中乾.董仲舒"天人感应"论的哲学意义 [J].吉林大学社会科学学报,2014(5).

[8] 王永祥.董仲舒的科学思想初探 [J].河北大学学报（哲学社会科学版）,2004(3).

[9] 徐复观.两汉思想史（二）[M].北京：九州出版社,2014.

[10] 李泽厚.中国思想史论（上）[M].合肥：安徽文艺出版社,1999.

[11] 黄裕生.论华夏文化的本原性及其普遍主义精神 [J].探索与争鸣,2016(1).

[12] 王永祥.董仲舒的天论再探 [J].河北学刊,1995(1).

[13] 周桂钿.董仲舒研究 [M].北京：人民出版社,2012.

[14] 余治平.唯天为大：建基于信念本体的董仲舒哲学研究 [M].北京：商务印书馆,
    2003.

[15] 楼宇烈.中国文化的根本精神 [M].北京：中华书局,2016.

[16] 钱穆.中国学术思想史论丛（二）[M].北京：生活·读书·新知三联书店,2009.

[17] 《十三经注疏》整理委员会.春秋公羊传注疏 [M].北京：北京大学出版社,1999.

[18] 张祥龙.据秦兴汉和应对佛教的儒家哲学：从董仲舒到陆象山 [M].桂林：广西师
    范大学出版社,2012.

[19] 汤因比,池田大作.展望二十一世纪——汤因比与池田大作对话录 [M].荀春生,
    朱继征,陈国梁,译.国际文化出版公司,1985.

[20] 李泽厚.美学三书 [M].合肥：安徽文艺出版社,1999.

[21] 胡义成.董仲舒"天人感应论"的现代确立——论钱学森院士对中国古代"天人感
    应论"的证明 [J].衡水学院学报,2016(5).

[22] 苏舆.春秋繁露义证 [M].北京：中华书局,2015.

[23] 姚君喜.董仲舒"天人感应"说的美学意义 [J].甘肃社会科学,1999(5).

[24] 林存光.董仲舒的天人之学及其政治含义再解读 [J].政治思想史,2012(3).

董仲舒天仁视域中的养生思想

白立强

（衡水学院　董子学院）

在董仲舒思想界域中，天人乃为一体。同时，囿于对天地"原初情状"的"仁"之设定，人自然兼具了仁之道德内蕴。故人作为"受命于天""超然异于群生"而"贵于物"（《汉书·董仲舒传》）的生命存在，遵循"天道施，地道化，人道义"（《春秋繁露·天道施》，以下仅注篇名）之情性，顺天地之化育，成庶品之自然。由是，这直接规制了董仲舒天仁图式下的整体养生观。

一、董仲舒思想中的天仁意蕴

董仲舒以阴阳五行建构的"系统论宇宙图式"彰显了秦汉思想的鲜明特色，并以此奠基了中国哲学发展的"重要新阶段"[1]139。其中，将仁义礼智信与五行联系在一起，乃为董仲舒的发明[2]80，型构于此之上的整体宇宙论为儒家伦常纲领提供了宏大系统的理论基石，并且予儒家所倡导的"人与天地参"的世界观以"具体的落实"[1]150。

人天共在之情实在根本意义上奠定了华夏文化的"本原性"地位[3]22-29。董仲舒不仅以"天人之际，合而为一"（《深察名号》）之判断承继了此文化传统，更是将人与天之间在性情、体貌以及品格等方面通而论之。甚至可以断言，人之情性品格源于天。在此意义上，天成为人、物、相等具象世界的始基与本原，即使人之仁义品格等亦概莫能外。

"天志仁，其道也义。"（《天地阴阳》）"仁之美者在于天，天，仁也。""察于天之意，无穷极之仁也。"（《王道通三》）《俞序》亦有言："仁，天心。"即使作为"天之谴"与"天之威"的灾异，亦乃天"不欲陷人""天意之仁"的展现，其目的为"天欲振吾过，救吾失"而已（《二端》）。

"养之，长之，假之，仁也。"（《礼记·乡饮酒义》）天之仁即"以爱利为意，以养长为事"，"覆育万物，既化而生之，有养而成之。事功无已，终而复始"（《王道通三》）。具体表现为：

天仁生养之德。"天地人，万物之本也。天生之，地养之，人成之。""三者相为手足，合以成体，不可一无也。"（《立元神》）人与万物皆源于天，天不言而成大美。"天何言哉？四时行焉，百物生焉。天何言哉？"（《论语·阳货》）"天虽不言，其欲赡足之意可见也。""生育养长，成而更生，终而复始其事，所以利活民者无已。"（《诸侯》）

天以阴阳以及五行之相生相胜成就着天仁生养之德。"天地之气，合而为一，分为阴阳，判为四时，列为五行。行者，行也，其行不同，故谓之五行。五行者，五官也，比相生而间相胜也。"（《五行相生》）官者，即功能之意[4]47。对于木、火、土、金、水五行而言，"木者春，生之性"，木主春，其性为生；"火者夏，主成长"，火主夏，其性乃长；"土者夏中，成熟百种"，土主夏之中，其性为成熟；"金者秋，杀气之始也"，金主秋，其性为肃杀；"水者冬，藏至阴也"，水成纳藏之功而备化生之气。（《五行顺逆》）天地之气在四时流变之中演化着生、长、成、杀、藏之效能；同时，五行彼此之间又产生着"比相生而间相胜"的影响与作用，一则"木生火，火生土，土生金，金生水，水生木"（《五行之义》），二则"金胜木""水胜火""木胜土""火胜金""土胜水"（《五行相胜》）。五行之间在相互制衡与创生之中育化生成着自然万象。

此中，人也由天地而化生。"天地者，万物之本，先祖之所出也。"（《观德》）"为生不能为人，为人者天也。人之为人本于天，天亦人之曾祖父也。"由是，人与天自然存在着内在联系，即"人之形体，化天数而成；人之血气，化天志而仁；人之德行，化天理而义；人之好恶，化天之暖清；人之喜怒，化天之寒暑"，这直接决定了"人之所以乃上类天"的内在动因。（《为人者天》）

天仁中和之道。天仁之创生化育于中、和之情状中展演。"天有两和以成二中，岁立其中，用之无穷。是北方之中用合阴，而物始动于下，南方之中用合阳，而养始美于上。其动于下者，不得东方之和不能生，中春是也。其养于上者，不得西方之和不能成，中秋是也。"（《循天之道》）两和即春分与秋分，春分为东方之和，秋分乃西方之和。二中即夏至与冬至，夏至一阴生，与阳相合，为南方之中，万物长养吐秀于地上；冬至一阳生，与阴相合，为北方之中，物始萌动于地下。仲春之月，万物受春之和气而生发；至仲秋之月，万物得中和之气而成熟。[5]1025-1027

"中者，天地之所终始也；而和者，天地之所生成也。夫德莫大于和，而道莫正于中。中者，天地之美达理也，圣人之所保守也。"（《循天之道》）《中庸》："致中和，天地位焉，万物育焉。""位者，安其所也。育者，遂其生也。自戒惧而约之，以至于至静之中，无少偏倚，而守其不失，则极其中而天地位矣。自谨独而精之，以至于应物之处，无少差谬，而无适不然，则极其和而万物育矣。"[6]269-270 "言人君所能致极中庸，使阴阳不错，则天地得其正位焉，生成得理，故万物得其生育焉。"[5]1028 "是故能以中和理天下者，其德大盛"（《循天之道》）。正是在此意义上，"君子黄中通理，正位居体，美在其中，而畅于四支，发于事业，美之至也！"（《易经·坤·文言》）中和作为天地之道，构成了天地之仁化生万物、生生不息的内在枢机，并在此中长养、成熟，这种自然生发之过程即为天序，故万物事相因此而成天和之秩序。天人同构乃中华文化特色，上述董仲舒、朱熹等论正是在天人一体境域下，人则天道中和位育之例证。

天地因中和而生成位育，而又以中和为归。中和乃天之常道，即使时有所偏，但必然以中和为圭臬而趋之。"一岁四起业，而必于中。中之所为，而必就于和，故曰和其要也。和者，天之正也，阴阳之平也，其气最良，物之所生也。诚择其和者，以为大得天地之奉也。天地之道，虽有不和者，必归之于和，而所为有功；虽有不中者，必止之于中，而所为不失。""中者天之用也，和者天之功也。举天地之道，而美于和"（《循天之道》）。整个天地宇宙以"天、地、阴、阳、木、火、土、金、水，九，与人而十者"之"天之数"（《天地阴阳》）演绎着天之中和生养化育仁德，展演着"天地之行美"（《天地之行》）的一体之完美生境。

二、天人一体图式中的人仁向度

仝"天人相与之际"（《汉书·董仲舒传》）图谱中，人与天合而为一。"天亦有喜怒之气、哀乐之心，与人相副。以类合之，天人一也。春，喜气也，故生；秋，怒气也，故杀；夏，乐气也，故养；冬，哀气也，故藏。四者，天人同有之，有其理而一用之。"（《阴阳义》）同理，"春，爱志也；夏，乐志也；秋，严志也；冬，哀志也。故爱而有严，乐而有哀，四时之则也。喜怒之情，哀乐之义，不独在人，亦在于天；而春夏之阳，秋冬之阴，不独在天，亦在于人"，"天乃有喜怒哀乐之行，人亦有春秋冬夏之气者，合类之谓也"。（《天辨在人》）

"天人之际，合而为一。同而通理，动而相益，顺而相受，谓之德道。"（《深察名号》）天人因"际与"而融合为息息相关之一体，进而由质性同而致理通，由此在同频互通之共振中相得益彰，在"人生于天，而取化于天"（《王道通三》）的谱式中，人因循天道而"德道"，化天仁而为己之仁。

仁人中正之心。人"修身审己，明善心以反道"（《二端》），以复归于"天之为人性命"之正，"天之为人性命，使行仁义而羞可耻"（《竹林》），故"人之受命于天也，取仁于天而仁也"（《王道通三》）。是故"《春秋》之所治，人与我也。所以治人与我者，仁与义也。以仁安人，以义正我，故仁之为言人也，义之为言我也，言名以别矣"，"故春秋为仁义法。仁之法，在爱人，不在爱我。义之法在正我，不在正人"，"爱在人，谓之仁，义在我，谓之义。仁主人，义主我也。故曰：仁者人也，义者我也，此之谓也。君子求仁义之别，以纪人我之间，然后辨乎内外之分，而著于顺逆之处也。是故内治反理以正身，据礼以劝福。外治推恩以广施，宽制以容众"。（《仁义法》）在此，虽然理论上，仁义之向度存在着内外、人我之别，但就现实之生境而言，仁与义亦归于统一。

"何谓仁？仁者恻怛爱人，谨翕不争。好恶敦伦，无伤恶之心，无隐忌之志，无嫉妒之气，无感愁之欲，无险诐之事，无辟违之行。故其心舒，其志平，其气和，其欲节，其事易，其行道，故能平易和理而无事也。如此者，谓之仁。"（《必仁且智》）显而易见，仁之诸多表现在根本上皆源于仁心。而"夫人有义者，虽贫能自乐也"（《身之养重于义》），也道出了仁义之人不为外境所牵，安贫乐道、心有所定的和乐心态。故仁义之品格皆根植于人之仁心。

正是在此意义上，"是以天下之道者，皆言内心其本也。故仁人之所以多寿者，外无贪而内清净，心和平而不失中正，取天地之美，以养其身，是其且多且治"。然于普罗大众而言，重物而轻气，"民皆知爱其衣食，而不爱其天气。天气之于人，重于衣食，衣食尽，尚犹有闲，气尽而立终"。故从本计议，须循气之理。"凡气从心，心，气之君也"，"故养生之大者，乃在爱气，气从神而成，神从意而出。心之所之谓意，意劳者神扰，神扰者气少，气少者难久矣。故君子闲欲止恶以平意，平意以静神，静神以养气。气多而治，则养身之大者得矣"。由是，静心以养神，定神以纳气，方得天地养生之道。"神无离形，而气多内充，而忍饥寒也。和乐者，生之外泰也；精神者，生之内充也；外泰不若内充，而况外伤乎？忿恤忧恨者，生之伤也；和说劝善者，生之养也。君子慎小物而无大败也。行中正，声向荣，气意和平，居处虞乐，可谓养生矣。凡养生者，莫精于气。"（《循天之道》）无论闲欲、平意抑或静神，其根本皆在于心之中正、平和。

《大学》对中正之心如是言："所谓修身在正其心者：身有所忿懥，则不得其正；有所恐惧，则不得其正。有所好乐，则不得其正。有所忧患，则不得其正。心不在焉，视而不见，听而不闻，食而不知其味。此谓修身在正其心。"清代"川西夫子"刘沅释之曰："此乃正言正心之功。心本易动，惟止至善之久而性定，则心亦不动。凡非礼之来，见如不见，闻如未闻，不必却之，自不能入。与诚意之待克治者不同。""此谓修身在复性之后，又加涵养至于不动，心乃自然而正，不为气质所累矣。"（《四书恒解·大学》）程子《视箴》曰："心兮本虚，应物无迹"，唯制于外以养其中，久则方得内心之诚。

仁人正心之效。仁人之内心正自然而化以外应。此即"君子之德风，小人之德草。草上之风，必偃"（《论语·颜渊》）之意。"正者，正也，统致其气，万物皆应，而正统正，其余皆正，凡岁之要，在正月也。法正之道，正本而末应，正内而外应，动作举错，靡不变化随从，可谓法正也。"（《三代改制质文》）正所谓"武王正其身以正其国，正其国以正天下，伐无道，刑有罪，一动天下正，其事正矣。春致其时，万物皆及生，君致其道，万人皆及治，周公戴己而天下顺之，其诚至矣"。（《说苑·君道》）此即"道必极于其所至，然后能得天地之美也"。（《官制象天》）故仁者求诸己，一日克己复礼而为仁，则自然以潜移默化的方式形成含章内映、德厚流光之情势。

整体的良性秩序由是而成。"为人君者，正心以正朝廷，正朝廷以正百官，正百官以正万民，正万民以正四方。四方正，远近莫敢不壹于正，而亡有邪气奸其间者。是以阴阳调而风雨时，群生和而万民殖，五谷孰而草木茂，天地之间被润泽而大丰美，四海之内闻盛德而皆徕臣，诸福之物，可致之祥，莫不毕至，而王道终矣。"（《汉书·董仲舒传》）就此而言，仁人君子"志平而气正，则天地之化精，而万物之美起"，"是故治世之德，润草木，泽流四海，功过神明"（《天地阴阳》）。仁人则天之道而成化育天地之效。

三、仁人之整体养生观

"仁人者，正其道不谋其利，修其理不急其功。"（《对胶西王越大夫不得为仁》）仁人以其正谊明道、行中规绳的道德自觉性展示着自身存在样态。这既是天人际与之"同而通理，动而相益，顺而相受"的"德道"过程（《深察名号》），亦为"循天之道以养其身"（《循天之道》）的尊道情状。"不若于道者，天绝之"（《顺命》）。故"人生于天而体天之节"（《官制象天》），在对天（道）的感悟会通中，内外交养、人天为一，立天道之意、为中道之行，即"天不言，使人发其意；弗为，使人行其中"（《深察名号》）。

"天地人，万物之本也。天生之，地养之，人成之。""三者相为手足，合以成体，不可一无也。"（《立元神》）人作为天的副本内在兼具了天仁生养之德性，"人之受命，化天之四时"（《为人者天》），"春气爱，秋气严，夏气乐，冬气哀。爱气以生物，严气以成功，乐气以养生，哀气以丧终，天之志也。是故春气暖者，天之所以爱而生之；秋气清者，天之所以严以成之；夏气温者，天之所以乐而养之；冬气寒者，天之所以哀而藏之。春主生，夏主养，秋主收，冬主藏"，"四气者，天与人所同有也"（《王道通三》）。"天地之符，阴阳之副，常设于身，身犹天也，数与之相参，故命与之相连也。"（《人副天数》）是故仁人顺天之道——春生、夏长、秋收、冬藏，并长养之，"如春秋冬夏之未尝过也，可谓参天矣。深藏此四者而勿使妄发，可谓天矣"（《王道通三》）。仁人体天道而行，其整体养生观体现于三个方面。

养人之生。"人之受命天之尊，父兄子弟之亲，有忠信慈惠之心，有礼义廉让之行，有是非逆顺之治。"（《王道通三》）人虽有慈惠爱人之心，"质于爱民"(《仁义法》），但如"天两有阴阳之施，身亦两有贪仁之性"（《深察名号》），故制礼而规制引导之，"夫礼，体情而防乱者也。民之情，不能制其欲，使之度礼"，"非夺之情也，所以安其情也"（《天道施》）。因为"嗜欲之物无限，其势不能相足，故苦贫也。今欲以乱为治，以贫为富，非反之制度不可"（《度制》）。礼的价值和作用就是以外在性之制度规范限制人之欲，将其控制在合理限度内。当然，礼之制作亦据于天，即"礼者，继天地，体阴阳，而慎主客，序尊卑贵贱大小之位，而差外内远近新故之级者也"（《奉本》）。通过设"度制""礼节"，以达至"贵贱有等，衣服有别，朝廷有位，乡党有序，则民有所让而不敢争"的秩序格局（《度制》）。

仁者安人。"制人道而差上下也，使富者足以示贵而不至于骄，贫者足以养生而不至于忧。以此为度，而调均之，是以财不匮而上下相安，故易治也。"（《度制》）不仅如此，仁人亦须"不尽利"，给他人预留一定的利益获取途径与空间。"故君子仕则不稼，田则不渔，食时不力珍，大夫不坐羊，士不坐犬。"这同样基于天道。"天不重与，有角不得有上齿。故已有大者，不得有小者，天数也。夫已有大者又兼小者，天不能足之，况人乎？故明圣者象天所为为制度，使诸有大奉禄亦皆不得兼小利与民争利业，乃天理也。"（《度制》）

成就万物。仁者不仅"质于爱民，以下至于鸟兽昆虫莫不爱"（《仁义法》），更体现在其化育万物之各得其所、各适其宜、各遂其性，"万类霜天竞自由"，应众生之天性，成万物之本然。

"天、地、阴、阳、木、火、土、金、水，九，与人而十者，天之数毕也。"（《天地阴阳》）天之数以天地之天始，以人终，借助阴阳五行，天人融合于一。"天地之间，有阴阳之气，常渐人者，若水常渐鱼也。所以异于水者，可见与不可见耳，其澹澹也。然则人之居天地之间，其犹鱼之离水，一也。其无间。"仁者察物之情，"明阴阳入出实虚之处，所以观天之志。辨五行之本末顺逆，小大广狭，所以观天道也。天志仁，其道也义"（《天地阴阳》）。天人一体之境域铸就着人成天德、为大义。故"人受命于天，固超然异于群生"，"是其得天之灵，贵于物也"（《汉书·董仲舒传》）。

在此意义上，人秉持"天施""地化"之德而为义，即"上参天地""下长万物"（《天地阴阳》），"得一而应万类之治"（《天道施》）。因此，人"足以贯统类而不差忒，故得一物之情而万物可治，所谓正其理则万事一也"[7]463。人以"偶天地""为仁义"之贵，成"春生夏长，百物以兴，秋杀冬收，百物以藏"之情（《人副天数》），助"天地之化美"（《天地阴阳》）之道。

和谐身心。孔子曰："仁者寿"（《论语·雍也》）。董仲舒承继了这一思想，"仁人之所以多寿者，外无贪而内清净，心和平而不失中正"，"能以中和养其身者，其寿极命"（《循天之道》）。"《中庸》所谓：'中也者天下之大本，和也者天下之达道也。'""此孔子大道之本，养生参天，皆在此矣。"[5]1024

故在养生方面，养身与养心兼顾，尤以养心为重。"天之生人也，使之生义与利。利以养其体，义以养其心。心不得义不能乐，体不得利不能安。""体莫贵于心，故养莫重于义。""夫人有义者，虽贫能自乐也。而大无义者，虽富莫能自存。"（《身之养重于义》）因为"身以心为本"，"以积精为宝"，"故治身者务执虚静以致精"，"能致精，则合明而寿"（《通国身》）。因此，养心乃养生之关键，"纯知轻思则虑达，节欲顺行则伦得，以偄静为宅，以礼义为道则文德。是故至诚遗物而不与变，躬宽无争而不以与俗推，众强弗能入。蜩蜕浊秽之中，含得命施之理，与万物迁徙而不自失者，圣人之心也"（《天道施》）。

仁人"循三纲五纪，通八端之理，忠信而博爱，敦厚而好礼，乃可谓善"（《深察名号》）。在此意义上，归于"乐而不乱，复而不厌"之人道，进而成就"形而不易"之善德（《天道施》）。

结　语

人身小天地，天地大人身。董仲舒天人一体境域下的整体养生观，将人的存在样态与天地联系在一起，在全新意义上建构了"天—仁—人（己）—人—物"之间"荣损共在"的一体图谱，可谓"生命共同体"[8]106-114。如《易经·系辞上》有言："言出乎身，加乎民；行发乎迩，见乎远。言行，君子之枢机。枢机之发，荣辱之主也。言行，君子之所以动天地也，可不慎乎！"今天，在技术扩张、工具理性日益张扬的情况下，天人关系发生着严重变异，进而在自然与人以及物质主导与人文价值之间产生了双重紧张。诚如学人所言，西汉儒学"顺时而动、博采众长"，"结构开放、内容丰富"，展示着"儒家文化的生命力"[9]4-6。为此，重温董仲舒天人一体的仁之生养育化思想，犹有价值。

参考文献

[1] 李泽厚 . 中国思想史论（上）[M]. 合肥：安徽文艺出版社，1999.

[2] 庞朴 . 帛书五行篇研究 [M]. 济南：齐鲁书社，1980.

[3] 黄裕生 . 论华夏文化的本原性及其普遍主义精神 [J]. 探索与争鸣，2016（1）.

[4] 周桂钿 . 董学探微 [M]. 北京：北京师范大学出版社，2008.

[5] 钟肇鹏 . 春秋繁露校释（校补本）[M]. 石家庄：河北人民出版社，2005.

[6] 朱熹 . 论语·大学·中庸 [M]. 上海：上海古籍出版社，2013.

[7] 苏舆 . 春秋繁露义证 [M]. 北京：中华书局，1992.

[8] 白立强，代春敏 . 董仲舒宇宙系统境域下"生命共同体"探究 [J]. 泰山学院学报，2020（3）.

[9] 王潇 . 儒家文化与社会主义核心价值观 [J]. 长治学院学报，2019（3）.

董仲舒教化思想的天道伦理内涵

代春敏

（衡水学院　董子学院）

天人关系哲学是董仲舒的哲学思想框架，董仲舒以天道说人事，将虚无缥缈、捉摸不定的"天意"与现实的政教紧密结合，以天论政，以天论教。董仲舒的教化思想伦理关系中，除了君民关系之外，人之上还有"天"，由君对民、上对下的单线伦理结构，扩展成为"天－君－民"的三维循环政教伦理系统[1]。① 另外，董仲舒在天人哲学基础上，构建他独到的天道观、人性论和道德信仰，由天道讲人性，最终归结到王道教化[2][3]。② 在董仲舒的政教伦理系统中，董仲舒重视天道、君德，但更注重民性、民情和民心，因此，董仲舒的教化基础是天人关系框架下的天道伦理，同时又充满了深刻的人文价值内涵。

---

① 宋志明《从以吏为师到以天为教——董仲舒天人学说新探》认为，董仲舒从天人关系角度，将神学、政治、伦理紧密结合，构建天－君－民三维政治结构。

② 高鑫《从天道观到道德信仰的构建：解析董仲舒的天道观、人性论、道德信仰》认为，董仲舒的人性论建立在天人哲学的基础上，主张人有善质而未能善，从而将教化的权力转移到统治者手中。董仲舒从天道到人性，然后到道德伦理，综合前人智慧，并加以发展，完成了他独到的人性论哲学。张韶宇《董仲舒"王道教化论"理路透析》一文从重视仁德之施行和封建伦理纲常方面论述王道教化。

一、从正名看教化的天道伦理基础

董仲舒继承并发展了孔子的"正名"思想，重视考察名号，在《春秋繁露·深察名号》中指出："名者，大理之首章也。……名号之正，取之天地，天地为名号之大义也。"[4]278 从事物的名号就可以体察天地大义，那么，首先从正名角度来看"教化"一词所蕴含的教化伦理观。

（一）何谓"教"？

《说文解字》中解释："上所施，下所效也。从攴，孝。"[5] 教的本义是教育，指导，"教"字的小篆体字形象以手持杖或执鞭，表示以鞭杖施行教育、教化。《中庸》从天命、天性和天道论"教"："天命之谓性，率性之谓道，修道之谓教。"[6]17 朱熹解释说："天以阴阳五行化生万物，气以成形，而理亦赋焉，犹命令也。于是人、物之生，因各得其所赋之理，以为健顺五常之德，所谓性也。"[6]17 朱子从"性即理也"，认为人之性与物之性都得自天，万物具有共同的"天命之性"。董仲舒在《春秋繁露·如天之为》说："阴阳之气在天，亦在人。在人者为好恶喜怒，在天者为暖清寒暑，出入上下，左右前后，平行而不止，未尝有所稽留滞郁也。其在人者，亦宜行而无留，若四时之条条然也。夫喜怒哀乐之止、动也，此天之所为人性命者。"[4]457 董仲舒认为，天之阴阳出入，形成寒暑交替，四时更迭，井然有序，周流不止。而阴阳二气同样存于人身，表现为"好恶喜怒"，其情动情止，皆是上天赋予人的性命，即"天命之性"，"天之副在乎人，人之情性有由天者矣，故曰受，由天之号也"。[4]311 性和情都是来自天命。

遵循这个"天命之性"即是"道"，然而由于人的气禀不同，或后天习染所致，人与物共有的"天命之性"逐渐减少甚至泯灭，因此有待后天之"教"。董仲舒说"圣人事明义，以照耀其所闇，故民不陷"[4]259。圣人阐明天道、仁义，使人民了解仁义大道，不让民众陷入困境或遭受刑罚。因此"上所施"，指的是能够体悟天道人伦的古圣先贤，为了保有或彰显人固有之"天性"，修道施教。"圣人因人物之所当行者而品节之，以为法于天下，则谓之教，若、礼、乐、刑、政之属是也。"[6]17 圣人遵循天道自然，依据人与物的不同品级而做出节制和约束，制礼作乐，颁布刑政，立礼、乐、刑、政之属，作为法则，规范人们的欲望和行为，这就是礼乐教化。董仲舒尊崇《春秋》"奉天法古"，认为"圣者法天，贤者法圣，此其大数也"。[4]13 由圣者效法天道，实行教化，安邦定国，这是治理天下最根本的法则。

"下所效"是指民众效法圣贤君王礼乐之"教"，修养品德，成就善性。然"上所施，下所效"必是上通天道，下顺民情，上下感通，从民所好，依民众所需所乐。《礼记·乐记》中有记载："教者，民之寒暑也，教不时则伤世。"[7]996 说明"教"虽是"上所施"，但也要上下感通，体察"民情"，如同感觉天之寒暑一样，如果不能得民之"时"，就会伤害世俗风气，教化不得施行。董仲舒说："先王显德以示民，民乐而歌之以为诗，说而化之以为俗。"[4]259 先圣的德行教化，能让民众感到快乐，民众的性情才能有所引领和疏导，圣人修道设教，以敦化民风，民众以诗乐歌舞表达内心的快乐，这种基于天命人道的施"教"，才能化民成俗。

（二）何谓"化"？

从"化"的甲骨文、金文字形来看，左边是一个面向左侧站立的"亻（人）"，右边是一个头朝下脚朝上倒过来的"人"，从二人，象二人相倒背之形，一正一反，以示变化。化的本义是变化，改变。《礼记·乐记》中说："和，故百物化焉。"[7]990 意思是天地中和，化育万物。《玉篇》里说："化，易也。""易"就是"变化"。张载在《正蒙·神化》篇中说："气有阴阳，推行有渐为化，合一不测为神。"张载认为"化"的含义还不完全等同于"变"，"化"有一个逐渐浸润的过程，它不是机械灌输式的，也不只是知识、技能和信息的传递，而是有主体生命的体悟和践行参与其中。后来"化"的含义由具体的"变化"引申出抽象的人的"教化"，就是通过教育使人心、风俗得到改变。

"化"有文化和武化之分，武化是用武力强制改变习性风俗；文化则是以礼乐教化，让人自觉地遵守社会的行为规范。最初文化与武化是相对的，后来"化"专指"文化"。①"文化"的本义就是以文教化。通过观察人文，可以了解社会风俗，化成社会的风气。《说文解字》解释："化，教行也。"也是董仲舒所说的："圣人天地动、四时化者，非有他也，其见义大故能动，动故能化，化故能大行。"[4]260 因此以道诲人，以文化人，以德化民才可谓"化"。

董仲舒说："名生于真，非其真，弗以为名。"[4]283 "教"强调"上所施"，"化"强调"成于下"。"夫上之化下，下之从上，犹泥之在钧，唯甄者之所为，犹金之在熔，唯冶者之所铸。"[8]2501 由"教""化"之名亦可得知，"教化"是由圣人依"天命之性"修道设教，制礼作乐，上位者自上而下施行教化，教行于上，化成于下，以使"万物各得其所"。因此，教化基于天道彝伦，不离人性人情，不离日用伦常。董仲舒说："天令之谓命，命非圣人不行；质朴之谓性，性非教化不成；人欲之谓情，情非度制不节。是故王者上谨于承天意，以顺命也；下务明教化民，以成性也；正法度之宜，别上下之序，以防欲也；修此三者，而大本举矣。"[8]2515-2516 可见，董仲舒上自天命天道，下究人之性情，修明法度，确立了教化伦理的根本源头和深刻内涵。

二、董仲舒天道教化思想

（一）承天命：君以德配天

董仲舒的哲学是天的哲学，"天者万物之祖，万物非天不生"[4]404。天是万物的先祖，化育万物，包括创生养育人类，并且"道之大原出于天"，

---

① 楼宇烈《中国文化的根本精神》认为，人文化成有两层含义：一是以人为本，以人为中心；另一个含义是与武化相对的文化，武化是用武力强制改变人的习性，文化是以礼乐教化，让人自觉地遵守社会的行为规范（中华书局 2016 年，第 7 页）。

道亦出于天。"天"在董仲舒的思想中，地位最尊，道的本原出于天，天具有本原性、超越性和绝对权威性，万物有所遵奉和依循。"上承天之所为，而下以正其所为，正王道之端云尔。然则王者欲有所为，宜求其端于天。"[8]2502 "圣人法天而立道"[8]2515，君王受命于天，承继天道，天是王道的开端，君王想要有所作为，必须效法天道而行。

1. 天为王道之端

"天地之行美也。是以天高其位而下其施，藏其形而见其光，序列星而近至精，考阴阳而降霜露。……为人君者，其法取象于天。"[4]452 董仲舒称天地的运行"美"，是因为天道运行有秩序、有规律、有恒常，它化育生长万物，是最完善美好的。"高其位"是说天的地位尊贵；"下其施"是说天施恩惠，是仁爱的；"序列星"是说众星排列有序，运转有恒；"考阴阳"是说阴阳成岁，风调雨顺。天的地位最尊贵，广施仁爱，掌管众星，协调阴阳之气，主宰万物的生长和消亡。董仲舒强调为人君要取法于天道。

董仲舒将"天"纳入人道伦理关系中，认为"天子受命于天，诸侯受命于天子，子受命于父，臣妾受命于君，妻受命于夫"[4]406，所有接受命令的人，所尊的都是"天"，"天子"的地位和称号也最尊贵。董仲舒一再强调"王者承天意以从事"[8]2502，"天令之谓命，命非圣人不行"[8]2515，"王者配天，谓其道"[4]346，"天子者，则天之子也"[4]393，目的是让君王以天地之行为榜样，治理国家。天具常道而成为万物的主宰，君主法天把握常道为一国的主宰，因此，"与天同者大治，与天异者大乱"[4]334，按天道治理国家，就会长治久安，否则就会天下大乱。

董仲舒又将阴阳五行理论延伸到君王的治国大略方面，"天道之大者在阴阳，阳为德，阴为刑；刑主杀而德主生"[8]2502，"阳贵而阴贱，天之制也"[4]329，贵阳贱阴，重德轻刑乃是"天意""天志"的表现，君王治理国家也应该以"德治"为主，"法治"为辅。"天地之数，不能独以寒暑成岁，必有春夏秋冬。圣人之道，不能独以威势成政，必有教化。"[4]311 天地的定数，一年不能仅靠寒暑来完成，必有春夏秋冬四时；圣人治理国家的大道，也不能仅靠威势来达成政事的目的，必须实施教化。[9]董仲舒说"政有三端"：如果父子之间不亲密，就尽力激发他们的慈爱之心；大臣之间不和睦，就大力提倡礼节；百姓不安定，就勉励他们实行孝悌，而且自己身体力行做表率。这些不是靠威势能达到效果的，只能靠圣王以道德来引导教化百姓，以礼法来规范整齐，这样才合于天地之数。"教化"如同天之阳气，四时之春夏，具有生养化育的功能，自上而下施行教化是王道体现天意、天志的表现。

2. 德为王道之本

《春秋》重视序位和上下尊卑的排列，既显示地位尊贵，又能凸显其道德的高尚，强调德位相配。比如"德侔天地者"[4]104，德行和上天相配，才能号称"天子"，上天才把他看作是儿子。如果无德、失德，即使地位高贵，《春秋》依然从称号上贬低。比如，公子庆父本来是鲁庄公的弟弟，地位尊贵，但他杀了子般和鲁闵公，导致鲁国的内乱。庆父有弑君之罪，《春秋》深恶之，所以在记载中把他"开除"出公族属籍，甚至国籍，只称他为"齐仲孙"，不让他与鲁国有任何联系。董仲舒说："王者，民之所往。君者，不失其群者也。故能使万民往之，而得天下之群者，无敌于天下。"[4]129所谓王，就是人民归往的意思；所谓君，就是不会失去他的民众的意思。因此，能够使万民归向，并得到天下民众拥戴的人，天下就没有人能够和他抗衡了。董仲舒善于以"声训""形训"等方法进行阐述，"王"与"往"、"君"与"群"以音近相训，"王"是众民"所往"，"君"是以德"不失其群"，有德的君王善于以德行聚合天下民心，以社会等级组织群体，维护天下秩序。在这里，可以看出，现实社会中所有等级关系的上下尊卑，虽然都是天命所赋予的，但所受天命不只是接受一个称号，更重要的是以相应的德行和责任与之相配，否则就会受到上天的惩罚。"为人君者，正心以正朝廷，正朝廷以正百官，正百官以正万民，正万民以正四方。"[8]2502-2503"天子大夫者，下民之所视效，远方之所四面而内望也。"[8]2521为君者正，则天下百姓皆正，四方之众皆仰望。董仲舒强调"有德配其位享其尊，无德失其位失其尊"，这一观点具有超越历史的价值和意义。君王能"明于天性，知自贵于物；知自贵于物，然后知仁谊；知仁谊，然后重礼节；重礼节，然后安处善；安处善，然后乐循理；乐循理，然后谓之君之"[8]2516，"人之得天得众者，莫如受命之天子"[4]271。董仲舒认为并不是拥有了天命就是君王，"天子"不仅"得天"，还要"得众"。董仲舒要求国家最高权力者以德配其位，将"天"的哲学与现实社会努力结合，认真探索，始终把政权稳定和天下苍生放在首位。《孟子·离娄上》中说："得天下有道：得其民，斯得天下矣；得其民有道：得其心，斯得民矣。"[6]285-286 意思是要得天下，就要得到百姓的支持；要得到百姓的支持，就要得民心。

"《春秋》之道，奉天而法古"[4]13，君王不仅要效法天道，还要"法先王"，即效法先王之道。董仲舒认为先王遗留下来的治国原则，就是天下的"规矩""六律"。孟子也曾经以规矩、六律作比，指出："为政不因先王之道，可谓智乎？""先王之道"指的就是"为政以德"，实行仁政。《孟子·离娄上》："尧舜之道，不以仁政，不能平治天下。"[6]280 遵循先王的这些基本原则就能安定天下，不遵循就会导致天下大乱。

董仲舒讲君权天授，但又强调能承天命是因为圣王的德行积累所致，天下万民之心同归，上天才会显示祥瑞之征。[10] 所以在天授君权、君王以德配其位的"天－君"关系中，君王并非一味地被动接受和承继，君王具有自主性和能动性。"治乱废兴在于己，非天降命不得可反，其所操持诖谬失其统也。" 国家的治乱废兴不是天命所定，而是在于自身努力。"强勉学问，则闻见博而知益明；强勉行道，则德日起而大有功。"[8]2498 强勉，就是自主的、能动的积极进取精神，一国之君王更应该顺从天命，勤勉努力。具体来说，君王应"自知贵于物"，重视其位以显示尊严；博爱民众以施行仁道；选贤任能，明察秋毫；正确使用人才，使贤能之人辅佐自己；考核公正，赏罚严明等。因此君王具有主体性，要主动顺应天命，积极进取，涵养君德，以配其位。

（二）论人性：身两有仁贪

教化是基于天道人伦的，所以谈教化离不开对人性的分析研究。董仲舒的教化思想也是建构在他的人性论之上的。

1. 返性之名

董仲舒从正名角度通过对"性""情""心""民"等的考察，提出了全新的人性论主张。"今世闇于性，言之者不同，胡不试反性之名？"[4]284 董仲舒认为人们之所以对人性的看法和讨论多种多样，是因为大家都忽视了"性"之名，应该返归到"性"之名上进行研究和考察，这样才能把"人性"问题讨论清楚。

董仲舒反对把人性直接定义为善或不善，他说："如其生之自然之质，谓之性。性者，质也。"董仲舒将"性"与"生"进行声训，解释"性"之名，来自"生"，是天生的自然本质，性，就是本质的意思。"性者，质也。……性之名不得离质，离质如毛，则非性已，不可不察也。"[4]285 性是人取自天的最质朴的东西，说人性就离不开这个最质朴的东西，否则就不是真正的性。性，是人与生俱来，天然形成具有本质意义的所谓天命之性，不掺杂任何后天的作用和影响。

"性"既为自然之质，必然遵循天道，董仲舒又从天道阴阳角度论及人性。他说："身之有性情也，若天之有阴阳也。"[4]291 一个人身上兼有"性""情"，好像天道兼有阴和阳一样。"命者天之令也，性者生之质也，情者人之欲也。"[8]2501 天生之性中兼有性、情。"天地之所生，谓之性情。性情相与为一瞑。"[4]290 在这里，董仲舒指出，"身"即"性"之名，取自天。性，是由天而生赋予人的自然之质；情，即人性中的欲望。董仲舒说两者都生于天的阳气和阴气，二者相合才与天道相一。董仲舒还说："仁贪之气，两在于身。身之名，取诸天。天两有阴阳之施，身亦两有贪仁之性。"[4]286-288 天有阴、阳二气，人身亦兼有贪和仁两种自然天生之气。由此可以说，董仲舒取天之阴阳二气，生人之性、情，体现在人身上即为贪、仁两种本性。这样，董仲舒通过与天道阴阳相联系，清楚地解释了人的天生之"性""情"，"仁""贪"之二气。

既然天道有阴阳，就不能只看到人性的一面，忽视人性中两有的仁、贪二气，简单地把人性说成只有善或只有恶，而只能称"性未善"。"天有阴阳禁，身有情欲栣，与天道一也。"[4]288 天道中的阴气需要加以禁制，人身上的情欲、贪气也需要加以节制，这和天道也是一致的。"阴阳禁"是说禁阴不使干扰阳，天道好阳而恶阴。人身具有贪仁之气，也应当节度克制情欲之贪性，不使其伤害仁善之性，这是与天道同理的。董仲舒认为，人性中有贪恶质，指出："栣众恶于内，弗使得发于外者，心也，故心之为名栣也。"[4]286 董仲舒通过解释"心"之名，进一步提出人们要发挥心的主观能动作用，[10] 加强自身道德修养，主动弃恶向善。因此，董仲舒在天人哲学基础上提出的人性论认为，天人相与之际，继之则善，不继则不善。假如人不依循天道的阴阳，就不是本原意义的善，同样，假如人不能发挥主观能动性去实现此本原意义的善，就不可能成就为性。

2. 待教而善

董仲舒的"性未善"论并不否认"性"有"善"的部分，只是"性"未全善。董仲舒用形象的比喻来解释这个问题，他把"性"比喻成禾苗，把"性"中的"善"比喻成加工后的"米"，"性比于禾，善比于米"。天赋予民性有"善"的资质却不能说成是"性善"，就像是米由禾加工而成，却不能认为禾就是米，"米出禾中，而禾未可全为米也。善出性中，而性未可全为善也。善与米，人之所继天而成于外，非在天所为之内也"。[4]289 即：性有善的资质，但善并非天生之质所能达到的，善是人们秉承天的创造又另外加工而成的，是后天教化使然。

董仲舒提出性分三品："圣人之性不可以名性；斗筲之性又不可以名性；名性者，中民之性。"[4]303 "名性，不以上，不以下，以其中名之。"[4]292 所谓"圣人之性"，乃是"天之性"，是纯善的，超越人性，能够配天行德，是无须别人教化而是要去教化别人的。所谓"斗筲之性"，则是"兽之性"，是纯恶的，即使施以教化也不可能改为善，所以不必教化。"诸斗筲之民，何足数哉！弗系人数而已。"[4]42 这部分人极少，可以不计算人数在内。所谓"中民之性"，是绝大部分普通民众之性，这才是董仲舒所论的"人之性"，有善质亦有恶质，可以通过王者的教化导向善。[11]

董仲舒说："民者，瞑也"[4]279，瞑，是"性而瞑之未觉"，所以需要通过圣人的教化成就其性善。"性如茧、如卵，卵待覆而成雏，茧待缫而为丝，性待教而为善。""中人"之"性"就像是卵要等待孵化才能成为幼禽，茧要等待用沸水缫丝才能成为丝一样，要待教化浸染，才能变为"善"。"性者，天质之朴也；善者，王教之化也。"[4]304 这里所说"性者，天质之朴也"，指的是中民之性。

从孔子提出的"性相近，习相远"，到孟子的"性善"，荀子的"性恶"，都不否认"性"是天生的自然之质，但对于什么是天生，哪些特质属于天生之质存在异论。孟子认为初生的人性具有仁义礼智善端，荀子认为初生的人性是恶的，董仲舒针对大部分中民之性，认为人性兼有善恶之质。而且中民之性只有经一定王教才能成就其性善。[12]"无其质，则王教不能化；无王教，则质朴不能善"[4]304，"性有善质"是"待教而善"的前提，"教化"是中民之性成善的过程和保障。董仲舒的"待教而善"论，既看到了性和善的联系，又认真讨论了二者之间的区别。

董仲舒由天人哲学，从天道论及人性，为"性"正名，[13]又全面论述了"性未全善"，其目的是立王道教化，借此以实现政治上的理想。董仲舒的人性论思想最终是为政治理想服务的。"天之所为，有所至而止。止之内谓之天性，止之外谓之人事。"[4]289 万民之性，如果只继天而止，则无法全善，必有恶质；如果君王能建立一整套关于道德伦理的礼乐教化制度，化民成俗，就能成就中民之性善。

（三）行王道：施礼乐教化

王道是董仲舒的政治理想。董仲舒认为"天道之大者在阴阳，阳为德，阴为刑，刑主杀而德主生"，这是天道本原，而君王要"循天道"治理国家，"取法于天"，天"亲阳而疏阴，任德而不任刑也"，君王也要实行德政，以德为主，以刑为辅。从治理国家来看，德政就是实施教化，如孔子所说："道之以德，齐之以礼。"德即教化，"圣人之道，不能独以威势成政，必有教化"[4]311，"教，政之本也"[4]91，"治天下，莫不以教化为大务"[8]2503。董仲舒明确提出，治理国家要遵循天道，阴阳共生，刑德并用；另一方面，天亲阳疏阴，君王要德主刑辅。教化不仅是王道为政之主，更是为政之根本，这是王道教化的必要性和重要性。

1. 王道教化之任

从董仲舒的人性待教而善，我们可以知道，正因为万民之性未善，所以才需要王者的教化，君王应当以教化为己之重任首任。"天生民性有善质，而未能善，于是为之立王以善之，此天意也。民受未能善之性于天，而发爱受成性之教于王。王承天意，以成民之性为任者也。"[4]294 万民之性"待教而善"，此天生之民性即是"天意"，教化乃是君王承天意治理百姓，王道教化的责任，既是"天意"的显现，也是王道的践行。

《论语·子张》中曾子说："上失其道，民散久矣。如得其情，则哀矜而勿喜。"[6]192 这是曾子的弟子阳肤担任掌管刑罚的官，向曾子请教，曾子告诉他说，在上位的人丧失了正道，民心离散已经很久了。如果在审案时审出真情，应该心怀悲哀怜悯，而不能沾沾自喜。曾子的观点很清楚：导致人们铤而走险，以及犯罪率大量升高的原因是"上失其道，民散久矣"，居于上位的统治者胡作非为，民众处于混乱的世道中，久失其教化，离心离德已经很久了，以致于以身试法。这与董仲舒的观点一致，在国家治理过程中，君王承担着重要的教化责任，如果社会秩序混乱，发生灾异谴告，不是老百姓的行为所致，而是上位者不重视教化，失去民心所导致的。"中民之性"即万民之性，本有仁善之质，需要君王以教化引导，以德行感召，不仅从根本上使百姓避免受到刑罚，又能稳固国家政权。"凡以教化不立而万民不正也。夫万民之从利也，如水之走下，不以教化堤防之，不能止也。是故教化立而奸邪皆止者，其堤防完也；教化废而奸邪并出，刑罚不能胜者，其堤防坏也。"[8]2503 "天下所未和平者，天子之教化不行也。"[4]395

天下之所以没有和平，是因为天子的教化没有得到施行。教化是治国大道，君王奉行王道，既符合"天意"，又抓住了治理国家的根本，施行教化，以显著的德政润泽于天下，那么四方的百姓和其他国家没有不响应的，教化之根本确立了，世间万物才会各得其所。

2. 礼乐教化之功

董仲舒从历史角度，认真分析和总结了秦朝灭亡的原因，秦王朝"重禁文学，不得挟书，弃捐礼谊而恶闻之，其心欲尽灭先圣之道，而颛为自恣苟简之治，故立为天子十四岁而国破亡矣"。[8]2504 董仲舒认为，因为秦抛弃礼义文明，灭绝圣人之道，只讲严刑峻法，不讲礼乐教化，以致二世而亡。因此，"道者，所繇适于治之路也，仁义礼乐皆其具也。故圣王已没，而子孙长久安宁数百岁，此皆礼乐教化之功也"。[8]2499 要实现天下大治政治目标和理想，就要有"仁义礼乐"治道的手段和工具，也只有实施"礼乐教化"，才能实现国家的长治久安，才是天下大治之道。君主接受天命，以身作则，自上而下施行教化，使人民崇尚礼义，明辨人伦，这对于圣王的功业来说，有着重要的功用。[14]207-238

具体的礼乐制度会随历史的演变而不断更化，"殷因于夏礼，所损益，可知也；周因于殷礼，所损益，可知也；其或继周者，虽百世可知也"。[6]59 虽然每个时代的礼乐刑政都会有所损益，但礼乐教化的精神和功用却可以传继百世。董仲舒在讲到礼乐教化的社会功用时，既看到了礼乐的损益变更，更强调了礼乐缘于民情民心的本质，也正因为礼乐本于人心，所以才能起到定邦安民之功用。"王者未作乐之时，乃用先王之乐宜于世者，而以深入教化于民。教化之情不得，雅颂之乐不成，故王者功成作乐，乐其德也。"[8]2499 当礼乐刑政不能再深入教化当世之民的时候，王者会依其德，据其功而制礼作乐。"舜时，民乐其昭尧之业也，故《韶》。《韶》者，昭也。禹之时，民乐其三圣相继，故《夏》。《夏》者，大也。汤之时，民乐其救之于患害也，故《濩》。《濩》者，救也。"[4]19-20 尧、舜、禹、汤都是有德有位的圣人，时代不同，民情不一，他们所制礼乐也不同，"四乐殊名，则各顺其民始乐于己也。吾见其效矣"。[4]21 圣人因循的是民之"始乐"，因此，"乐者，所以变民风，化民俗也；其变民也易，其化人也著"。[8]2499 音乐能够反映出社会风气和政治兴衰，圣王依据当时的社会民情，制礼作乐，教化百姓。"正朔、服色之改，受命应天制礼作乐之异，人心之动也。二者离而复合，所为一也。"[4]22 对于历法、服色的改动，顺应天命制定礼乐的差异，都是源于人心的趋向，这两者有先有后但又殊途同归，因为它们的目的是相同的。这种源于人心的制礼作乐就是教化的重要内容，让人民看到礼乐的根本，从而达到教化万民，化民成俗的功用。

董仲舒不仅从历史的更替兴衰中看到了更化的重要性和必要性，而且站在当时汉代社会历史和政治的现实角度，提出了一系列重要措施：兴太学，建学校，重新塑造君子。这些举措是为国家培养人才，以成为国家政教的核心力量。"养士之大者，莫大乎太学；太学者，贤士之所关也，教化之本原也。"[8]2512 "兴太学，置明师，以养天下之士，数考问以尽其材，则英俊宜可得矣。"[8]2512 立太学、行教化对于实现德治具有重要的作用。[15]

同样，如何选贤任能，如何考核政绩也是实现德治的非常重要的方面。[16] 董仲舒认为"阴阳错缪，氛气弃塞，群生寡遂，黎民未济"[8]2512，都是因为"长吏不明，使至于此也"。[8]2512 因此，董仲舒在考察选拔官吏和奖惩措施方面也提出了具体可行的措施和一系列的"董子方案"，指出"毋以日月为功，实试贤能为上，量材而授官，录德而定位，则廉耻殊路，贤不肖异处矣"。[8]2513 考核官员必以其实绩为依据，而外在的名号（即职位）和取得实绩的手段并不重要，而且董仲舒提出"九品"之说，将考核结果量化，以考核结果来奖惩，赏罚分明。这些举措既有利于选拔人才，又能使官员尽职尽责，建功立业。

董仲舒提出立太学，设庠序的目的，也是以仁义礼智信，化民成俗，而不是以刑罚为主。"立太学以教于国，设庠序以化于邑，渐民以仁，摩民以谊，节民以礼，故其刑罚甚轻而禁不犯者，教化行而习俗美也。"[8]2503-2504 教化的内容则是仁、义、礼、智、孝、悌、尊、卑。"先之以博爱，教以仁也；

难得者，君子不贵，教以义也；虽天子必有尊也，教以孝也；必有先也，教以弟也。" [4]312

三、结论：董仲舒教化伦理的人文内涵

董仲舒的教化伦理基于天道人性，其教化思想蕴含着丰厚的人文精神，处处体现了对天人之道的敬畏和仰望，对人性的充分探究和尊重，对人的生命的高度赞美和深切情怀。

（一）教化之道，天人相与

董仲舒主张"道之大原出于天，天不变，道亦不变" [8]2518-2519，这是董仲舒教化思想的坚实的天道根基。董仲舒主张更化改制，但其改制"非改其道，非变其理" [4]16，"若夫大纲、人伦、道理、政治、教化、习俗、文义尽如故，亦何改哉！故王者有改制之名，无易道之实"。[4]18 三纲五常、政治教化，是天道天序，是人所共由之"道"，是礼之大本，哪怕历经百世，其文章制度虽有所因袭改革，但其"道"不改，教化伦理亦不因为时代朝政的更迭而改变。

《天人三策》中，汉武帝问"人如何应天而行"，董仲舒说："人受命于天，固超然异于群生，入有父子兄弟之亲，出有君臣上下之谊，会聚相遇，则有耆老长幼之施，粲然有文以相接，欢然有恩以相爱，此人之所以贵也。……是其得天之灵，贵于物也。故孔子曰：'天地之性人为贵。'" [8]2516 董仲舒面对国家至高无上的统治者，以人的三纲五常之伦彝，仁义礼智为根本，回答了君王应如何顺应天道而施政的问题，把天道一下子从虚幻转向现实，落实在政治教化和人伦秩序上，同时极大地肯定了人的价值和可贵。

（二）教化之基，德政之本

董仲舒上述天志，下论人性，从天两有阴阳，到人亦有贪仁之性，从人性论奠定了教化的理论基础。不仅讨论了善与道德伦理教化的区别和联

系，肯定了“善”是人性中固有之资质，指出了教化的可能性、必要性和必需性，更针对“中人之性”，阐明了万民之性待教而后善，明确了上位之君以礼乐教化和引导百姓的重要责任，把是否施行教化与王道德政直接相关联。德主刑辅，实行仁政，必以教化为其根本。

（三）教化之终，贵在成人

董仲舒虽然把教化与德政相联，但教化最终的目的是“成人”。君王自上而下施行教化，“事明义，以照耀其所暗”[4]259，是强调教化外在的政治意义，然董仲舒又强调“天地人，万物之本也。天生之，地养之，人成之。天生之以孝悌，地养之以衣食，人成之以礼乐，三者相为手足，合以成体，不可一无也”[4]165，天生长万物，地养育万物，人继天而行，以礼乐成就自己，成就万物。三者好比手足，是不可分割的一个整体。且“人为天下贵”，在于人有父子、兄弟、君臣、长幼之伦，也就是说，人必须在伦理关系之中才可成其为人。如何成就人性之善，关键是人的“心”，心能“栣众恶于内，弗使得发于外”，所以人具有修养心性、成就教化之功的主观能动性，这也正是“人为天下贵”的可贵之处。

董仲舒继承儒家重视礼乐教化的思想，并依据当时的社会需求和历史条件，重新进行阐释和构建，不仅在当时起到了正本清源、拨乱反正的作用，而且在复兴中华传统文化的今天，同样具有很重要的现实意义和价值。[17]

董仲舒作为一名汉代儒学大家，他不仅学识渊博，行为端方，性情笃厚，“为人廉直”，且具有一种儒者的担当精神，自觉地担负起历史赋予的文化传承的使命。东汉思想家王充说“孔子之文在仲舒”，董仲舒的理论多是依据《春秋》之法，如“《春秋》之道”“《春秋》之序道”“《春秋》之文”“谨案《春秋》”等皆是董仲舒所着重研究的。今天对于每一个有着历史责任感的人来说，也要自觉担负起知识分子应有的使命和职责。

参考文献

[1] 高鑫 . 从天道观到道德信仰的构建：解析董仲舒的天道观、人性论、道德信仰 [J].
金融理论探索，2007（5）.

[2] 宋志明 . 从以吏为师到以天为教：董仲舒天人学说新探 [J]. 河北学刊，2009（2）.

[3] 张韶宇 . 董仲舒"王道教化论"理路透析 [J]. 郑州轻工业学院学报（社会科学版），
2011（1）.

[4] 苏舆 . 春秋繁露义证 [M]. 北京：中华书局，1992.

[5] 段玉裁 . 说文解字注 [M]. 北京：中华书局，2013.

[6] 朱熹 . 四书章句集注 [M]. 北京：中华书局，1983.

[7] 孙希旦 . 礼记集解 [M]. 北京：中华书局，1989.

[8] 班固 . 汉书 [M]. 北京：中华书局，1999.

[9] 高春菊 . 独以寒暑不能成岁，独以威势不能成政：董仲舒社会教化思想研究 [J]. 衡
水学院学报，2007（3）.

[10] 董金裕 . 董仲舒的崇儒重教及其现代意义 [J]. 衡水学院学报，2015（3）.

[11] 田海舰 . 董仲舒教化思想探析 [J]. 河北大学成人教育学院学报，2001（4）.

[12] 周桂钿 . 秦汉思想史（上）[M]. 福州：福建教育出版社，2015.

[13] 曹影 ."性三品"：董仲舒社会教化的理论根据 [J]. 社会科学战线，2008（8）.

[14] 常会营 . 董仲舒的礼乐教化思想及现代价值 [C]// 王中江，李存山 . 中国儒学 . 北京：
中国社会科学出版社，2016.

[15] 庞桥 ."化民成性""节民以礼"：兼论董仲舒的师德思想 [J]. 衡水学院学报，2010（2）.

[16] 张天儒 . 浅论董仲舒教化思想之实施途径 [J]. 陇东学院学报，2008（6）.

[17] 魏彦红 . 董仲舒教化思想研究述评 [J]. 衡水学院学报，2017（1）.

循天之道以养其身

——董仲舒的天道生命观

代春敏

（衡水学院　董子学院）

董仲舒在《春秋繁露·循天之道》中说："循天之道以养其身，谓之道也。" 只有遵循天道来保养身体，才是真正的养生之道。董仲舒哲学思想中最为核心的理论是天人关系，在其天人关系框架下，董仲舒对待人的生命，无论是普遍意义的"人"，还是生命个体意义的"个人"，其生命观都是以天道为出发点和核心，体现了对人生命的高度自信和肯定，论述了人生命的可贵和养身之道。董仲舒所讲的"养身"，并不仅是保养外在的身体，也包括保养内在的心性，是一种养身与养德、治身与治国和谐统一、内外兼修的整体的"生命保养"，最终达到天人和谐、身心和谐、社会和谐。

董仲舒的生命观是循天之道，以成就高贵、完善的人格，秉持仁义正道的生命气象，当仁不让的使命担当，是对个体生命价值的充分实现。首先表现为从天人关系角度，对人生命本体的高度赞美和肯定。

一、天地之性人为贵

（一）自然生命之宝贵——与天同类、天人感应

中国文化不重神，而重人，以人为本。许慎的《说文解字》更直接："人，天地之性最贵者也。"孔子把认识自我，了解他人，仁爱他人作为"仁"的基本要求，他的"以人为贵"的思想影响了后世儒家的天地人的价值观。以人为本，担当为民，是儒家的价值皈依和精神动力。孟子倡导的"仁政"和"民为贵"的思想，也是一脉相承。《荀子·王制》篇中："水火有气而无生，草木有生而无知，禽兽有知而无义，人有气、有生、有知、亦且有义，故最为天下贵也。"荀子将世间万物分为四等，认为人是最贵的。班固的《白虎通·三军》中说："人者，天之贵物也。"董仲舒在他的天人关系理论中，充分论证了人与天地同类，"大地之性人为贵"。

1. 与天同类

人是天地自然的产物，当然也是自然的一部分，和自然有着内在的生命联系，而天地万物中人是最宝贵的。董仲舒说："何谓本？曰：天地人，万物之本也。天生之，地养之，人成人。天生之以孝悌，地养之以衣食，人成之以礼乐，三者相为手足，合以成体，不可一无也。"（《立元神》）天、地、人是万物的根本。天用孝悌生长成物，地用衣食养育万物，人用礼乐成就万物。人是天地所生，人何其贵！董仲舒在《汉书·董仲舒传》中回答汉武帝"人如何应天而行"时说："人受命于天，固超然异于群生，入有父子兄弟之亲，出有君臣上下之谊，会聚相遇，则有耆老长幼之施，粲然有文以相接，欢然有恩以相爱，此人之所以贵也。……是其得天之灵，贵于物也。故孔子曰：'天地之性人为贵。'"董仲舒认为人的自然生命是得"天之灵"，肯定"天地之性人为贵"（这句话是引用孔子的言论，有学者认为是在汉代的第一次引用），体现了董仲舒充沛的人文情怀和生命自信。

董仲舒从副数和副类两个维度，来反复论证天人同类，天与人数相参，

命相连。董仲舒说："天地之精所以生物者，莫贵于人。"（《人副天数》）"人有三百六十节，偶天之数也；形体骨肉，偶地之厚也；上有耳目聪明，日月之象也；体有空窍理脉，川谷之象也；心有哀乐喜怒，神气之类也。"（《人副天数》）人体有三百六十根骨节，这跟天的日数是相合的；人的身体骨肉，跟地的厚重是相合的；人头上有耳朵和眼睛来进行视听，这是太阳和月亮的象征；人体内有穴位和血脉，这是江川山谷的象征；人心有哀乐喜怒，这跟精神气息是相类似的。人在外部形体状貌和内部生理结构方面与天相副。不能用数来类比的，董仲舒就用副类的方式，人在行为、性情甚至内在知识涵养和疾病方面都与天相副，比如人的哀乐喜怒如天之冷暖寒暑，人的呼吸如天地之风行，人的知识如天之神明，甚至疾病也与天之阴阳相应等。因此人作为天地间重要的一部分，能够这样与天地相偶相合，是其他物种不能比拟的，人是最可宝贵的！

"天、地、阴、阳、木、火、土、金、水，九，与人而十者，天之数毕也。"（《天地阴阳》）董仲舒把人与天地、阴阳、五行放在一起，共同构成这个缤纷繁复的宇宙世界的十大要素，闪耀着人性的光辉和力量。传统观念中，"十"，代表圆满，终结。在董仲舒看来，构成宇宙的因素，从天开始到人就终结了，意味着天地终始。终结之外的，就叫作物，万物不在十端之中，它们各自按照所从属的类别投入到从天到人的十端之下去。从这里可以看出，董仲舒将人与其他万物区别开来，人超越万物之上，与天地相类相通，是天下最尊贵的。人从与"天地参"到成为构成宇宙世界十端之一，这是董仲舒对人的生命意义和价值的肯定，对人类主体意识和精神力量的极大褒扬，也是董仲舒天人哲学中最闪光的思想。

2. 天人感应

董仲舒指出，既然天人同类，同类的事情就会相互感应、相互益损。"百物去其所与异，而从其所与同，故气同则会，声比则应，其验曒然也"，水流向潮湿的地方，火热趋向干燥的东西，天人同类，天、人之间也有阴阳感应。

董仲舒的天人感应思想，也是历来被人所误读和批判最多的，但通过深入解读，我们可以看出，董仲舒的天人感应不是简单的天道迷信和神学崇拜，在董仲舒的"天人感应"关系中，人不是被动地承受天的感应，人的地位和作用始终是积极主动的。第一，天人感应最终用于人事。董仲舒认为，明白同类相动的道理，了解天地阴阳的道理，可以用阴气来求雨，用阳气来止雨，"明于此者，欲致雨则动阴以起阴，欲止雨则动阳以起阳"，这些道理用到治国方面，则关系到君王的德行和国家的兴衰，其目的是为人事服务。第二，天、人之所以能感应，是因为人具有强大的积极主动性。董仲舒尽力消除天人感应带来的神秘色彩，求雨止雨"非神也"，不是神秘的力量使然，其中蕴含着同类事物相互感应、相互引发的微妙道理。人首先发挥主动性，做到明智通达，才能觉察引发同类事物的感应，"无非己先起之，而物以类应之而动者也"。"内视反听"，见人之不能见，觉察微妙的道理。第三，董仲舒勉励人们要充分发挥能动性，强调不能只依赖天命的祥瑞而忽视人事的努力。董仲舒在《同类相动》篇中引《尚书大传》中记载的一件事："周将兴之时，有大赤鸟衔谷之种，而集王屋之上者，武王喜，诸大夫皆喜。周公曰：'茂哉，茂哉，天之见此以劝之也。'恐恃之。"

在董仲舒的生命观中，对于人的自然生命，从生理结构到精神追求，给予"人"等同天地，甚至于大地间最为可贵的最高赞美和价值的绝对肯定，同时又强调了人的主体性和能动性。

（二）道德生命之高贵——重生爱民、以民为本

为什么说"天地之性人为贵"，是贵在自然赋予人的生命、躯体，抑或是人的思想、精神？如果说生命可贵，身体最贵，为何孔子要说"朝闻道，夕死可矣"，说"杀身以成仁"，孟子说"舍生而取义"呢？所以，还有比人的自然生命躯体更为尊贵的有价值的东西，那么所贵者为何呢？

儒家特别重视人的道德价值，人之所以为人，主要是因为人具有自觉的道德意识。董仲舒从人的社会性出发，认为《春秋》"敬贤重生""重

农爱民"，体现了对于人道德生命的尊重和以民为本的爱民思想。

1. 敬贤重生

既然生命有超越自然特性之外的生存价值，那么衡量生命意义和价值的标准又是什么呢？是财富、地位和名誉，还是奉献、责任和担当？董仲舒按照《春秋》"重德敬贤"的大义，指出"高者列为公侯，下至卿大夫，济济乎哉，皆以德序"（《观德》）。人才众多，都是按照德行的高低来排列爵位的次序。评判一个人能否得到众人的尊重，不是看其地位、身份、血缘，而是看其德行的高低，把"德"放在首位。《礼记·曲礼》中开篇讲说："毋不敬。"执礼为敬，那么什么才是最值得人尊敬的？董仲舒认为，不是敬地位，敬职位，最终还是敬德行，礼的精神实质就是"以德多为象"（《奉本》），以德行高的人，有贤德的人作为效法的典范，即以人的德行为尊。

另一方面，有德行的人必然将人的生命特别放在第一位，懂得爱护老百姓。《春秋》记载最多的是战争，有战争，必有伤亡。董仲舒说："《春秋》之法，凶年不修旧，意在无苦民尔；苦民尚恶之，况伤民乎？伤民尚痛之，况杀民乎？……今战伐之于民，其为害几何！"（《竹林》）通过对战争问题的辞义辨析，可以看出董仲舒对人生命的重视。民苦则心恶，民伤则心痛，更何况杀民，所以"断断以战伐为之者，此固《春秋》所甚疾已，皆非义也"。

《春秋》还记载了一件事：楚庄王围宋，楚军尚有七日之粮；宋国困厄，国人饥饿难忍，以至于易子而食，析骸而炊。宋将华元夜见楚将司马子反，子反听闻此言，以楚军实情相告，最终楚宋订立盟约，楚军退兵，解除了宋国的困厄。按《春秋》的法则来说，卿士不应该忧虑别国的诸侯，政事也不应该决定于大夫，但司马子反不忍心看到宋国国人因战争饿得人吃人，于是"废君命，与敌情，从其所请，与宋平"。司马子反的行为看似专政轻君，而《春秋》却赞美他，为什么？董仲舒认为，只因为司马子反同情宋国百姓，在生命面前，宋人与楚人没有差别，战争的得失又何足挂齿，所以《春秋》大为褒扬。所谓"一视同仁",就是对生命出于本心的仁爱和珍视。

《春秋繁露》中《求雨》和《止雨》两篇中,描述了董仲舒任江都国相时主持的求雨和止雨祭祀时的仪式。在仪式中有祷告的祝词,其中止雨的祝词这样说:"嗟!天生五谷以养人,今淫雨太多,五谷不和。敬进肥牲清酒,以请社灵,幸为止雨,除民所苦,无使阴灭阳。阴灭阳,不顺于天。天之意,常在于利人,人愿止雨,敢告于社。"由此可以看出,虽然止雨的祭祀仪式充满了浓厚的神学意味,但董仲舒在阐发阴阳五行、天人相应的理论基础上,将其运用到现实社会政治和生活中,认为祭祀的目的是为了"除民所苦",并且"天之意,常在于利人",是人想要止雨,所以才进行祷告。祭祀的整个过程紧紧围绕人的需要、人的请求,表现出来的是儒家的顺天应民、重农爱民的思想。所以不管是祈雨还是止雨,不为神,亦不为君,其最终目的还是怜惜广大民众,安抚百姓,为民请祷。

2. 以民为本

董仲舒"伸天屈君,伸君屈民"的论断,往往给人造成一种误解,认为董仲舒重君轻民。其实不然,在对待君民关系的问题上,董仲舒虽然强调君王的地位和作用,但更加注重民心、民意,民心与天意直接相感应。

首先看天、君关系。董仲舒说:"人之得天、得众者,莫如受命之天子。"(《奉本》)人之中能够得到上天和大众拥戴的,没有谁能够比得上接受天命的天子。"天"是董仲舒哲学的最高范畴,天子,即天的儿子。天子是受命于天的君,其位至尊,这是董仲舒的尊君思想。另一方面,董仲舒又以"天"来制约君主的无限至上的权力,其中一个方式就是作为"天子"的德,对君主的人格修养和道德自律提出更高的要求,以此规范天子的意志,这是董仲舒"屈君"的思想。从这句话中可以看出,董仲舒并不认为得受天命就可以称为"天子","天子"不仅得天命,还要以"德"得民心,得百姓意,才是真正得天下,号称"天子"。所以董仲舒天的哲学,是面对汉代中央集权的现实政治和统治者至高无上的政治权威时,让国家最高权力者能以德配其位，将"天"的哲学与现实社会努力结合，认真探索，始终把政权稳定和天下苍生放在首位，寻求有效的"贤良之策"。《孟子·离娄上》中说："得天下有道，得其民，斯得天下矣。得其民有道，得其心，斯得民矣。"从董仲舒的这句"得天得众"完全可以看出，董仲舒思想与儒家思想一脉相承，并且能创新发展，与时俱进。

再看君、民关系。在董仲舒看来，君民关系从来都不是对立的，而是"君民一体"。"君者，民之心也；民者，君之体也。心之所好，体必安之；君之所好，民必从之。故君民者，贵孝弟而好礼义，重仁廉而轻财利。"（《为人者天》）君主，是人民的心脏；人民，是君主的身体。心所喜好的，身体一定安适；君主所喜好的，人民一定顺从。君是一国之主，民心所向，民为国之体，百姓跟从君王的好恶，君的德行直接影响万民的教化风俗，关系到国家的治乱，"吴王好剑客，百姓多疮瘢。楚王好细腰，宫中多饿死"（《墨子·兼爱》），这就是所谓的上行下效。董仲舒认为，君民关系，如同身心，实则一体。因此，处于上位的执政者，必须注重自身德行的修养，管住自己，管好自己，把以民为本、敬德保民的传统价值理念，运用到国家治理和处理政事当中，从日常工作和生活的细节着手，做到以德修身，以德立政，以德服众。

在具体措施方面，董仲舒针对汉代土地兼并严重的现象，从百姓利益出发，主张限田、薄敛、省役，国家对百姓"薄赋敛，省徭役，以宽民力"，废除盐铁官营。这些主张有利于缓和阶级矛盾，促进社会生产的发展，巩固大一统的封建国家，在当时对减轻国家对农民的剥削和压迫，节约民力，保证农时，使土地和劳动力有比较稳定的结合，有着巨大的进步意义。

从孔子的"修己以安百姓"到孟子的"民为贵，君为轻"，再到董仲舒的"君民一体"，这是儒家以人为本的"民本"思想，一脉相承。后世有人以为，儒家思想乃为统治者服务，以君为本，看来大错特错。孔子、孟子、董仲舒最终所关心的，乃在怎样才能使权力在握的君主行仁政、走正道、利天下、惠众庶，实行德政，轻徭薄赋，与民休息，反过来，那些"率兽食人"，宰割天下，鱼肉百姓，与民争利的寄生虫般的统治者，恰恰是儒家所反对的所深恶痛绝的。

二、养生与养德——仁义养心

儒家历来具有"养生必养德"的观念，把养德与养生联系在一起，这种生命观念也为医家所认可和提倡。孔子说"仁者寿"，《礼记·大学》中有"德润身"等思想，唐代医药家孙思邈在其《千金要方·养性序》中说"德行不充，纵服玉液金丹，未能延寿"，对后世都影响颇深。在董仲舒看来，保养人的自然生命和涵养人的道德生命同样重要，都要遵循天道。

董仲舒在《竹林》中说"天之为人性命，使行仁义而羞可耻，非若鸟兽然，苟为生，苟为利而已"。上天赋予人生命，让人奉行仁义而羞做可耻的事，不像鸟兽那样，只是苟且偷生，只图财利而已。人不能满足于像鸟兽一样的生存状态，人必须有人的人格追求和精神境界，有人道担当和生命价值，这是人与他物的根本区别。所以说在人的生命之上，还有更重要的价值和意义，即仁义道德高于人的性命。"天道施，地道化，人道义"（《天道施》），这是天地人之本。

儒家的核心价值观是仁。董仲舒认为，"仁之美者在于天。天，仁也"。（《王道通三》）天养长万物，化而生之，养而成之，没有什么比天更美的仁德，董仲舒以天为仁。既然仁为天之心，人就要取法天之道，修养仁德，施行仁政，这也是人伦大道的至高追求和最终归宿。董仲舒所讲的仁爱，不在爱己，而在爱人，在爱万物群生之性命，以仁义涵养人的精神道德。

《身之养重于义》中指出："天之生人也，使生义与利。利以养其体，义以养其心。心不得义，不能乐；体不得利，不能安。义者，心之养也；利者，体之养也。体莫贵于心，故养莫重于义。义之养生人大于利。"董仲舒说，人生来就有义和利。生命躯体宝贵，以利来养，而更为重要的精神道德要以义来养。所以像原宪、曾参、闵损这些追求义的贤人，即使生活贫穷低贱，但洁身自好，以义养身，仍"安贫乐道"，乐在其中；相反，有些人拥有很多财富，足以富养其身，可缺乏义，遭受到的羞辱大，祸患重，终身也不会快乐。

如何以仁义养德？董仲舒提出"爱气养生"的观念，"凡养生者，莫精于气"。（《循天之道》）董仲舒认为天赋予人的真气比衣食更为重要。缺乏衣服食物，生命尚且可以维持一段时间，而真气耗尽，则生命随即结束。那么如何爱护真气呢？董仲舒认为"凡气从心，心，气之君，何为而气不随也？是以天下之道者，皆言内心其本也"。董仲舒认为养生有道的人，都把"心"作为根本，养生首先要从"养心"做起，消除内心的邪恶念头，使得内心平静下来，内心平静了精神也就安定了，自然能够培养浩然正气了。董仲舒将心、意、神、气四者相联，阐述了心乃气之主宰的道理，提出了"养气"先需"养心"的方法。这与中医的理论是不谋而合的。《素问·灵兰秘典论》云："心者，君主之官也，神明出焉……故主明则下安，以此养生则寿。"也是强调养心的重要性。平和的心态能使气血调和、脏腑和谐、正气旺盛，从而增强机体免疫力，促进身心健康。

仁人善于养心，"仁人之所以多寿者，外无贪而内清净，心和平而不失中正，取天地之美以养其身，是其且多且治"。（《循天之道》）身与心的高度和谐，外在气质风范、言谈举止与内在的情感、心志以及价值观等的自然融洽，中正平和，即是董仲舒描述的仁者的生命状态和状貌气象："恻怛爱人，谨翕不争，好德敦伦，无伤恶之心，无隐忌之志，无嫉妒之气，无感愁之欲，无险诐之事，无辟违之行。故其心舒，其志平，其气和，其欲节，其事易，其行道，故能平易用和理而无争也。如此者，谓之仁。"（《必仁且智》）有仁德的人之所以大多长寿，其原因是不贪求外物而内心清净，心境平和而保持中正，选择天地间美好的事物来保养自己的身体，因此他的内气充沛且有条理。"仁者寿"之"寿"不只是生命在时间上的延续，也是精神生命质量和状态的美好，即生命合于天道，以和谐安乐的方式存续或结束。仁者修养身心，精神的愉悦和道德的满足感都有助于身心的安泰。

以仁义养心，达到外在的生命状态和内在的精神和谐统一："和乐者，生之外泰也；精神者，生之内充也。"（《循天之道》）平和快乐，是生命外在的安乐舒适；精神，是生命内在的丰盈充实。"行中正，声向荣，气意和平，居处虞乐，可谓养生矣。"（《循天之道》）行为中正，声音洪亮，气意平和，生活安乐，这可以说是懂得养生之道了。董仲舒所说的养生一定是内外兼修的，让外在的生命和内在的精神始终处于一种安泰平和的状态，董仲舒称之为"外泰"和"内充"。这与中医养生历来重视"形神共养"相一致，也与现代意义上世界卫生组织对"健康"的定义相吻合："健康是身体上、精神上和社会适应上的完好状态，而不仅是没有疾病和虚弱现象。"可见，健康不仅是生物学上的状态，也是精神和社会关系上的良好状态。而且在董仲舒看来，"内充"比"外泰"更重要。百岁老人长寿的秘诀一定不是依靠各种营养品，而是拥有一颗平和、乐观、豁达的心。养生需要保持健康的精神状态、稳定的情绪，避免因情绪过激而影响人体机能。因此，董仲舒说："忿恤忧恨者，生之伤也；和说（悦）欢喜者，生之养也。"愤怒、担忧、忧愁、怨恨，都对生命有害；和乐欢喜则会滋养生命。健康的心态对于养生而言是极为重要的。心境淡泊宁静，身心自然中正平和。现代社会竞争激烈，人们常常感到"压力山大"，负面情绪堆积无处宣泄，长此以往对健康危害极大，因此我们要予以重视并积极寻找适合自己的养心之道。

三、治身与治国——中和之道

儒家的和谐思想大致包括三重含义：天人和谐，身心和谐，最终达到社会和谐。董仲舒的《春秋繁露》中"和"字共出现了 75 次，基本涵盖了这三方面的意思，然而，董仲舒的哲学是"求善"的政治哲学（周桂钿），他经常将治身与治国放在一起论述，其"中和"之道思想不仅用于治身，更归结到治国理政方面。

"中和"是宇宙万物和人类社会最理想的状态。《周易》有一卦为《泰卦》，上坤下乾，天地感通，《周易·象传》谓之："天地交而万物通也。"董仲舒说，天地之间充满了阴阳之气，天和人发生的关联沟通，以及人类的活动都是通过气进行上下传递，天地万物相互感通，才能达到"和"的状态和境界。所以董仲舒说"举天地之道，而美于和"，所有的天地之道中，和气是最美好的，"和者，天之正也，阴阳之平也，其气最良"。

（一）中和之道治身

董仲舒肯定了以中和之道养生与人的生命长短有着密切的关系。董仲舒说："得天地泰者，其寿引而长；不得天地泰者，其寿伤而短。短长之质，人之所由受于天也。"（《循天之道》）董仲舒认为，人的寿命短长的体质，是从上天接受来的。得到天地中和之道的人，他的寿命得到延伸而长久；得不到天地中和之道的人，他的寿命受到损伤而短促。在这里董仲舒论述人的先天体质和后天养生对于生命长短的影响。人的天赋体质是生命长短的根基，而是否注重养生，使天赋体质得到最充分的生长和发展，也是影响生命长短的关键因素。所以人的寿命是在天赋体质和养生之道相互影响、相互作用下的结果。

怎样以中和之道养生呢？董仲舒指出："天人之道兼举，此谓执其中。"（《如天之为》）天道人道同时施行，这就叫把握了中道。董仲舒倡导人道效法天道，而人道对于天道的顺从和效法不是简单机械地模仿，而是要深入探究天地之道的本质所在，体察天道，遵循人伦大道，找到天道、人道最适当、最适度的相合方式，就可以用来保养身心。万物都是在天地、阴阳的中和之处发生、发展和成熟的，人也应该效仿天地的中和之道，做到内无贪心私欲、外随季节变化饮食起居。

人的寿命长短虽由天定，亦在人为。董仲舒进一步指出，有些人行为放荡却寿命长久，这是天命增加的；有些人行为端正却寿命短促，这是天命减少的，不能因为看到这些情况就怀疑养生之道的作用。因此如果天赋予人的寿命长久可是人伤害它，长久的寿命也会缩短；天赋予人的寿命短促可是人保养它，短促的寿命也会延长。那么，最好的养生之道是什么呢？董仲舒认为是"得天地泰"。所谓"得天地泰"，具体来说，就是要在日常起居、冷暖寒暑、饥饿温饱、辛劳安逸、理欲善恶、喜怒性情、举止动静等各个方面都达到中和的状态。内安外养，上下感通，保养中正平和之气，随天时和节气转换，有规律有节制地安排日常生活起居，这样才能保证身体康健，延长寿命。现代社会很多不健康的生活方式，比如熬夜、久坐、超长使用电子产品、饮食不健康不规律，严重损害了大批中青年人的身体健康，出现了重大疾病年轻化的趋势。

（二）中和之道治国

董仲舒认为中和之道既可"养其身"又可"理天下"，既是养生原则，又是治国原则。董仲舒说："能以中和理天下者，其德大盛；能以中和养其身者，其寿极命。"（《循天之道》）懂得以中和来治理天下的人，他的德行盛大完美，而用中和之道来保养身体的人，他的寿命也会得到最大限度的绵长。在董仲舒看来，理想的社会应该等级有序、上下和洽。为了达到这种理想，圣明的君主就应该遵守以"中和治国"。所以他说："中者，天地之美达理也，圣人之所保守也。"（《循天之道》）认为中和是天下最好的常理，也是圣人所遵循的。他还引用《诗经》里的"不刚不柔，布政优优"，来说明中和施政也是经书所提倡的。董仲舒认为，如果君主能够做到中和施政，则"其德大盛"，就会出现"元气和顺，风雨时，景星见，黄龙下"（《王道》）等天人和谐之景象。中和思想在今天仍具有重要的现实价值。当今时代，人与人、人与社会、人与自然的冲突，以及不同文明之间的冲突，在一定程度上已成为社会发展的障碍。借鉴董仲舒"以中和理天下"的智慧，有助于化解这些冲突，对当今人类命运共同体的构建、现代文明的发展都是极其有帮助的。

在具体的养生之道中，董仲舒依然能从天道落实到治国政事，董仲舒说："治身者，务执虚静以致精；治国者，务尽卑谦以致贤。"（《通国身》）由执虚静聚精气于身，到治国者尽谦恭而集聚人才，道理是一样的。董仲舒还说："凡择味之大体，各因其时之所美，而违天不远矣。"（《循天之道》）意思是人但凡选择食物滋味的要点，是那些符合时令生长得好的东西，这就与上天之道相隔不远，很接近了。董仲舒主张吃时令蔬菜有益于养生。他说，冬季生长荠菜，荠菜是甜的，说明冬季适合吃甜味食品；夏季生长荼菜，荼菜是苦的，说明夏季适合吃苦味食品。中医也认为，夏季心火当令，人们容易心火过旺，出现口舌生疮等症状，苦味可入心经而降泄心火，苦味蔬菜对人有诸多益处。《汉书·召信臣传》记载了汉元帝竟宁年间，在太官园种植冬生葱韭非时令蔬菜，要在暖房里种，日夜烧火保持温度，召信臣认为这些不是按季节生长的，吃了有害健康，不适宜用来供给皇宫使用，于是奏请不再种植。这样节省下每年数千万的费用。唐代贞观十九年（645 年），也有人于地下生火种菜，太宗征高丽班师时，奉上非时令鲜菜，也因耗费过大而被革职。可见，提倡食用时令菜蔬，在古代不仅仅是基于养生的考虑，更是基于治国为政的考虑。

董仲舒温良醇厚，清廉正直，严于修身，《汉书·董仲舒传》中说："进退容止，非礼不行，学士皆师尊之。"董仲舒凭借自己渊博的学识和廉洁正直的品行，为人为学为官。董仲舒"天人三策"应对汉武帝的策问，得到武帝的赏识，先后被任命为江都国相和胶西国相，这两位皇帝的兄弟都不是良善之王。但是董仲舒正身以率，一方面秉承仁义正道辅佐，并没有助长骄王的"坏脾气"，一方面危言危行，戒惧谨慎。在任期间，关心百姓的生活，遭遇灾害时，指导带领百姓求雨、止雨。对江都王的急功近利和骄横恣肆，则"以礼谊匡正"，受到江都王和百姓的爱戴。不但没有遭到杀害，还赢得了胶西王和江都王的尊重和善待，把"虎狼之王"规劝匡正为"妥帖驯良之王"。

因此，在董仲舒看来，治身与治国本就相通，均需循天的中和之道，循之可修身养生，依之可治国理政。

结　语

（一）遵循天地之道保养生命，是中华优秀传统文化整体思维的一个重要特征。因为天地、阴阳以及人与万物同属一气，外在的世界（天地宇宙）是一个整体，自己的身体也是一个整体，而人和物又构成一个整体，所谓"天地万物一体也"。整体又包括许多部分，各部分不是独立的，它们之间相互联系、相互影响、相互感应，这是儒家在自然"生命"基础上的"与天地万物一体"的生命观，认为天地化育万物，生命是最可宝贵的，要珍惜、善待生命。

（二）董仲舒所说的"人为天下贵"，更为重要的意义在于人有父子、兄弟、君臣、长幼之伦，人必须在伦理关系之中才可成其为人。也就是说，不仅要认识到自我生命的贵重，更重要的是对生命的珍视，通过学习和教化，追求人之所以成为人的德性，最终成就高贵的君子品格，充分实现自我生命的价值。

（三）董仲舒的生命观，从天道信仰，到切切实实关照人的精神和人事政治，将养生与养德，治身与治国相统一，以人为本，担当为民，关注民生、体察民情是儒家君子品格的价值归依和精神动力，处处体现着对人生命价值的自信和肯定。

（四）从董仲舒的学习、为官和著书授徒的生命历程看，他下帷发愤，目不窥园，他的好学和博学广为传颂，几乎成为"博学多闻"的代名词，受到后人敬仰。而且董仲舒不仅治学严谨，学识渊博，而且胸怀治国良策，眼界开阔，他能学以致用，他的三年苦读，不是死读书，读死书，他能在研读经书中，发现古今大道和历史发展规律，又能面向当时汉代的社会现实和政治需求，把目光从经书延伸到治国理政和天下百姓，认为古今同理，能够以古鉴今，融会贯通。尽管董仲舒一生宦海浮沉，但仍能得享高寿，拥有饱满的生命气象和旺盛的生命创造力，充满着昂扬的生命力，应该与其体察天道，循天养生，注重养心养德有着密切的关系。

"独尊儒术"意蕴浅说

耿春红

（衡水学院　董子学院）

　　"罢黜百家，独尊儒术"，指汉武帝采用董仲舒建议，用儒学教义实行专制，治理天下。传统观点对它的解读和定性主要形成于19至20世纪之交，是在打倒"孔家店"、反对专制体制的背景下，对这一说法形成统一的反对观点，讨论范围也极其狭窄。新中国成立后，情况依然如此。改革开放以后，学界对这一说法的讨论逐渐多起来，其焦点除了传统观点外，还有对"罢黜百家，独尊儒术"可信性的质疑与反驳、产生原因的探析、历史过程的考察、内涵和性质的重新解读及首倡者是谁等问题。鉴于这句话在中国历史上起到的作用之大、影响时间之长和范围之广，其他话语很难望其项背，因此，对于它的讨论，还会继续下去。"罢黜百家，独尊儒术"，其实重点在后面一句，因为真正涉及落实层面，而且为什么叫"儒术"，而不叫"儒学"，其中蕴含的意蕴是什么呢？清楚这些之后，对于这句话的理解将会更深刻。就此笔者提出一点浅见，以求教于大方之家。

　　先从武帝说起。汉武帝是一个性格非常强悍、非常想大有作为的皇帝。他的性格、做事的方式，都与秦始皇有相似之处。始皇帝嬴政是一个有着非凡自信的皇帝，单从他自称的中国最高统治者的称号——"皇帝"两个字看来，就显得十分非凡。"皇"字取自"三皇"，是开创宇宙人类的三位神人；"帝"字取自"五帝"，是传说中以黄帝为代表的五位半神半人的领袖。所以皇帝是三皇五帝的合称。他不立皇后，认为没有任何女人可以和自己地位平等；他废除谥号制度，认为"子议父，臣议君"是大逆不道之事；他好大喜功，独断专权，从一个成功走向另一个成功。他想废除什么就废除什么，想开创什么就开创什么，这是前无古人的一种自信。汉武帝在统治期内，也是做了一系列"大事"：东并朝鲜，南吞百越，西征大宛，北破匈奴，同时还兴修起数十座雄伟的宫殿和自己的豪华陵墓，不断搞声势浩大的巡游。

这样一个人，当然不会继续用黄老之术来作为指导思想。黄老无为，而他是"大有为"。但是也没有继续用法家思想。这还要从秦始皇这个"榜样"说起，只不过这方面的"榜样"成了反面。秦国虽立国已久，但到了秦孝公时，任用商鞅变法，才富国强兵起来，逐渐成为战国中后期最强大的国家。可以说秦国仰仗以商鞅为代表的法家才开创了统一的基业。秦始皇所取得的成功也是在法家理论指导下完成的。法家是作为周代礼乐文化的反叛者出现的。礼乐文化追求的是典雅、宽容、仁爱、稳定，这种文化性格适合和平年代，在生死存亡的战争年代就显得刻板、迟钝和颟顸。相比之下，法家文化直接、痛快、高效。法家推崇制度理性，要用制度而不是道德来解决问题，这个思路应该说比儒家更为高明。吕思勉说："法家之学，在先秦诸子中，是最为新颖的。先秦诸子之学，只有这一家见用于时；而见用之后，居然能以之取天下；确非偶然之事。"在法家思想指导下，秦始皇以摧枯拉朽般的速度横扫六国，统一海内；之后又在法家思想指导下统治天下：修驰道、拆险阻、修长城、平百越、伐匈奴，每件事都是要花钱的。除此之外，秦始皇还有一个爱好：喜欢搞大工程大项目，搞城市规划建设，修宏伟的建筑。他每灭一国，就要把这个国家首都的宫殿绘下图纸，在咸阳边上照样复制一座。因此，他修的宫殿非常多，"关中计宫三百，关外四百余"，一共七百多座。秦始皇修的最大的一个工程是自己的坟墓，著名的秦始皇陵，动用了七十余万人。所以大秦帝国的老百姓，赋税痛苦指数是空前地高。董仲舒说，秦代的田赋数量是以前的二十倍。在这种过度压榨下，秦帝国从出现到灭亡，不过十五年。

鉴于秦朝的灭亡，汉立国之后，就不断反思它快速灭亡的原因。汉初，在指导思想方面，吸取秦灭亡的教训，采取休养生息的政策，用道家思想。统治者采取少有作为的办法，不过分打扰老百姓，尽量提供一个和平安定的环境。但是，这一政策推行六七十年后，遇到了难题，王国割据势力钻空子兴盛起来，而且大有反叛的苗头。汉武帝要加强大一统局面，加强中央集权，他必然要弃"无为"，而要有"大作为"。于是，元光元年（前134年），汉武帝召集全国著名学者到长安开会，讨论帝国的思想文治，因为汉武帝清楚，治国理念很重要，一个国家要强盛，必须先把意识形态建立起来。

在这次会议上，董仲舒脱颖而出。董仲舒少治《春秋》公羊学，兼通群经，景帝时为博士。在对策中，董仲舒提出"罢黜百家，独尊儒术"。这个建议，其实和汉武帝的性格并不那么合拍。儒家和法家不一样。儒家并不是一个驯服的学派。它是头上长角身上带刺的。法家是拍马屁的能手，"法今王"，谁在位，我就拥护谁；儒家是"法先王"，批评在位的君主。所以法家是没骨头的，儒家是有骨头的。儒家首创"民贵君轻"之论，认为"民为贵，社稷次之，君为轻"，甚至说出"君视臣如草芥，臣视君如寇仇"这样在两千多年后的今天听起来仍然很大胆的话。儒家公开主张称，如果皇帝不仁，臣子可以推翻他。所以直到汉武帝的父亲汉景帝在位的时候，还有一些儒生坚持"推翻暴君有理"的汤武革命思想。

《史记》记载，有一个儒生叫辕固生，在汉景帝面前和黄老学派的黄生争论一个问题：商汤推翻夏桀到底是什么性质，是正义的，还是以下犯上的大逆不道？辕固生说，商汤推翻夏桀是合理的，因为民心就是天命。夏桀胡作非为，失去民心，就应该被得民心的人推翻，这是天经地义的。而黄生却说："冠虽敝，必加于首。履虽新，必关于足。"帽子即使旧了，也要戴在头上，鞋子不管多新，也只能穿在脚下。"桀纣虽失道，然君上也。汤武虽圣，臣下也。"臣子推翻君主，这就相当于把鞋子戴在头上。君主不管有什么过错，都不能被推翻。而且只有臣错而无君错，君主有过错，臣子应该劝谏，不能有效地劝谏天子，反而把他杀了，就是大逆不道。辕固生一听，说了这样一句话："高帝代秦即天子之位，非邪？"意思是，高皇帝刘邦推翻秦朝的皇帝，是大逆不道吗？这样一来，黄生张口结舌，不敢回答了。汉景帝只好出来打圆场，说："食肉不食马肝，不为不知味。言学者无言汤武受命不为愚。"吃肉不吃有毒素的马肝，并不说明你不是美食家；学术不研究汤武受命这一段，也不说明你不是学者。意思是要把这个问题挂起来，不争论。从这一段记载可以看出，儒家那种从道不从君的劲头，是让统治者感觉很不舒服的。换句话说，儒家学说和大一统专制本身是矛盾的。

那么，汉武帝怎么会决定独尊儒术呢？因为汉武帝独尊的儒术，和儒家的本来面貌已经不一样了。为汉武帝所用的儒家，实际上是法家化了的儒家，外表是儒家，骨子里是法家。为什么呢？这是因为董仲舒对儒家思想进行了一番改造，让儒家思想变得和以前有了很大差别。以"三纲"为例。后世提起"三纲五常"，就认为是儒家的。尤其是对"三纲"深恶痛绝。但事实上，这是法家的东西而不是儒家的。"三纲"，最早是法家的说法。韩非子说过："臣事君，子事父，妻事夫，三者顺则天下治，三者逆则天下乱，此天下之常道也。"（《韩非子·忠孝》）大臣在君主面前，儿子在父亲面前，妻子在丈夫面前，都只能驯服不能反抗。韩非的这段话虽然不长，却将儒家"君臣、父子、夫妇"关系中处于强势地位的君、父、夫的权力加以强化。该观点突出了三点内容：其一，这三者乃是一种不平等的主从关系；其二，这三种关系的顺逆，直接关系到天下的治乱，值得人们高度重视；其三，这三种主从关系乃是不可改变的永恒准则。

这显然是和儒家思想完全相反的。儒家强调权责对应。以继孔孟之后的儒学大师荀子一段话为例。他对君臣、父子、夫妇关系的讨论有："请问为人君？曰：以礼分施，均遍而不偏。请问为人臣？曰：以礼待君，忠顺而不懈。请问为人父？曰：宽惠而有礼。请问为人子？曰：敬爱而致恭。请问为人兄？曰：慈爱而见友。请问为人弟？曰：敬诎而不苟。请问为人夫？曰：致功而不流，致临而有辨。请问为人妻？曰：夫有礼则柔从听侍，夫无礼则恐惧而自竦也。此道也，偏立而乱，俱立而治，其足以稽矣。请问兼能之奈何？曰：审之礼也。古者先王审礼以方皇周浃于天下，动无不当也。"（《荀子·君道》）荀子在此讨论了四种伦理关系，即除"君臣、父子、夫妇"之外，又加上"兄弟"。针对君臣、父子、夫妇、兄弟各自不同的社会角色，荀子分别提出了八种道德要求，最终用"礼"来统摄这八类道德规范，强调"审之礼"，只有如此才能"动无不当"，并将"从道不从君，从义不从父"作为臣道子道的规范。也就是儒家的"君君臣臣父父子子"，是说君首先要像一个君，臣才能像一个臣；父首先要像个父，子才能像个子；等等。所以"君使臣"和"臣事君"都要各按"礼"而为。这种原则，多少有点契约的意味。因此，儒家是反对法家那种单向的"三纲"的。

那么，为什么后来"三纲"成了儒家思想的代表性词语呢？主要是董仲舒的点石成金。他把孔孟之道和韩非子的思想巧妙地嫁接在一起。

董仲舒对儒学的改造，优点是保留了儒家以天命恐吓君主的理论，而且发展出一套谶纬之学，就是通过种种迷信，什么"占星""望气"之类，来分析"上天"的想法，判断上天对皇帝满意不满意。如果地震了、天灾了，皇帝就要反省了，是不是自己哪点做得不对？就得洗个澡，静坐，反思自己。也就是说，董仲舒要求皇帝重视天命，通过"上天示警"让皇帝有所约束，不要胡作非为，否则就可能亡国。这在一定程度上保存了周代文化的核心成果。但与此同时，董仲舒又和韩非子一样，把皇帝推到了至高无上的绝对化地位，甚至他在有些方面说得比韩非子还要过。为了强化皇帝的地位，他甚至穿凿附会，寻找神学上的根据。他说："古之造文者，三画而连其中，谓之王；三画者，天、地与人也，而连其中者，通其道也。"王是三横一竖，三横，代表天、地、人，一竖，代表贯通。皇权是贯通天地的。他说，皇帝是整个国家的心脏，"海内之心悬于天子"，臣民与皇帝的关系，就像四肢与"心"的关系一样："心之所好，体必安之；君之所好，民必从之。"（《春秋繁露》）心在想什么，四肢就要想办法来满足心的需要。皇帝喜欢什么，百姓就要顺他的意，所以天下臣民必须无条件地服从皇帝："民之从主也，如草木之应四时也。"臣民要无条件顺从君主，"体不可以不顺，臣不可以不忠"（《春秋繁露》）。这些话比韩非子说得还要到位，皇帝听起来当然会感觉很舒服，因此，董仲舒明确提出了"三纲说"：君可以不君，臣不可以不臣；父可以不父，子不可以不子；夫可以不夫，妇不可以不妇。由此，权力进一步变成了单向和绝对化。

董仲舒还继承了韩非子的法、术、势思想，强调一定要树立皇帝的权威。《春秋繁露》说："君之所以为君者，威也。……威分则失权。"董仲舒所谓的"威"即是韩非所说的"势"，都是指帝王独断专行的权威。一定要强化皇帝权威，同时还要愚民。法家一直是主张愚民的。董仲舒也说，民的意思就是"瞑"，就是愚昧无知的意思，因此"可使守事从上而已"，只能老老实实听从上级的命令。

董仲舒的本意，未必有逢迎汉武帝的意愿，但是时代的发展，又使他不得不迎合时代。于是原始的儒学在董仲舒手里变了味道，对于这一点，班固没有看清楚，他在《汉书·董仲舒传》中说"及仲舒对策，推明孔氏，抑黜百家"，他还是把董仲舒的儒学看成是孔孟的原始儒学了。两千多年后的近代人、著名思想家易白沙在《孔子评议》一文中说："于是罢黜百家，独尊儒术，利用孔子为傀儡，垄断天下之思想，使失其自由。"近代人往前看，加之处在历史变革的时代，思想深度应该是前人无法比拟的，所以易白沙把"儒学"改成了另外两个字——"儒术"，应该是真正领悟了这两个字的意蕴内涵。

汉武帝独尊儒术，一方面，让权力获得了仁义道德的外衣，对皇帝权力也有了一定程度的约束，另一方面，却并不妨碍皇权的实际运作。如果说，秦始皇搭起了皇权的骨架，奠定了专制制度的基础，那么汉武帝则抓意识形态建设，用儒家思想对皇权进行了修饰，但实质并没有变。《汉书·元帝纪》记载，汉元帝做太子时，看到父亲汉宣帝经常用严刑峻法，就劝父亲，说老祖宗不是告诉我们要以儒治国吗？汉宣帝勃然变色，告诉他说："汉家自有制度，本以霸王道杂之，奈何纯任德教，用周政乎！"意思是说，你小子懂什么？汉王朝的统治秘诀就是霸王道杂之，表面上是孔子的王道，实际上是秦始皇的霸道。

这里涉及"儒学"和"儒术"的问题。儒学是一种学问，一种有理想色彩的学问，主张依仁尊礼，但它往往停留在理论层面，难以服务现实社会，所以当年孔子、孟子周游列国，游说各诸侯国而处处碰壁，原因正在于此。对君主来说，这种原始儒学听听而已，暖暖耳朵，难以用到实际，尤其是治国理政方面。汉武帝看到了这一点，所以他喜欢改头换面后的儒术，而不是原始的儒学。也就是说，他把儒学当作工具，且突出工具理性，至于儒学关乎终极关怀的成分可以忽略不计。

由此可以看出，汉武帝和董仲舒，一对君臣际会，为大一统专制体制下意识形态建构的重任打下了完美的基础。其完美主要体现在"儒术"二字上：既是理论又有实用，是理论和工具的完美结合；既是柔性之学问，又是刚性之工具；既有完美之外表，又有狰狞之内核；既能堂而皇之布道于天下，又能玩弄天下于股掌；既能愉悦人心而使之陶醉其中，又能震服人心而令其匍匐其下。"儒术"两个字，意蕴何其深厚而广博，无论从哪个角度、何种深度和层面去看待它，都是一种完美的结合。同时，汉代大一统专制制度变得"刚柔相济"，初步成熟了。这也是汉代统治比较长久的重要原因。

变革还是执守?

——董仲舒政治思想探究

李祥翔

(南京师范大学 公共管理学院)

　　儒学是一门入世的学问,真正的儒家学者不仅要有"内圣"的修养,还要有对"外王"的追求,要有着治国平天下的理想,因此要全面研究一位儒学大师就不能不研究他的政治思想。董仲舒是儒学发展史上的一位重要人物,对他的研究自然也不例外。汉朝初年是一段非常特殊的时期,作为刚刚建立起来的新王朝,汉朝一方面要为自己推翻秦朝的行为寻找合法性依据,另一方面又要维护自己的统治。董仲舒生活的时期尤为特殊,正是汉朝的官方指导思想由黄老道家向儒家转变的时期。在这样复杂的背景下,董仲舒的政治思想也具有了复合的特点。既可以见到"天不变,道亦不变"等追求稳定的文字,又可以见到"改正朔,易服色"等追求变革的表述。之前的学者,如周桂钿老先生已经意识到董仲舒思想的这一特点,认为"董仲舒讲不变,也讲变,还讲不变(常)与变的关系"[1]294。但是问题在于,以往的研究始终将董仲舒政治思想中的变革与执守两方面放在同一层面上来考虑,至多以定为主,以变为辅。但笔者以为,董仲舒政治思想中的变革与执守并不能放在同一层面来考虑,董仲舒是以变为手段,以定为目的，变与定之间不是主次之分，而是目的与手段之别。

一、变革——儒家的重要精神

"伽达默尔揭示了解释学的一个重要功能，即应用功能。我们对任何文本的解释，都是在某一特定的历史条件下进行的，因此，对文本意义的理解和解释一开始就受到现实政治和学术思想的制约。"[2]122 董仲舒是汉代大儒，其思想不会离开儒家思想的框架，因此我们要探究董仲舒的思想，就不得不先对董仲舒之前的儒家思想进行分析。董仲舒生活于汉初，秦朝时儒家思想深受打击，所以先秦时的原始儒家应该是我们分析董仲舒思想背景的重要着眼点。

儒家思想长期以来都是官方的指导思想，为维护政权稳定作出了巨大贡献，但如此一来，儒家思想难免给人留下趋于保守、反对变革的印象。但这其实是对于儒家思想的极大误解，或者是对于在历史发展中已经变味了的儒家思想的理解。先秦时的原始儒学不但不保守，反而充满了锐意进取的变革精神。儒家经典《周易》中有言，"《易》穷则变，变则通，通则久"。[3]610 此句将变革看作是事物发展的动力之源，强调事物发展到一定阶段时必须加以变通，只有变通才能为事物带来长久的生命力，摆脱山穷水尽的困境。《革卦》中九五和上六的爻辞分别为"大人虎变""君子豹变，小人革面"[3]435。此处的大人、君子、小人是一个由高到低的序列，可以看出《周易》的态度。大人的变革彻底而又坚定，疾如猛虎，是为虎变，也因此才被赞为大人。君子的变革虽不如大人之变，但也是应变尽变，次于虎而类虎，故称为豹变，因此得为君子，再进一步便是大人。而小人之变只是迫于形势不得不变，仅仅流于表面，并未深入内心，也并不坚定。由这两个例子可以看出，《周易》是赞成变革的。孔子对于政治上的变革也是持肯定态度的，而且身体力行推行变革。孔子理想的治国方式是礼治，所以孔子的礼学思想在一定程度上可以看作是他的政治思想。孔子虽然希望恢复周礼，但他并不是照搬周礼，而是在借鉴的基础上有所损益，所谓损益也就是依据实际情况进行变革。对于礼仪制度博采众长，"行夏之时，乘殷之辂，服周之冕"[4]162。对于典籍文献则加以删定，合于时者存之，不合于时者则或改之、或去之。孟子将孔子赞为"圣之时者也"[4]215，就是看到孔子灵活应变、从不拘守，"可以速而速，可以久而久，可以处而处，可以仕而仕"[4]214。另一儒家经典《大学》中有言"苟日新，日日新，又日新"[5]6，强调变革应是持续的过程，不可有片刻的停止，变而又变，革而又革。《中庸》则称君子应为"时中"之人，所谓时中也就是时刻切合中庸之道，根据不同的条件灵活调整自己的行为，从不拘泥守旧。孟子的政治思想中同样充满变革精神。在孟子看来，一个国家要保持繁荣强盛，变革是必不可少的。统治者是为人民和国家服务的，所以统治者只要危害到国家，即使是王公贵族也必须立刻贬黜。祭祀活动正常进行而神不灵，那么神灵也应被更换。"诸侯危社稷，则变置。牺牲既成，粢盛既洁，祭祀以时，然而旱干水溢，则变置社稷。"[4]304 此类语句在《孟子》中俯拾皆是，随处可见。

先秦时期是儒学的滥觞期，这一时期的儒家还保持着原始的面貌，这一时期的儒学才是原本的儒学。这一时期的儒学思想不但没有拘守的气息，反而处处崇尚变革。变革是原始儒家的重要精神，是原始儒家政治思想中不可或缺的成分。生活在汉初且饱读诗书的董仲舒不可能不受到原始儒家的影响，所以董仲舒的思想中有着对于变革的追求也是合情合理的结果。

二、守成——汉初的普遍风气

如前所述，一位学者的思想会受到现实政治的影响。要研究董仲舒的政治思想，除了对原始儒学加以分析外，还必须分析董仲舒所处的时代背景，尤其是当时的政治风气。

秦朝焚书一事对于当时学术发展是一大打击，百家争鸣的学术盛景随之消失。直到汉朝建立，学者们才再一次得到了大展身手的机会。很快，主张清静无为的黄老之学占据了主导地位，成为汉朝初年的指导思想。如果说汉高祖与萧何等人尚未尊奉黄老之学，那么窦太后、景帝、曹参、陈平等人尊奉黄老之学已经是定论了。对于黄老之学成为当时官方思想的原因，诸多前辈已经进行了细致又全面的分析，在此做一归纳。一种思想要成为官方思想，高层统治者的支持当然是必不可少的，黄老之学亦不例外。以窦太后为代表的汉初统治者对于黄老之学有着高度的热爱，对于儒学则极力排斥，甚至出现辕固生入圈刺豕这一奇谈。高层统治者的支持与一种思想成为官方思想的关系太过密切，几乎就是同一事，而且"他们尊奉黄老的这一动向又和汉初政治的发展密切相关，并非完全出于内心的真诚爱好和信仰"。[6]23 所以高层统治者的支持实际上算不得什么解释，真正的原因还需要向客观方面寻找。首先，汉朝初年是天下刚刚平定的时期。春秋战国时期变乱不断，"春秋之中，弑君三十六，亡国五十二，诸侯奔走不得保其社稷者不可胜数"。[7]760 始皇吞二周而亡诸侯，天下才得一统，但秦始皇好大喜功，百姓虽免于战事却徭役繁重，仍不得休息。秦朝国祚日短，不到二十年就烽火再起，各路雄兵逐鹿中原，百姓再一次饱受战火之苦。直到汉高祖击败项羽，天下才再次进入相对稳定的时期。连年的动乱已经将百姓的精力消耗殆尽，举国上下穷困不堪，亲人离散、土地荒芜、人口稀少、民生凋敝、经济萧条，据《史记》记载，当时"自天子不能具钧驷，而将相或乘牛车，齐民无藏盖"。[7]182 汉初正如同大多数朝代建立之初一样，面临着百废待兴的局面，这时如果再推行进取的举措，只能加重百姓的负担，使得本就脆弱不堪的经济更加岌岌可危。其次，汉初统治者大多注意吸收秦亡的教训，而秦朝的迅速灭亡很大程度上是因为用民过度。据《史记》，陈胜吴广起义很大程度上就是因为无法按时赶到戍边地点，二人被迫在起义与伏法之间进行选择。陈胜吴广起义之后，犹如一粒火星引爆了火药桶，天下云集响应，秦王朝各地纷纷爆发起义，山东豪杰遂并起而亡秦族矣。汉初的统治者为了避免重蹈覆辙，自然也会倾向于无为守成。最后，汉初之所以会选择无为的执政策略，也与统治集团的客观能力有关系。汉初的统治集团大多出身卑微，如韩信是落魄贵族，樊哙是屠狗之辈，灌婴以贩布为生，夏侯婴是车夫，周勃是鼓手。卑微的出身也就意味着较低的文化素养，而且在连年征战中，文化素养的作用的确有限，正如刘邦所言，"乃公居马上而得之，安事诗书"[7]576。不事诗书，对历史缺乏了解，这些文化素养的缺失使得他们难以制定合理的变革策略，可以马上定乾坤却难以提笔安天下。在这几个原因综合作用下，清静无为、与民休息是汉初统治者能够做出的最好也几乎是唯一的选择。

清静无为的黄老之学使得汉朝初年的风气守成有余，变革不足。而守成的执政策略也的确使得汉朝恢复了生命力，"京师之钱累巨万，贯朽而不可校。太仓之粟陈陈相因，充溢露积于外，至腐败不可食。众庶街巷有马，阡陌之间成群，而乘字牝者傧而不得聚会"。[7]182 直到窦太后去世，儒学发展的障碍终于消失，其后董仲舒以天人三策吸引武帝注意，儒学逐渐走向舞台的中央。但即使如此，守成的风气对于董仲舒的政治思想依然会有影响，董仲舒的政治思想依然有着对于不变的"常""经"的追求，这些执守的思想与变革思想一样都是董仲舒政治思想中不可或缺的成分。

三、以变求定——董子的思想核心

经过几代的韬光养晦，汉朝的元气已经得到恢复，无为而治已经不符合时代的要求与汉武帝的主观意愿，但要改变守成的风气就会出现一个矛盾。既然要改变无为的政策，那么新政策的风格必然是要求变革、刚健有为的。但同时，新政策的目的又是为了维护汉朝的稳定，巩固已经传承数代的政权。变与定，两个本是反对甚至矛盾的概念，却成了在当时的实践中必须同时达成的目标。任何试图推进变革的建议者都必须解决这一对矛盾。董仲舒的解决之方是以变为手段、以定为目的，以变求定就是董仲舒政治思想的核心。

董仲舒不但是儒家大师，而且是《春秋》公羊学博士。原始儒家赞同变革，而公羊学一派本来就"多任于权变"，董仲舒的政治思想也如诸多前辈一样充满了对于变革的追求。这种对于变革的追求一方面体现于董仲舒对儒家经典中的政治思想的理解，另一方面体现于董仲舒为新王朝设计的具体制度，如此，董仲舒在政治理论与政治实践两方面都有着变革的思想。从政治理论来看，《春秋》是儒家经典之一，而孔子作《春秋》本就有警示乱臣贼子的政治目的，因此《春秋》虽然是史书，但不妨当作政治著作来看。在董仲舒看来，《春秋》中固然有稳定的常义，但也有随时改易的变义，变义往往不合常义，甚至与常义截然相反，从表面上看起来，变义与常义是矛盾的，既然常义符合经典的一贯思路，那么变义似乎就可以废弃，但是如果深入来看，"变义有其合理性，不能否定变义"[2]143，"解释《春秋》的人只有不固守常义，才会真正明白《春秋》的大义"。[1]279或者说，变义本就是《春秋》中不可缺少的一部分，反而是可以应对任何情况、永远不可改易的"通辞"在《春秋》中是不存在的。不但董仲舒对于《春秋》的解释是常变相辅相成的，其自身的政治理论也是追求变革的。"三纲"思想作为董仲舒王道思想的核心经常被人批评，认为此类思想是专制的帮凶。但其实在董仲舒看来，"三纲"并不是凝固不变的，只要合于"义"，出天王、辞父命、绝母属都是可以的。既然"'三纲'是王道的核心，尚可以有应变的'权'，那么，王道也就可以有变的余地，而不是绝对不允许变的教条了"。[1]294先王之道不是完美的，总会在某些方面存在纰漏，夏商周三代之道各有不同，就是因为每个朝代都在努力弥补前代之缺，既然如此，汉朝对王道进行变革也是十分正常且有必要的。董仲舒为汉朝的变革精心设计了方案，这就是董仲舒政治思想的实践一面。在董仲舒看来，新王朝不是继前王而王，而是承天命而王，所以新朝建立之初，受命而王者必须要进行制度上的变革，以此来报答天命并且显示新王朝与旧王朝的不同，"王者必改制"[8]12。而改制的具体内容就是正朔、服色、礼乐三个方面，"王者必改正朔，易服色，制礼乐"[8]134，"古之王者受命而王，改制称号，正月，服色定"[8]140，汉朝亦不例外。董仲舒否定了秦王朝的历史统绪，认为汉朝继承的是周朝的赤统，所以应该是黑统，应该以寅月（一月）为正月，色尚黑，在"忠、敬、文"三道中"用夏之忠者"。在变革思想的指导下，董仲舒为汉朝设计的变革实践是全面而又细致的，这些内容只是几个例子，实际内容远比这些例子复杂。

董仲舒的思想有变革精神，也有强调稳定性的执守精神。就政治理论而言，儒家经典经过秦火的摧残，许多已经残缺不全，董仲舒作为大儒，必须守住儒家的基本立场和基本思想，其中《春秋》是重中之重。《春秋》毕竟是史书，孔子又醉心于古代文化，所以《春秋》一书对上古文化和先王之道始终是以肯定为主的，"《春秋》之道，奉天而法古"。[8]11《春秋》虽有权变的一面，但主体依然是执守，执守古代文化，执守先王之道，变革终究只是间或有之的调剂，不会取代也无法取代常定的地位。董仲舒在《天人三策》中说："《春秋》大一统者，天地之常经，古今之通谊也。"稳定的大一统才是宇宙间不变的原则，天地之间的常经，古往今来的通谊。王者虽然必须改制，但不能轻易变道。因为天不变，道亦不变，所以"王者有改制之名，无易道之实"[8]13。就政治实践而言，董仲舒强调政权的稳定和思想的统一。"在政局不稳的情况下，董仲舒认为要用一种学说来统一思想，巩固中央集权制度，稳定政局。这就是他提出的大一统论的政治背景。"[1]318董仲舒所认可的学说当然就是儒学，在董仲舒看来，天下人的思想要统一于天子，天子则要统一于天意。如此逐层统一，最终天下只会有一个思想中心，人民由此而"知所守""知所从"。思想统一才会有法度的统一，有法度的统一，才有人民应该遵守的行为准则，人民的行为有所遵守，才能维持政治的统一，"用思想统一巩固政治统一，是董仲舒这位政治哲学家的重要论点"。[11]414汉朝立国之初，百废待兴，武帝时终于国库充盈，却又面临匈奴之患，当时需要的学说必须解决如何巩固统治这一问题，董仲舒要提出自己的思想，也必须迎合这一时代的需要，董仲舒不但要守住儒家的思想，更要守住汉朝的统治。保持政权的稳定，维护社会的安定，这才是董仲舒政治思想的最终目的所在。

董仲舒思想中有变革精神，也有执守精神。但最终"守得定"才是董仲舒思想的目的，任何变革都只是手段罢了。新王即位必要改制，但是"今所谓新王必改制者，非改其道，非变其理"。[8]12 既然道不改，理不变，那么为什么必定要改制呢？因为改制只是手段，不是目的。改制的目的是为了显示新王与前王的不同，以明显的方式体现政权的变化，令天下之人皆得知政权已变，新王已立。如此统一人心，政权才得巩固，王命才得落实。变是求稳定的手段，欲求政治与社会秩序稳定则制度不得不变，有变才可定。所以变并不是对之前政权一切成果和思想的全部推翻，并不是为变而变。应变者尽变，但不需变、不应变者则可以延续下来，变中亦有定。其中一个突出的方面就是"道"，各个朝代之间的治道是通行、稳定、一以贯之的，也就是不必变且不可变的，受命之王要改制，但不能变道，"故王者有改制之名，无易道之实"[8]13。而即使是仅仅作为手段的变革也是有条件的，并不是毫无限制地随意变化。首先，董仲舒对变革者的能力有要求，他认为并不是任何人都可以推动变革。推动变革者必须有着足够的智慧，知道何事可变、何事不可变，何者为轻、何者为重，才可以考虑是否变、如何变的问题，"明乎经变之事，然后知轻重之分，可与适权矣"。[8]50 这一点在《论语》中也有类似的表述，《论语·子罕》曰："可与共学，未可与适道；可与适道，未可与立；可与立，未可与权。"[4]94 朱熹引洪氏注曰："权者，圣人之大用。未能立而言权，犹人未能立而欲行，鲜不仆矣。"[5]110 变革者必须先通达何者应该执守、如何执守，然后才可以考虑变革的问题，否则就如同人还不会站立就想行走一样，必定会摔倒在地。可见，执守是变革的前提，变革者首先必须是优秀的执守者。在逻辑顺序上，一个事物也只有先确定下来，然后才能有所谓的变革发生，否则从未确定过，又何来变革可言呢？只是不定的混乱而已。其次，变革是有范围的，并不是事事皆可变，"夫权虽反经，亦必在可以然之域"[8]54。《春秋》虽然有权变，但权变只能在可以然之域内进行，有些事物不在可以然之域，就是无论如何不可以变的。董仲舒虽然反对固守经学教条，认同行权，但也反对以权变为借口的离经叛道之行，所以对于权变的范围加以限制，防止权变过度而无所执守从而引起混乱。再次，变革只有在确有必要时才可以进行，并不是时时皆可变。"如果外在条件发生了根本变化，那么，道是完全应当损益变革的。如果外在条件没有发生根本变化，圣圣相继，那么就不存在变道的问题。"[6]75 变革只是手段，不是目的，不能为变革而变革，如果现实情况的发展已经迫切要求变革，那么这时再固守教条，就是本本主义，就是腐儒。但如果现实情况的发展并不需要变革，那么这时也就应该执守而不能随意变革，否则必将导致思想和现实的混乱。可见，董仲舒认可的变革"是在不变的原则性道指导之下，各个时期具体适用情形的变化"。[9]64-72 推行变革需要考虑当时的情境是否确实需要变革，即使的确需要变革，也必须以在各时期中相对稳定的原则为指导。最后，变革的结果也是需要注意的重要方面。变革的结果必须是善的，必须使得境况有所改善。如果变革造成的破坏大于执守，那么也就没有必要且不应当变革。如果变革能够实现各方的共赢，使得各方的幸福均能增加（即使增加幅度并不一致），那么这时变革就是善的行为，就应当克服困难进行变革。但如果变革无法实现各方的共赢，一方幸福的增加必须以另一方幸福的减少为代价，那么这时是否要推进变革就是个有些复杂的问题。董仲舒认为，在这种情况下，变革需要遵守的原则是损己利人。如果变革使得他人幸福增加，而自己的幸福减少，那么变革是需要推行的。反之，如果变革使得他人幸福减少，而自己的幸福增加，那么这时必须停止变革。因为"我"需要为他人负责。"我"只能去拯救他人、帮助他人，而不能伤害他人。虽然他人并未与"我"发生现实中的交流，但"我"应该能够感受到他人无声的请求，请求"我"不要伤害他们。在董仲舒看来，只有牺牲自己为他人负责的行为才是符合"义"的行为，否则就是不义之行，是必须停止的行为。董仲舒为什么会有这种思想呢？究其原因，还是为了社会的稳定。"人生而有欲，欲而不得，则不能无求；求而无度量分界，则不能不争；

争则乱。"[10]337 既然争夺是变乱的根源，那么为他人负责也就是安定的由来。他人因为"我"的负责而拥有更多的幸福，"我"通过这种助人的行为也获得心灵上的快乐，彼此都有所收获，那么社会自然会不起争端，趋于和谐与安定。如果以自我为中心，对他人加以抹杀，那么社会又会回到"一切人反对一切人"的混乱状态，最终只能是各方的玉石俱焚。

总之，董仲舒的思想中有变有定，但变与定在董仲舒的思想中并不是势均力敌的。变只是手段，要服从于定这一目的。变需要受到种种限制，而定则是较为持久的原则。只有厘清了变与定这一对矛盾的概念在董仲舒思想中的关系，我们才能更清晰地理解董仲舒的思想。

结　语

儒家的学术背景与汉初的政治环境使得董仲舒的政治思想需要调和定与变这一对矛盾概念。实际上，当时面临着这一矛盾的学者并不仅仅是董仲舒一位，众多学者都面临着这一矛盾，但他们的解决之方总是偏向一边，或者强调变革，或者追求稳定，双方甚至会发生激烈的争执。如辕固生与黄生关于武王伐纣的争论，虽然双方都是为了证明汉朝统治的合法性，但是思路完全不同。黄生是证明汉朝长久统治的合法性，辕固生则是证明汉朝代秦而立的合法性。双方争论之激烈甚至需要景帝亲自出面叫停。可见，董仲舒需要解决的这一思想矛盾是敏感而又复杂的，要圆满地解决这一矛盾，勇气与智慧缺一不可。董仲舒最终以过人的智慧将变与定分别定位为手段与目的，从而较为圆满地解决了这一对矛盾。董仲舒的思想获得了武帝的认可，推动了儒家思想的迅速上升，从此儒家在长达几千年的时间里都是官方的指导思想。可以说，董仲舒对于儒家的贡献永不可磨灭，的确无愧于"汉代孔子"的荣誉。

参考文献

[1] 周桂钿 . 董学探微 [M]. 北京：北京师范大学出版社，2008.

[2] 刘国民 . 董仲舒的经学诠释及天的哲学 [M]. 北京：中国社会科学出版社，2007.

[3] 杨天才，张善文 . 周易 [M]. 北京：中华书局，2011.

[4] 杨伯峻 . 孟子译注 [M]. 北京：中华书局，2011.

[5] 朱熹 . 四书章句集注 [M]. 北京：中华书局，2011.

[6] 马勇 . 旷世大儒——董仲舒 [M]. 石家庄：河北人民出版社，2000.

[7] 司马迁 . 史记 [M]. 北京：中华书局，2009.

[8] 曾振宇，傅永聚 . 春秋繁露新注 [M]. 北京：商务印书馆，2010.

[9] 杨昭 . 董仲舒的"王道"传承及"改制"思想 [J]. 衡水学院学报，2020（2）.

[10] 王先慎 . 荀子集解 [M]. 北京：中华书局，2012.

董仲舒"贵微重始"说的内涵及其现实意义

刘贵生

（衡水学院　文学与传播学院）

董仲舒在《春秋繁露·二端第十五》中有言："《春秋》至意有二端，不本二端之所从起，亦未可与论灾异也，小大、微著之分也。夫览求微细于无端之处，诚知小之将为大也，微之将为著也，吉凶未形，圣人所独立也。虽欲从之，末由也已，此之谓也。故王者受命，改正朔，不顺数而往，必迎来而受之者，授受之义也。故圣人能系心于微而致之著也。是故《春秋》之道，以元之深正天之端，以天之端正王之政，以王之政正诸侯之即位，以诸侯之即位正竟内之治，五者俱正而化大行。故书日蚀、星陨、有蜮、山崩、地震、夏大雨水、冬大雨雹、陨霜不杀草、自正月不雨至于秋七月、有鹳鹆来巢，《春秋》异之，以此见悖乱之征。是小者不得大，微者不得著，虽甚末，亦一端。孔子以此效之，吾所以贵微重始是也。因恶夫推灾异之象于前，然后图安危祸乱于后者，非《春秋》之所甚贵也。然而《春秋》举之以为一端者，亦欲其省天谴而畏天威，内动于心志，外限于事情，修身审己，明善心以反道者也，岂非贵微重始、慎终推效者哉。"①这段话中，董仲舒两次提到了"贵微重始"，其核心要义也是"贵微重始"，由此，

---

① 张世亮、钟肇鹏、周桂钿译注：《春秋繁露》，中华书局 2012 年，第 174 页。

我们不妨对此作一探究。

董仲舒认为《春秋》最深远的意义有两个方面，这就是"小大"和"微著"的分别，其中"小"和"微"同义，"大"与"著"同义，说得具体一点，所谓的"二端"即是"微小"与"显著"，前者为一端，后者为一端，合而称之为"二端"。董仲舒在这里重点要阐明的即是"微小"与"显著"二者之间的关系。从表面来看，"微小"与"显著"是一对反义词，显示的是矛盾与对立的特征，然而在董仲舒看来，如果对"微细"作一番探求，就会发现，小会逐渐发展为大，细微会逐渐发展为显著，在结果出现之前，只有圣人才能预测到。为什么只有圣人才有这样的本事？董仲舒认为，是因为圣人心思细密，能够用心体察细微发展为显著的道理。而细微发展为显著往往会有或好或坏两个结果，如何避免坏的结果而力图向好的方面发展？这就需要我们善于察微知著，在事物的萌芽之初就能够预知它的未来走向。就改朝换代的事情来讲，新即位的王是承受天命而当王，因此即位之初就必须改变旧朝的历法，不能继续沿袭前代的顺序，这就是顺天而行。然后通过元年的确立来端正天时，通过端正天时来端正王者的政治，通过端正王者的政治来端正诸侯的即位，通过端正诸侯的即位来端正国家的治理，五个方面都端正了，教化就能够顺利进行，人民安居乐业，国家就能够长治久安。反之，如果违天而行，就会出现日蚀、星陨、妖乱、山崩、地震、夏天闹洪涝、冬天降冰雹、秋霜不杀草、春夏连受旱等异常天象。异常天象的出现往往是祸乱的征兆，所以孔子在《春秋》中将这些异常天象详细记载下来，其目的就是告诫后人要时时刻刻反省天对人不合理行为的谴责，进而要敬畏天威，真正从内心深处认识到顺天行事的重要性。如何做到顺天行事？董仲舒在此基础上提出了"贵微重始""慎终推效"的观点。

何谓"贵微重始""慎终推效"？结合董仲舒前面的论述，我以为就是重视微小的事物或现象，重视事物发展的起初或者萌芽阶段，尤其要具有由眼前预知未来的能力，从一开始就谨慎行事。因为任何事物或现象的产生都有一个由微至显、从小到大的变化过程，事物或现象最终的发展变化结果往往在起始阶段、微小之时就已经显露端倪，好的开始往往预兆着好的结果，坏的开始则预兆着坏的结果。趋利避害是人共同的心理，更是国家治理的终极目标，故此我们必须养成"贵微重始"的行事品格。

一、"贵微"

生活中，事物因其微小，往往容易被忽视，然而"祸患常积于忽微，智勇多困于所溺"（欧阳修《五代史伶官传序》），故对琐细之事要善于观察，发现有不好的苗头就要及时改正，以防酿成大祸；反之，如果是顺应天理符合民意的事情，就要坚持下去，这样才能做好、做大、做强。

（一）察微知著

董仲舒在《春秋繁露·竹林第三》中说："《春秋》记天下之得失，而见所以然之故，其幽而明，无传而著，不可不察也。夫泰山之为大，弗察弗见，而况微眇者乎？"① 这里，董仲舒从事情得失成败的角度揭示了《春秋》对于察微知著的特别关注，认为《春秋》不仅记载了许多荣辱盛衰的历史现象，更重要的是还蕴含着导致结果背后的深层原因，这些原因虽然幽微，但其实只要用心体察还是很容易明白的。关键是要用心体察，否则即便大如泰山，不去关注还是看不到的。齐顷公作为齐桓公的孙子，起初仗着齐桓公开创的霸主基业，骄傲自大，目中无人，即位之初就随意侵略鲁国和卫国，结果导致晋国和鲁国的不满，两国联手，并联络卫国和曹国，结成四国联盟，最后大败齐国，并活捉了齐顷公。探究齐顷公之所以落到这种悲惨的结局，与他志得意满缺乏忧患意识不无关系。经历屈辱之后，齐顷公从此改邪归正，对内生活节俭，关爱百姓，对外尊重他国，积极参与会盟事务，最终家国安宁。齐顷公前后不同的结局非常生动地演绎了祸福自有根源的道理。所以，董仲舒认为"孔子明得失，差贵贱，反王道之

① 张世亮、钟肇鹏、周桂钿译注：《春秋繁露》，第58页。

本，讥天王以致太平，刺恶讥微，不遗小大，善无细而不举，恶无细而不去，进善诛恶，绝诸本而已矣"①。对于细微之事，要特别注意，好的方面不因其小而不去重视，坏的方面不因其小而不去改正，正如三国时刘备所说的那样："勿以恶小而为之，勿以善小而不为"（《三国志·蜀书·先主传》）。"凡百乱之源，皆出嫌疑纤微，以渐寖稍长，至于大。圣人章其疑者，别其微者，绝其纤者，不得嫌，以蚤防之"②，在董仲舒看来，各种大的祸乱源头，起因都是细小的差错，日积月累，小错慢慢发展成大祸，而只有圣人能提前发现这些细小的差错，并及时采取预防措施，从而将隐患消灭在萌芽状态。"虞公贪财，不顾其难，快耳悦目，受晋之璧、屈产之乘，假晋师道，还以自灭，宗庙破毁，社稷不祀，身死不葬，贪财之所致也"③，僖公二年，虞国君主因为贪图晋国的财物，只顾及眼下的享受，不考虑即将到来的灾难，借道给晋国去打虢国，结果在晋国灭了虢国后班师回朝的路上，顺便就将虞国也给灭了，虞国君主最后落得一个身死国灭的可悲下场，这就是贪小便宜导致的大恶果。通过对许多因小失大历史事件的考察，董仲舒提出"爱人之大者，莫大于思患而豫防之"④，就是说对别人的关爱，最好的做法就是能够提前想到可能的后患而及时采取预防措施。这跟《礼记·中庸》里所说的"凡事预则立，不预则废"正是一个道理。

（二）时刻反省

对于祸乱的根本，董仲舒不仅从统治者自身的行为方面作了多方探讨，而且还从自然灾异现象与社会人事关系的角度进行了深入的分析。《汉书·董仲舒传》记载"仲舒治国，以《春秋》灾异之变推阴阳所以错行，故求雨，闭诸阳，纵诸阴，其止雨反是；行之一国，未尝不得所欲"⑤，

① 张世亮、钟肇鹏、周桂钿译注：《春秋繁露》，第 107 页。
② 张世亮、钟肇鹏、周桂钿译注：《春秋繁露》，第 289 页。
③ 张世亮、钟肇鹏、周桂钿译注：《春秋繁露》，第 131 页。
④ 张世亮、钟肇鹏、周桂钿译注：《春秋繁露》，第 186 页。
⑤ 班固：《汉书》，许嘉璐主编：《二十四史全译·汉书》，汉语大词典出版社 2004 年，第 1209 页。

并著有《灾异之记》一书。董仲舒认为："凡灾异之本，尽生于国家之失。国家之失乃始萌芽，而天出灾害以谴告之；谴告之而不知变，乃见怪异以惊骇之；惊骇之尚不知畏恐，其殃咎乃至。以此见天意之仁而不欲陷人也。"[1] 在董仲舒看来，自然界出现反常的灾异现象，都与国家治理的缺失脱不了干系，在国家治理方面，如果一开始就有缺失，那么上天就会及时用自然灾害现象来警告；如果警告了，统治者还不知道改变策略，上天就会继续用更加怪异的现象来让统治者受到惊吓；如果受到惊吓还没有恐惧之心，照样我行我素，不知悔改，那么大的灾祸就要出现了。史载商汤在位的时候，院子里长出一颗奇异的谷子，黄昏时开始萌芽，到第二天天亮时就长到两手合围那么粗了。看到这种反常的现象，商汤认识到这是上天对自己的警告，于是开始做善事，早起晚睡，勤于政事，访贫问苦，安抚百姓，结果三天以后，院子里怪异的谷子就消失了。周文王在位时，有一年的六月，文王卧病在床休养的时候发生了地震，文王认识到这是上天以怪异现象来惩罚自己的罪过，于是决定改正自己过去做得不好的地方，慎重对待礼法，重视跟臣下的关系，没过多久，文王的病就好了。[2] 这就是善于从灾异现象反思自身问题，从而及时采取改正措施、逢凶化吉、遇难呈祥的典型事例。所以董仲舒说"智者见祸福远，其知利害蚤，物动而知其化，事兴而知其归，见始而知其终"[3]。

（三）积善养德

《天人三策》第三策中，汉武帝针对自身治理国家时出现的问题，也认识到天人之间存在某种感应关系，于是虚心向董仲舒请教治国的道理。针对汉武帝的垂问，董仲舒的回答是："臣闻众少成多，积小致臣，故圣人莫不以晻致明，以微致显。是以尧发于诸侯，舜兴乎深山，非一日而显也，盖有渐以致之矣。言出于己，不可塞也；行发于身，不可掩也。言行，

---

① 张世亮、钟肇鹏、周桂钿译注：《春秋繁露》，第 176—177 页。

② 关贤柱、廖进碧、钟雪丽译注：《吕氏春秋全译》，贵州人民出版社 1997 年，第 190—191 页。

③ 张世亮、钟肇鹏、周桂钿译注：《春秋繁露》，第 328 页。

治之大者，君子之所以动天地也。故尽小者大，慎微者著。《诗》云：'惟此文王，小心翼翼。'故尧兢兢日行其道，而舜业业日致其孝，善积而名显，德章而身尊，以其浸明浸昌之道也。积善在身，犹长日加益，而人不知也；积恶在身，犹火之销膏，而人不见也。非明乎情性察乎流俗者，孰能知之？此唐、虞之所以得令名，而桀、纣之可为悼惧者也。夫善恶之相从，如景乡之应形声也。故桀、纣暴谩，谗贼并进，贤知隐伏，恶日显，国日乱，晏然自以如日在天，终陵夷而大坏。夫暴逆不仁者，非一日而亡也，亦以渐至，故桀、纣虽亡道，然犹享国十余年，此其浸微浸灭之道也。"①

这番对话，最为鲜明具体地揭示了小与大、微与显的辩证关系："尽小者大，慎微者著"，并通过尧发于诸侯，舜兴乎深山，或"兢兢日行其道"，或"业业日致其孝"，有力地阐明了"故圣人莫不以晻致明，以微致显""非一日而显"的道理。同时也结合桀纣"恶日显，国日乱，晏然自以如日在天，终陵夷而大坏"的事例，从反面印证了"浸微浸灭之道"。正如有学者指出的那样："董仲舒在这里所阐明的小大、微著二者的辩证法，显然已经包含了今天所已熟知的量变引起质变的思想。"②

二、"重始"

《春秋》公羊家曾提出五始："元为万物之始，春为岁之始，王为治道受命之始，正月为王者所颁政教之始，即位为一国之始。"③纵览董仲舒的《春秋繁露》及其相关著述，我们不难发现他的"重始"思想主要表现在贵元、尊天、正王、崇本等几个方面。

（一）贵元

在中国古代哲学中，"元"向来是一个比较复杂抽象的话题，但"就

---

① 班固：《汉书》，第 1204—1205 页。

② 王永祥：《董仲舒评传》，南京大学出版社 2011 年，第 203 页。

③ 张世亮、钟肇鹏、周桂钿译注：《春秋繁露》，第 70 页。

董仲舒哲学中'元'的概念，学者有不同的理解，主要有三种观点：元为宇宙的本原、元为元气、元作开端"①。在《春秋繁露·玉英第四》中，董仲舒说："惟圣人能属万物于一，而系之元也，终不及本所从来而承之，不能遂其功。是以《春秋》变一谓之元，元犹原也，其义以随天地终始也。故人惟有终始也，而生死必应四时之变。故元者为万物之本，而人之元在焉。安在乎？乃在乎天地之前。"②从这段话来看，董仲舒将"元"解释为"原"，"元"是"万物之本"，"在乎天地之前"，意思就是"元"是万物产生的根源，故而也是先于天地出现之前就存在的，"是一种存在于天地之前本原性的秩序，它强调开端，而且囊括了整个秩序的全过程"③，万事万物都要从"元"开始，其产生、发展、变化、结局等都要受到"元"的支配。董仲舒认为，做任何事情，如果我们脱离它的本原，不遵循事物变化发展的自然规律，最终就不会得到我们所要的结果。"是故《春秋》之道，以元之深，正天之端，以天之端，正王之政，以王之政，正诸侯之即位，以诸侯之即位，正竟内之治。五者俱正，而化大行。"④"元"作为事物产生的根源，自然也应包括生命赖以形成和存在之"气"，故此"元气"似可归入本原的范畴。"元"作为"开端"的含义，董仲舒有多次论述，如"《春秋》何贵乎元而言之？元者，始也"⑤，"谓一元者，大始也"⑥，这两处反复强调"贵元"的重要性，就在于它具有开始的意思，开始就孕育着无限的可能，因此必须给予十足的重视。

（二）尊天

与"贵元"思想紧密相承的便是"尊天"观念。"尊天"的观念几乎贯穿整部《春秋繁露》，可以说是董仲舒哲学思想的逻辑起点，因而在董

---

① 刘红卫：《董仲舒"元"概念新解》，《管子学刊》2005年第3期，第98页。
② 张世亮、钟肇鹏、周桂钿译注：《春秋繁露》，第70页。
③ 刘红卫：《董仲舒"元"概念新解》，《管子学刊》2005年第3期，第99页。
④ 张世亮、钟肇鹏、周桂钿译注：《春秋繁露》，第72页。
⑤ 张世亮、钟肇鹏、周桂钿译注：《春秋繁露》，第103页。
⑥ 张世亮、钟肇鹏、周桂钿译注：《春秋繁露》，第69页。

仲舒思想中占有极其重要的地位。"天者，万物之祖，万物非天不生"①，"天者，百神之君也，王者之所最尊也。以最尊天之故，故始易岁更纪，即以其初郊。郊必以正月上辛者，言以所最尊，首一岁之事。每更纪者，以郊祭首之，先贵之义，尊天之道也"②。天是万物的始祖，没有天便没有万物，因而从万物产生的根源来讲，天是仅次于元的独立存在，从与万物的关系来讲，比元更具有亲和力和实践性。所以，董仲舒认为，天是众神的主宰，是君王最尊贵的神。作为最尊贵的神，每年的祭祀，首要的就是举行郊祭之礼，其中体现的便是尊天之道。"人之为人本于天，天亦人之曾祖父也，此人之所以上类天也"③，从人与天的关系来看，董仲舒认为人之所以为人，主要是天的造就，因此无论从形体结构还是德行情性来看，人都是天的副本，既然如此，人的一切行为都应循天而行。"天之道，有序而时，有度而节，变而有常，反而有相率，微而至远，踔而致精，一而少积蓄，广而实，虚而盈"④，天是人的榜样，是人效仿的典范，故此董仲舒说"圣人视天而行"⑤。"天常以爱利为意，以养长为事，春秋冬夏皆其用也。王者亦常以爱利天下为意，以安乐一世为事，好恶喜怒而备其用也"⑥，天的行为是以仁爱为主，以养育万物为主，故此君主也应该以仁爱为主，以让百姓安居乐业为主。反之，如果不效法天地，即使圣人也难以称王："三代圣人不则天地，不能至王。阶此而观之，可以知天地之贵矣。"⑦

（三）正王

《春秋繁露·王道第六》篇中言"王者，人之始也。王正，则元气和顺，风雨时，景星见，黄龙下；王不正，则上变天，贼气并见"⑧，《春秋繁露·立

---

① 张世亮、钟肇鹏、周桂钿译注：《春秋繁露》，第 557 页。
② 张世亮、钟肇鹏、周桂钿译注：《春秋繁露》，第 541 页。
③ 张世亮、钟肇鹏、周桂钿译注：《春秋繁露》，第 398 页。
④ 张世亮、钟肇鹏、周桂钿译注：《春秋繁露》，第 431 页。
⑤ 张世亮、钟肇鹏、周桂钿译注：《春秋繁露》，第 431 页。
⑥ 张世亮、钟肇鹏、周桂钿译注：《春秋繁露》，第 423 页。
⑦ 张世亮、钟肇鹏、周桂钿译注：《春秋繁露》，第 357 页。
⑧ 张世亮、钟肇鹏、周桂钿译注：《春秋繁露》，第 103 页。

元神第十九》又言"君人者，国之元，发言动作，万物之枢机。枢机之发，荣辱之端也，失之毫厘，驷不及追。故为人君者，谨本详始，敬小慎微"①。董仲舒认为，君王作为一国之长，应该是人伦师表，他的一举一动，都牵涉方方面面，即便是细小行为，也关涉整个国家的荣辱盛衰，君王的行为端正了，天地之间阴阳二气就会正常运行，风调雨顺，吉星高照，祥瑞盈门；反之，则天道反常，妖气弥漫。鉴于此，董仲舒多处强调治国必须首先端正君主的行为："是故《春秋》之道，以元之深正天之端，以天之端正王之政，以王之政正诸侯之即位，以诸侯之即位正竟内之治，五者俱正而化大行。"②"故为人君者，正心以正朝廷，正朝廷以正百官，正百官以正万民，正万民以正四方。四方正，远近莫敢不壹于正，而亡有邪气奸其间者。是以阴阳调而风雨时，群生和而万民殖，五谷孰而草木茂，天地之间被润泽而大丰美，四海之内闻盛德而皆徕臣，诸福之物，可致之祥，莫不毕至，而王道终矣。"③

（四）崇本

围绕君王如何治理国家的问题，董仲舒鲜明地提出"崇本"的思想："君人者，国之本也，夫为国，其化莫大于崇本。崇本则君化若神，不崇本则君无以兼人。无以兼人，虽峻刑重诛，而民不从，是所谓驱国而弃之者也，患孰甚焉！何谓本？曰：天地人，万物之本也。天生之，地养之，人成之。天生之以孝悌，地养之以衣食，人成之以礼乐，三者相为手足，合以成体，不可一无也。"④他认为，治国没有比崇本更为重要的，如果能做到崇本，君王的政治就会顺风顺水顺利施行，做不到崇本，君王就无法得到民众的拥护；得不到民众的拥护，即使用严刑峻法，民众也不会听从。那么究竟什么是本呢？董仲舒说，天地人就是万物之本，因为天生养

---

① 张世亮、钟肇鹏、周桂钿译注：《春秋繁露》，第193页。
② 张世亮、钟肇鹏、周桂钿译注：《春秋繁露》，第72页。
③ 班固：《汉书》，第1195—1196页。
④ 张世亮、钟肇鹏、周桂钿译注：《春秋繁露》，第193—194页。

了万物，地养育了万物，人成就了万物。天是用孝悌生养万物，地是用衣食养育万物，人是用礼乐成就万物，三者相互依存，缺一不可，彼此紧密结合才是一个整体。说到底，董仲舒所提出的"崇本"思想实质上就是要求统治者将仁义礼乐作为推行政治教化的主要手段，而这也正是其"德政"思想的主要体现。故此，董仲舒进一步说："天道施，地道化，人道义。圣人见端而知本，精之至也；得一而应万，类之治也。动其本者不知静其末，受其始者不能辞其终。利者盗之本也，妄者乱之始也。夫受乱之始，动道之本，而欲民之静，不可得也。"① 从历史来看，尧舜因为"知本"，所以得到万民的拥戴，而桀纣因为"乱本"，最终落到身死国灭的可悲下场。

以上大致就是董仲舒关于"贵微重始"思想的主要论述，表面来看，"贵微"和"重始"似乎各有侧重，然而在实际生活中，两者却无法截然分开，因为万事万物莫不是从微开始，由微至显，量变积累到一定程度然后引起质变，而后又是新一轮量变质变的不断交互递进演变。在这个发展过程中，起始阶段往往起着决定性的作用，它不仅决定事物发展的走向，而且也决定了事情的成败。人常说，好的开始是成功的一半，这也说明了"贵微重始"说有着鲜明的实践意义。

三、现实意义

董仲舒"贵微重始"说的提出，一方面是立足于对《春秋》所记历史的深切考察，另一方面更是针对汉王朝现实政治弊端而对汉武帝作出的恳切规谏，虽然其以自然灾异现象言说社会人事存在某种主观化神秘化的色彩，但其中蕴含的某些道理、思想却与马克思辩证唯物主义不谋而合，尤其与实践相合，因而时至今日，仍有其巨大的理论和实践意义。

首先，董仲舒的"贵微重始"说揭示了事物变化发展的客观规律。马克思主义认为，事物的发展总是由小到大，由少到多，从简单到复杂，这

---

① 张世亮、钟肇鹏、周桂钿译注：《春秋繁露》，第654页。

是一个循序渐进的过程，没有量的积累，就没有质的飞跃。中国古人也很早就认识到这个道理。荀子在《劝学》中曾说"积土成山，风雨兴焉；积水成渊，蛟龙生焉；积善成德，而神明自得，圣心备焉"，反之"不积跬步，无以至千里；不积小流，无以成江海"；《大学》讲治国平天下的大道理，却主张从修身齐家做起；古人认为一屋不扫，则无以扫天下：这都是强调欲成大事必须从小事做起的道理。中国共产党在成立之初仅有五十多个党员，然而他们坚信"星星之火可以燎原"，秉承这个信念，带领全国人民历经千辛万苦，克服重重困难，终于推翻了三座大山，建立了新中国，实行改革开放，一步步将一个贫穷落后的中国建设成一个富强、民主、文明、和谐、美丽的社会主义国家。同样，在建设社会主义现代化国家的今天，我们仍然需要发扬这种"贵微重始"的传统。尤其是从2020年1月份以来，一场席卷全球的新型冠状病毒汹涌而来，面对病毒的肆虐，全国人民自上而下全力应对，内防扩散，外防输入，从自身做起，从身边小事做起，自觉遵循常态化疫情防控的应对策略，出门戴口罩，回家勤洗手，多通风，少聚集，防微杜渐，力争最大限度地远离病毒的入侵，所以在跟新冠病毒抗争的过程中，取得了一个又一个的胜利，特别是跟其他一些国家相比，我们所取得的成就是令人瞩目的。

其次，董仲舒的"贵微重始"说揭示了事物普遍联系的规律。马克思主义认为，世界是由丰富多样的万事万物组成的，万事万物之间及其事物内部各组成要素之间都存在某种联系，彼此之间相互连结、相互依赖、相互影响、相互作用甚至相互转化。如众所周知的蝴蝶效应、温室效应等等就是普遍联系的典型例子。生活中我们也常说，种什么因就结什么果。历史上尧舜或"兢兢日行其道"或"业业日致其孝"，最终是"善积而名显，德章而身尊"，而"桀、纣暴谩，谗贼并进，贤知隐伏，恶日显，国日乱，晏然自以如日在天，终陵夷而大坏"，所以董仲舒说："夫善恶之相从，如景乡之应形声也。"①习近平同志经常提醒广大党员干部要"不忘初心，牢记使命"，就是要求党员干部时刻牢记为人民服务的宗旨，做对国家、对人民有益的事情。就拿新冠肺炎疫情来说，虽然截至今天，对病毒的源头、起因等还没有一个确切的认识，但从病毒传播的地域、特征等方面来看，我们敏锐地认识到存在人传人的风险，所以国家号召全国人民提高认识，加强防范，并陆续出台相应的防范措施，正是由于国家在这方面采取积极有为的措施，我国在疫情初步控制后并没有出现大面积的民众感染。但反观国外一些国家，由于自始至终对疫情采取消极甚至有意回避的做法，因而导致大面积传播，造成疫情日益严峻的可怕态势，这就是违背客观事实、不讲事物发展规律所导致的严重恶果。

总之，董仲舒的"贵微重始"说从自然与人事的关系、从事物发展的内部规律等角度对国家治理、社会人事的兴衰成败等多个方面作了比较系统的论述，为汉王朝进行有效统治提供了足资借鉴的经验和教训，同时也因其包含着对事物变化发展规律的深刻体察，与马克思辩证唯物主义的基本原理基本符合，具有科学精神，对于社会实践有着较为普遍的指导意义，因而直到现在仍具有不可忽视的价值。

---

① 班固：《汉书》，第 1204—1205 页。

正谊明道与董仲舒义利观关系新探

秦进才

（河北师范大学　历史文化学院）

程颢言："大凡出义则入利，出利则入义。天下之事，惟义利而已。"[①]
朱熹曰："义利之说乃儒者第一义。"[②] 可见义利观在儒家思想体系中具
有十分重要的位置。事实也的确是"人们奋斗所争取的一切，都同他们
的利益有关"[③]，"每一个社会的经济关系首先是作为利益表现出来"[④]。

---

① （宋）程颢、程颐：《二程集·河南程氏遗书》卷一一《师训》，中华书局 2004 年，第
124 页。

② （宋）朱熹撰，朱杰人、严佐之、刘永翔主编：《朱子全书（修订本）·晦庵先生朱
文公文集》卷二四《与延平李先生书》（上海古籍出版社、安徽教育出版社 2010 年，
第 21 册第 1082 页）。（宋）陆九渊著《陆九渊集》卷三四《语录上》载："傅子渊
自此归其家，陈正己问之曰：'陆先生教人何先？'对曰：'辨志。'正己复问：'何
辨？'对曰：'义利之辨。'若子渊之对，可谓切要。"（中华书局 1980 年，第 398 页）
《陆九渊集》卷三五《语录下》载："凡欲为学，当先识义利公私之辨。"（第 470 页）
可见朱熹与陆九渊都重视义利之辨。

③ 《马克思恩格斯全集》第一卷《第六届莱茵省议会的辩论（第一篇论文）·关于新闻出
版自由和公布省等级会议辩论情况的辩论》载："大家知道，有一种心理学专门用琐碎
的理由来解释伟大的事情。人们奋斗所争取的一切，都同他们的利益有关。这种心理学
由这一正确的推测得出了不正确的结论：只有'细小的'利益，只有不变的利己的利益。"
（人民出版社 1956 年，第 82 页）

④ 《马克思恩格斯全集》第十八卷《论住宅问题（第三篇）·再论蒲鲁东和住宅问题》，
人民出版社 1964 年，第 307 页。

伦理道德与物质利益的关系，既是普遍存在的社会现象，又是古今中外思想家关注的重点。董仲舒继承、发展诸子百家义利观成果，形成了自己的义利观，成为中国古代义利观的代表者之一。四十年来发表的一些论述董仲舒义利观的文章，几乎都涉及正谊明道问题，赞扬董仲舒者有之，批判董仲舒者亦有之，认为董仲舒冤枉者有之，相互争论者不多，自言自语者不少。其实，产生正谊明道的语境场合不复杂，本义也不深奥。经过班固的删削、润饰，又经过朱熹等人的阐释、弘扬，再经过现代学者多种多样的解释，正谊明道由江都国的封疆之域走向了辽阔的神州大地，由西汉时的江都王、相对话①转化为宋明以来经久不息的讨论话题，变成了古代义利观的经典名言，由针对越国三仁问题的具体问答变成了抽象的义利观问题，影响深远而广泛，至今仍然众说纷纭。笔者不揣浅陋，试在前贤今哲研究成果的基础上，考察正谊明道与董仲舒义利观的关系，抛砖以引玉。

一、四十年正谊明道与董仲舒义利观关系研究成果的回顾

四十年来，随着改革开放的发展，学者们也解放思想，摆脱唯心与唯物的禁锢，走出对董仲舒以批判为主的境地，发表了一些有关董仲舒正谊明道与义利观关系的成果，深化了认识。笔者简略地回顾一下正谊明道与义利观关系研究的成果，并试做归纳、梳理。

---

① 董仲舒与江都易王刘非的对话，编纂汉文章者多作为对问体，有称为"粤有三仁对"者，如（明）梅鼎祚编《西汉文纪》卷八（《景印文渊阁四库全书》，台湾商务印书馆1986年，第1396册第378页），严可均编《全上古三代秦汉三国六朝文·全汉文》卷二四（河北教育出版社1997年，第1册第478页）；有作"董仲舒三仁对"者，如（明）冯琦、冯瑗编《经济类编》卷八九《人事类一·仁》（《景印文渊阁四库全书》，第963册第264页）；亦有作"对江都王论三仁"者，如（宋）真德秀编《文章正宗》卷十二《议论八》（《景印文渊阁四库全书》，第1355册第348页）。从这些篇名看，都用"对"字以标明体裁，以"三仁"标明关键词。

（一）肯定否定并存的成果

十年"文革"，使国民经济到了崩溃的边缘，痛定反思，拨乱反正，改革开放，高举发展的旗帜，以经济建设为中心，中国发生了翻天覆地的巨变。学术与政治密切相连，董仲舒正谊明道与义利观关系研究也不能置身事外，也有肯定与否定并存的成果，否定既带着思想惯性的痕迹，亦有打破僵化思想以适应社会需要的意义，肯定具有破旧立新的学术价值，两者并存见证了思想解放的进程。

有些学者认为正谊明道开道德禁欲主义的先河。如 1980 年，沈善洪言："董仲舒把'情'说成是人的恶的品质，这是继孟子之后，进一步宣扬了禁欲主义。情、欲、利这几个概念往往是相通的。孟子已把义和利对立了起来。董仲舒在把情宣称为恶的同时，提出'正其谊（义）不谋其利，明其道不计其功'（《汉书·董仲舒传》）。使禁欲主义成为我国封建道德的一个主要特征。"① 这是改革开放初期，既有对董仲舒正谊明道与义利观立足于批判的惯性思维，也有适应社会发展的意义，与此相类似看法的论著相继面世。如 1994 年版的《伦理精神与中国社会现代化》载："汉代董仲舒提出'正其道不谋其利，修其理不计其功'的主张，认为仁德之人做事情只看是否符合道德义理，不必问津实际利益和功效，这就把道德与物质利益绝对对立起来，开了道德禁欲主义的先河。"② 又如 1995 年版的《中国传统哲学与教育》亦载："在义利关系上，董仲舒虽然从人生基本需要（'养'）出发，肯定了义利'两养'，即两者不可缺一。但是，他从价值评价角度出发，认为义利是互相排斥的，'利者，盗之本'（《天道施》），谋利会使人忘义和弃义，把孔孟贵义贱利的倾向推到了极端，以义（这里的义是广义的，指道德原则）为最高的唯一的价值，'正其谊（义）不谋其利，明其道不计其功'（《汉书·董仲舒传》）。无疑，这是强化

---

① 沈善洪：《中国哲学史概要》，浙江人民出版社 1980 年，第 137 页。
② 赵春福主笔：《伦理精神与中国社会现代化——兼论儒家伦理与中国社会现代化的关系》，北京出版社 1994 年，第 418 页。

了孔孟儒学道义至上的道德价值观。这一强化在道德教育的实践中，培养出一些讲义而不谋利的清官和舍身取义的士大夫，同时也开了正统儒学的禁欲主义先河。"①无论是"开了道德禁欲主义的先河"，还是"开了正统儒学的禁欲主义先河"，都有"禁欲主义先河"的字样，都是否定性地认为董仲舒正谊明道与义利观起了反动的作用。这种看法，受到了学者的质疑。1998年，陈升平等对学者们认为董仲舒"继承了先秦儒家的义利思想并片面发展到极端，变成贵义贱利，开创宋明理学'禁欲主义'的先河"的说法，冤枉了董仲舒，指出："既然儒家的义利观并非'重义轻利'，那么，学者据此而作的对其作用的评价自然也大受怀疑，所谓儒家义利观作用'反动论'、'对立论'、'妨碍论'、'制约化'、'消极论'如此等等都应该重新加以斟酌。"②对于正谊明道开道德禁欲主义先河的说法，无疑也应当重新评价。

有些学者批评视正谊明道为"伪善"的说法，有些学者沿袭其说。1963年版的《中国哲学史》认为："董仲舒继承了孔子的'君子喻于义，小人喻于利'和孟子'义利之辩'的思想，提出了'正其谊不谋其利，明其道不计其功'（《汉书·董仲舒传》）的主张，伪善地把封建地主阶级的阶级利益美化为'义'和'道'，这是董仲舒的唯心主义观点在道德观方面的表现，他只讲动机而不讲效果。"③改革开放以来，有些学者对此说法提出不同意见。1981年，吴显海指出："在许多思想史的论著中，一再援引《汉书·董仲舒传》中'正其谊（义）不谋其利，明其道不计其功'一句，用以论证董仲舒为鼓吹义利对立并绝对排斥功利的伪善者。"批评了视正谊明道为"伪善"的说法。指出："'正其谊不谋其利，明其道不计其功'这一观点，抽象地看，

---

① 崔宜明等：《中国传统哲学与教育》，上海教育出版社1995年，第142页。
② 陈升平、郑琼现：《儒家义利观内涵辨正》，《国学论衡》第一辑，第204页；又见陈升平：《儒家义利观内涵辨证》，《朱子学与21世纪国际学术研讨会论文集》，第239页。
③ 任继愈主编：《中国哲学史》第二册，人民出版社1963年，第78页。

离开了社会具体实践，把道义和功利割裂开来，并绝对对立起来，确是一个唯心主义的观点。但是对这一观点应作具体分析，它不是董仲舒义利观的基本倾向，不是作为一个具有普遍意义的原则提出来，而是在特定的条件下，针对特定对象所作的回答。"不具有普遍性。"对董仲舒的义利观，要作具体分析，不能简单地归结为主张功利或否定功利。在不同的情况下他有所侧重，提出不同的主张，大体有三种情况：其一，作为一种统治术，他提倡功利，主张通过利用功利来维护封建统治；其二，当社会各阶层的经济利益发生矛盾冲突时，他主张调节义利关系来调整各阶层的经济关系，这时他主张义利双行，以义制利；其三，当某种势力为了扩展自己的政治经济利益，而危及封建大一统有害于封建中央集权时，董仲舒从地主阶级的根本利益和全局利益出发，突出道义，主张存义去利。""历代的反动统治者根据其政治需要，而把董仲舒的义利观中强调道义那一部分突出出来，'正其谊不谋其利，明其道不计其功'的观点，被抽象化而成为突出道义的普遍原则，使之成为束缚人民反抗压迫，反对残酷剥削的斗争的反动思想武器，到了宋代，终于集结成为一股所谓'存天理、去人欲'的绞杀人民物质欲望的绳索，千百年来一直起着十分消极而又反动的作用。"① 提出了新的看法，也带着否定的痕迹，给人以新的启迪。

有些学者像吴显海一样，批判旧的看法。如陈嘉珉针对胡寄窗所言"董仲舒的基本经济观点是'正其谊不谋其利，明其道不计其功'。这两句唯心骗人的腐话在此后两千年间起了极大的毒害作用，其危害性绝对不在'劳心者治人，劳力者治于人'的反动观点之下"②，指出："综观董仲舒的全部思想资料，事实上董仲舒的义利思想并不是只要人民讲义、不要人民讲利以至要取消物质利益。相反他的基本观点却是要求统治阶

---

① 吴显海：《董仲舒义利观初探》，《湖北财院学报》1981年第1期。
② 胡寄窗：《中国经济思想史》（上海人民出版社1963年，中册第36页）。陈嘉珉《试论董仲舒的"义利"思想》将"这两句唯心骗人的腐话"引作"这两句唯心骗人的魔话"。

级讲义，重视物质利益尤其是人民的物质利益。他从来也没有把剥削人民叫做'义'，相反却是主张行仁政，不与民争利。"① 又如王雅、刘东升指出：董仲舒"提出了备受后人批判的'正其谊不谋其利，明其道不计其功'之说。其实这却是对董仲舒的误解，因为董仲舒的这一说法主要是对统治者而不是民说的，是要统治者'正义'不与民争利，要统治者明白'道义'对长治久安的重要性而不计较暂时的功效。对于普通民众的趋利行为，董仲舒认为是受到统治者趋利行为的影响，是统治者'不显德行，民闇于义'，不能'怪民之皆趋利而不趋义也。'董仲舒反复申说的意思只有一个——给民以利，约统治者以'义'"。② 诸如此类的文章起到了正本清源、拨乱反正的作用。

但思想观念有其惯性延续的特点，吴显海等人的观点对学者们有触动而没有被全部接受。有些学者对于旧说稍作修改。如 1985 年版的《中国哲学发展史·秦汉》载："董仲舒继承了孔子的'君子喻于义，小人喻于利'和孟子严于'义利之辩'的思想，提出了'正其谊不谋其利，明其道不计其功'（《汉书·董仲舒传》）。这一主张表明他把地主阶级一个阶级的利益说成是合于'义'、符合'道'的原则的。像君臣的统属关系、三纲五常的封建秩序，这些'道'、'义'，恰恰是维护地主阶级利益的最高原则。这一口号，越到封建社会后期，越起着欺骗作用，而且在道理上难于自圆其说。董仲舒不言利，正是地主阶级大利之所在。"③ 既体现出学者与时俱进的精神，删去了"伪善"等那些时代特色浓烈的语言，又保持了有些说法没有变化。但仍然有些学者坚持视正谊明道是"伪善"的说法。如 1987 年，林仁川言："董仲舒也说：'夫仁人者，正其谊，不谋其利，明其道，不计其功'。他们都伪善地把封建地主阶级的私利美化为'义'

---

① 陈嘉珉：《试论董仲舒的"义利"思想》，《西藏大学学报》2008 年第 3 期。

② 王雅、刘东升：《从社会分层视角解析"君子喻于义，小人喻于利"》，《人文杂志》2012 年第 6 期。

③ 任继愈主编：《中国哲学发展史·秦汉》，人民出版社 1985 年，第 362 页。

和'道'。"① 又如 1988 年，王兴洲言："董仲舒提出'正其谊（义）不谋其利，明其道不计其功'的主张，伪善地把封建地主阶级的利益，美化为'义'和'道'，而'义'和'道'是善恶的标准。"② 再如 1999 年版的《邓小平理论若干重大问题研究》中言："董仲舒进一步发展了孔、孟的义利观，鼓吹'正其谊（义）不谋其利，明其道不计其功。'他伪善地把封建地主阶级的阶级利益美化为'义'，又把'义'强调到压倒一切的地位。"③ 由上述可见，1963 年版的《中国哲学史》第二册关于正谊明道"伪善"说，作者在 1985 年版的《中国哲学发展史·秦汉》中已经改变了其说法，但在 20 世纪八九十年代还有学者仍然认同沿袭，虽然具体说法有所区别，但精神是一致的。可见正谊明道与义利观关系研究中，肯定与否定并存，新旧观点同在。

有些学者认为董仲舒义利论的特点是贵义贱利。如刘枫言："董仲舒的义（伦理道德）利（物质利益）论的特点是贵义贱利。他提出的明确口号是'正其谊（义）不谋其利，明其道不计其功'。董仲舒虽然继承了孔孟重义轻利的思想，但他的义利论较之孔孟的义利论具有更加落后的一面，因为孔子只是规避言利'罕言利'，孟子是不必言利'仁义而已矣，何必曰利'，都没有达到'正其谊（义）不谋其利'即只要人们讲义，不要讲利，以至去掉物质利益的程度。"董仲舒的"义利论是剥削阶级中最落后的义利观"。④ 否定了正谊明道的义利观，而肯定了董仲舒限田等具体经济措施，名之曰"董仲舒的'更化'改革的经济思想"。虽然如此，否定的看法，还是成了陈嘉珉评议的对

---

① 林仁川：《明末清初私人海上贸易》，华东师范大学出版社 1987 年，第 406 页。

② 王兴洲：《伦理学原理》，东北师范大学出版社 1988 年，第 266 页。

③ 傅大友、朱炳元、朱奎保主编：《邓小平理论若干重大问题研究》，苏州大学出版社 1999 年，第 239 页。

④ 刘枫：《董仲舒的"更化"改革的经济思想》，《郑州大学学报（哲学社会科学版）》1985 年第 4 期。又见上海社会科学院经济研究所经济思想史研究室著《秦汉经济思想史》，中华书局 1989 年，第 114、115 页，文字表述有些不同。

象^①。

（二）丰富多彩的思辨成果

随着改革开放的发展，思想解放的深入，学者们提出了自己对于董仲舒正谊明道与义利观的新看法，形成了丰富多彩的思辨成果。

有些学者认为董仲舒的义利观是义与利的统一。如梁绍辉针对"提到董仲舒的义利观，人们就自然想到他'正其谊不谋其利，明其道不计其功'这句宋儒奉为圭臬的名言，以为他是主张'存天理，去人欲'的开山祖"的社会现象，指出：北宋理学家程颢"为了宣扬他存天理，去人欲，变气质之性为义理之性的观点，树立他理论的权威，特别借重班固笔下的董仲舒，说董因有正谊明道之论，'所以度越诸子'。程颢所以推崇董仲舒，就是因为'正谊明道'之说树起了道义与功利严重对立的旗帜，为'存天理，去人欲'开了先河"。又指出："董仲舒的功利观是道义与功利相通而不是相拒的，是和他的义利观一致而不是矛盾的。董仲舒的义与利的统一是人既需义养、又需利养的客观需要的统一，而董仲舒的道义与功利的统一则是在为天下兴利、为天下除害的客观效果的统一。"董仲舒统一的义利观，"提供了武帝以迫切需要的理论武器，解除了他对一系列问题的思想疑虑"，"我们不是要把武帝完成的一代伟业归功于董仲舒的思想，而是说董仲舒的思想正是产生于这样的历史时代，适应了武帝事业的需要"。^②肯定了董仲舒正谊明道与义利观的历史作用。

有些学者认为董仲舒正谊明道的义利观是典型的重义轻利的类型。如李宗桂认为："就思想特质而言，董仲舒正谊明道的义利观，属于传统文化中典型的重义轻利的类型。"指出："董仲舒与孔孟一样，承认物质利益和道德理想是人人不可或缺的，但道德理想的价值高于物质利益。他的巧妙之处在于，通过对'利'的合理性和正当性的论证，反衬

---

① 详见陈嘉珉《试论董仲舒的"义利"思想》，《西藏大学学报》2008 年第 3 期。

② 梁绍辉：《论董仲舒义利观的合理因素》，《求索》1988 年第 1 期。

'义'的崇高性和神圣性，从而进一步彰显了儒家义利观的形上特色。他认为，义利及其功能都是天生的，'利以养其身，义以养其心；心不得义不能乐，体不得利不能安'（《春秋繁露·身之养重于义》）。这似乎是承认义利双养（或者说义利双行），但实际上这只是一种事实判断，而非价值判断。他的价值判断是：'正其谊不谋其利，明其道不计其功'（《汉书·董仲舒传》）。在他看来，义对人的养育价值，远远高于利：'养莫重于义'，'义之养生人大于利'（《春秋繁露·身之养重于义》）。人们对利的追求，便是对义的败坏：'利者，盗之本也'（《春秋繁露·天道施》）。因此，他主张'君子终日言不及利'（《春秋繁露·玉英》）。这种正谊明道而不谋利计功，终日'言不及利'的价值取向，典型地体现了儒家的人生准则，是形而上的道德精神至上论。"说法新颖，有助于启迪人们进行新的探索。认为董仲舒正谊明道义利观的实质，是"它求人们在强制性的规范（三纲五常、天人感应等）之内，反躬自省，追求人格的自我完善，精神的自我满足。它是董仲舒用以规范人心的工具，也是以伦理为本位的价值判断标准"，揭示了董仲舒义利观的实质。又指出："从总体上看，董仲舒正谊明道的义利观，强调道德精神的价值，讲气节，讲操守，对于当时劝导人们以一己之私利服从整个封建国家的'公'利，有重大作用。而且，它对以后中华民族不以物欲为齿，追求道德的高尚完美等品质的形成，尤其是在外敌入侵时，对于保全民族气节，有着积极的意义。当然，它也同时成为统治阶级销蚀人们正当的物质欲望，只讲道义和服从的工具。尤其是由这种义利观引导出的'损情辍欲'的论点，更开了宋明理学存天理、灭人欲思想的先河。"① 对于董仲舒正谊明道与义利观关系的论述，深化了其认识，扩展了其范围，其观点为一

---

① 李宗桂：《董仲舒义利观揭旨》，《齐齐哈尔师范学院学报（哲学社会科学版）》1991年第 4 期。

些学者所认同①。有些学者发挥了其观点。如《伦理学基础》载：董仲舒"从道德神启论出发，在义利问题上，他把两者对立起来，认为利是恶的根源，是对义的破坏，提出'正其谊（义）不谋其利，明其道不计其功'（《汉书·董仲舒传》），把孔、孟重义轻利的思想，片面地发挥到了极端"。②又如施克灿言：正谊明道，"实质上是要求臣民重义轻利，不要追求物质利益、计较个人得失，以牺牲个人利益来服从统治者的利益"③，做了进一步的阐释。再如陈山榜指出："董仲舒的义利观是义利都需要，但义重于利。而众所周知的'正其义不谋其利'并非董仲舒的原意，而是《汉书》作者班固误加给董仲舒的。这有《春秋繁露》原文可证"④，要洗雪董仲舒蒙受的近两千年的不白之冤。

有些学者认为董仲舒的义利观、功利观并非不计功利，不要功利。如姜国柱对《春秋繁露·对胶西王越大夫不得为仁》与《汉书·董仲舒传》的不同记载进行考察，认为："'不急其功'与'不计其功'的思想含义相差甚远。就前者而言，'不急其功'是说仁人应当以道义为先、为重，不急功近利；就后者而言，'不计其功'是说仁人应当只讲道义，不计功利。前者出自《春秋繁露》，是董仲舒所撰；后者出自《汉书》，乃班固所修。应当承认，自己的著作是最能表达本人思想原意、符合自己思想主旨的。

---

① 上述《董仲舒义利观揭旨》论文的内容和观念，李宗桂浓缩为中国孔子基金会编《中国儒学百科全书》中"历代儒学·秦汉儒学·经学家·董仲舒·明道正谊不计功利"词条的内容（中国大百科全书出版社 1997 年，第 477 页），为一些学者所认同。如朱永新主编《中华管理智慧：中国古代管理心理思想研究》载："董仲舒的这种明道正谊不计功利的义利观，是对汉武帝好大喜功的功利思想的批评和匡正。它对后世中国人的义利价值观产生了深远的影响。由这种价值观引出的'损情辍欲'的论点成为宋明理学存天理去人欲的滥觞。"（苏州大学出版社 1999 年，第 203 页）同样的观点，又见朱永新主编《管理心智》（经济管理出版社 2005 年，第 188 页），从此文所用概念来看，可知是受了李宗桂观点的影响。
② 郑珠仙、吕军利主编：《伦理学基础》，中国农业大学出版社 2004 年，第 14 页。
③ 施克灿：《教狱相顺 正谊明道——〈春秋繁露〉的修己治人之道》，《高校教育管理》2010 年第 1 期。
④ 陈山榜：《义利之辨与董仲舒的不白之冤》，《衡水学院学报》2018 年第 5 期。

综观董仲舒的义利观、功利观，我们可以清楚地看到，他并非不计功利，不要功利。正如前面所述，他是主张圣人、君子'积聚众善以为功'，'百官劝职，争进其功'，以求达到为天下兴利除害的目的，所以前者更符合董仲舒的思想本意。"⑤ 由上文可见在张岱年看法的基础上⑥，深化了其看法，概括得更全面。又如倪凌认为："在董仲舒看来，'义'之所以重要，是因为：唯明义，才能有大功利；唯明义，才能遏制'上下交争利'。意思就是说只有通过'义'规范自己的行为，才能够获得'利'，'义'是获得'利'的途径和方法。而'见利思义'，则首在'正我'，'以身作则'才是真正的明义。""长期以来，人们以为'不谋其利，不计其功'就意味着'正谊明道'是不要功利，反对功利，这是望文生义的极大误解。"⑦ 姜国柱、倪凌论述了正谊明道不是不计功利、不要功利。

有些学者将董仲舒义利观分为事实上与道德价值上两个层面。王俊梅指出："先秦诸子中儒家重义，墨家尚利贵义，而法家尚功利，董仲舒借鉴先秦诸子的义利思想，提出了具有董氏特色的义利观：即事实上的'义利两养'和道德价值上的'正其义不谋其利'。"认为："后世学者在探讨'义利之辨'时经常引用董仲舒关于义利关系的著名命题：'仁人者，正其谊不谋其利，明其道不计其功。'此语见于《汉书·董仲舒传》，而《春秋繁露·对胶西王越大夫不得为仁》则是：'仁人者，正其道不谋其利，修其理不急其功。''义''谊''道'同义，关键在于后一句话是'不急其功'，还是'不计其功'。就前者而言'不急其功'，是说仁人应以

---

⑤ 姜国柱：《董仲舒义利观的思想源流》，《咸阳师范专科学校学报（哲学社会科学版）》1999 年第 1 期。大致相同的说法，见姜国柱、辛旗著《中国思想通史·秦汉卷》，武汉大学出版社 2011 年，第 224 页。

⑥ 张岱年著《中国哲学大纲·人生论》言："'不急其功'与'不计其功'，语意轻重相去甚远。据上所引，董子讲'圣人积聚众善以为功'，又谓'不能致功，虽有贤名，不予之赏。……则百官勤职，争进其功'。是董子未尝不重功。疑《春秋繁露》所载，乃董子原语；而《汉书》所记，乃经班固修润者。""《汉书》所记之二句，虽非董子原语，但对后来思想影响甚大。宋明儒者多奉为圭臬。"《张岱年全集》，第 2 卷第 421—422 页。

⑦ 倪凌编著：《旷古大儒董仲舒》，广陵书社 2013 年，第 9b—10a 页。

道义为先不急功近利；就后者而言'不计其功'，是说仁人应只讲道义不计功利。究竟哪一句更符合董仲舒的原意呢？历来说法不一。李泽厚指出'修其理不急其功'更符合董仲舒思想的精神，是很有见地的。""董仲舒承认'利以养其体'，是以'度礼'为界限的。对贫者（劳动人民）而言'利'仅是'足以养生不至于忧'，而'正其谊不谋其利'的行为要求，正是从价值观的角度，为使劳动人民安于贫贱——'虽贫贱自乐也'——提供了思想保证，这也正是董仲舒受到宋明理学极力推崇的原因。"① 将董仲舒义利观分为两方面，有助于更准确地揭示董仲舒义利观的内容和宗旨。

有些学者从哲学的角度来看董仲舒义利观的两个层面。如唐赤蓉认为："对董仲舒的义利观，或以义利两有，或以言义不讲利来概括。结合他的哲学、人性论来认识，董仲舒的义利观实际上包括这两种观念。他的义利两有，是与哲学上的自然之天及人有贪仁之性的人性论相联系的；而言义不讲利则与哲学上的有意志的道德之天，及其只有仁义才是人的本质的人性论相联系。但他的两种义利观又是相互补充的，既看到了义利的对立一面，又认识到了义利的统一一面，是对先秦儒家义利观的总结，并有重大的理论发展。"并指出："董仲舒的两种义利观在他的思想体系中具有不同的意义。他的义利两有的义利观，是与天有阴阳、人有性情相联系的，而无论是对天的阴阳、人的性情的认可，还是对义利两有的承认都只是一种事实判定。但他从有意志的道德之天来讲人的本质只能是仁义的道德，论说义利对立的义利观时，则上升到了价值判定的高度。因此，我们可以将前一种义利观称之为事实层面的义利观，而将后一种义利观称之为价值层面的义利观。价值判定高于事实判定，故在董氏的两种义利观中，义利对立的观念要高于义利两有的观念。这也与他的哲学以有意志的道德之天高于自然之天，他的人性论以人的本质重于人的其他属性是相一致的。"

---

① 王俊梅：《董仲舒义利观辨析》，《衡水学院学报》2003 年第 3 期。

董仲舒的"两种义利观虽然一在强调义利两有，一在强调义利对立，但二者并不是根本对立的，而是有相通之处。他的义利两有重在义利的统一性、并存性，而义利对立则重在义利的对立性、排斥性"。[①] 将董仲舒义利观分为事实与价值判断两个层面进行分析，是李宗桂、王俊梅、唐赤蓉等学者的看法，是董仲舒义利观研究的新进展。

有些学者认为正谊明道是董仲舒义利观的最高层次。如《自然·思维·人生》载："'正义不谋利'，这是董仲舒有关义利论述中的最高层次，是仁人君子的境界。他说：'凡人之性，莫不善义。然而不能义者，利败之也，故君子终日言不及利，欲以而言愧之而已，愧之塞其源也。'（《玉英》）'夫仁人者，正其谊（义）不谋其利，明其道不计其功。'就是说，人的本性都有善行义举的一面。有的人所以不能行'义'，因为利欲熏心，舍弃了道义。所以，真正高尚的人旨在加强内在的道德修养，言不谈利，并且以此为愧，这样做了就能根除危害行义的祸源。志行崇高的人，必以'正其义'、'明其道'作为毕生的追求。而不应'谋其利'、'计其功'，计较个人得失。'言不及利'、'以利为耻'，才能断灭私欲，成为真正的'仁人君子'。"[②] 对于正谊明道，作出了自己的解释。

有些学者探索了正谊明道与天道的关系。如王艳秋说："'正其谊不谋其利，明其道不计其功'所昭告的，并不仅仅是从道德中清除功利的因素，更主要的是把'义'划归'天道'。'谊'即'义'被看成与'道'等同，'道之大原出于天，天不变，道亦不变'。道德从不变的'天道'中获得恒久的意义，故'义'与'仁、礼、智、信'合称为'五常'。"[③] 作者把正谊明道与天道相联系起来。

有些学者认为董仲舒正谊明道是既有不恰当又有合理性的融合体。如

---

① 唐赤蓉：《董仲舒的两种义利观》，《中华文化论坛》2004 年第 3 期。
② 杨绪敏、韩德凌、尹占群主编：《自然·思维·人生》，警官教育出版社 1992 年，第 362 页。
③ 王艳秋：《"义以建利"与"以义制利"——传统儒学义利观的二重义蕴》，《华东师范大学学报（哲学社会科学版）》2002 年第 3 期。

《中国传统伦理思想研究》载："董仲舒'正其谊而不谋其利，明其道而不计其功'这种提法并不恰当，虽然就董仲舒的思想全面来看他实际并不一概排斥功利，但这种提法本身确实过于笼统，而且也确实反映了他不够重视如何解决实际利益问题的思想倾向。不过，同时我们又应看到，董仲舒这种提法包含着对于坚持人类社会生〔活〕原则重要性的肯定，对这种原则将对人们的利益发生影响的认识，又是有其合理性的，故而不应轻率全面否定。如果认为为了功利可以不顾道义，或认为做事的原则与出发点不好却可以兴功致利，那恐怕实践起来会带来更大的问题。"①世界上没有完美无瑕的思想，既合理又有矛盾可能才是真实的思想。

（三）求真求实的考辨成果

学术研究与文学创作不同，必须有根据，文献既是学术研究的根据，又是学术研究的对象，文献考辨是学术研究的基本功。董仲舒正谊明道与义利观研究也不例外，学者们注重文献分析考察，取得了一些求真求实的考辨成果。

有些学者探讨了正谊明道与正道修理的关系。《汉书·董仲舒传》载："夫仁人者，正其谊不谋其利，明其道不计其功。"《春秋繁露·对胶西王越大夫不得为仁》作："仁人者，正其道不谋其利，修其理不急其功。"从史源角度看，应是班固根据董仲舒的《对胶西王越大夫不得为仁》篇正道修理，编撰出了《董仲舒传》的正谊明道，两者来源相同而有原始与整理润色之别。梁绍辉比较了《春秋繁露》与《汉书》记载的异同，认为："说明两者又各有其立场，据本传记载，董仲舒可以被认为是道义与功利的对立论者，按《繁露》又可视为统一论者。"②两者具有不同的思想倾向。冷鹏飞认为："董仲舒为了抑制胶西王骄态非分的政治野心，用仁人'正其道不谋其利，修其理不急其功'，这句话来劝导他。其意是要求统治阶级必须遵循封建国家整体的大道理，不要只顾私人眼前的小功利。即使在

---

① 梁韦弦：《中国传统伦理思想研究》，黑龙江人民出版社 2007 年，第 77—78 页。
② 梁绍辉：《论董仲舒义利观的合理因素》，《求索》1988 年第 1 期。

维护封建统治阶级根本利益的前提下，也并非要他们完全抛弃功利，只是要求'不急其功'，把功利摆在'道'、'理'、'仁'、'义'的第二位追求。董的这句话在《汉书》本传中却为：'正其谊不谋其利，明其道不甘其功。'史学家班固修辞的结果。但随着时代的推移，这也许是正统封建文人对这句话的阐释越来越偏离了董仲舒的原意，到宋代演变成'存天理，灭人欲'的反动思想。其实，认真考查董的义利观，则知他只是企图通过仁义道理来制约人们对'利'的贪求，借以调节各阶级、阶层之间的经济关系而已，并非不言利。"① 注意到了两者的差异。李宗桂认为："从董仲舒思想的实际来看，《汉书》和《春秋繁露》记载的这两个命题，并不矛盾，其思想实质是一致的。正谊明道而不谋利计功，是董仲舒义利观的基本原则。"② 两者不矛盾，思想实质一致。王永祥则认为："关键是这两段话有无原则区别。'道'、'谊'、'理'三者，从原则上说没有什么重大差别；'不谋其利'，则是两段话中共有的；最大的不同，一为'不急其功'，一为'不计其功'。从董仲舒历来对功利的态度来看'不急其功'似更符合其思想。例如，从《考功名》篇中所说，通过考绩，'有功者赏，有罪者罚；功盛者赏显，罪多者罚重；不能致功，虽有贤名，不予之赏'，从而形成'百官劝职，争进其功'的局面看来，董仲舒不是'不计其功'。另外，再从《汉书·董仲舒传》中所提倡之尧舜'寝明寝昌之道'来看，这里所说正是'不急其功'，而不是'不计其功'。"③ 两书所记载的两段话并不矛盾。牛丽敏认为，正谊明道与正道修理两种"两种不同的表达，无论是'道'，还是'义'，都是相同的意指，即强调君子当追求'道义'。'正其义不谋其利'之'义'和'义以正我'之'义'中所指君子'治身'的涵义相同，即君子之'义'，对百姓当爱民、利民，富之、教之，其自

---

① 冷鹏飞：《董仲舒经济思想研究》，《求索》1991 年第 2 期。
② 李宗桂：《董仲舒义利观揭旨》，《齐齐哈尔师范学院学报（哲学社会科学版）》1991年第 4 期。
③ 王永祥：《董仲舒评传》，南京大学出版社 2011 年，第 325 页。

身则当'不言利'、'先难后获'。"① 将"正其谊"视为君子之义，即君子角色的要求。梁绍辉、李宗桂、王永祥、牛丽敏四人对于同样的两段话进行了比较，得出了不同的看法，给学者们以启迪。

有些学者认为正谊明道提出了仁人的标准。如吴光认为："夫仁人者正其谊不谋其利，明其道不计其功"，"这里提出了'仁人'的标准是正义、明道，为所当为而已，而不须计较功利得失。所以朱熹评论说：'若夫仁者，则先为其事，不计其效，惟循天理之自然而无欲利之私心也。董子所谓"仁人者正其谊不谋其利，明其道不计其功"正谓此意尔。然正谊未尝不利，明道岂必无功！但不自夫功利者而为之耳。'可见，董子、朱子心目中的仁人，是按照仁爱价值观行事而不以追求功利为目的的人，但并不排斥功利，就如同董仲舒说'王者用德不用刑'并非废弃刑罚一样。"② 所言"仁人的标准"，符合正谊明道产生的语境场合。

有些学者探讨正谊明道的适用范围。多数学者认为正谊明道是儒家义利观的典型，涉及范围广，如李宗桂言："正谊明道，作为一种伦理规范，它所要求的主体是臣民；谋利计功，作为一种价值标准，它所实行的对象，只是君主和整个统治阶级。"③ 魏文华言："百姓和官吏都应该'正其谊不谋其利，明其道不计其功'（《汉书·董仲舒传》）。"④ 适用对象范围广阔，网罗无遗。也有学者认为正谊明道针对的是少数人。如颜息盦（颜昌峣）言：正谊明道，"专为中人以上说法，非所以言于宏通众庶之教旨"⑤，也就是说正谊明道针对的是中人以上的人——仁人，并非茫茫众生。又如吴显海认为："董仲舒的'正其谊不谋其利，明其道不计其功'的观点，

---

① 牛丽敏：《董仲舒"义"思想研究》，上海师范大学硕士学位论文，2018 年。

② 吴光：《董仲舒的思想命题及其当代价值辨析》，《衡水学院学报》2012 年第 6 期。

③ 李宗桂：《董仲舒义利观揭旨》，《齐齐哈尔师范学院学报（哲学社会科学版）》1991年第 4 期。

④ 魏文华：《董仲舒"义利"论及对后世之影响》，《衡水学院学报》2007 年第 3 期。

⑤ 颜息盦：《正谊明道说》，《学术世界》第 2 卷第 5 期，1937 年 6 月。又见颜昌峣《正谊明道说》，《船山学报》癸酉第 2 册，1933 年 10 月 28 日。颜昌峣是姓名，息盦是字号。

是当时用以约束易王这类特定人物为一己私利的一个特定命题，而不是作为一个普遍性原则而施于全体的社会成员。因而把这一特定命题作普遍性原则来解释是不准确的。"① 正谊明道本来有特定的适用对象，而不是普遍性原则。陈升平认为："董仲舒的'正其谊而不谋其利，明其道而不计其功'，只是针对理想世界的'仁人'而非现实世界中的'凡人'所作的要求。"② 从《春秋繁露·对胶西王越大夫不得为仁》来看，能够正谊明道的是极少数人——"三王是也"，人数之少可想而知。从后人所阐释的正谊明道为董仲舒义利观的经典语言来看，可以推广到多数人。正谊明道的适用范围，由董仲舒所言的极少数人，发展到学者阐释中的志士仁人，再扩展到士人、官僚，现代则包括了所有人。

有些学者考察了正谊明道的现实意义。如 1981 年，吴显海指出："在我国史无前例的十年大破坏中，已被抛进历史垃圾堆的封建糟粕又沉渣泛起，泛滥成灾，那种只讲所谓路线、政治，不讲经济效益；只讲所谓提高思想觉悟，把人民群众合理的物质利益视作原始罪恶的观点，正是经过改造而被历代反动统治阶级所提倡的'正其谊不谋其利，明其道不计其功'的抽象道德说教的具体体现：这种反动思潮，给我国社会主义经济建设的顺利发展和人民生活的提高，都带来了灾难性的严重后果。批判封建主义，并肃清其流毒，是当前思想战线的一项重要任务，是实现四化所必不可少的一环。"③ 认为正谊明道应当作为批判的对象。李淑贞指出：董仲舒"认为：'天之生人也，使人生义与利；利以养其体，义以养其心'。所以，他力主君王的治政之策应该是'正其谊不谋其利，明其道不计其功。'只要道义在，功利可以不必计较"。④ 此文将正谊明

---

① 吴显海：《董仲舒义利观初探》，《湖北财经学院学报》1981 年第 1 期。

② 陈升平：《儒家义利观内涵辨证》，《朱子学与 21 世纪国际学术研讨会论文集》，三秦出版社 2001 年，第 227 页。

③ 吴显海：《董仲舒义利观初探》，《湖北财经学院学报》1981 年第 1 期。

④ 李淑贞：《从义利分离到义利统一——谈传统文化中的义利之争与社会主义义利观》，《福建师范大学学报（哲学社会科学版）》，1999 年第 2 期。

道视为君王的治政之策。又如贾新奇说：正谊明道，"这一命题所处理的，不是社会道德与社会整体利益之间的关系问题，而是个体行为的道德选择问题，因此，命题的本义是要求人们严格遵循封建道德，抑制自身的私欲，使个体私利服从于社会道德和社会整体利益。作为处理个人私利与社会道德、社会整体利益之间关系的一项一般原则，该命题至今仍有积极价值，值得批判继承"。[①] 指出正谊明道作为处理个人私利与社会道德、社会整体利益之间关系的一项一般原则，至今仍有其积极意义。再如魏文华认为："董仲舒认为真正善的道德行为应该是'正其谊不谋其利，明其道不计其功'（《汉书·董仲舒传》）。反之，一个人的行为如表现为趋利不趋义或见利忘义，就不能'正谊明道'。……因此，他主张以义节利，真正做到了义，可以促使自己的道德完善，也能保证国家的长治久安，使国家更富强。"又言："只讲道义，不谋利计功，对社会发展有其积极的意义。克服古时'文官爱钱''武官怕死'和现今个别人的'要钱不要命''要钱不要脸'，为金钱铤而走险，不怕掉脑袋进监狱。为了金钱为了享受，不怕出卖人格国格，有的甚至不怕出卖肉体和灵魂。为了穷奢极欲，拼命剥削他人的劳动成果，掠夺他人……丑陋的人生观、价值观起到了很好的警示作用。"[②] 阐释了正谊明道的现实意义。还有施克灿言："如何正谊明道？董仲舒提出了'仁义之法'，他说：'《春秋》之所治，人与我也。所以治人与我者，仁与义也。以仁安人，以义正我。故仁之为言人也，义之为言我也'（《春秋繁露·仁义法》）。仁侧重于人际关系，提倡宽和，义侧重于个人的行为规范，提倡行为要正直。具体来说，'仁之法在爱人在爱我，义之法在正我不在正人。我不自正，虽能正人，弗予为义；人不被其爱，虽厚自爱，不予为仁'（《春秋繁露·仁义法》）。人人要攻自己的恶，不要攻别人的恶，要自责不要责人。

---

① 贾新奇：《董仲舒"正其谊不谋其利，明其道不计其功"本义试析》，《玉溪师范学院学报》2003 年第 3 期。

② 魏文华：《董仲舒"义利"论及对后世之影响》，《衡水学院学报》2007 年第 3 期。

这是教导人们修己待人的态度，要求养成严于责己和宽以待人的德行。"①阐释了实践正谊明道的途径。上述吴显海、李淑贞、贾新奇、魏文华、施克灿五位学者所言，既有范围大小之别，又有针对对象的不同等，相同的是他们都认为正谊明道至今仍有其生命力。

综上所述，四十余年来学者们随着改革开放的发展，从"文革"思维中走出来，从笼统的定性走向细致的分析，从政治、经济、伦理等学科着眼扩展到哲学、文献、思想、道德等领域，既有针对前人批判、否定董仲舒的拨乱反正之作，又有以新思维的深入之探索，也有延续前人观念的著述，亦有改革开放以来的论著成为学者评议的对象，从多方面深化了董仲舒正谊明道与义利观关系的研究。有些学者从基础文献入手，比较《春秋繁露·对胶西王越大夫不得为仁》与《汉书·董仲舒传》的异同，探讨其思想倾向，讨论其涉及范围、明确正谊明道是仁人的标准等。绝大多数学者从理论分析着眼，认为正谊明道是儒家义利观的经典名言，董仲舒义利观与孔子、孟子等一脉相承，重义轻利、贱利贵义、正谊明道是儒家义利观的普遍性原则。亦有学者认为董仲舒义利观是讲究功利的。也有些学者认为董仲舒的义利观，可分为事实判断与价值判断两个层面，正谊明道体现在价值判断上。还有些学者认为董仲舒义利观可以分为道德上的无功利和政治上的讲功利两个方面。还有少数学者从正谊明道的特定场合入手，认为正谊明道是特定场合的特定命题，不是普遍性原则。诸多不同的看法异中有同，一些相近的看法同中有异，各种评价多彩纷呈，标志着研究逐步深入，日益细化，取得了可喜的成就。学术是天下的公器，参与者在身份上，无高低贵贱之分；在抽象认识方面，只要持之有故言之成理，一般无对错之别。因为，思想是社会存在的反映，每个认识都是学术研究合力中的组成部分。在这里不需要少数服从多数，独辟蹊径的论证，独树一帜的看法，会给研究带来新的契机。在具体事实方面，则有正确与谬误的分别，

---

① 施克灿：《教狱相顺 正谊明道——〈春秋繁露〉的修己治人之道》，《高校教育管理》2010 年第 1 期。

不容混淆。

不必讳言，四十年来董仲舒正谊明道与义利观关系的研究，取得了成就，也有不足。有些学者局限于思维定式，沿袭了宋元明清以来的看法，根据宋元明清的社会存在想象汉代的社会情况，而不注意其特点，难免有所偏颇。有些学者对正谊明道基本文献记载视而不见，有些学者发现了文献记载的异同，指出了前人的不足，但也留下了继续探讨的余地。有些学者注重理论思辨，缺乏历史事实的考辨。为了追根溯源，考察真相，我们回过头去看看董仲舒正谊明道产生的语境场合与本义。

二、董仲舒正谊明道产生的语境场合与本义

现代学者视正谊明道为董仲舒义利观的典型语言，作为中国古代义利观的经典名言，其实，从董仲舒正谊明道产生的语境场合看，并非如此。

（一）董仲舒正谊明道产生的语境场合

元光元年（前134年），董仲舒出任江都国相之后，江都王刘非曾礼貌地问董仲舒："孔子曰：'殷有三仁。'今以越王之贤，与蠡、种之能，此三人者，寡人亦以为越有三仁，其于君何如？桓公决疑于管仲，寡人决疑于君。"[①]江都王因欣赏越王勾践与其臣僚历经生聚教训的历程，运用阴谋权诈手段，灭吴雪会稽之耻的行为，认为越国同殷商一样也有三仁，期望董仲舒像齐桓公决疑于管仲一样，为他解疑答难。礼貌的提问中暗藏着危机，喜权诈、好勇猛的江都王给董仲舒出了个棘手的问题。作为汉朝任命的江都相，应当是汉朝利益的代表者，担负着辅佐、谏劝与监督诸侯王的职责，如与诸侯王同流合污，不仅是严重的失职，而且面临着被惩罚的危机，何况江都王咨询的是越国三仁问题，针锋相对地反驳江都王，会使其处于十分尴尬的境地，亦不符合江都相的角色规范。

---

① （清）苏舆：《春秋繁露义证》卷九《对胶西王越大夫不得为仁》，中华书局1992年，第266—267页。

因此，董仲舒没有直接回答，而是婉转地引用"昔者鲁君问柳下惠：'吾欲伐齐，何如？'柳下惠曰：'不可。'归而有忧色，曰：'吾闻伐国不问仁人，此言何为至于我哉'"的故事入手，认为柳下惠"徒见问耳，且犹羞之，况设诈以伐吴虏！"①这样借用柳下惠伐国不问仁人的故事否定了大夫范蠡、文种等为仁人的看法，说明"越曾无一仁矣"。明确指出："仁人者，正其道不谋其利，修其理不急其功，致无为而习俗大化，可谓仁圣矣。三王是也。"②明确了仁人的定义，树起仁人标准的标杆，作为衡量越国范蠡、文种等是否为仁人的标准，就容易说明问题了。进而不仅说明越国勾践君臣无一个仁人，而且在夏商周三王面前，像齐桓公那样的春秋五霸也不在仁人之列，因为"仲尼之门，五尺童子，言羞称五伯，为其诈以成功，苟为而已也，故不足称于大君子之门。五伯者，比于他诸侯为贤者，比于仁贤，何贤之有？譬犹珷玞比于美玉也"。③董仲舒用典型的例证，以仁人的标准，回答了江都王所咨询的越国三仁问题，使得江都王不得不说"善"。正如清代宗元鼎所言："夫易王素骄勇，问董子云勾践与泄庸、种、蠡谋伐吴为越有三仁乎？此其意与景帝时七国吴王濞之意无异也，董子以仁人数语折之，而易王畏服，然则有以靖江淮未形之乱，此正谊明道之效也。"④揭示了江都王问越国三仁的性质，又明确了正谊明道的效果。

"董仲舒为人廉直……汉兴至于五世之间，唯董仲舒名为明于《春秋》，其传《公羊氏》也"⑤，信奉"《春秋》之义，贵信而贱诈。诈人而胜之，虽有功，君子弗为也"。⑥讨厌权谋奸诈行为。欣赏宋襄公"不鼓不成列，不厄人"⑦的堂堂战法，"善宋襄公不厄人，不由其道而胜，不如由其道

---

① （汉）班固：《汉书》卷五六《董仲舒传》，中华书局1962年，第2523—2524页。

② 《春秋繁露义证》卷九《对胶西王越大夫不得为仁》，第268页。

③ 《春秋繁露义证》卷九《对胶西王越大夫不得为仁》，第268—269页。

④ 光绪《增修甘泉县志》卷八《祠祀上》，清光绪七年刊本，第13b页。

⑤ （汉）司马迁：《史记》卷一二一《儒林列传·董仲舒》，中华书局2013年，第3773页。

⑥ 《春秋繁露义证》卷九《对胶西王越大夫不得为仁》，第268页。

⑦ 《春秋繁露义证》卷四《王道》，第122页。

而败，《春秋》贵之，将以变习俗而成王化也"①，带着《春秋公羊传》
的价值追求②。针对江都王提出的越国三仁问题，灵活地运用知识与智慧，
阐释了"仁人者，正其谊不谋其利，明其道不计其功，致无为而习俗大化，
可谓仁圣矣"的定义，《汉书》改为："夫仁人者，正其道不谋其利，修
其理不急其功。"明确了仁人的标准。还运用了"伐国不问仁人"的故事，
以《春秋》之义谴责了越王等为诈以伐吴的行为，引用了"仲尼之门五尺
童子言羞称五伯"的例证，不仅回答了江都王刘非越国三仁问题，而且借
以对其进行借古喻今的规劝，使得江都王刘非只得说"善"。这就是正谊
明道产生的具体语境场合。

（二）董仲舒正谊明道的本义

由上述可知，江都王刘非引经据典地咨询的是越国三仁，即范蠡、文
种等是否属于仁人的问题，如果董仲舒回答以义利观等，那岂不是答非所
问，离题万里，能够解决越国三仁问题吗？是江都相回答江都王咨询的合
适做法吗？董仲舒针对江都王咨询越国三仁问题，讲述了仁人的故事，论

---

① 《春秋繁露义证》卷六《俞序》，义证曰："《司马法》曰：'逐奔不过百步，从绥不
过三舍，明其礼也。不穷不能，而哀怜伤病，明其仁也。成列而鼓，明其信也。争义不
争利，明其义也。'仁礼信义，所谓王化者与？《春秋》拨乱反正，去诈归仁。王者不
可见，苟足见王心者，已贵之矣。故持其极端，以为虽败而不可改此道，传以为虽文王
之战不过此，不以成败论也。"（第162页）《春秋》褒扬宋襄公之意，与后人说宋襄
公为蠢猪式的仁义道德有截然相反的评价，由此可见，春秋与战国以后中国社会对道德
仁义看法的演变。

② （汉）何休《春秋公羊传注疏》卷一二僖公二十二年载："故君子大其不鼓不成列，临
大事而不忘大礼，有君而无臣，以为虽文王之战，亦不过此也。"［阮元校刻《十三经
注疏（清嘉庆刊本）》，中华书局2009年，第4905页］赞扬了宋襄公的做法。《春秋
左传注》僖公二十二年载：泓之战败，"国人皆咎〔宋襄〕公。公曰：'君子不重伤，
不禽二毛。古之为军也，不以阻隘也。寡人虽亡国之余，不鼓不成列。'子鱼曰：'君
未知战，勍敌之人，隘而不列，天赞我也；阻而鼓之，不亦可乎？犹有惧焉。且今之勍
者，皆吾敌也，虽及胡耇，获则取之，何有于二毛？明耻、教战，求杀敌也，伤未及死，
如何勿重？若爱重伤，则如勿伤；爱其二毛，则如服焉。三军以利用也，金鼓以声气也，
利而用之，阻隘可也；声盛致志，鼓儳可也。'"（中华书局2016年，第434—436页）
《左传》则批评了宋襄公的做法。两传说法不同。

述了仁人的标准，否定了越国三仁，解决了江都王咨询的问题，这才是有来言有去语，合乎情理。

董仲舒针对江都王刘非咨询关于越国三仁的问题，阐释了与阴谋权诈不同的仁人标准——仁人在正道修理、正谊明道时，也就是求理求道时，应当不谋其利、不急其功（不计其功），这当是董仲舒仁人正道修理、正谊明道的本义所在，并以此为据，说明越王勾践等人是阴谋权诈之人，不仅否定了越国三仁的说法，而且认为春秋五霸与其他诸侯相比是仁贤者，而与夏商周三王相比也不属于仁人。

仁人，既是江都王刘非所要咨询的对象，也是董仲舒所应回答的问题，是这件事情的核心所在。再则，仁人数量很少，连后人视为圣人的孔子也不认为自己是仁人[①]，《汉书·古今人表》收录了仁人一百七十四人，占总数一千九百三十八人的百分之八点九。能正谊明道的仁人更少，"自战国、秦、汉以来，士君子之族，正谊明道而不杂于功利，千百年数人而已"。[②]由此可见，仁人是正道修理、正谊明道的前提，正道修理、正谊明道是仁人的标准，董仲舒以此衡量、说明越国范蠡、文种等不是仁人。并且仁人与正道修理、正谊明道，都是具体问题的具体答案，不具有形而上的普遍性。因为仁人的标准，不仅随着时代发展而与时俱变，而且同一时代不同的人也有不同的看法、不同的标准，董仲舒认为三王是仁人，班固删去了"三王是也"，体现出两人不同的仁人看法，但也不是针对芸芸众生而言，也不具有普遍性。

因此，从西汉到唐五代一千余年，没有人提出不同的看法，也没有人将正谊明道与董仲舒义利观联系起来，直到宋代随着理学的发生、发展，正谊明道逐渐与董仲舒义利观联系起来，由理想的仁人标准向着规范现实

---

① （清）刘宝楠《论语正义》卷八《述而》载：子曰："若圣与仁，则吾岂敢？抑为之不厌，诲人不倦，则可谓云尔已矣。"中华书局1990年，第282页。

② （清）方苞《方苞集·方苞集集外文》卷四《文昌孝经序（代）》，上海古籍出版社2009年，第602页。

芸芸众生的方向发展。

三、正谊明道与董仲舒义利观相联系是后人的看法

秦汉时代到唐代前期，是中国中央集权君主专制制度的形成、发展时期。在土地制度上，授田制、名田制、占田制、均田制等先后实行。赋税制度，以人丁为本，实行三十税一、九品混同、租庸调等。选官制度，从察举制发展为科举制。军功地主、豪强地主、门阀地主、寒门地主等先后占据统治地位。占据统治地位的思想，先后有法家、黄老之学、经学、佛儒道融合等更迭演变。学术主流，先后有诸子、经学、玄学、佛儒道等嬗递更替。唐朝后期，均田制破坏，土地私有制发展，宋代不抑制兼并。赋税制度，转为以地为本，推行两税法。科举制度，进一步完善，士大夫阶层进一步发展，占据统治地位的思想，佛儒道三教并存，理学兴起。学术潮流，逐渐由汉学转化为宋学，尊崇五经的同时，四书兴起。尤其是宋代经济发展到了中国古代社会的新高度，文化艺术空前繁荣，但积贫积弱，在与辽金夏战争中处于被动应付的位置，北宋被金国消灭，南宋偏安江南，诸如此类的这些变化，都成为董仲舒正谊明道转化的历史背景。

（一）朱熹是正谊明道与董仲舒义利观相联系的功臣

北宋时，二程认为："董子有言：'仁人，正其谊不谋其利，明其道不计其功'，度越诸子远矣。"[1] 高度赞扬董仲舒的正谊明道。张岱年亦指出："《汉书》所记之二句，虽非董子原语，但对后来思想影响甚大。宋明儒者多奉为圭臬。（董子所以能获得宋儒之相当景仰，全由此二语。程明道云：'董仲舒曰：正其义不谋其利，明其道不计其功，此董子所以度越诸子。'）此二句简括地将孔孟关于义利的思想完全表出了。"[2] 张岱年认为，正谊明道表现了孔孟的义利思想。针对有人问："管仲设使当

---

① 《二程集·河南程氏粹言》卷二《圣贤篇》，第1238页。
② 张岱年：《中国哲学大纲·人生论》，《张岱年全集》第二卷，第422页。

初有必死之理，管仲还肯死否？"二程答曰："董仲舒道得好，惟仁人正其谊不谋其利，明其道不计其功。"① 又是以董仲舒的正谊明道来回答。董仲舒正谊明道与宋代理学相契合，受到了二程的推崇，但并未把正谊明道与义利观相联系。

南宋时，董仲舒的正谊明道深受朱熹推崇，朱熹从多方面阐释、弘扬正谊明道说，认为：在汉代，"唯董仲舒三篇说得稍亲切，终是不脱汉儒气味。只对江都易王云'仁人正其义不谋其利，明其道不计其功'，方无病，又是儒者语"。② 又说："《春秋》本是明道正谊之书，今人只较齐晋伯业优劣，反成谋利，大义都晦了。"③ "正谊不谋利，明道不计功，尊王，贱伯，内诸夏，外夷狄，此《春秋》之大旨，不可不知也。"④ 认为《春秋》本是正谊明道之书，用正谊明道来说明《春秋》大义、大旨，可见其评价之高。朱熹认为"只有一个'正其谊不谋其利，明其道不计其功'，其它费心费力，用智用数，牢笼计较，都不济事，都是枉了"⑤，视正谊明道为精髓、典范。淳熙六年（1179 年），朱熹复建白鹿洞书院，把"正其谊不谋其利，明其道不计其功"，定为白鹿洞书院学规的"处事之要"⑥，体现出朱熹的追求，并为后人所效法，至今仍然有以正谊明道为校规、校训、院训者。

在《朱子语类》中，朱熹十三次说到"正谊明道""明道正谊""正谊不谋利""正义不谋利""正其谊不谋其利，明其道不计其功"等。有四次涉及义利观问题。如言："'正其谊不谋其利，明其道不计其功。'正其谊，则利自在；明其道，则功自在。专去计较利害，定未必有利，未

---

① 《二程集·河南程氏外书》卷八《游氏本拾遗》，第 398 页。

② （宋）黎靖德编：《朱子语类》卷一三七《战国汉唐诸子》，中华书局 1986 年，第 3264 页。

③ 《朱子语类》卷八三《春秋·纲领》，第 2173 页。

④ 《朱子语类》卷八三《春秋·纲领》，第 2173 页。

⑤ 《朱子语类》卷七二《易八·咸》，第 1819 页。

⑥ 《朱子全书（修订本）·晦庵先生朱文公文集》卷七四《白鹿洞书院揭示》，第 24 册第 3587 页。

必有功。"① 把正谊明道与义利观联系起来，是对正谊明道继承中的发展。针对浙中诸葛诚之说："'仁人正其义不谋其利，明其道不计其功'，仲舒说得不是。只怕不是义，是义必有利；只怕不是道，是道必有功。"朱熹言："人必求功利而为之，非所以为训也。固是得道义则功利自至；然而有得道义而功利不至者，人将于功利之徇，而不顾道义矣。"② 这是针对否定正谊明道的看法，提出自己的看法。又言："今人却不正其谊而谋其利，不明其道而计其功。"③ 这是以正谊明道衡量现实的看法。再言："仲舒所立甚高。后世之所以不如古人者，以道义功利关不透耳。"④ 朱熹比较系统地阐释了正谊明道的思想，论述了正谊明道与义利观的关系，并应用到实践中去。朱熹的主张，为其弟子与一些学者所认同、引用。如弟子陈淳言："仁人明道不计功，正谊不谋利。自汉以来，无人似董仲舒看得如此分明。"⑤ 又如真德秀《四书集编》引用朱熹《四书或问·论语或问》卷三《雍也》的论述，仅改了一个字⑥，可见对于朱熹说法的认同。

　　朱熹阐释、弘扬董仲舒的正谊明道，推动了正谊明道由仁人标准向义

① 《朱子语类》卷三七《论语十九·子罕篇下》，第 988 页。
② 《朱子语类》卷一三七《战国汉唐诸子》（第 3263 页）。《朱子语类》卷九九《张子二》亦载朱熹言："诸葛诚之却道吕不韦《春秋》好，道他措置得事好。却道董子'正其义不谋其利，明其道不计其功'说不是。他便说，若是利成，则义自在其中；功成，则道自在其中。"（第 2537 页）看来朱熹不止一次地批判诸葛诚之的说法。
③ 《朱子语类》卷八三《春秋·经》，第 2174 页。
④ 《朱子语类》卷一三〇七《战国汉唐诸子》，第 3263 页。
⑤ （宋）陈淳：《北溪字义》卷下《义利》，中华书局 1983 年，第 56 页。
⑥ 《朱子全书（修订本）·四书或问·论语或问》卷六《雍也》载："若夫仁者，则先为其事，不计其效，惟循天理之自然，而无欲利之私心也。董子所谓：'仁人者正其谊不谋其利，明其道不计其功'，正谓此意尔。然正谊未尝不利，明道岂必无功！但不自夫功利者而为之耳。"（第 6 册第 729 页）（宋）真德秀撰《四书集编·论语集编》卷三《雍也》作："若夫仁者，则先为其事，不计其效，知循天理之自然，而无欲利之私心也。董子所谓：'仁人者正其谊不谋其利，明其道不计其功'，正谓此耳。然正谊未尝不利，明道岂必无功！但不从夫功利者而为之耳。"（《景印文渊阁四库全书》，第 200 册第 143 页）两者的不同有三处："惟循天理之自然"的"惟"字改为"知"字；"正谓此意尔"改为"正谓此耳"，删去了"意"字，"尔"字改为"耳"字；"但不自夫功利者而为之耳"的"自"字改为"从"字，其他均同，可知真德秀引用了朱熹的说法。

利观方面的转变，由此开始，正谊明道逐渐与董仲舒义利观相联系，并逐步演变成为中国古代义利观的经典语言，朱熹阐释、弘扬之功不可没，是名副其实的正谊明道与董仲舒义利观联系的功臣。

（二）宋明以来对正谊明道与义利观关系的发展与修正

宋代真德秀言："孟子之后，其能深辟五霸者，惟仲舒为然。盖仁人者知正义而已，利之有无不论也，知明道而已，功之成否不计也。义谓天下合宜之理，道谓天下通行之路，其实一也。霸者则惟利是谋而于义有不暇顾，惟功是计而于道有不暇恤，此所以见黜于孔氏之门也。"[①]明确了义与道的定义，揭示了正谊明道的宗旨，分析了仁人与霸者不同的义利观，指出了霸者见黜于孔门的原因。

明代王阳明言："志于道德者，功名不足累其心；志于功名者，富贵不足以累其心。但近世所谓道德，功名而已；所谓功名，富贵而已。'仁人者，正其谊不谋其利，明其道不计其功。'一有谋计之心，则虽正谊明道，亦功利耳。"[②]区分道德、功名与富贵的关系，揭示了当时三者混淆的情况，用董仲舒的话表达了自己的看法。

现代蔡元培认为："仲舒之伦理学，专取动机论，而排斥功利说。故曰：'正其义不谋其利，明其道不计其功。'此为宋儒所传诵，而大占势力于伦理学界者也。"[③]把正谊明道视为动机论、排斥功利说，既涉及董仲舒的伦理学思想，也牵涉义利观问题，影响了后人。

在南宋朱熹阐释、弘扬董仲舒正谊明道之时，也有不同的说法，叶适说："'仁人，正谊不谋利，明道不计功'。此语初看极好，细看全疏阔。古人以利与人而不自居其功，故道义光明。后世儒者行仲舒之论，既无功利，则道义者乃无用之虚语尔；然举者不能胜，行者不能至，而反以为垢于天

---

① （宋）真德秀：《大学衍义》卷一四《格物致知之要一·明道术·王道霸术之异》，《景印文渊阁四库全书》，第 704 册第 641 页。
② （明）王阳明：《王阳明全集》卷四《文录一·与黄诚甫》，上海古籍出版社 1992 年，第 161 页。
③ 蔡元培：《中国伦理学史》第二期《汉唐继承时期》，商务印书馆 2017 年，第 61 页。

下矣。"① 叶适认为，董仲舒的正谊明道似乎很好而实际疏阔，离开功效、利益而讲道德，仁义、道德只是空话。从表面来看，叶适在说董仲舒的正谊明道，实际上是借古讽今，以"后世儒者"来针对朱熹，因为朱熹奉董仲舒的正谊明道为圭臬，作为白鹿洞书院的行为规条等，反映着叶适与朱熹看法的不同。

明朝李贽指出："汉之儒者咸以董仲舒为称首，今观仲舒不计功谋利之云，似矣。而以明灾异下狱论死，何也？夫欲明灾异，是欲计利而避害也。今既不肯计功谋利矣，而欲明灾异者何也？既欲明灾异以求免于害，而又谓仁人不计利，谓越无一仁又何也？所言自相矛盾矣。且夫天下何尝有不计功谋利之人哉？若不是真实知有利益于我，可以成吾之大功，则乌用正义明道为耶？"② 李贽揭露了董仲舒自相矛盾的言行，认为董仲舒所作所为都是在谋利计功，说法不无道理。但李贽没有注意产生正谊明道的语境场合，没有提西汉时并非人人都是仁人，董仲舒也未必自认为仁人。又认为"董仲舒有正义明道之训焉，张敬夫有圣学无所为而为之论焉。夫欲正义，是利之也，若不谋利，不正可矣。吾道苟明，则吾之功毕矣。若不计功，道又何时而可明也"。③ 李贽肯定了计功谋利的合理性。从李贽本身的论述来看不无道理，从正谊明道产生的语境场合来说，则有些对于董仲舒正谊明道的误解。

清代颜元认为："世有耕种，而不谋收获者乎？世有荷网持钩，而不计得鱼者乎？抑将恭而不望其不侮，宽而不计其得众乎？这'不谋、不计'两'不'字，便是老无、释空之根；惟吾夫子'先难后获'、'先事后得'、'敬事后食'三'后'字无弊。盖'正谊'便谋利，'明道'便计功，是欲速，是助长；全不谋利计功，是空寂，是腐儒。"④ 颜元把正谊明道由仁人标准扩展至生产领域，以耕种、打鱼为例，说明"不谋、不计"是老庄的无、

① （宋）叶适：《习学纪言序目》卷二十三《汉书三》，中华书局 1977 年，第 324 页。
② 张建业主编：《李贽全集注》第二册《焚书注》卷五《读史·贾谊》，社会科学文献出版社 2010 年，第 157 页。
③ 《李贽全集注》第六册《藏书注》卷三二《德业儒臣后论》，第 526 页。
④ （清）颜元：《颜元集·颜习斋先生言行录》卷下《教及门》，中华书局 1987 年，第 671 页。

佛教的空的根源。认为做事自然必须计及功效利益，不应当菲薄功利。完全不谋利计功，便归于空寂了，是腐儒的行为。又指出："义中之利，君子所贵也。后儒乃云'正其谊不谋其利'，过矣！宋人喜道之，以文其空疏无用之学。予尝矫其偏，改云'正其谊以谋其利，明其道而计其功。'"① 颜元主张以义为利，把谋利计功看作是正谊明道的出发点和归宿，认为应当义利并举、道与功同行。

1942年12月，毛泽东在陕甘宁边区高级干部会议上的书面报告中指出：有许多行政指挥者不大去管生产活动，这是不懂得经济工作重要性的缘故。"其所以还不懂得，或则中了董仲舒们所谓'正其谊不谋其利，明其道不计其功'这些唯心的骗人的腐话之毒，还没有去掉得干净。""我们不是处在'学也，禄在其中'的时代，我们不能饿着肚子去'正谊明道'，我们必须弄饭吃，我们必须注意经济工作。"② 这是毛泽东在抗日战争极端困难的情况下，主张"发展经济，保障供给"，号召"自己动手，丰衣足食"，必须以经济工作为中心来说的，因此，被视为重义轻利的正谊明道也就成了毛泽东批判的对象，是可以理解的。再则，毛泽东主张"一切空话都是无用的，必须给人民以看得见的物质福利"③，这与董仲舒主张圣人要为天下兴利④、义利双养和官员不与民争利，又有相同之处。

有些学者也认为："董仲舒的基本经济观点是'正其谊不谋其利，明其道不计其功'。这两句唯心骗人的腐话在此后两千年间起了极大的毒害作用，其危害性绝对不在'劳心者治人，劳力者治于人'的反动观点之下。"⑤

---

① 《颜元集·四书正误》卷一《大学》，第163页。

② 中共中央文献研究室编：《毛泽东文集》第二卷《经济问题与财政问题》，人民出版社1993年，第464—465页。

③ 《毛泽东文集》第二卷《经济问题与财政问题》，第467页。

④ 《春秋繁露义证》卷七《考功名》载："故圣人之为天下兴利也，其犹春气之生草也，各因其生小大而量其多少"（第178页），卷一一《王道通三》载："王者亦常以爱利天下为意，以安乐一世为事，好恶喜怒而备用也"（第330页）。可见，董仲舒也主张圣人为天下兴利，王者要爱利天下。

⑤ 胡寄窗：《中国经济思想史》，中册第36页。

这是 20 世纪 60 年代学术界的主流说法。

一直到 21 世纪，还有人认为："中国传统价值观重义轻利，以义为利，以义为上，忽视个人利益，所谓'正其谊不谋其利，明其道不计其功'。这种价值取向不仅难以形成发达的功利意识，而且容易抑制合理个人利益的追求，表现出某种道义论（义务论）的倾向，不利于现代社会经济利益的发展。"[1] 把正谊明道作为中国传统价值观重义轻利、以义为利、以义为上的典型语言，视为现代社会经济利益发展的障碍。这种看法，在改革开放初期打破旧思想束缚时，具有锦上添花的作用，但如人们一切向钱看时，只是雪上加霜而已，有害无益。

朱熹等人可视为正谊明道的赞同派、弘扬派，叶适等人可视作正谊明道的批判派、修正派。两派相同之处在于，他们都认为正谊明道是董仲舒的义利观。不同之处在于，他们对于正谊明道有赞颂、弘扬与批评、修正的区别。无论是赞颂、弘扬或批评、修正，他们殊途同归，以不同的方式，从不同的角度，形成了阐释、传播正谊明道思想的合力，与时俱进，丰富了正谊明道的内涵，共同使正谊明道成为中国古代义利观的经典名言，适应了社会的不同需要，扩大了正谊明道的社会影响。

四、从正谊明道与义利观关系看并非原作的经典名言现象

董仲舒的正谊明道之论——"夫仁人者，正其谊不谋其利，明其道不计其功"，有道、谊（义）、功、利等文字，有正谊、明道、不谋其利、不计其功等语言。再加上《春秋繁露·对胶西王越大夫不得为仁》有"仁人者，正其道不谋其利，修其理不急其功，致无为而习俗大化，可谓仁圣矣。三王是也"，以及周室"卿大夫缓于谊而急于利，亡推让之风而有争田之讼"，"尔好谊，则民乡仁而俗善；尔好利，则民好邪而俗败"[2] 等，诸如此类

---

① 方爱东：《社会主义核心价值观论纲》，《马克思主义研究》2010 年第 12 期。

② 《汉书》卷五六《董仲舒传》，第 2521 页。

的话，奠定了开放式诠释的基础，为正谊明道与义利观联系起来提供了联想、阐释的资料，具备了多种解读的可能性。

（一）后人的修改、阐释促进了正谊明道的传播

著述能否流传后世，思想能否经世致用，不是作者自己所能决定的，也不是当时人说了就算，而是取决于其著述是否能适应社会的需求，是否有后人的阐释、弘扬，如同孔子"制《春秋》之义，以俟后圣"[①]一般，也同司马迁《史记》，"藏之名山，副在京师，俟后世圣人君子"[②]一样，诸如此类的等待后人选择的言论不少[③]。这不仅仅是客套话，而且事实也真是如此。作为汉代"群儒首""儒者宗"的董仲舒，学贯百家，精通五经，博采众长，自成一家，"上以承孔孟之统，下以启洛闽之传"[④]，也就是上承孔孟，下启程朱。"孔子终论，定于仲舒之言"[⑤]，"文王之文在孔子，孔子之文在仲舒"[⑥]。也就是说经典没有标准答案，因时而宜，因事而宜，因人而宜。在汉代，孔子著述由董仲舒来解读其文字，阐释其意义，弘扬其精神，传播其思想，使春秋时代"累累若丧家之狗"[⑦]的孔子，转化为汉代"素王"、授经传道的孔圣。同样，董仲舒正道修理的阐释、弘扬，那不是董仲舒所能支配的事，而是班固把《春秋繁露》的"仁人者，正其道不谋其利，修其理不急其功，致无为而习俗大化，可谓仁圣矣。三王是也"删减、润色为《汉书》的"夫仁人者，正其谊不谋其利，明其道不计其功"，把六句变成了三句，以与《汉书》全书相协调一致。因为，三王在《汉书·古

---

① 《春秋公羊传注疏》卷二八哀公十四年，《十三经注疏（清嘉庆刊本）》，第5116页。

② 《史记》卷一三〇《太史公自序》，第3999页。

③ 至于书中言"以俟后王""以俟后贤""以俟后世知音""以俟后来者添修""以俟后来观者去取"等诸如此类的话不少，都表达了作者自己的著述，等待后人选择、取舍等态度。

④ 民国《景县志》卷一三《碑志类·重修董子祠碑记》，《中国地方志集成·河北府县志辑》，上海书店出版社2006年，第50册第453页。

⑤ 《论衡校释》卷二九《案书篇》，第1171页。

⑥ 《论衡校释》卷一三《超奇篇》，第614页。

⑦ 《史记》卷四七《孔子世家》，第2326页。

今人表》中已经排在上上圣人之列，再说仁人就前后矛盾了，只好删去三王等句。"致无为而习俗大化"，带有黄老无为思想的色彩，删去了。改"不急其功"为"不计其功"，增强了对比力度，突出了主题，表述更具典型性。因为历史人物的思想价值犹如油画，必须在相当的时间距离之后，才能发现它的奥妙、精彩，在眼前是色彩模模糊糊的一片看不清楚。与董仲舒同属汉武帝时代的司马迁，尊重董仲舒的为人，高度评价董仲舒的经学造诣，因尚未看到董仲舒思想的巨大影响，又因"其是非颇缪于圣人，论大道则先黄老而后六经"[1]，所以只是在《史记》的《儒林列传》中简单记述了董仲舒的生平事迹。一百多年后，班固看到了董仲舒思想的影响、历史贡献和地位，在《汉书》中为董仲舒立专传，收录天人三策等文献，记述董仲舒对江都王等事件，并成为正谊明道的润饰者和传播的第一功臣。随着时间的推移、《汉书》的广泛传播，人们认同《汉书》的正谊明道，弘扬它、批判它，其影响深远而广泛[2]。而相比之下，《春秋繁露》正道修理的传播，则相形见绌了[3]。

---

① 《汉书》卷六二《司马迁传》，第 2737—2738 页。

② 笔者检索《文渊阁四库全书电子版》，正文引用"正其谊不谋其利，明其道不计其功"涉及一百一十二种书一百三十六卷一百四十六个匹配，注释中引用二十六种书三十卷三十三个匹配。检索《中国基本古籍库》，引用"正其谊不谋其利"者三百零五次。检索爱如生数据库，引用"正其谊不谋其利，明其道不计其功"者，《中国方志库初集》涉及一百零三种书一百二十条记录，《中国方志库二集》涉及七十七种书八十七条记录，《中国类书库》涉及二十二种书三十九条记录。2020 年 12 月 11 日检索读秀搜索引擎，涉及引用"正其谊不谋其利，明其道不计其功"的条目五千六百一十四条。虽然检索有限的数据库资料还不完善，由上述亦可知，后人引用、阐述、解释以"正其谊不谋其利，明其道不计其功"为主，也就是以班固删改、润饰者为主，远远超过对于"正其道不谋其利，修其理不急其功"的引用。

③ 笔者检索《文渊阁四库全书电子版》，正文引用"正其道不谋其利，修其理不急其功"，涉及两种书两次，一是《春秋繁露》，一是《西汉文纪》；注释中一次引用也没有。检索《中国基本古籍库》，引用"正其道不谋其利"者六次。检索爱如生数据库，引用"正其道不谋其利，修其理不急其功"者，《中国方志库初集》《中国方志库二集》为零，《中国类书库》仅有一条记录。2020 年 12 月 11 日检索读秀搜索引擎，涉及引用"正其道不谋其利，修其理不急其功"的条目九百一十二条。董仲舒的"正其道不谋其利，修其理不急其功"被人引用、传播者相对于"正其谊不谋其利，明其道不计其功"者比较少。

两宋时代，再经过程朱，尤其是经过朱熹的阐释、弘扬，正谊明道的地位更高，既可以体现孔孟的思想精髓，又可以与《春秋》大义并列，更可以与董仲舒义利观相联系。朱熹与班固不同，既是官员、学者，又是理学大师，拥有众多的弟子和私淑弟子，不仅朱熹自己在弘扬、传播正谊明道，而且他的弟子，他的私淑弟子，他的朋友等，都自觉不自觉地就加入到传播、阐释的行列之中，又适逢雕版印刷技术的成熟，提供了前所未有的良机，正谊明道由西汉江都国王与相关于越国三仁的对话，变成了中国古代义利观的经典名言，由凤毛麟角的仁人标准转化为普天率土的士人规则，甚至有人认为适用于官吏和百姓，可视为社会规则。

随着时间的推移，正谊明道深入到社会各方面，不仅士人乡绅以正谊为人名、斋号、堂名、书名等，府州县官也建立正谊书院等，而且康熙皇帝、同治皇帝颁赐御书的正谊明道匾额，乾隆皇帝御撰《赋得正谊明道》诗词，咸丰皇帝以正谊明道作为朝廷科举取士的考题[①]等。从皇帝到士人、官吏，推崇正谊明道，传播正谊明道，正谊明道成为中国古代义利观的经典名言。弘扬者接踵而至，批判者络绎不绝，功勋、罪恶集于一身，颂扬、冤屈融于一体，形成了巨大的社会影响。

正谊明道传播得越广泛，参与其阐释者就越来越多，其内容也就越来越丰富。脱离了正谊明道的具体语言环境，解释就变得如同天马行空。去掉了正谊明道仁人的前提，解读就变得随心所欲。人们可以独树一帜地解读它，运用不同风格地阐释它，也会肆无忌惮地批评它。在这里断章取义者司空见惯，望文生义者习见无奇，别出心裁者不胜枚举，修正推新者层出不穷，激烈批判者大有人在，这是后人借用董仲舒的正谊明道来说自己的话，或是断章取义，或是望文生义，或是自我定义，或是赋予新义，或是牵强附会，或

---

① 《清实录·文宗显皇帝实录》卷二八一咸丰九年四月辛酉载：策试天下贡士马传煦等一百八十人于保和殿。制曰："……士也者，民之坊也。董仲舒曰：'正其谊不谋其利，明其道不计其功。'列士林，省非以砥厉廉隅为本务乎？"（中华书局 1987 年，第 44 册第 122 页）正谊明道是咸丰九年殿试的内容。

是主观臆断，或是借题发挥，或发现、创造了新的价值意义等。以诸如此类的方式诠释它，虽然多数与董仲舒正谊明道的文字表面上有联系，其实与其本义没有关系。实际上，如同"《诗》无达诂，《易》无达占，《春秋》无达辞"①一样，不同时代、不同类型、不同知识结构、不同社会地位的学者对正谊明道进行了创新、创造、转化，按照时代需要与自己的理解等进行诠释、赋予了他们所认为的含义，使正谊明道不断增加了新鲜血液，不断地获得了新的生命力，不断地增加了其价值，与时俱进地累积、汇聚、升华，使得正谊明道思想本身具有越来越强大的生命力、越来越广泛的内涵，融入到中华文明体系之中，而与中华民族的思想、文化联系在一起。如果董仲舒的正谊明道永远是本义，永远是一种解读，那说明其影响有限；而脱离了前提的阐释，加入后人思想的创造性解读，适应了社会、时代的需要，而升华、转化成了中国古代义利观的经典名言、董仲舒思想的标志之一。"正谊明道，为世准程"②，在中国古代产生了巨大影响，至今仍然有着强大的生命力。

（二）并非原作的经典名言现象举例

其实，并非仅仅是董仲舒《春秋繁露》的正道修理，经过班固的删改、润色，转化为《汉书》的正谊明道，传播得更广泛，再经过朱熹的阐释、弘扬，转化为中国古代义利观的经典名言。古往今来，有些影响重大的思想，有些家喻户晓的典故，有些耳熟能详的语言等，有些也是由于后人的修改、润饰，经过他人的阐释、弘扬，修改后的语言影响超越了原文，引申义超越了本义，狭义变成了广义，使言论升华、转变成为经典，这是一种并非原作的经典名言现象，正道修理润饰为正谊明道仅是其中的一个案例而已。笔者再试举两个思想史的例证。

有些作者没有讲过的语言，经过后人删改，却成为作者思想的标志，如朱熹的"存天理，灭人欲"。朱熹在其著述中曾经多次说到过天理、人

---

① 《春秋繁露义证》卷三《精华》，第95页。
② 雍正《故城县志》卷五《文翰·赞·董子像赞》，《中国地方志集成·河北府县志辑》，第54册第180页。

欲的问题，如言："有个天理，便有个人欲"①，"善者便是天理，恶者便是人欲"②，"人欲尽而天理全"③，"天理存则人欲亡，人欲胜则天理灭"④，从多方面论述天理与人欲的关系。又曾言："今人言灭天理而穷人欲"⑤，"遏人欲而存天理"⑥，"存天理遏人欲"⑦，"去人欲存天理"⑧，"圣人之教必欲其尽去人欲而复全天理也"⑨，"圣贤千言万语，只是教人明天理，灭人欲"⑩，"尝见胡文定《答曾吉甫书》有'人只要存天理，去人欲'之论"⑪，主张存天理遏人欲、去人欲存天理、明天理灭人欲等。在朱熹著述中，分别有"存天理""灭人欲"的词组，但看不到"存天理，灭人欲"习用语的记载。检索《文渊阁四库全书电子版》《汉籍全文检索系统》未有"存天理，灭人欲"习用语的资料，按照时代顺序来检索《中国基本古籍库》，到清代才有两条。其中一条出自《宋元学案》，把《朱子语类》的"明天理，灭人欲"改为"存天理，灭人欲"⑫。究竟是黄宗羲等无意而错，还是故意而为，现在不得而知。但随着《宋元学案》的传播，民国年间，出版的《宋代文选》《国文课本》《高中新国文》《开明古文选类编》等书中的《晦翁语录》《朱晦翁语录》都按照《宋元学案》的文字印刷为"存天理，灭人欲"。周谷城的《中国通史》等著作也都写为"存天理，灭人欲"。这样朱熹就与根本没有说过的"存天理，灭人欲"

---

① 《朱子语类》卷一三《学七·力行》，第224页。
② 《朱子全书（修订本）·晦庵先生朱文公文集》卷六二《答傅诚子》，第23册第3007页。
③ 《朱子全书（修订本）·晦庵先生朱文公文集》卷三一《答张敬夫语解》，第21册第1343页。
④ 《朱子语类》卷一三《学七·力行》，第224页。
⑤ 《朱子语类》卷八七《礼四·小戴礼·礼运》，第2242页。
⑥ 《朱子语类》卷八一《诗二·鹿鸣诸篇·常棣》，第2118页。
⑦ 《朱子全书（修订本）·晦庵先生朱文公文集》卷五三《答胡季随》，第22册第2510页。
⑧ 《朱子全书（修订本）·晦庵先生朱文公文集》卷三七《与刘共父》，第21册第1619页。
⑨ 《朱子全书（修订本）·晦庵先生朱文公文集》卷三六《答陈同甫》，第21册第1586页。
⑩ 《朱子语类》卷一二《学六·持守》，第207页。
⑪ 《朱子语类》卷一一七《朱子十四·训门人》，第2824页。
⑫ （清）黄宗羲原著，（清）全祖望补修：《宋元学案》卷四八《晦翁学案上·语要》，中华书局1986年，第1544页。

逐渐联系在一起，"存天理，灭人欲"成了朱熹的标签[①]、宋代的重要思潮的标志[②]，成为学者们研究的课题。

有些是作者所言在传播中发生变化，为作者所认同而修改，变成重要的理论，如邓小平的"白猫黑猫论"。1962 年 7 月 2 日，邓小平在中央书记处会议上讲："现在是，所有形式中，农业是单干搞得好，不管是黄猫黑猫，在过渡时期，哪一种方法有利于恢复就用哪一种方法。"[③] 7 月 7 日，邓小平在接见出席中国共产主义青年团三届七中全会全体同志时，说："生产关系究竟以什么形式为最好，恐怕要采取这样一种态度，就是哪种形式在哪个地方能够比较容易比较快地恢复和发展农业生产，就采取哪种形式；群众愿意采取哪种形式，就应该采取哪种形式，不合法的使它合法起来。这都是初步意见，还没有作最后决定，以后可能不算数。刘伯承同志经常讲一句四川话：'黄猫、黑猫，只要捉住老鼠就是好猫。'这是说的打仗。我们之所以能够打败蒋介石，就是不讲老规矩，不按老路子打，一切看情况，打赢算数。现在要恢复农业生产，也要看情况，就是在生产关系上不能完全采取一种固定不变的形式，看用哪种形式能够调动群众的积极性就采用哪种形式。"[④] 邓小两次讲的都是"黄猫黑猫"，没有说过"白

---

① 如王敬华《20 世纪以来朱熹"存天理，灭人欲"研究述评》，《唐都学刊》2016 年第 5 期等。

② 如孙丽萍、刘光耀《从"存天理，灭人欲"到"天理就是人欲"》，《太原理工大学学报（社会科学版）》2003 年第 2 期等。

③ 中共中央文献研究室编，金冲及、陈群主编《陈云传（下）》，注明资料来源：中共中央书记处会议记录，1962 年 7 月 2 日（中央文献出版社 2005 年，第 1322 页）。又见中共中央文献研究室编，杨胜群、闫建琪主编《邓小平年谱 1904—1974（下）》1962 年 7 月 2 日记载："现在所有的形式中，农业是单干搞得好。不管是黄猫、黑猫，在过渡时期，哪一种方法有利于恢复，就用一种方法。"（中央文献出版社 2009 年，第 1713 页）两者除了个别字不同外，其记述基本相同。

④ 邓小平：《邓小平文选》第一卷《怎样恢复农业生产》（人民出版社 1994 年，第 323 页）。《邓小平年谱 1904—1974（下）》1962 年 7 月 7 日记载："生产关系究竟以什么形式为最好，恐怕要采取这样一种态度，就是哪种形式在哪个地方能够比较容易比较快地恢复和发展农业生产，就采取哪种形式；群众愿意采取哪种形式，就应采取哪种形式，不合法的使它合法起来，就像四川话'黄猫、黑猫，只要捉住老鼠就是好猫。'"（第 1714 页）两书有"刘伯承同志经常讲一句四川话"和"就像四川话"的不同，但"黄猫、黑猫，只要捉住老鼠就是好猫"是相同的。

猫黑猫"。但因邓小平"黄猫黑猫"的"这个比喻不胫而走，但流传中都把'黄猫'说成'白猫'"。[1] 这样黑白色彩对比鲜明，又符合老百姓日常表达习惯，更有利于传播，后来被邓小平所接受。

由上述可见，无论是后世的精简、升华，还是当时的润色、修改，既与原作者提供的文章基础有关，也是修改、润饰者摸准了时代脉搏，清楚了原作的价值和局限，修改了原作，提炼、升华了作者的思想，为原作增光添彩，获得了比原作更强大的生命力，实现了思想的与时俱进，产生了巨大的社会影响，而被称为并非原作的经典名言。

因此，我们应当明白董仲舒正谊明道的本义所在，给正谊明道一个恰如其分的评价，但不必以董仲舒的本义来衡量后人的说法，因为那是不同时代社会存在的反映，是用别人的语言说自己话的一种形式，并无正确与谬误之分。应当清楚正谊明道成为中国古代义利观的经典语言，是后人删改、润饰、阐释、弘扬的结果，而非正谊明道的本义，既不能把后人创新性发展、创造性转化的光荣都归功于董仲舒，也不把后人严厉批判、激烈抨击的罪过等都加在董仲舒头上，那是董仲舒正谊明道思想深远历史影响的具体体现。

---

[1] 中共中央文献研究室编，冷溶、汪作玲主编《邓小平年谱1975—1997（上）》注释〔2〕，中央文献出版社2007年，第147页。

王教圣化：董仲舒名学视域下的政教思想

任 艳

（清华大学　哲学系）

　　"名"在先秦之时是一个流行的话题，不独儒家专有，诸家思想中均有涉及。名家①、法家、黄老家、道家对"形名""名实""名法""道"与"名"等都展开过辨析与论证。或是出于逻辑角度，对"名""形""实"的对应关系进行阐发，以及对"名"进行分类，或是出于现实政治的角度，强调名实相符、循名责实的政治实践。或是道家为"名"建立了一个形而上的根据，开辟"名"论说的新内涵。先秦对于"名"的论说大多针对"名实相乱"和"名实相怨"的社会现实，周朝所规定的政治权力同现实争霸后被重新分配的权力产生了巨大的差异，周天子名存实亡，礼法之制被搁置毁坏。因此，诸子迫切想通过理论辨析和关系的明确来稳定社会，规范秩序。这种探讨是分散的，未曾有一家形成一套完整有效的关于"名"的

---

① 通常意义上的"名家"多为以惠施、公孙龙、尹文子为代表的专于名辩之人，黄克剑等学者甚至认为通常意义上的名家是独立的，"名家不是道家、儒家或墨家的附庸，其得以独立成家，乃在于这一派人物把'言谈'或辩难所涉及的思维形式及'名'，言性状问题扩辟为一个有着特殊探讨价值的领域"，而近代的逻辑研究中也用"名家"来指代先秦从事逻辑研究的学者。但是探讨先秦时代，只有"察士"和"辩士"之类的称呼，而没有所谓的"名家"。黄克剑：《名家琦辞疏解：惠施公孙龙研究》，中华书局2010年，第204页。

秩序。这不仅是因为"名"本身的抽象性，还因为"名"在各家的学术思想中缺乏学术基础以及与之相关联的内容，内容之间无法相互配合，形成完备的思想理念，囊括一切政治人事。因此，"名"虽然是先秦时期流行的话题和理念，但并未对现实政治产生过多的影响，以至于黄老学说在汉初虽作为官方学术，但"名"思想并未得以充分实践。

《庄子·天下》篇中说"《易》以道阴阳，《春秋》以道名分"，将《春秋》视为是正名定分之书。"名"在儒家的学说体系中是非常重要的概念，无论是孔子的"必也正名乎"，还是荀子"王者之制名，名定而实辨"，都将"名"之正视为政治的关键。孔子虽未直接对"名"进行详细的论述，但是"名"在《春秋》经文却有着非常严谨的应用。孔子对"名"的论述并不完善，其未尝论述"名"的起源与名的具体含义。对于"名"重要性的强调以及目的、根据和原则的论述①，是由荀子完成的。荀子认为王者应当"制名以指实，上以明贵贱，下以辨同异"。但仅有"名"是无法实现善治的，荀子提出了"以仁心说，以学心听，以公心辨"，通过辩说与以道和心审察来维持"名"的一致性。荀子此处所论及的"名"已经具有双重性的内涵，因此杨国荣说"以名指物与以名喻道的统一，表明名言既能以描述的方式分别地敞开存在，也可以通过存在的澄明以把握世界的统一性原则"②。"名"的功用已并非只是给出名称和定义，而是具有从心求道的伦理政治指向。在荀子的正名思想中，王者依据旧名，制作新名，来区分人事贵贱。制名的原则在于"同类同情者，其天官之意物也同"，人可以感知事物的同异，发挥五官体察和心灵验知的作用，即可以进行归类和命名。荀子"名"的思想已经具有了体系化的特征，能够将"名"作为政治实践中的核心观念而予以探究，也反映了在认识论的层面上，荀子对于认识本身和个人的认识能力有了进一步的思考，为之后董仲舒集众家

① 荀东锋：《荀子名学的再审视》，《邯郸学院学报》2015年第2期。
② 杨国荣：《中国哲学中的名言问题》，《陕西师范大学学报（哲学社会科学版）》2004年第4期。

之所长，明确提出"名"的政治思想，提供了理论基础。

近年来，"新名学"研究兴起，对于"据西释中"范式下，将"名学"视作逻辑学的研究进行了检讨反思和重新诠释，崔清田、曹峰、晋荣东、苟东锋等研究者对"名学"的重新诠释颇有创见。而学者对于董仲舒"名学"思想的研究，大多集中于"正名"。周桂钿[①]对董仲舒"名"的内涵从名号、辞指、真假标准、微言大义进行探究，揭示其中的政治意义以及儒生的创造力，但并未涉及董仲舒所使用的"名"的诠释方法和路径。苟东锋沿着儒家"正名"思想的脉络对"名"的起源展开追溯，直至名教的退场，在其看来，汉代是"名教"观念的定型时期，董仲舒借助"名实相对"阐发出对于人性、圣人观和天人说的看法，从而使得政统和道统在"名教"的模式下达到统一，其研究证明了经由董仲舒所构建的"名教"模式的价值，具有大一统和政教的双重功效。而王琦、朱汉民[②]也看到了董仲舒以"正名"为方法进行人性论证的逻辑思路，正名正是因为心具有善恶的体认，所以圣王教化才有可能。黄若舜[③]看到了秦汉从"名法"向"名教"的转变，董仲舒对"名法"进行改造，发挥《春秋》"以义正名"的精神，对于"名"在汉代的变迁建立了宏观的认识。以上的研究都极大地发掘了董仲舒的思想智慧，特别是以"名"为研究路径，使得董仲舒"名"的思想得以逐渐显现。因此，拙文在诸家研究的基础上，从董仲舒"名"思想出发，探究董仲舒名教思想中"教化"思想的具体展开。

一、维号斯言：圣人制名中"名"的政治内涵

"名"字很早就已出现，并得以广泛使用。《说文解字》中说"名，

---

① 周桂钿：《董学探微》，北京师范大学出版社 2008 年。

② 王琦、朱汉民：《论董仲舒的人性论建构》，《北京大学学报（哲学社会科学版）》2014 年第 5 期。

③ 黄若舜：《从"名法"到"名教"——论董仲舒对名法之学的批判与改造》，《福建论坛》2020 年第 5 期。

自命也。从口从夕。夕者，冥也。冥不相见，故以口自名"，认为"名"起源于夜间人们无法看见彼此，因此创造"名"来彼此呼叫联系。段玉裁在解释《说文》中"名"字时，却认为"名"字是从"铭"字演变而来的，"《祭统》曰：夫鼎有铭。铭者，自名也。此许所本也。《周礼·小祝》故书作铭。今书或作名。《士丧礼》古文作铭。今文皆为名"，在经文与传文中"铭"均写作"名"。刘熙在《释名》中认为名并非专人而制，而是长期的生活中积累而来的语言符号。胡适也认为名是从象中蜕变而来，是意象最好的符号[①]。由此可知，"名"是中国古代长期历史生活的产物。徐复观认为"探讨名的起源问题应该放弃语源的讨论"[②]，因为古人造字并非有固定的模式，多为应机而作，所以不能将字的原义同起源同等视之，尤其是"名"字。但对于诸子，特别是道家和黄老家，他们迫切地想为"名"寻找一个起源和根据。黄老家用"名，自命也"解释，把"名"视为自然客观规律运行的结果，一切事物皆有名，"名"和"形"是客观存在的，当刑（形）名确立起来，由自然之道衍生出来的规则和是非标准也会建立起来。

"名"的起源关乎"名"的权威性以及在现实世界中的使用，因此是整个"名"学中的核心内容。虽然徐复观认为应当放弃语源的讨论，但是诸家对于"名"起源的论说都与其名学思想的整体倾向有关，不能搁置不论，特别在儒家的学术传承中，荀子和董仲舒都曾对"名"的起源予以明确的说明，更新和完善了儒家的名学思想，不断地将"名"的使用推进现实领域。荀子认为王者制名，但是王者能否具有制名的能力和信服力呢？当桀纣那样的暴君即位，其所制之名不但无法维系现实政治，反而还会扰乱原有秩序，"王者制名"的理论对王者缺乏制约，因此其所制之"名"从根源上并不完善，为董仲舒改进"名"的思想留有空间。董仲舒上溯于天，在超越王者之上为"名"寻找起源。董仲舒在《深察名号》中说："名号之正，取之天地；天地为名号之大义也。古之圣人，謞而效天地，谓之号，

---

① 胡适：《先秦名学史》，学林出版社 1983 年，第 40 页。
② 徐复观：《中国思想史论集续篇》，上海书店出版社 2004 年，第 207 页。

鸣而施命，谓之名。名之为言鸣与命也，号之为言謞而效也，謞而效天地者为号，鸣而命者为名，名号异声而同本，皆鸣号而达天意者也。天不言，使人发其意；弗为，使人行其中；名则圣人所发天意，不可不深观也。"①名号是天意的体现，天是整个世界的最高存在，是超越君王之上的权威，君主也是天意的接受者。董仲舒认为"名"和"号"异声而同本，都是对天意而做出的反应，二者背后都有着固定的权利与义务，所以天子事天如父，以彰显孝道，诸侯侍奉天子，大夫忠信守礼，各有职分。"名众于号，号其大全"，"名"所表示的事物具有别、离、分、散的特点，所以"名"本身也具有多样性，起到区分和认识的作用。"号"是对事物本身的抽象性的概括，注重理解事物整体的共性。所以"号凡而略，名详而目"，一切事物皆有其号，由号顺应天意分化出相应的散名，"名"与"号"从根本上是相通的，皆是上天旨意的体现。

圣人制名，并非出于己心，而是秉承天意，沟通天人之间，来为现实王事提供指导。君主无法凭借世俗的权力去干扰"名"的产生，"名"对现实中的权力、道德义务等进行规定与分界，所组建的秩序具有稳定性和权威性，能够统属世间万物，所有人和事都被纳入到一个以"名"为基本概念和规定的框架之下。"名"由圣人制定，圣人沟通天和人，是天意的解释者，"名"即是圣人沟通天地之间的产物。圣人并非具体的某一个人，而实则是汉代所形成的以孔子为主，以经典为依托的圣人集团。林庆彰认为十三经之所以称为经书，先决条件即是圣人集团。他认为"圣人集团"是指伏羲、尧、舜、禹、汤、文、武、周公、孔子等人，和孔子之家属、弟子和后学②。他的判断依据是这些人成为圣人的时间，大抵都在战国时代。但是在汉代，这种由战国时期形成的"圣人集团"发生了变化，成为以孔子为核心，以经典为依托，以儒生为主体的"新圣人集团"，孔子的地位和重要性远远超过前圣先贤。儒生集团成为"圣人"的发言者，他们

① （清）苏舆撰，钟哲点校：《春秋繁露义证》，中华书局 2019 年，第 252 页。
② 林庆彰：《中国经学研究的新视野》，万卷楼图书股份有限公司 2012 年，第 105 页。

依托于经典，阐明圣人所制作的"名"，对"名"本身拥有绝对的语言控制权，减少现实权力的干扰和破坏。王者和众人只需要依据"名"端正自身的身份与权力，不需要质疑"名"本身的正确性，"名生于真"，圣人所创制的"名"本身就具有"真"的特征，而且因为圣人集团的存在，可以对"名"进行再诠释，因此"名"也有了因时变通的可能。从理论而言，"名"成为生生不息的永世法则。圣人所制作的"名"，比较接近郑开所说的那种具有"定义"和"定位"的"宗法社会政治形态"的抽象性质的"名"①，一切人事都纳入到儒家的伦理道德规范中。

"名"在董仲舒看来最重要的作用就在于区分，形成尊卑善恶的伦理道德秩序，"名"所形成的秩序以及赋予事物的意义与职守，是天意本身，是上天为人事所制定的规则秩序，因而圣人在制"名"时，便将善恶是非的价值判断与天道规则融入其中。"名"由圣人本天意而制，唯有圣人能够沟通天人之际，体察上天之情，所以"名"诞生之初便是"正"的存在。只是因为在现实中，人无视天人之分，使邪僻之说扰乱视听，才使得"名"失其正。"名生于真，非真，弗以为名。名者，圣人之所以真物也。名之为言真也"②，唯有圣人能够知"名"的真实，所以"正名"的过程即是以圣人作"名"以展现是非善恶的判断标准的过程。"欲审曲直，莫如引绳，欲审是非，莫如引名，名之审于是非也，犹绳审于曲直也。诘其名实，关于离合，则是非之情不敢相谰已"③，因为"名"在人事判断中起到是非善恶标准的作用，所以圣人在制名的过程中必然要依据天意，确保"名"之"真"。

董仲舒通过"名"的诠释赋予了王者至高无上的独尊地位，但也限定了王者的权力和责任，王道效法天道，因而王者不能以个人之力干扰王道政治。所以在公羊家的理想中，君主能够效法天道，法天而行，"执无源

---

① 郑开：《德礼之间：前诸子时期的思想史》，生活·读书·新知三联书店2009年，第413页。
② （清）苏舆撰，钟哲点校：《春秋繁露义证》，第256页。
③ （清）苏舆撰，钟哲点校：《春秋繁露义证》，第257页。

之虑，行无端之事，以不求夺，以不问问"，即是遵循天道的"无为"。在《保位权》篇中，有这样的论述："为人君者，居无为之位，行不言之教，寂而无声，静而无形，执一无端，为国源泉。因国以为身，因臣以为心，以臣言为声，以臣事为形……责名考质，以参其实，赏不空施，罚不虚出，是以群臣分职而治，各敬其事，争进其功，显广其名，而人君得载其中，此自然至力之术也。圣人由之，故功出于臣，名归于君也。"[①] 董仲舒在此对于理想君主治理方式的探索，虽有儒家道德仁义的要求，但最终还是归于黄老"无为而治""循名责实"的为君之术。在整个秩序体系当中，君主仅次于天，并凭借天的权威拥有了独一无二的政治地位，但是"制名"为圣人所有，君主不参与其中，所以君主的权力必须予以限制，否则必然会扰乱圣人制名以及由"名"所衍生出的秩序。而"循名责实"也减少了君主为政的压力，是一套理想且简洁高效的行政方式。

无论是圣人制名还是君主循名责实，都证明"名"的政治属性，许抗生说"名学是以名为对象，以名实关系为基本问题，以'正名'为核心内容的学问，名学在自身的发展中，既有重政治、伦理的一面，也有相对重智和抽象的一面，既有名实关系的讨论，也有宇宙观问题的分析，呈现出多样性的态势"[②]，"名"思想发展到秦汉，那种重智和抽象的一面已经脱离，彻底成为一种伦理政治手段，这并非董仲舒或者儒家一人一家之功，黄老学在整个转化中也发挥了重要作用。黄老家建立了以"名"和"法"为核心的秩序和规则，董仲舒政治化的"名"学思想很大程度上继承了黄老学的思想。

二、名号古训：董仲舒的诠释与创造

傅斯年在《性命古训辩证》中提出"以语言学的观点，解释一个思

---

① （清）苏舆撰，钟哲点校：《春秋繁露义证》，第154页。
② 许抗生：《先秦名家研究》，湖南人民出版社1986年，第21页。

想史的问题的方法"①，这种研究方法追溯了秦汉思想史中重要的诠释路径。秦汉时期把汉字作为一个符号系统来理解和阐释，以至于汉字名称不是单纯的文字符号，而是和人事自然联结在一起。周桂钿曾说"按汉人的理解，文字的形、音、义都是圣人制订的，具有较高的权威性"。②董仲舒重视名号的作用，并非只是重视名号本身，而是名号背后所规定的权责与道德义务。名实不可分离，否则"名"将悖乱。因此，董仲舒直接就"名"本身展开文字本身的训解，虽不一定符合文字原义，也不能适用于所有的学派与文本，但是却是其建立"董学"和改进儒学的重要途径。在"性""心""民""士"的训解中，董仲舒对人性和士民提出自己的看法，阐明教化成善的可能性。在"仁"和"义"的训解中，董仲舒沟通内外，建立起正人正己的仁义法度，以此配合礼乐，正风易俗。

"性"的名实问题，从告子起，争论未尝息止，董仲舒对于"性"的论述处在承上启下的阶段，既承接先秦性善性恶的性论，又开启汉唐性品级论，因而学界对此有着集中的探究。王琦认为董仲舒对"性""善""情""善质"与"已善"等名实问题进行了厘清与论证，他的这种剖析摆脱了传统对于董仲舒"性善""性恶""性善情恶""性三品论"的论述模式，开始从董学本身的内容和价值指向入手，得出心和教作为中介达成善性的结论。此类研究已经指明了董学谈"性"，关键在于为教化和成善寻找依据。因此，拙文集中于董仲舒对"性"的解读，无意于对"性"进行定义，尝试阐明董仲舒"性"论所指，对董仲舒"性"论中的矛盾予以解释。

在《深察名号》中，董仲舒提出"诘其名实"的是非判断方式，紧接着就引入"性"的问题，其说"性之名，非生与？如其生之自然之资，谓之性。性者，质也，诘性之质于善之名，能中之与？既不能中矣，而尚谓之质善，何哉？性之名不得离质，离质如毛，则非性已，不可不察也"③，

---

① 傅斯年：《性命古训辨证》，广西师范大学出版社 2006 年，第 2 页。
② 周桂钿：《董学探微》，第 360 页。
③ （清）苏舆撰，钟哲点校：《春秋繁露义证》，第 258 页。

性即是"生"，是一种自然之资，性的质（实）是无法与善之名相对应的，因此"性"并非全善，而是有一种潜在的善质。就"性"之名实来看，"性"有善质。这种善质有先天的差别，所以会有圣人、中人、斗筲的区别。圣人因为得天之禀赋，所以善质充盈，不待教而已达到至善，得以制名以正万物。而斗筲之人，善质稀薄，没有成善的条件，这种对人的分属是先天的。此时训"性"为"生"，而不是训"性"为"善"，即是承认这种先天的差异性，否则"心"和"教"的作用就无法发挥。董仲舒在《实性》篇中说"名性者，中民之性"，既然"性"只能与"中民之性"相对应，那"性"训"生"言众人之性皆天生则前后相悖。诸多学者都认为这是董仲舒"性"论的矛盾所在。黄开国认为出现这种矛盾，是因为董仲舒犯了逻辑上的错误，对于一般与特殊，整体与部分的区分有误，"名性论"并非成熟的理论①。这种分析有理有据，但是总是避免不了从现代的观念去审视传统的思想，董仲舒对于"性"的论说虽逻辑不严密，但是其学说大体上可以自圆其说，来推导出教化的思想。

冯友兰说"因人之'质'中有性有情，有贪有仁，故未可谓其为善"②。因为"身之名，取诸天。天两有阴阳之施，身亦两有贪仁之性"③，人数和天数相符，所以"性"天生在人之间就有所差别。对于"至善"的圣人和"至恶"的斗筲之人，董仲舒都属于搁置不论的，圣人已经达到至善，是教化的主导者，不在被教化的层面。而斗筲之人，不具备成善的可能，所以也没有教的必要性。这两种人，都是少数，绝大多数人都是"中名之性"，就像禾，需要经过后天的加工才可以成为米，且并非所有禾都可以成为米，这其间是有差别的。从善质到善，是一个由内到外的发展过程，既需要"心"的"栣"的克制审察的作用，使得恶念不转化为具体的行为，同时还需要"教"，使得善质得以发现和扩充，成就善行，只有"中人之性"

---

① 黄开国：《儒家人性与伦理新论》，陕西人民出版社 2006 年，第 91—98 页。
② 冯友兰：《三松堂全集》第三卷，河南人民出版社 2001 年，第 24 页。
③ （清）苏舆撰，钟哲点校：《春秋繁露义证》，第 261 页。

有这个去恶从善的过程。"名性者，中民之性"，这里的"名"应当做动词，而非名词，有特指之意，是董仲舒有意从"性"的泛论转向教化层面，因此此处的"性"，专指"中人之性"，也只有"中人之性"，才具有教化的可能性和必要性。董仲舒的"性"论既有一元性的泛论"性"，也有专指教化，具有等级之分的"性"，前者为后者提供理论基础，二者是不可分离的，否则这种从内到外、从善质到善行的发展路径就不完善。

除却从"中民之性"论证教化的必要性，董仲舒还对"士"和"民"进行解释。"士者，事也，民者，瞑也，士不及化，可以使守事从上而已"①，士较于民来说，在道的层面更进一步，所以能够通达事理，为君王处事治民。"士"训为"事"，在《说文解字》中可以找到依据，但是训"民"为"瞑"，却未尝找到相关解释和依据，"民"有训为"泯"的，表示无知，但未尝训解为"瞑"。将"民"训解为"瞑"，是董仲舒为了表明善质有转向为善行的可能。善质就像人睡着闭上眼睛一样，并非没有看的能力，觉醒即可以明察。善质也是如此，未尝显现只是因为被气质之恶所蒙蔽，一旦发觉善质，摆脱蒙蔽，即可以通畅无碍，转化为善行。仅靠民本身的能力，无法摆脱遮蔽，必然是有待王者和圣人的教化。因此"无其质，则王教不能化，无其王教，则质朴不能善"，正是因为"民"蒙蔽待发觉，"中人之性"只有善质而无至善，所以都不能主动达到善的理想状态，需要通过教化的外部引导与推动才可以转化为善行。这也是董仲舒正"性"之名的目的所在，即是要推行"王教之化"，成就善者。

徐复观在评价孔子的性命论时说"孔子将性与天道融合在一起的下学而上达的道德内容"②，而"仁"是这个下学与上达内容中的核心，"孔子在自己生命根源之地——性，证验到性即是仁，而仁之先天性、无限的超越性，即是天道，因而使他感到性与天道，是上下贯通的"③，而在董

---

① （清）苏舆撰，钟哲点校：《春秋繁露义证》，第262页。
② 徐复观：《中国人性论史》，九州出版社2014年，第92页。
③ 徐复观：《中国人性论史》，第98页。

仲舒这里，他论"性"，也继承仁在性命与天道中的体现，"仁"是教化的重要内容之一。"仁"是善质，但是善质并非仅有关于外在的"仁"，还有切身诸己的"义"。教化的法度，即是仁义之法。"仁之为言人也，义之为言我也，言名以别矣"，这里的"名"是"训字"之意，就字形训"仁"为人，训"义"为我，虽然有强训的行为，被庞朴等学者批评，但是董仲舒以此训解，是要区别内外之别，实现仁义兼得。"仁之法在爱人，不在爱我。义之法在正我，不在爱我"，能以仁推及他人。不独爱一身，能爱及四夷，推广恩德，宽容治民，这是向外待人接物的原则。义以正我，明确自身之得失，进行主体本身的规范，这是内在省察，弃恶从善的原则。先秦儒家多以"仁内义外"为法，而董仲舒在仁义的观念中，呈现出截然不同的看法，很明显出于纠正先秦王者暴虐，伤民害物，社会逐利之风的目的。这不仅是为了限制王者的权力，迫使其仁民爱众，而且是为了以"仁义"取代"利己"，超出亲亲的范围，推广仁善美德。除了仁义外，董仲舒还指明了教化的其他内容和次第："圣人之道，不能独以威势成政，必有教化。故曰：先之以博爱，教以仁也；难得者，君子不贵，教以义也；虽天子必有尊也，教以孝也；必有先也，教以弟也。此威势之不足独恃，而教化之功不大乎！"[1] 因此，还有孝悌与之相互配合，共同构成政治教化的道德伦理内容。

借助于"名"的训解，董仲舒对教化的必要性和王政法度进行了辨析，和先秦儒家的思想差异颇多。先秦儒家在教化层面，更多强调带给人的生命体验和社会效果，而非从原理上对教化的必要性和内容进行叙述，而董仲舒恰好完成此项工作。很多训解从文字学和逻辑学意义上考量错讹颇多，但是这正是董仲舒的创新和用意所在。因此，董仲舒正"性"名，解说"民"与"士"，辨"仁"与"义"即是要去弥补儒家教化理论上的缺陷，为礼乐之法提供根源和价值内核。诚如学者说，"在董子眼中，礼不过是表达

---

[1] （清）苏舆撰，钟哲点校：《春秋繁露义证》，第283页。

仁义的一种工具，其目的是促进生命主体的道德自觉"①，董仲舒对理论详细地辨析与定义，即是要为教化的形式提供价值和方法的指导。在此意义上，董仲舒使得儒家的教化思想成为一个完整的体系。

三、王教化善：名教体系中的教化职责与开展

陈苏镇在分析《春秋》三传的特点时认为，穀梁家"以礼为治"，公羊家"以德化民"。"以德化民"的倾向并不代表公羊家排斥礼乐，反而他们认为礼乐能够拨乱反正，但是只注重礼的形式很容易流于空俗，必须要将礼的核心价值标榜和推广，因此公羊家极力推崇《春秋》善恶褒贬之道，重贤美名。董仲舒继承公羊之学，将善恶是非的标准贯彻在政教中，并将教化视为万世不变之道。在论及改制之时，董仲舒说"夫大纲，人伦道理，政治教化，习俗文义尽如故，亦何改哉！故王者有改制之名，无易道之实"②，指明教化是万世治理的根本之道，不可随意更改。"教"和"化"实则是两个内容，"教"是由王者所完成，而"化"则是由教的内容所实现，唯有圣人之教才可实现善化。且"将以贵贵尊贤，而明别上下之伦，使教前行，使化易成，为治为之也"，"教"在"化"先，只有尊卑秩序分明，贤德之理畅通，王者之教才可推行，化民易俗才可以实现。因此，教化的根本职责属于天下的共主——王者。

《郊语》篇说"圣人正名，名不虚生，天子者，则天之子也，以身度天，独何为不欲其子之有子礼也！今为其天子，而阙然无祭于天，天何必善之？所闻曰：天下和平，则灾害不生。今灾害生，见天下未和平也，天下所未和平者，天子之教化不政也。《诗》曰：'有觉德行，四国顺之。'觉者，著也，王者有明著之德行于世，则四方莫不响应风化，善于彼矣。

---

① 张实龙：《董仲舒学说内在理路探析》，浙江大学出版社2007年，第107页。
② （清）苏舆撰，钟哲点校：《春秋繁露义证》，第16页。

故曰：悦于庆赏，严于刑罚，疾于法令"①，又一次强调了作为天之子的天子，以身示范，推行礼法的重要性，否则便会礼法悖乱，天下失和，灾害群生。从"名"考证，天子是天之子，所有的权力都来源于上天，因此天子事天也应该按照子之礼，每至岁首，郊祭以享天，每次兴师，郊祭以享天，作为表率维持尊卑秩序。政教最为直接的表现便是尊卑有序，上下不失其和，因此谨守礼法，从天子以至于庶人，各自按照"名"所规定的身份与职责，以相应之礼奉上体下。"礼"不需要由天子制定，先王和圣人集团已经有着完善的建构和认识，"礼"是天意和人之性情的体现，天子作为天之子唯有遵守而已，通过自身行为彰显礼所强调的道德价值标准。即是《繁露》所说"天生之，地载之，圣人教之。君者，民之心也，民者，君之体也；心之所好，体必安之；君之所好，民必从之。故君民者，贵孝弟而好礼义，重仁廉而轻财利，躬亲职此于上而万民听，生善于下矣。故曰：凡土见教之可以化民也。此之谓也"②，天子亲自践行这些道德价值标准，亲身示范用以教民，才可以实现化民。王者通过礼帮助人克制内心之恶，恢复和扩大善质，达到至善，"礼"是王者用以教化民众的具体手段。

到汉代，君主往往有很多称号，除却上面的"天子"外，还有"王""君""皇"等，这些称号各自有着特定的内涵和使用范围，董仲舒在《深察名号》中列举了"君号"和"王号"的五科，对号的基本特征予以规定和解释。"王者，皇也；王者，方也；王者，匡也；王者，黄也；王者，往也。是故王意不普大而皇，则道不能正直而方；道不能正直而方，则德不能匡铉周遍；德不能匡铉周遍，则美不能黄；美不能黄，则四方不能往；四方不能往，则不全于王。故曰：天覆无外，地载兼爱，风行令而一其威，雨布施而均其德，王术之谓也"③，苏舆在注解此五科时说"君王各科，并依声起，可以识文字声义相生之旨"，五字之义共同诠释一字，

① （清）苏舆撰，钟哲点校：《春秋繁露义证》，第354页。
② （清）苏舆撰，钟哲点校：《春秋繁露义证》，第283页。
③ （清）苏舆撰，钟哲点校：《春秋繁露义证》，第255—256页。

意义之间互相关联，这种训解下，"王"之号具有了德化普及四方，彰显威严，匡正王道的内涵，较于"君"号，教化意义更加直接明显。"王"能够王天下，关键在于用王术治天下，而这种王术并不是刑罚武力，而是德治教化，能够有从上到下的王德风化，仁义普及四方，尊卑有序，兼爱均德。"君"号并不包含教化的内容，"君"号的核心在于重本根、自持中，更关注统治者及统治集团本身。在董仲舒对于君主的称号区分下，唯有"王"之号有道德教化意义，这也是对于先秦儒家王教思想的继承。正如姚中秋所说"天下秩序必以王为中心，无王即无政教，也就不可能有秩序"[①]。

在记载董仲舒思想的另一份重要资料《天人三策》中，董仲舒十七次提到教化的重要性，在开篇中，董仲舒说"故圣王已没，而子孙长久安宁数百岁，此皆礼乐教化之功也"，把礼乐教化视作长治久安的重要举措，且是不依赖于统治者个人能力的为政举措。因此在为进言献策中，他毫不犹豫地把教化作为核心，希望恢复德教，不让民众任利驱使。在整个政治体系中，"教"是核心内容，刑罚只是辅助，"教，政之本也，狱，政之末也，其事异域，其用一也，不可不以相顺，故君子重之也"，教和法的根本目的是一致的，二者并不相悖，因此德教为先，这是为政不可错乱的原则。对于教化的具体展开，除了恢复礼乐制度，董仲舒还建议"立太学以教于国，设庠序以化于邑，渐民以仁，摩民以谊，节民以礼"[②]，开设学校教化民众。虽然公孙弘在此之前也奏请开设学校，但是公孙弘设立学校的目的是为汉朝输送人才，而董仲舒奏请开设学校则是为了教化，推行德礼。此外，董仲舒并非空言教化，他也强调富民，"治民者，先富之而后加教。语樊迟曰：治身者，先难后获。以此之谓治身之与治民所先后者不同焉矣。《诗》曰：'饮之食之，教之诲之。'先饮食而后教诲，谓治人也"，[③]教化的前提是人民饱食无忧，因此必定要富民，有足够的物质

---

① 姚中秋：《原治道》，商务印书馆 2019 年，第 214 页。

② （汉）班固：《汉书·董仲舒传》，中华书局 1962 年，第 2503 页。

③ （清）苏舆撰，钟哲点校：《春秋繁露义证》，第 224 页。

基础，礼乐教化才可以顺畅推行。整体来看，董仲舒的教化理念，是综合了富民的经济政策，由儒生为主的圣人集团担任主导者，以王者为典范，推行礼乐，弘扬仁义孝悌等道德价值，以刑罚为补充，最终实现化民成善、王教大行。

对于现今关于董仲舒的教化思想研究，魏彦红曾作出过详细的评价和分析①，她认为要对董仲舒教化思想有新认识，必然要在研究方法、研究角度、研究结论等方面进行发掘。以"名"为视角，对董仲舒政教观念再审视，虽不能对董仲舒的政教思想有全新的认识，但是可以看到"名"是董仲舒在诠释政教思想时所使用的一个重要手段。董仲舒通过音、形、义对"名"进行训解，并由此阐发对于人性、仁义、王教等的新认识。董仲舒的论证逻辑虽非完全正确，但基本可以自圆其说，以往学者所强调的论说中的矛盾，在政教的目的下也不再成为重要的缺陷。反而这种创造性的诠释，使我们看到董仲舒在继承儒学的同时，也吸收黄老等家思想对儒学进行大变革，仁义内外和"性"论即是典型。"性"虽拥有善质，但未尝完满，民众蒙昧未尝发觉本善，必须通过外部的教化，施行仁义，才可以拥有善行。以"名"为诠释路径所推导出的内容都归于王者教化这一根本不变之道，教化是王者王天下的根本举措。董仲舒在荀子的基础上，将儒家的教化思想构建成一个完整的政治秩序框架。且因为"名"的制作和经典的权威，以儒生为主的圣人集团得以参与政治实践，推行礼乐教化。自此，中国几千年的政治发展和道德意识都未曾超出此秩序，这种秩序在今日依然具有重要的影响和意义。

---

① 魏彦红：《董仲舒教化思想研究评述》，《衡水学院学报》2017 年第 1 期。

董仲舒"三纲"思想及忠德观念塵议 *

桑东辉

（黑龙江大学　哲学学院、国学院）

"三纲"是中国君主专制社会的国家意识形态。按照传统的中国历史社会分期说，如果把秦始皇统一六国、建立秦朝直至 1840 年鸦片战争这两千年间视为封建社会的话，那么，"三纲"几乎贯穿了中国封建社会的始终。严格说来，从西汉董仲舒正式提出并论证"王道之三纲"开始，历朝历代的专制君主就始终将"三纲"作为国家意识形态来宣扬，并凸显维护君为臣纲社会秩序的忠君道德。而"三纲"思想的国家意识形态化以及忠君道德的隆显，都离不开董仲舒的阐扬。某种意义上讲，董仲舒称得上是中国封建社会国家意识形态的理论建构者和忠君道德的大力弘扬者。

一、董仲舒对"三纲"神圣性的论证

（一）"三纲"思想的萌芽和演进

"三纲"思想早在先秦时期即已萌芽。先秦时期的儒家和法家都非常重视等级尊卑和君臣关系。

---

* 基金项目：国家社科基金后期资助项目"中国传统忠德变迁史研究"（项目编号：19FZXB026）。

从法家的角度看，《韩非子·忠孝》明确提出"三顺三逆说"，即"臣事君，子事父，妻事夫，三者顺则天下治，三者逆则天下乱，此天下之常道也"。编撰于战国后期、部分体现商鞅思想的《商君书》也提出："所谓义者，为人臣忠，为人子孝，少长有礼，男女有别。"（《商君书·画策》）在战国法家看来，君对臣、父对子、夫对妇三者关系中，前者对后者是绝对支配的，后者对前者要绝对忠心。

无独有偶，先秦儒家也一直强调父权、君权和夫权。三种权力关系中，先秦儒家把父权看作是最基本的，由父权而推出君权，因此对孝道非常重视，将孝看作为人伦之本。在家国同构的宗法社会中，家向外推扩就是国，因此，重父权的孝道推扩到政治伦理领域则为重君权的忠君。孔子之强调"正名"，孟子之首倡五伦并尤重"内则父子，外则君臣"和"男女居室"这三种"人之大伦"，荀子之高扬礼制和君道、臣道，都是围绕君、父、夫三权而展开的。战国时期的儒家学者编撰整理诸礼更是将这三权作为伦理社会秩序的基础。如在《仪礼·丧服》中，明确提出了"父至尊也""君至尊也""夫至尊也"的"三至尊"说。对此，康有为曾指出："《仪礼》特立三纲之义，而诸经发挥之。"[1]

"三纲"之萌芽不仅植根于先秦儒家精神，而且竟然也可追溯到先秦法家，这着实让有些人大感迷惑不解，狐疑道："'三纲'之说到底算儒家呀，还是算法家？"[2]其实，这一点也不奇怪，在突出君、父、夫对臣、子、妇的支配和臣、子、妇对君、父、夫的从属关系上，先秦儒家和法家在大方向上是基本一致的，只是各有侧重而已。正如司马谈在《论六家要旨》中所云："儒者博而寡要，劳而少功，是以其事难尽从，然其叙君臣、父子之礼，列夫妇、长幼之别，不可易也。……法家严而少恩，然其正君臣上下之分，不可改也。"（《汉书·司马迁传》）儒法尽管有很多分歧，

---

① 康有为：《万木草堂口说》（外三种），中国人民大学出版社 2010 年，第 26 页。
② 熊逸：《春秋大义——中国传统语境下的皇权与学术》，陕西师范大学出版社 2007 年，第 201 页。

但在君臣之伦的道德要求上是殊途同归的。所不同的是，法家基于自私人性论，认为要维系这种君臣、父子、夫妇的不平等关系，必须用赏罚二柄，也就是说，要靠刑罚和爵禄的外在制约和激励。而儒家则更注重内外并举，即通过提高自身的道德修养和加强礼制，来稳固尊卑有等、长幼有序的社会秩序。也就是说，儒家主张靠仁义忠孝等内在道德自律和礼法规制等外在他律来达到这一目标。作为"三纲"思想的雏形，之所以在战国时期同时出现在法家和儒家的典籍中，这主要是因为战国时期社会加速转型，血缘宗法制度迅速解体，郡县制和军功授爵等新的政治常态出现，客观要求社会伦理道德也随之发生改变。因此，严格上下等级，强化君主专制，有利于实现大一统格局的"三纲"思想便悄然萌芽。虽然在先秦时期还没有"三纲"这一提法，但法家的"三顺"说和儒家的"三至尊"说无疑成为"三纲"思想的雏形和源头。

（二）董仲舒首次提出"王道之三纲"

在中国历史上第一个明确提出"三纲"说的是汉武帝时期的大儒董仲舒。之所以"三纲"说在汉武帝时出现，这也是与秦汉时期政治变迁相关联的。秦朝短暂而暴虐，汉初则以"与民休息"来矫治秦政之苛。到了汉武帝时期，国力强盛。要在北接匈奴、南连闽越的庞大帝国内实行有效的统治，必须采取积极有为的政治、军事、经济和文化政策。儒家思想较黄老而有为，较法家而仁恕，汉武帝"独尊儒术"便成为历史的选择，成为中国君主专制政体和制度的必然结果。但儒家的德治仁政思想，对汉帝国而言，在国家治理上仍嫌不足。为了强化君主专制统治，汉武帝虽然听取董仲舒建议，罢黜百家，独尊儒术，实际上是兼采儒法，德刑兼施，或者说是阳儒阴法的。毕竟法家的法、术、势在强化君主专制上具有更强的力度。这种国家意识形态方面的变化特别是阳儒阴法统治术的形成，客观上催生了"三纲"道德体系的确立。董仲舒在《春秋繁露·基义》中提出"王道之三纲可求于天"，直接将"三纲"推崇到王道、天道的地位。尽管在现存的董仲舒论著中，并未明确指明"三纲"具体是哪"三纲"，但从董仲舒著作中随处可见的对君、父、夫三权①的隆显上可以推知，他所说的"王道之三纲"就是君纲、父纲、夫纲。在董仲舒以前，传统儒家一般讲的是君臣、父子、兄弟、夫妇、朋友五伦。"董仲舒更于五种关系之中，提出君臣、父子、夫妇三种，特别强调其统治与被统治关系。这就是所谓'三纲'：君为臣纲，父为子纲，夫为妻纲。"②通过对"三纲"的进一步论证，董仲舒对"三纲"的神圣性和永恒性进行了系统推理和深入解析。

（三）董仲舒对"三纲"思想的论证

在汉代，对"三纲"道德体系建构贡献最大的是西汉大儒董仲舒。在董仲舒的《春秋繁露》中，一再论证"三纲"的神圣性、必然性、合法性、合理性和永恒性。通过将"三纲"论证为天然合理、不证自明、与生俱来、永恒不变的天地至理，而将"三纲"无限地神圣化，以引导人们自觉认同、自主践行"三纲"。

在论证"三纲"神圣性方面，《春秋繁露》将天人观和阴阳观作为立论的基础。一方面，用天人观论证"三纲"的合法性。董仲舒一再抬高"天"的地位，所谓"天者，百神之大君也"（《春秋繁露·郊祭》），"万物之祖"（《春秋繁露·顺命》）。相对人来说，"天亦人之曾祖父也"（《春秋繁露·为人者天》）。而人作为天的副本，人副天数。在天所生的万物中，人是最贵的。这是因为人有道德，在董仲舒上的《对策三》中有言："入有父子兄弟之亲，出有君臣上下之谊"（《汉书·董仲舒传》）。董仲舒借阐扬天作为"百神之大君"的神圣性，将皇帝抬高到天命所归、代行天意的最高统治者，从而不仅将儒学神学化了，也将皇帝神圣化了。③

根据以上将人道比附于天道，董仲舒认为，人世道德也出自天。《春

---

① 如《春秋繁露·基义》所谓"阴者，阳之合。妻者，夫之合。子者，父之合。臣者，君之合。物莫无合，而合各有阴阳。阳兼于阴，阴兼于阳；夫兼于妻，妻兼于夫；父兼于子，子兼于父；君兼于臣，臣兼于君。君臣、父子、夫妇之义，皆取诸阴阳之道，君为阳，臣为阴；父为阳，子为阴；夫为阳，妻为阴"。

② 冯友兰：《中国哲学史新编》（中），人民出版社1998年，第85页。

③ 参见谢天佑：《专制主义统治下的臣民心理》，吉林文史出版社1990年，第8页。

秋繁露·基义》提出"仁义制度之数，尽取之天"。作为封建道德的"三纲"同样也出自天，即"王道之三纲可求于天"。

另一方面，董仲舒还用阴阳学说来论证"三纲"的合理性。董仲舒认为"天道之大者在阴阳"（《汉书·董仲舒传》）。落实到"三纲"上，就是"君臣、父子、夫妇之义，取诸阴阳之道。君为阳，臣为阴；父为阳，子为阴；夫为阳，妻为阴"（《春秋繁露·基义》）。董仲舒阐扬阴阳观是为了说明："诸在上者皆为其下阳，诸在下者皆为其上阴。"（《春秋繁露·阳尊阴卑》）

通过天人观、阴阳观，董仲舒论证了"三纲"乃天道自然，是天造地设的神圣至理，同时也是万古不变的天地间根本大法。所谓"天之大原出于天。天不变，道亦不变"（《汉书·董仲舒传》）。《春秋繁露·楚庄王》曰："若夫大纲、人伦、道理、政治、教化、习俗、文义尽如故，亦何改哉？故王者有改制之名，无易道之实。"也就是说，作为来自天的"王道之三纲"是亘古不变、百世不易的真理。

二、董仲舒对臣子忠君道德的辨析

论证"三纲"的神圣性和永恒性，其出发点和落脚点都在于建立尊卑有序的社会秩序，以加强社会治理，维护君主专制统治。因此，在经过汉代规范后的人伦关系中，君臣一伦跃居首位，忠君道德也随之成为首要的政治道德。汉代凸显"三纲"是对先秦以来五伦关系的升华，在父子、君臣、夫妇、长幼、朋友"五伦"中，汉代无疑是将君臣之纲作为最根本的。也就是说，在诸种人伦关系中，君臣之伦至为根本；在诸种道德中，忠君道德最为首要。

（一）凸显尊君卑臣的忠德观

在强化"君为臣纲"这一首纲的同时，董仲舒继续发挥其天道观来阐释忠君的核心内涵。

首先，他根据天尊地卑来宣扬君主法天之行，人臣行地之道。《春秋繁露·王道通三》所谓"天地之志，君臣之义也"。也就是说，君臣之间的尊卑关系是由天地之道决定的，具有毋庸置疑的合法性。所谓"天子受命于天，诸侯受命于天子，子受命于父，臣妾受命于君，妻受命于夫。诸所受命者，其尊皆天也"（《春秋繁露·顺命》）。董仲舒认为君臣关系就是取自天道阴阳观，所谓"君为阳，臣为阴"（《春秋繁露·基义》）。正是由于这种天人合一的天道合法性决定了君臣关系的合法性，决定了"以人随君""屈民以伸君"（《春秋繁露·玉杯》）的君臣尊卑大义。

其次，在《春秋繁露》中，董仲舒对《春秋》中的记事和孔子的微言大义进行衍发，核心在于打牢君尊臣卑、忠君顺上的观念。如他借楚国灭陈、蔡，讨齐庆封事而论曰："人臣之行，贬主之位，乱国之臣，虽不篡杀，其罪皆宜死。"（《春秋繁露·楚庄王》）借赵盾弑君事而论曰："君弑贼讨，则善而书其诛；若莫之讨，则君不书葬，而贼不复见矣。不书葬，以为无臣子也；贼不复见，以其宜灭绝也。""盾之不讨贼，为弑君也，与止之不尝药为弑父无以异。"（《春秋繁露·玉杯》）像这样评析春秋时期逆乱弑上的条目，在《春秋繁露》中还有很多。归结起来，董仲舒的君臣观念和忠君思想是建立在君尊臣卑基础上的臣子忠君顺上。在《春秋繁露·精华》中，他将"下犯上""贱伤贵"视为"逆节"，将在君主危难之际，"有危而不专救"视为"不忠"。在《春秋繁露·顺命》中，他反复强调在下者受命于在上者乃天道，所谓"诸所受命者，其尊皆天也，虽谓受命于天亦可"。因此，"臣不奉君命，虽善，以叛言"。

再次，董仲舒对臣子的忠德要求很高很具体。他以地道来比喻臣德，认为人臣要做到：

> 朝夕进退，奉职应对，所以事贵也；供设饮食，候视疢疾，所以致养也；委身致命，事无专制，所以为忠也；竭愚写情，不饰其过，所以为信也；伏节死难，不惜其命，所以救穷也；推进光荣，褒扬其善，

所以助明也；受命宣恩，辅成君子，所以助化也；功成事就，归德于上，所以致义也。（《春秋繁露·天地之行》）

如对于齐晋鞌之战中逄丑父将齐顷公假扮为自己的兵士而骗过晋军、从而避免齐侯被敌人俘虏一事，董仲舒认为逄丑父"忠而不中义"，是"枉正以存君"，是在让君王蒙受大辱之下的偷生，虽忠于君却使君王丧失荣誉和威仪，其结论是"丑父弗忠也"（《春秋繁露·竹林》）。董仲舒还特别强调隐君恶、扬君美。《春秋繁露·阳尊阴卑》中，他指出："臣之义比于地"，"是故《春秋》君不名恶，臣不名善，善皆归于君，恶皆归于臣"。在《春秋繁露·竹林》中，董仲舒进一步主张："忠臣不显谏，欲其由君出也。"并将其视为"为人臣之法"。在《春秋繁露·保位权》中，他再次强调"功出于臣，名归于君"。

（二）强调制衡君权的臣德

需要注意的是，董仲舒虽强调天尊地卑、阳尊阴卑，从而提倡君尊臣卑，但在其理论体系中却含有深刻的辩证法思想，即他并不把君权说成是毫无限制的权力，同时也并不把君臣尊卑固化为一种绝对的、片面的权利与义务关系。

其一，从限制君权角度上，一方面，董仲舒将君主专制政治做合理化解释，另一方面，他又企图限制至高无上的君权，构建一种制衡的力量。[①]也就是说，"天子受命于天，诸侯受命于天子，子受命于父，臣妾受命于君，妻受命于夫。诸所受命者，其尊皆天也"（《春秋繁露·顺命》）。《春秋繁露·玉杯》强调："春秋之法，以人随君，以君随天。……故屈民而伸君，屈君而伸天，春秋之大义也。"对此，在讲"三纲"的宋人那里，仍可见对董仲舒良苦用心的剖析，如"董仲舒、刘向于五行灾异，凡一虫一木之异，皆推其事以著验。二子汉之大儒，惓惓爱君之心，以为人主无

---

① 参见韦政通：《中国思想史》（上），上海书店出版社2003年，第320页。

所畏，惟畏天畏祖宗，故委曲推类而言之，庶有警悟，学者未可遽少之也"。①也就是说，其真正的企图是用"天"、用"灾异"来限制君主的权力，反映古代思想家为了限制君权绞尽了脑汁。②

其二，从反对固化君臣尊卑为片面权利义务角度上，尽管他强调"阳贵而阴贱，天之制也"（《春秋繁露·天辨在人》），但并不主张将之绝对化，而是将阴阳看作是相辅相成的，将尊卑看作是主辅关系。

> 天使阳出布施于上而主岁功，使阴入伏于下而时出佐阳；阳不得阴之助，亦不能独成岁。（《汉书·董仲舒传》）
>
> 阴者，阳之合，妻者，夫之合。子者，父之合。臣者，君之合。物莫无合，而合各有阴阳。阳兼于阴，阴兼于阳；夫兼于妻，妻兼于夫；父兼于子，子兼于父；君兼于臣，臣兼于君。君臣、父子、夫如之义，皆取诸阴阳之道。（《春秋繁露·基义》）

按照董仲舒"阴者阳之助"（《春秋繁露·天辨在人》）的阴阳之道，臣子要尊君，更要辅佐君，这就是阴阳之道的要求。同时，君主的言行也要符合做君主的规范，如果君主不像个君主，则随之而来的就是臣子的不忠和背叛。即《春秋繁露·玉杯》所谓的"君不君则臣不臣耳"。因此国家社稷有赖于君臣和合，如《春秋繁露·天地之行》曰："君明，臣蒙其功"，"上乱，下被其患"，"臣不忠，而国灭亡"。故而，"君不可以不贤"，"臣不可以不忠"。

萨孟武认为董仲舒是杂糅了儒家和阴阳家的学说提出的天道观和君道观，其核心是巩固大一统政治局面，同时限制无限的君权。其曰：

> 汉兴，经高惠吕后文景之治，而至于武帝之世，王国已经摧毁，列侯已经削弱，中央集权的国家已经建设成功，天子独揽大权。如何

---

① （宋）赵彦卫撰，傅根清点校：《云麓漫钞》卷第十四，中华书局 1996 年。
② 参见祝总斌：《试论我国封建君主专制权力发展的总趋势——附论我国古代的人治与法治》，《北京大学学报（人社版）》1988 年第 2 期。

限制天子的大权，在民主思想尚未发生，而君权主义又有助于国家的安定之时，只有假手于皇天，于是儒家就借用阴阳家的学说，使人主看到阴阳错逆，悚然忧惧，以为上天震怒，而谋所以补过之道。首将儒家与阴阳家两种学说合并起来的，则为武帝时的董仲舒。[1]

此外，君臣之间要别尊卑，辨贵贱。《春秋繁露·王道》所谓"古者，人君立于阴，大夫立于阳，所以别位，明贵贱"。董仲舒主张做君主的要法"天之行"，深藏不露，既要有威严又要保持几分神秘。这颇具法家强调君王御下的术、势意味。在《春秋繁露·立元神》中，董仲舒提出"不尊不畏，不神不化"，"君尊严而国安"。在《春秋繁露·离合根》中，又指出为人臣者要法"地之道"，"竭情悉力而见其短长，使主上得而器使之"。

特别难能可贵的是，董仲舒虽然认为君为臣纲等纲常乃万古不变的天道，但认为如果在上者违背了天道，在下者一样可以推翻在上者。所谓"夏无道而殷伐之，殷无道而周伐之，周无道而秦伐之，秦无道而汉伐之，有道伐无道，此天理也"（《春秋繁露·尧舜不擅移汤武不专杀》）。因此，尽管董仲舒首倡"王道之三纲"，也高扬了臣子忠君的价值取向，但还不能说"臣民对君主之'忠'是确定的、绝对的、不讲任何条件的"，也不宜断言"董仲舒的'忠'思想为后世'愚忠'思想大发展开了先河"。[2]

（三）董仲舒对忠字所作的数字文化解析

他主张臣子忠君就是要一心不二地竭情悉力，就像地对天那样。在西汉，已经出现以"二心不可以事君"（《淮南子·兵略训》）来阐释忠君道德。

从数字文化角度看，"一"与"二"具有不同的文化意蕴，这在忠德上有很好的体现。忠德强调"心上只有一个中"的一心不二。在传统的数字文化中，"一"不仅是始基，而且还代表始终和终始的意思，代表了一

---

[1] 萨孟武：《中国政治思想史》，东方出版社 2008 年，第 166 页。
[2] 王成：《董仲舒"忠"思想研究》，《山东社会科学》2005 年第 3 期。

种不易和永恒。先秦儒家就把忠恕之道作为自己的一贯之道而贯穿其思想的始终。在《论语·里仁》中曾经就对孔子所谓的"吾道一以贯之"的道进行了忠恕的阐释和界定。正由于"一"的这一特性，使之成为很多道德学家所尊奉的一种品德，同时传统道德也将"忠"与"一"联系在一起。

说到"一"，我们就不能不提到"二"。《说文解字》曰："二，地之数也。从偶一。""二"不仅具有数量上的偶数，以及由此而生发的"匹耦""妃耦""陪贰"等意蕴，而且还"兼有非数词的意义，如两样、有区别，不专一、不忠诚"①等意思。其中的"不专一、不忠诚"无疑代表的是一种道德评价判断，代表了背叛的意思，如《左传·昭公二十一年》："臣不敢贰"。《玉篇》释"贰"为"畔"。畔者，叛也。与传统伦理所倡导的"懿德"相应，"不贰"成为延续千载的道德要求。"从有贰心，发展到背主谋反，其实只是把想法变成行动的实施过程。难怪统治者特别反感这个'贰'字。"②与此相应，统治者特别重视忠德，因为忠德的内在含义中一个重要内容就是忠贞不贰，贞者一也。说穿了，忠就要做到贞信如一、一心一意，而不要三心二意、首鼠两端。臣子怀贰就意味着不忠，这始终是古代君王所要防范的。

董仲舒通过对忠字与患字的字体结构和字义的解析，结合古老的数字文化意蕴，系统阐发了这种一心一意、竭尽全力、忠贞不二的事君之德。在《春秋繁露·天道无二》中，董仲舒以"目不能二视，耳不能二听，手不能二事"来说明"天之常道，相反之物也，不得两起，故谓之一；一而不二者，天之行也"的道理，进而指出："是故古之人物而书文，心止于一中者，谓之忠；持二中者，谓之患；患，人之中不一者也，不一者，故患之所由生也，是故君子贱二而贵一。"董仲舒从文字构成来阐释忠德的不二意蕴，得出"一中为忠，二中为患"的结论，从造字原理上并非无懈可击，但他凸显忠心不二的价值，反映了其对忠德的认识。在《春秋繁露·天

① 吴慧颖：《中国数文化》（修订本），岳麓书社 1995 年，第 9 页。
② 参见叶舒宪、田大宪：《中国古代神秘数字》，陕西人民出版社 2011 年，第 37 页。

道无二》中，董仲舒不仅阐发了"心止于一中者谓之忠"的贞一之忠，而且指出"持二中者谓之患"，批评了携贰不贞之祸患。

董仲舒的"一中为忠、二中为患"的思想显然继承了传统文化中对于"一"和"二"的不同解析路径，并将这种数字文化内涵精准地套用在对忠德意蕴的阐析上。客观地讲，董仲舒从忠字与患字的字形比较中，形象地分析了忠与患的数字文化，在肯定忠的一心一意道德价值的同时，否定了三心二意、背德不忠之患。从理论上讲，忠强调"一"，体现了忠作为一种道德规范对忠德践行主体的要求，即从思想到行动都要做到表里如一、言行一致。但在强调"三纲"至上、尊卑有序的等级社会中，扬一抑二的忠贞不贰义理不可避免地被尊卑不对等的道德约束带入歧途，为臣民、妇女"从一而终"之愚忠、愚节开了先河。

三、董仲舒"三纲"思想和忠德观念对《白虎通》的影响

董仲舒的"三纲"思想和忠德观对后世影响极大，仅就汉代思想界而言，其最直接地影响到了东汉的《白虎通》。《白虎通》很好地发展了董仲舒的"三纲"思想和忠德观念，并使之更加完善、体系化、制度化，以至上升为国家意识形态。两汉以后直至清末，不管政权如何更迭、朝代如何更换，但封建王朝对"三纲"这一国家意识形态的尊奉从未改变和动摇过。"三纲"的政治伦理可以说是中国封建社会王朝的立国之基、统治之本。

在以天道阴阳观来阐释"三纲"方面，《白虎通》深受董仲舒思想的影响。与董仲舒一样，《白虎通》也抬出天作为立论合法性的基础。《白虎通·释天地之名》曰："天者，何也？天之为言镇也。居高理下，为人镇也。"这个天如同董仲舒的"百神之大君"，不仅是自然界的主宰，也是人类社会的主宰。《白虎通·论人事取法五行》所谓"三纲法天地人，六纪法六合"，"子顺父，妻顺夫，臣顺君，何法？法地顺天也"。

在将君臣对应天地、阴阳的比附和摹拟中，《白虎通》进一步发挥董

仲舒对名号、执贽和服制等方面的尊卑贵贱辨析，更严格地明确了君臣关系和臣子忠君道德。

首先，从称谓、爵禄、谥号的解析来分疏君臣关系。《论王者接上下之称》曰："或称天子，或称帝王何？以为接上称天子者，明以爵事天也。接下称帝王者，明位号天下至尊之称，以号令臣下也。"相对于天子、帝王，臣子的称号也是有政治意义的。"臣者，繵坚也，厉志自坚固也。"（《白虎通·论六纪之义》）同时，在对公侯伯子男等爵品及三公九卿等进行因名释义的基础上，强调"爵者天子之所有，臣无自爵之义"（《白虎通·论诸侯袭爵》），"禄者，录也。上以收录接下，下以名录谨以事上"（《白虎通·论制禄》），围绕谥号，明确了"幼不谥长，贱不谥贵。……臣当受谥于君"（《白虎通·论天子谥诸侯》）。其目的不外乎是凸显君对臣的绝对至上的地位。

其次，从婚丧、飨宴、舆服、执贽等礼制上明确尊卑之等。如在《论见君之贽》中，明确规定公侯以玉为贽，卿以羔为贽，大夫以雁为贽，士以稚为贽，其目的也在于强调臣子忠于君主。如"卿以羔为贽。羔者，取其群而不党。卿职在尽忠率下，不阿党也。大夫以雁为贽者，取其飞成行，止成列也。大夫职在奉命适四方，动作当能自正以事君也。士以稚为贽者，取其不可诱之以食，慑之以威，必死不可生畜。士行耿介，守节死义，不当移转也"（《白虎通·论见君之贽》）。

再次，凸显了君尊臣卑的忠君道德。基于天与地、阳与阴、君与臣之间的地位不平等，臣子要扬君美，隐君恶。"善称君，过称己，何法？法阴阳共叙共生，阳名生，阴名煞。臣有功，归功于君何法？法归明于日也。"（《白虎通·论人事取法五行》）而反过来，君不为臣隐，因为君尊臣卑，"若为卑隐，为不可殆也"（《白虎通·论隐恶之义》）。正是这种君臣尊卑的不平等性，决定了臣子尽忠进谏也要根据情况不同而采取不同的方式方法，《白虎通》将之归纳为五种谏法，并比附于五常。如讽谏为智，顺谏为仁，窥谏为礼，指谏为信，陷谏为义。比较而言，《白虎通》是在董仲舒"三纲"思想的基础上进一步发展，并且更全面、更权威地明确了臣子忠君的道德原则和具体规范。

必须看到，作为国家官方会议形成的代表国家最高意识形态的《白虎通》虽然继承了董仲舒的"三纲"思想和忠君观念，但却从更有利于维护君主专制制度出发，摒弃了董仲舒思想中的一些合理内核，而宣扬极端化的君臣尊卑和绝对忠君。如果说董仲舒的"三纲"思想和忠德观念中还存在以天来制衡和制约君王的政治合理性，那么，到了《白虎通》，"三纲"思想则赤裸裸地就成了为专制帝王服务的思想舆论工具。与董仲舒相比较而言，东汉的官方文献《白虎通》虽也谈君王在天面前"不敢自专""以爵事天"的尊天敬天，但更多的是强调以"天之子"的身份"号令臣下"。特别是通过天地关系来强化君臣关系中的绝对化和合法化。即《总论五行》的"地之承天，犹妻之事夫，臣之事君也"。并且用一些天道变化的规律性现象来说明君臣关系，凸显和强化君为臣纲。如《论日月行迟速分昼夜之象》的"日行迟，月行疾何？君舒臣劳也"。而一旦天象反常，则亦为教化之所需，即《论天行反劳于地》的"君舒臣疾，卑者宜劳，天所以反常行何？亦为阳不动无以行其教，阴不静无以成其化"。对于天道左旋，地道右周的道理，在《论左右旋之象》和《论日月右行》中，《白虎通》也将其附会到君臣关系上，所谓"右周者，犹君臣阴阳，相对之义也""右行者，犹臣对君也"。受董仲舒思想的影响，《白虎通》也以阴阳之道来论说"三纲"的人世伦理。"君臣、父子、夫妇，六人也。所以称三纲何？一阴一阳谓之道，阳得阴而成，阴得阳而序，刚柔相配，故六人为三纲。"（《白虎通·三纲六纪》）有学者一针见血地指出：《白虎通》的用意，即通过天人感应、五行阴阳、谶纬神学等一套理论来用天地阴阳之义比附"三纲"，其实质并非天上的神权配合地下的君权、父权、夫权，而恰恰是君权、父权、夫权的世界意识折射出神权来。也就是说，不是神创造世界，而是帝王按照他的世界意识创造宗教。在《白虎通》中，自然被特定的国家、社会和特殊人物摹拟成合乎封建制社会的等级制。①

　　两汉时期正是中国封建社会初创时期，建立一种与封建社会君主专制政体相适应的国家意识形态和伦理道德体系是十分必要和现实的。从董仲舒到《白虎通》，两汉思想家、政治家通过努力探索，借助阴阳五行等神学理论初步论证了"三纲"的合法性、神圣性和永恒性，凸显了君为臣纲和忠君道德，这从政治社会发展和伦理道德变迁的角度看，是有其积极意义的。"只有通过它，封建的政治才能得以施行，封建社会的人际关系才能得以协调，人们的行为才有规范，封建等级制的秩序才能得以安宁。"②但随着君主专制社会的不断发展，"三纲"思想和忠君观念必然最终成为钳制人们思想的舆论工具，暴露出其腐朽、落后和残酷的一面，必然遭到近代道德革命和新文化运动的清算。进入新时代后，围绕实现中华民族伟大复兴、实现中国梦这一重大历史使命，如何剔除董仲舒"三纲"思想和忠君道德中的时代和阶级局限，对狭隘的忠君道德进行创造性转化和创新性发展，使之成为我们今天爱国主义的精神源泉，这是摆在我们每个理论工作者面前的一项重大而艰巨的政治任务。

---

① 侯外庐：《汉代白虎观会议与神学法典〈白虎通义〉》，载《侯外庐学术论文选集》（上册），人民文学出版社 1987 年，第 408 页。
② 张锡勤、柴文华主编：《中国伦理道德变迁史稿》上卷，人民出版社 2008 年，第 193 页。

董仲舒"为人者天"释析

魏彦红

（衡水学院　董子学院）

董仲舒庞大的思想体系是在其天人哲学的根基上构建起来的。在董仲舒看来，天是万物之本，自然也是人之源。作为"天地人"一体的重要一极，人具有其价值存在的重要意义。无论是作为自然个体的人，还是作为社会因子的人，董仲舒均作了精辟阐述。《春秋繁露》中有多篇文章论及了人之为人的内涵、路径和法则，其中《为人者天第四十一篇》则对人的本质特征进行了高度概括。本文以该篇为切入口，结合董仲舒对人的系列论述，试对董仲舒"为人者天"的内涵进行释析。

《为人者天》是董仲舒对人之为人进行阐发的总括篇，内容虽不长，但观点鲜明，立场坚定，视野宏阔，是研究董仲舒天人哲学的重要内容。开篇即有如下概述：

> 为生不能为人，为人者天也。人之人本于天，天亦人之曾祖父也，此人之所以乃上类天也。人之形体，化天数而成；人之血气，化天志而仁；人之德行，化天理而义；人之好恶，化天之暖清；人之喜怒，化天之寒暑；人之受命，化天之四时。人生有喜怒哀乐之答，春秋冬夏之类也。喜，春之答也；怒，秋之答也；乐，夏之答也；哀，冬之

答也。天之副在乎人，人之情性有由天者矣，故曰受，由天之号也。为人主也，道莫明省身之天，如天出之也。使其出也，答天之出四时而必忠其受也，则尧、舜之治无以加。是可生可杀，而不可使为乱。故曰："非道不行，非法不言。"此之谓也。①

该段文字是董仲舒对人的宏观描述和内涵界定。从人的本质到自然属性、人性机理以及人生法则都进行了阐述。下面做逐一分析。

一、生不为人，为人者天

此文开篇即对人的本质进行了总括："为生不能为人，为人者天也。"这句话集中表达了本文的核心思想，也表达了董仲舒的人观：为人者天。在董仲舒看来，人出生后，还不能称为人，他只是一个自然个体，是一个生命存在，是大自然万物中的一个分子。人和万物有着本质的不同，其不同之处就在于人是有思想有灵魂的，人的思想灵魂来源于天道，天道即人的行为规范和人生法则。没有天道的引导，不遵循天道，就不可能成为人。父母只给了你人的身体构造和外形，这只是作为人的外壳和重要组成部分，天不仅造就了人身体外形等自然特征，而且赋予了人精神与灵魂，给了万物和谐共生的伦理价值观，给了人生航向。进一步说，即天给了你生命，把你从父母的身上剥离推向自然，你要想存活成长，必须回到父母怀抱，索取赖以生存的人生营养，这种营养就是作为人要成其为人的人生哲学智慧：天道。即天成就了人，人之为人就必须反过来要遵循天道。天人之间的关系是天涵括人的关系，是父母与子女的关系，是血气相连的关系。

董仲舒在此基础上又进一步予以说明："人之人本于天，天亦人之曾祖父也。此人之所以乃上类天也"，人之所以能成为人，是上天成就的，

---

① 张世亮、钟肇鹏、周桂钿译注：《春秋繁露》，中华书局2012年，第399页。本文所引《春秋繁露》均出自本书，以下只标注篇名和页码。

天是人之本源，是人的曾祖父。董仲舒多次提及类似观点。"天地者，万物之本，先祖之所出也。"①"父者，子之天也；天者，父之天也。无天而生，未之有也。天者万物之祖，万物非天不生。"②董仲舒在这里扩大了范围，认为不仅人源于天，而且万物源于天，即天为万物之本。这样就把天人关系扩展到天物关系，万物（包括人）均是天之子孙，天地人一体而同源。天既是万物的出发点，也是万物的依循与归宿。

根据董仲舒以上论断，可以进行这样的解读：人的自然生命虽是父母给的，但这样的生命个体还不是真正意义上的人。人要成其为人，必须遵循天道行事，才能成为有思想的个体、融入社会的个体。天是人之父母，真正意义上的人是天赋予的。

二、人之为人，化天而成

董仲舒在提出上述论点后，随即进入了推断论证阶段。他首先得出"此人之所以乃上类天也"的论断。既然人的生命是上天给予的，天是人之父母，天孕育了人的生命，天的意志必然在人身上得以彰显，那么人的一切必然会带有天的遗传基因，天人相类，天人相通，人是天的副本。那么，天是通过什么传递自己的基因到人的呢？人又是如何体现天志的呢？人如何在天的引领下成为真正的人的呢？董仲舒对此从多方面进行了具体分析：

> 人之形体，化天数而成；人之血气，化天志而仁；人之德行，化天理而义；人之好恶，化天之暖清；人之喜怒，化天之寒暑；人之受命，化天之四时。

第一，关于"人之形体，化天数而成"。

董仲舒认为，人之形体展现天数是人副天的基本表现，天数在董仲舒

---

① 《春秋繁露·观德》，第341页。
② 《春秋繁露·顺命》，第557页。

思想体系中是一个非常重要的概念，天数在阐述天人关系时起着重要的引领和桥梁的作用。董仲舒在很多地方通过天数表达了天人合一的观点，尤其以《人副天数》篇论述最为集中。

> 人有三百六十节，偶天之数也；形体骨肉，偶地之厚也；上有耳目聪明，日月之象也；体有空穷进脉，川谷之象也；……是故人之身，首䡍而员，象天容也；发，象星辰也；耳目戾戾，象日月也；鼻口呼吸，象风气也；胸中达知，象神明也，腹胞实虚，象百物也。……天以终岁之数，成人之身，故小节三百六十六，副日数也；大节十二分，副月数也；内有五藏，副五行数也；外有四肢，副四时数也……①

在董仲舒看来，人的身体结构、器官的数量形态和功能都不是无缘无故的，都能够从天那里找到缘由和出处。从董仲舒这些论述中我们能深刻感受到他在阐释天人关系时所持有的对天的无限敬仰之情和强大的理论自信，董仲舒认为天的神奇就在于可以按照自己的意志设计、支配、左右万事万物，任何事物的形成、发展和归宿都绕不开天，也离不开天。"天者，百神之君也。"②在金春峰先生看来，"董仲舒讲的天，有三方面的意义，即神灵之天、道德之天和自然之天。这三方面，董仲舒力图把它们加以统一，构造成为一个体系"。③这也体现了董仲舒眼中的天是强大的、无所不包的、无所不能的。

第二，关于"人之血气，化天志而仁"。

"仁，天心"，④董仲舒认为，仁是天道的核心。人的血气是秉受天志的变化而成为仁的。天志，即天的意志、天的心意、天的动机和目的。天志是仁，是博爱，天创造了世间万物，万物平等地享受着"父亲"天撒

---

① 《春秋繁露·人副天数》，第474页。
② 《春秋繁露·郊义》，第541页。
③ 金春峰：《汉代思想史》修订增补第四版，中国社会科学出版社2018年，第122页。
④ 《春秋繁露·俞序》，第186页。

播的仁爱。仁是通过气的运行传给生命的，传给人的，天通过气的运行将天志传播到每个人的血气之中。所以，人一出生便带来了天志仁的基因。苏舆在《春秋繁露义证》中表达了自己的看法，他认为"即此可悟天地与吾同体，万物与我同气之理"[1]。天地人一体同气，一体同仁，是与生俱来的，无法分离，永生相依。

源于天命之仁如何落到实处，这是关键的一环。作为特殊个体的人，作为天之子的王，被天赋予了这个重任。"是故王者唯天之施，施其时而成之，法其命而循之诸人，法其数而以起事，治其道而以出法，治其志而归之于仁。仁之美者在于天。天，仁也。天覆育万物，既化而生之，有养而成之，事功无已，终而复始，凡举归之以奉人。察于天之意，无穷极之仁也。"[2]王管理国家和人民遵循的根本法则是王道，王道就是天道，做到"唯天之施"，要以遵循"施其时""法其命""法其数"的原则"循之诸人"而"治其道"，最终实现天志以成仁。董仲舒进一步分析了天之仁的内涵，天长养万物，既化而生之，又养而成之，举归奉人，终而复始，循环往复，永不停歇，事功无限。所以他最后总结天意是"无穷极之仁"。这是天志的最高表现，是天意的终极价值诉求。

作为普通人该如何化天志为仁呢？"人之受命于天也，取仁于天而仁也。是故人之受命天之尊，父兄子弟之亲，有忠信慈惠之心，有礼义廉让之行，有是非逆顺之治，文理灿然而厚，知广大有而博，唯人道为可以参天。"[3]在这里，董仲舒明确强调，人一出生便接受了天命，这个天命就是仁，就是天之尊。"尊"表达了天至高无上的神圣与尊严，是仁的最高表达方式。受命于天之仁、之尊要落地变成现实，表现在生活中就是父慈子孝，和朋友交往怀有忠信慈惠之心，在行为上做到礼义廉让，在工作上讲是非逆顺的治理之道。

---

① （清）苏舆撰，钟哲点校：《春秋繁露义证》，中华书局1992年，第310页。
② 《春秋繁露·王道通三》，第421页。
③ 《春秋繁露·王道通三》，第421—422页。

第三，关于"人之德行，化天理而义"。

"天志仁，其道也义"，[①]董仲舒认为，人的德行秉受天理之化而为义。即人之德行为义，义由天而生，由天而成，这里的天指天道。"是故仁义制度之数，尽取之天"，[②]"行有伦理，副天地也。此皆暗肤著身，与人俱生，比而偶之弇合"[③]。按照董仲舒的论述，人出生后要经过"成人"的过程，这个过程就是"化天志而仁、化天理而义"的过程，也只有经过这个过程，才能使人经过"仁"与"义"的浸润和熏陶，使"仁"与"义"贯通自然生命，成为符合天道、天意的人。"仁"与"义"是筑起"人"的两大支柱，是人的本质的基本内涵。

"天地人，万物之本也。天生之，地养之，人成之。"[④]"天道施，地道化，人道义，圣人见端而知本，精之至也；得一而应万，类之治也。"[⑤]天地人虽责任不同，但一体同源。天通过施与万物以"生"，地通过化生万物以"养"，人通过义以"成"。没有义，人就不能成为真正的人，义源于"天道施"。那么董仲舒眼里的义到底是什么呢？"何可谓义？义者，谓宜在我者；宜在我者，而后可以称义。故言义者，合我与宜以为一言，以此操之，义之为言我也。故曰：有为而得义者，谓之自得；有为而失义者，谓之自失；人好义者，谓之自好；人不好义者，谓之不自好。以此参之，义，我也，明矣。"[⑥]在此董仲舒把"义"理解为"宜"，"适宜"之意。按照余治平教授的解释，"董仲舒把'义'诠释为'宜'，意为适宜、恰当，是实际的生活活动中一切行为所必须遵循的基本准则。但董仲舒的特别发明在于，他把'义'与'我'作了密切的联系。如果说'义'是宜，那么，它就是针对我而言的适宜、恰当，立足点是我而不是他人。义，只有在我

---

① 《春秋繁露·天地阴阳》，第650页。
② 《春秋繁露·基义》，第465页。
③ 《春秋繁露·人副天数》，第477页。
④ 《春秋繁露·立元神》，第193页。
⑤ 《春秋繁露·天道施》，第654页。
⑥ 《春秋繁露·仁义法》，第319页。

的身上获得适宜而恰当的安顿之后，才可以被称作义"。① 即，人的义是由天道仁化生而来，人成为仁的道场，义成为仁在人身上的适宜的表达。董仲舒一再强调仁义之分，尤其是着重强调义的本质："仁之法在爱人，不在爱我。义之法在正我，不在正人。我不自正，虽能正人，弗予为义。"② 在董仲舒看来，"义"与"我"成为一个命运共同体，无法脱离对方，也不能脱离对方，"义"永远是"我"的，"我"永远是"义"的。"义治我，躬自厚而薄责于外，此之谓也。"③ 董仲舒总结道："义在正我，不在正人，此其法也。"④

为了维系生命的延续和精神的成长，利与义同时与生俱来，但意义不同。"天之生人也，使人生义与利。利以养其体，义以养其心。心不得义，不能乐；体不得利，不能安。义者心之养也，利者体之养也。体莫贵于心，故养莫重于义，义之养生人大于利。"⑤ 董仲舒在这里对比了体与心之于人的重要价值，体与心是作为一个生命个体人的基本构成，分别代表了人的自然属性和精神属性，体是其存在的基本表现，体的存在需要利的相助，而心作为人的灵魂宿主需要义的滋养。没有义的滋养就不能感受到作为人应该有的快乐体验。体与心二者相比，心更重要，代表的是人与动物的本质不同。为了能成为真正意义上的人，养心比养体更为重要，养心就是要养义。

董仲舒在与汉武帝的对策中讲："道之大原出于天，天不变，道亦不变。"⑥ 天理固存。作为贯通天地人的第一责任人，君主更要化天理为己任。"天常以爱利为意，以养长为事，春秋冬夏皆其用也。王者亦常以爱

---

① 余治平：《唯天为大——建基于信念本体的董仲舒哲学研究》，商务印书馆 2003 年，第 294 页。
② 《春秋繁露·仁义法》，第 314 页。
③ 《春秋繁露·仁义法》，第 321 页。
④ 《春秋繁露·仁义法》，第 319 页。
⑤ 《春秋繁露·身之养重于义》，第 330 页。
⑥ 袁长江主编：《董仲舒集》，学苑出版社 2003 年，第 26 页。

利天下为意，以安乐一世为事。"①从爱利天下、养长万物的天理出发，"王者承天意以从事"（《汉书·董仲舒传》），应以"爱利天下为意，以安乐一世为事"作为人生座右铭。

第四，关于"人之好恶，化天之暖清；人之喜怒，化天之寒暑"。

董仲舒认为，不仅人之形体、血气、德行源于天，人之好恶喜怒也源于天。"人生有喜怒哀乐之答，春秋冬夏之类也。喜，春之答也，怒，秋之答也，乐，夏之答也，哀，冬之答也。天之副在乎人。"②"体有空穹进脉，川谷之象也；心有哀乐喜怒，神气之类也。"③人为什么会有喜怒哀乐的情感？这是天生的，即副天而生的，与天之四气相类而成的。"四气者，天与人所同有也，非人所能蓄也，故可节而不可止也，节之而顺，止之而乱。人生于天，而取化于天。喜气取诸春，乐气取诸夏，怒气取诸秋，哀气取诸冬，四气之心也。"④一年四季春夏秋冬，从寒变暖，从暖转寒，循环往复，这是节律，不可违背。人秉承四气，即以喜怒哀乐的不同情感表现出来。春天来了，天气转暖，阳气回升，万物萌发，表现为喜气；夏天到了，天气变热，阳气至极，万物长养，表现为乐气；秋天来临，阴气回升，天气肃杀，果实成熟，万物衰败，表现为怒气；冬天一到，阴气至极，天寒地冻，百物储藏，表现为哀气。所以说，在董仲舒看来，人的情感也不是可以随便表达的，要遵循天道，该乐时才能乐、必须乐，该哀时才能哀、必须哀，否则就是有悖天道，是要遭到天的惩罚的，即"节之而顺，止之而乱"，"喜怒移易其处，谓之乱世"。⑤

四季的运行规律成为人应秉持的法则，董仲舒对四时不同之气的根源进行了剖析："是故春气暖者，天之所以爱而生之；秋气清者，天之所以严以成之；夏气温者，天之所以乐而养之；冬气寒者，天之所以哀而藏之。

① 《春秋繁露·王道通三》，第423页。
② 《春秋繁露·为人者天》，第398页。
③ 《春秋繁露·人副天数》，第474页。
④ 《春秋繁露·王道通三》，第423—424页。
⑤ 《春秋繁露·王道通三》，第424页。

春主生，夏主养，秋主收，冬主藏。生溉其乐以养，死溉其哀以藏，为人子者也。"董仲舒从四时的表现得出"为人子者"应受到的启发，并进一步将此逻辑推论提升到"四时之行，父子之道也；天地之志，君臣之义也；阴阳之理，圣人之法也"的高度。①

作为天之子的君王，代天行道，责任重大，其情感表现更要取法天道，遵循天志："明王正喜以当春，正怒以当秋，正乐以当夏，正哀以当冬。上下法此，以取天之道。春气爱，秋气严，夏气乐，冬气哀。爱气以生物，严气以成功，乐气以养生，哀气以丧终，天之志也。"② 这是圣明的君主"承天意以从事"的模板和标准。"人主以好恶喜怒变习俗，而天以暖清寒暑化草木。喜怒时而当则岁美，不时而妄则岁恶。天地人主一也。然则人主之好恶喜怒，乃天之暖清寒暑也，不可不审其处而出也。当暑而寒，当寒而暑，必为恶岁矣；人主当喜而怒，当怒而喜，必为乱世矣。是故人主之大守，在于谨藏而禁内，使好恶喜怒必当义乃出，若暖清寒暑之必当其时乃发也。人主掌此而无失，使乃好恶喜怒未尝差也，如春秋冬夏之未尝过也，可谓参天矣。"③ 君王如果能做到"当其时乃发"，当怒则怒，当喜则喜，当暑则暑，当寒则寒，此为"参天矣"，则会"岁美"；如果君王"不时而妄"，当怒则喜，当喜则怒，当暑而寒，当寒而暑，则必"岁恶"，"必为乱世矣"。

归根结底，董仲舒认为人之好恶喜怒也是有原因的，其根本原因在于阴阳之气："阴阳之气，在上天，亦在人。在人者为好恶喜怒，在天者为暖清寒暑，出入、上下、左右、前后，平行而不止，未尝有所稽留郁滞也。其在人者，亦宜行而无留，若四时之条条然也。夫喜怒哀乐之止动也，此天之所为人性命者。"④ 他又说："好恶之分，阴阳之理也；喜怒之发，

---

① 《春秋繁露·王道通三》，第 424 页。
② 《春秋繁露·王道通三》，第 424 页。
③ 《春秋繁露·王道通三》，第 426 页。
④ 《春秋繁露·如天之为》，第 641 页。

寒暑之比也。"① 无论是阴阳之理，还是寒暑之比，在董仲舒看来，人的喜怒好恶都是人副天道的具体表现，也是必然的表现。

第五，关于"人之受命，化天之四时"。

按照钟肇鹏先生的解释，"'受命'，指人一生，人受命于天，天有四时，春生夏长，秋成冬藏。人生亦有诞生，长养，壮而成，老而死，故曰'受命化天之四时'"。② 余治平教授对此解释为"人的受命当然也得秉受天之四时才能完成"③。笔者认为，这里的命既指作为副天之存的自然个体的生命，"外有四肢，副四时数也"，④ 也指作为副天而在的社会个体的责任担当。"人之受命，化天之四时"，天之四时，春夏秋冬，阴阳交互，五行天序，循环往复，这是人受命之基。"天地之符，阴阳之副，常设于身，身犹天也，数与之相参，故命与之相连也。"⑤ 秉受的大命，除了生命体之外，更重要的是秉受的天道，即伦理纲常。这种大道对于责任不同的人有不同的要求，最重要的人仍然是天子，即君王。

"故孔子曰'不知命，亡以为君子'"，作为君子或君王，如不知天赋予你的命，是无法做好国家管理的，当然也就失去了作为君子或君主的意义存在。君主能够秉持天志从事，就是知命顺命而为。"是故王者上谨于承天意，以顺命也"，"人受命于天，固超然异于群生，入有父子兄弟之亲，出有君臣上下之谊，会聚相遇，则有耆老长幼之施，粲然有文以相接，欢然有恩以相爱，此人之所以贵也"。（《汉书·董仲舒传》）每个人都受命于天，这与动物有着本质不同，天地人一体，人是高贵的。天赋予人的命就是符合自己身份的伦理纲常，回到家就有孝悌爱慈之情，在朝廷就要有君臣上下之谊，在外与人交往要长幼有序。人们以礼相待，以爱相交。这是人命的高贵之处。

---

① 《春秋繁露·天地阴阳》，第652页。

② 钟肇鹏：《春秋繁露校释》（下），河北人民出版社2005年，第704页。

③ 余治平：《唯天为大——建基于信念本体的董仲舒哲学研究》，第236页。

④ 《春秋繁露·人副天数》，第477页。

⑤ 《春秋繁露·人副天数》，第477页。

董仲舒引用古文所言："传曰：唯天子受命于天，天下受命于天子，一国则受命于君。君命顺，则民有顺命；君命逆，则民有逆命。故曰：'一人有庆，兆民赖之。'此之谓也。"① 此说与《礼记》所记相近："子曰：'唯天子受命于天，士受命于君。故君命顺则臣有顺命；君命逆则臣有逆命。'"② 君主之生命与生俱来被赋予天命，君命是否实现，在于是否循天道行事，只有循天之道，方可"民有顺"，国泰民安，否则"民逆命"，国将不国。所以，董仲舒引用《尚书·吕刑》中的一句话"一人有庆，兆民赖之"进行说明，作为一国之君，如果以天道为准则，广做善事，一国的百姓都会依赖顺从他。董仲舒多次强调，王乃受命之君，是天道的彰显和弘扬者，应是天道的集大成者。"受命之君，天之所大显也。"③

人之受命于天，起点为君受天命。以此为逻辑基点，依天人同类之理，推出人伦纲常。"天子受命于天，诸侯受命于天子，子受命于父，臣妾受命于君，妻受命于夫，诸所受命者，其尊皆天也，虽谓受命于天亦可。"④ 如果人们不以天道为伦理纲常，则会如何呢？董仲舒通过列举实例进行了说明："天子不能奉天之命，则废而称公，王者之后是也；公侯不能奉天子之命，则名绝而不得就位，卫侯朔是也；子不奉父命，则有伯讨之罪，卫世子蒯聩是也；臣不奉君命，虽善以叛言，晋赵鞅入于晋阳以叛是也；妾不奉君之命，则媵女先至者是也；妻不奉夫之命，则绝夫不言及是也。曰：不奉顺于天者，其罪如此。"⑤ 通过以上实例的描述，我们不难看出，不奉顺于天，天子废为公，公侯名绝不位，推延开来，子不奉父命、妾不奉君之命、妻不奉夫之命，是违反纲常之道的，是违反天命的，是有罪的。所以，命，在董仲舒眼里就是天道引领下的建构于法律之上的人伦纲常。遵循人伦之常，自显人之高贵，其原因在于人伦源于天，万物莫神于天。

---

① 《春秋繁露·为人者天》，第401页。
② 《礼记·表记》，转引自钟肇鹏主编：《春秋繁露校释》（下），第705页。
③ 《春秋繁露·楚庄王》，第19页。
④ 《春秋繁露·顺命》，第559页。
⑤ 《春秋繁露·顺命》，第559—560页。

董仲舒说，"故莫精于气，莫富于地，莫神于天。天地之精所以生物者，莫贵于人。人受命乎天也，故超然有以倚"。[①] 这是董仲舒对受命于天的最高贵者——人的最高赞美，人能超出百物而卓然与天地并立。

董仲舒关于以上所做的阐释，王永祥先生做了如下评价与总结："董仲舒对天具有人类情感意志和人伦关系的论证的全部逻辑是：将天与人比附，天'与人相副'，天人一也；而天人又何以同类？原来人'受命于天'、'本于天'，所以'天之副在乎人'。简化一下就是：天'与人相副'，人为天之副。这分明是一种无类的循环类比。这当然是缺乏科学依据的。但是他提出的天人合一观点，还是有合理之处的，不可全盘否定。特别是他在这里所说天'与人相副'，从另一个角度来观照，说明他是在按照人的形象来塑造'天'，也就是说，在这个问题上他是把'天'人化，而不是神化。"[②] 王永祥先生之言对我们深入理解董仲舒的天命观有所助益。

三、天只生人，王以教化

董仲舒认为，天为万物之源，也是人之源，但是作为天之子孙的人，在出生时只是带有天的基因，还不能成其为人。人必须要成为真正意义的人。以上所述，真正意义的人是以天道之仁、义、礼为人生方向，以遵循伦理纲常为人生准则的人。如要成为这样的人则必须循天道行事以成之。这是成为人的根本法则。上面我们介绍了董仲舒关于人的本质内涵及天塑造人的逻辑理路，但要真正实现天志，将天志附着到人身上，成为符合天道的人，就必须采取措施将天道进行落实，就必须有人担当天任，实现天志。这个人就是作为天之子的君主，这个过程和措施就是实施教化。董仲舒有言："传曰：天生之，地载之，圣人教之。君者，民之心也；民者，

---

① 《春秋繁露·人副天数》第 473 页。

② 王永祥：《董仲舒评传》，南京大学出版社 2011 年，第 121 页。

君之体也。"① 由此可见，君民一体，无心则无体，心主体动，顺天理而推，实施教化于臣民是天赋予君主的天命职责，即将天道、天理落地到人身上，融入到人的精神血脉中，成为人不可分割的组成部分。

为什么人继承了天道基因，却还要实施后天的教化呢？"身之名，取诸天。天两有阴阳之施，身亦两有贪、仁之性；天有阴阳禁，身有情欲栣，与天道一也。"② 董仲舒认为，因为人副天道而生，天有阴阳两面，人性也就有贪仁两面，我们需要彰显仁，必须抑制贪。天道中的阴气需要禁止，人性中的情欲必须节制。由彰仁而抑贪，由禁阴而止情欲，必须通过教化得以完成。他进一步论证推导了教化的必然性："天地之数，不能独以寒暑成岁，必有春夏秋冬；圣人之道，不能独以威势成政，必有教化。"③ 董仲舒在这里通过天人对比法进行阐释，天不仅有寒暑，还有暖清；一年不仅有春夏，还有秋冬。以此类推，圣人之道（即君王管理之道）不仅要有威势，还必须有教化。那么怎么实施教化呢？教化的内容是什么呢？"故曰：先之以博爱，教之以仁也；难得者，君子不贵，教以义也；虽天子必有尊也，教以孝也；必有先也，教以弟也。此威势之不足独恃，而教化之功不大乎？"④ 教化就是教以博爱，教以为仁。君王也是人，也可能会遇到自己喜好的贵重的财物，君王也有自己的家庭和亲人，所以，君王首先要以身作则，其次要推己及人，面对财宝要以义为人，对自己的亲人施以孝悌，同时要通过教化把仁、义、礼等施之于臣民。董仲舒又以"米与禾"的关系说明"善与性"的关系，从而说明"性待教而为善"的道理。"察实以为名，无教之时，性何遽若是？故性比于禾，善比于米；米出禾中，而禾未可全为米也；善出性中，而性未可全为善也。善与米，人之所继天而成于外，非在天所为之内也。……今万民之性，有其质而未能觉，譬如

---

① 《春秋繁露·为人者天》，第 403 页。
② 《春秋繁露·深察名号》，第 376 页。
③ 《春秋繁露·为人者天》，第 401 页。
④ 《春秋繁露·为人者天》，第 401 页。

瞑者待觉，教之然后善。"① 董仲舒认为，没有接受教化之前的性就像包着皮的禾，还不是米，禾若成为米必须经过成长到成熟；性若成为善，必须通过教化，性经过教化之后才有可能成为善。董仲舒多次强调了教化之于人性的重要作用，善，不是天生的，而是教化形成的。"性待渐于教训，而后能为善。善，教训之所然也，非质朴之所能至也。"②

董仲舒把"承天意以成民之性"的教化工作作为君王之己任。"民受未能善之性于天，而退受成性之教于王，王承天意，以成民之性为任者也。"③ 百姓出生时被天赋予了"未能善之性"，王必承天意，施之教化，方可成民之性（善）。即，王作为天之子与生俱来便带有教化臣民百姓的天职，这是天意；民之性从"未善"到"善"必经王之教化，这也是天意。董仲舒引古文有言："传曰：政有三端：父子不亲，则致其爱慈；大臣不和，则敬顺其礼；百姓不安，则力其孝弟。孝弟者，所以安百姓也。力者，勉行之，身以化之。"④ 君王的教化和国家管理工作是一体的，密不可分，教化群体和教化内容呈现多样化并具有针对性，董仲舒上引古语从三方面阐释了政之三端及其教化的内容与作用。对家庭的亲子关系进行爱慈的引导，对作为同事的大臣群体通过强化礼数环节进行和谐的引领，对作为国家之本的广大百姓群体进行孝悌的引领。要想收到切实的效果，君王必须加强管理和引领，强勉推行，天意伦常才能在个人身上得以彰显。同时，君王须以身作则，孝悌先行，礼义为重，重仁廉，轻财利，方使万民听，未善而善矣。"故君民者，贵孝弟而好礼义，重仁廉而轻财利。躬亲职此于上，而万民听，生善于下矣"。⑤

董仲舒认为，君王是否依循天道实施教化直接导致国家是否平和和国泰民安。"所闻曰：'天下和平，则灾害不生。'今灾害生，见天下未和平也。

---

① 《春秋繁露·深察名号》，第 377—378 页。
② 《春秋繁露·实性》，第 388 页。
③ 《春秋繁露·深察名号》，第 381 页。
④ 《春秋繁露·为人者天》，第 401 页。
⑤ 《春秋繁露·为人者天》，第 403 页。

天下所未和平者，天子之教化不行也。"① 君王如果不实施教化，或者教化不力，则国家会动荡不安，灾害丛生。董仲舒也一再强调君王实施教化的重要意义，把教化提升到政之本的重要地位。"教，政之本也。"②

---

① 《春秋繁露·郊语》，第 537 页。
② 《春秋繁露·精华》，第 96 页。

论董仲舒的中和思维

张茂泽

（西北大学 中国思想文化研究所）

中道思维或中和思维是中华优秀思维文化传统。21 世纪儒学还有生命力，在很大程度上，是因为儒学的中道思维方式还有生命力，还能应对和解决现实问题，而帮助人们在认识和实践上避免出现偏激、极端等言行活动，避免给世界各国、人类社会带来不必要的矛盾和动荡不安。

一、中道思维和董仲舒

中道思维就是符合"道"（真理）的思维，它不偏不倚，无过无不及。中道的实质是道，即真理；真理无处不在、无时不在，普遍而必然，匹夫匹妇也能日用常行，这就是中庸之道。中道而立的人，言行活动不偏激、不片面、不过头，不会走极端，既不狂，也不狷，谓之中行；立身行世，符合礼法规范，追求天人和谐、身心和谐、社会和谐，谓之中和；随着时代条件变化，能因袭、损益历史传统，"与时偕行"，是谓时中。

中道思维有别于归纳、演绎的科学方法，但又蕴含归纳、演绎方法在内，而超越之；它是我国古代的朴素辩证思维方法。我们若要真正彻底反对极端思想、片面看法，必须研究和提倡儒学的中道思维。

从思想史看，中道思想本于六经，而成为中道思维，则始于孔子。儒学素来强调"中道"，《易》为二五，《书》为皇极，《礼》为中庸，《春秋》为权衡。盖形而上者谓之道，形而下之器不在道外；上不荡于无形之虚无，下不局于有象之器用，不偏不倚，无过无不及，变易所至，惟义所在。孔子提出"中行"概念，谈及"过犹不及"的评语，而《中庸》提出"中者天下之大本，和者天下之达道"的命题，使中道成为儒学中心论题。《中庸》以中庸、中和之道和诚明统一思想，孟子以尽心知性知天等思想而继孔子之后，持续开出先秦儒家中道思维的新境界。从此，中道思维成为孔孟儒学一以贯之、一脉相承的思想传统，贯穿于儒学天人合一的世界观、人性修养论、文明教化论中，是儒家逻辑思维的核心内容。做人成人，治国理政，在认识上如何理解把握中道，实践上如何执中用权，始终是学者们津津乐道的议题。隋代王通概括说："游仲尼之门，未有不治中者也"（《文中子·事君篇》），他特著《中说》，以申其义。

中和思维实质上就是中道思维。中道思维，是就此思维方式的本体论基础和本质内容是道而言，中和思维则就此思维方式的本质内涵、结构形式特点是一以贯之、没有矛盾言，也就人们运用中道思维认识、改造世界，而达到的理想人格境界、建成的理想社会秩序之本质特征都是和谐而言。

在董仲舒那里，中道思维表现为中和思维。建立了汉代新儒学思想体系，推动儒学走上政治统治地位的董仲舒，可谓汉代中和思维的最大代表。他提出天人感应说，建立汉朝人的精神家园，实际上也提供了一套基于"本元"的"中和"思维方式，作为人们思考问题、认识事物、实践活动的方法指导。

如何认识此"本元"？在董仲舒看来，研究和学习《春秋》是好办法。他说，《春秋》特殊的用词，"体天之微，效难知也，弗能察，寂若无，能察之，无物不在。是故为《春秋》者，得一端而多连之，见一空而博贯之，则天下尽矣"（《春秋繁露·精华》）。天的抽象精微的内容，从现实中很难见到。所以，要像《春秋》一样，从史实记载出发，"得一端而多连之，见一空而博贯之"，从认识到的一端，推出连贯的多端；再由此多端，而抽象为"一空"之见；最后还要以此抽象见解，回观此多端事物，才能做到举一反三，无不博通连贯。从对万事万物的博杂认识，"合而通之"为对精一之道的认识；再以对精一之道的认识，"缘而求之，五其比，偶其类，览其绪，屠其赘"（《春秋繁露·玉杯》），"博贯"万事万物，见得此道在万事万物中的普遍必然性。实际上就是由此及彼，在事物的联系中发现事物背后的因果规律，由具体到抽象，再由抽象道理回到具体事物，通贯彼此。这种抽象和具体统一的方法，有一定的科学性。如治理国家，要亲贤人，远小人，不独鲁国这样，其他国家也这样，全天下都这样，这就是"连而贯之"方法。董仲舒研究《春秋》学，其历史功绩即在用此方法从《春秋》中读出了天人感应论。

就中和是天道的本质特征言，就中和思维和天道本体密切相关而言，天道思维就是天道本体的结构形式和运动规律在人们认识上的形式化表现，是神秘天道在人思维形式上的清晰映照。就中和思维又属于儒学人性修养论和文明教化论的核心内容而言，董仲舒的中和思维不只是认识上的思维方法，而且还是仁义道德实践的方法、准则和理想；它不只是个人修身养性的方法，也是推己及人、仁爱天下的基本方法和目的。就儒学以为仁义道德就是人性的本质内涵而论，中和思维不仅是认识上的思维方法，而且还是伦理学、美学的基本方法。究其一本，中和思维尤其是天人感应等的基本方法；观其大用，中和思维当然也是政治、经济活动的方法论原则。

二、两大内容和三条原则

归纳起来看，董仲舒中和思维内容，贯穿天人合一过程，有由天而人和由人而天两大方面。这两大方面在思维方式上反映出来，就是中和思维在逻辑上的两大环节：

一是"本所从来"，由天及人，由本元到现实世界。这种方法应用于人性修养和文明教化，运用于治国理政实践，主要就是"得一而应万类"（《春秋繁露·天道施》），"崇本"以"兼人"，正本清源，执一驭万；

二是"属万物于一"，由人及天，深探其本，能够像圣人一样，"见端而知本"，由万物到本元。他认为，《春秋》"撮以为一，进义诛恶"（《春秋繁露·重政》），提供了这种方法的鲜活实例。在现实社会里，一般人能够做到"与万物颉徙而不自失""古今通贯而不乱"（《春秋繁露·天道施》）已经很难；许多人反而因为外诱而物化，丢失了自我。他们阅读历史，也只见到打打杀杀，而不见一以贯之、一脉相承的道统。董仲舒认为"惟圣人能属万物于一，而系之元也"（《春秋繁露·重政》）。所以，我们要向圣人学习，掌握"知本"方法。

由天而人的思路是得一应万、崇本兼末，由人而天的思路则是见端知本、属万于一。两者统一，就是一多统一、本末兼赅的中和思维。在中和思维里，动静统一，始终统一，古今统一，天人合一，事实、知识和价值统一；要求全面、运动、联系地看问题，而片面的、静止的、孤立的认识绝无地盘。

这种思维方式运用于儒学，核心思想就是尊道奉本，顺天应人。在董仲舒看来，祭祖孝亲，是奉天本；躬耕蚕桑，以足衣食，是奉地本；"强勉学习""强勉行道"（《汉书·董仲舒传》），努力提高道德修养，实施礼乐教化，是奉人本。因天生人性之善善恶恶而修德教化，是顺天应人；因人情欲望而施以君臣父子等尊卑贵贱制度，进行社会制度建设，使好有所劝勉、恶有所敬畏，也是顺天应人；"圣人之为天下兴利也，其犹春气之生草也，各因其生小大，而量其多少；其为天下除害也，若川渎之写于海也，各顺其势倾侧，而制于南北"（《春秋繁露·考功名》），圣人治国因地制宜，因时制宜，借助天时地利，兴利除害，也是顺天应人。

用今天的话说，尊道奉本就是追求真理，坚持真理，传播真理，实现真理，顺天应人就是顺应环境，顺应时势，与时俱进。中和就认识的融贯无矛盾言，崇本就本末结构言，其实质是统一的。

在董仲舒那里，贯穿中和思维，有三条基本原则：

第一，"以中和养其身""以中和理天下"的原则，这是中和思维分别在人性修养和文明教化中的根本原则。他说："中者，天之用也；和者，天之功也。"（《春秋繁露·循天之道》）中是天的性能、作用，和是天的功效、效果。他还说："始于中，止必中也；中者，天地之所终始也，而和者，天地之所生成也。夫德莫大于和，而道莫正于中。中者，天地之美达理也，圣人之所保守也。"（《春秋繁露·循天之道》）中即本体，故为天地终始，意即天地之始、天地之终，都是中道。古人认为天地万物由阴阳和合而生成，故可以说"和"便是天地之所以能产生形成的内在原因。人性修养，和是最大的德目。孔子有仁德是全德、中庸是全德等观念，董仲舒提出和是大德，增添了儒学道德范畴新目，开创了儒家道德学说的历史新意。在董仲舒看来，天下道路千万条，中才是最正确的光明大道。此说和《中庸》中是大本、和是达道说可以互参。

董仲舒相信，中和是人们养生和齐家、治国、平天下的根本方法。他认为，人们若"能以中和理天下者，其德大盛，能以中和养其身者，其寿极命"（《春秋繁露·循天之道》），就能达到养生和齐治平的文明教化目的。董仲舒还认为，中和也是人们进行价值评价的最高标准，"中者，天地之太极也，日月之所至而却也，长短之隆，不得过中"（《春秋繁露·循天之道》）。中这一标准，近似于道德本体，有后来理学家所谓太极、天理的意思在内。

第二，变中不变的原则，即普遍必然法则，是认识、把握事物运动变化的原则。在董仲舒那里，这一原则主要表现有二：一是"天不变，道亦不变"（《汉书·董仲舒传》），这是我国古代儒学天道信念的基本命题，影响十分深远。此前，孔子、孟子多言天命，《中庸》已言及"诚者天之道"的本体，此外本体还有诚明、如神等特征。将天与道联系起来，揭示道本体不变的永恒性，董仲舒是第一人；二是万变不离其宗，天地万物无论怎么变化，也是有始终、有主线、有规律的。比如，治国理政，仁义道德为主的王道政治，就是主线，是规律，也理所当然是儒学政治思想的核心内容。可见，董仲舒对我国古代儒学本体论建设的贡献是很大的。

第三，比类而推原则，这是朴素的逻辑推论原则。在董仲舒看来，"气同则会，声比则应"，根据事物"同类相动"的运行规则，人们在认识上可以比类而推。动物界，如牛马，"马鸣则马应之，牛鸣则牛应之"；中医诊断，"天将阴雨，人之病故为之先动，是阴相应而起也；天将欲阴雨，又使人欲睡卧者，阴气也；有忧，亦使人卧者，是阴相求也"。这是为什么呢？"天有阴阳，人亦有阴阳，天地之阴气起，而人之阴气应之而起，人之阴气起，天地之阴气亦宜应之而起，其道一也。"（《春秋繁露·同类相动》）换言之，不同事物之间，或者说同类事物之间，之所以能够比类而推，其形而上学基础就是气，以及由气而来的天人之间的阴阳感应而已。

中和是阴阳二气的中和，故中和思维就是"气"论思维，它属于中国思想史上"气"论或后来"气"学的基本思维方式。而阴阳二气要达到中和，必须经历阴阳二气的相互感应。《周易·咸·象》："天地感而万物化生，圣人感人心而天下和平，观其所感而天地万物之情可见矣。"感，本来指阴阳之间的联系，推而广之，天人、男女等的联系皆可谓感应关系，圣人感人心而天下和平。"感"还有教化意义。感，包含"应"在内，全称"感应"。董仲舒天人感应论多言阴阳五行的中和思维，并具体化为比类而推等思维原则，这是《周易》感通思维形式化发展的表现。

董仲舒的比类而推原则，其实际内容是朴素的逻辑分析方法，暗含着同一律的理解和应用在内，是有科学性的。或将董仲舒的比类而推理解为随意比附，这是不准确的。董仲舒讲天人感应时，确实有将自然现象和人类社会、人体活动等相比附的现象。但这种比附本身，只是一种直观想象，还不足以成为认识方法，更不能成为思维方法。董仲舒的中和思维不是比附，而是认识方法和思维方法。但其中的比类而推，却不是独立的逻辑分析推论。实际上，比类而推附属于中和思维，只是中和思维的一部分。董仲舒说："君子察物之异，以求天意。"（《春秋繁露·循天之道》）这意味着人们应该由现象到本质，由逻辑分析的比类而推，进一步发展，以上达天人合一的中和思维高度。

三、历史特点

和其他儒家学者比较，董仲舒的中和思维在政治实践应用、历史认识和本质上，体现出三个十分鲜明的历史特点：

第一，政治上，中和思维就是政治上、民族文化上的大一统思维。这种大一统思维和董仲舒维护多民族统一大国的主张完全相应，体现出中国哲学"务为治"（《史记·太史公自序》）的特点，即学术思想都要落实为政治实践，具体化为因时制宜的政策措施、礼法制度、教育教学等。西汉初年，国家空前统一，但国家分裂危险依然存在。文景之治，社会富强繁荣，但社会矛盾尖锐。七国之乱，暴露出黄老道家"无为而治"的体制弊端，必须强干弱枝。小生产发达，但自给自足，不能给国家统一提供强大经济支持；学者们似乎只能从政治制度和思想文化上加强建设，维护和巩固国家统一。在众多矛盾中，抓住如何达到一元这一基本问题进行探讨，提出看法，董仲舒的崇本思维正好适应了这一社会政治需要。

元，董仲舒解释："元者，始也"（《春秋繁露·王道》），"一元者，大始也"（《春秋繁露·玉英》），"元犹原也"，"元者，为万物之本，而人之元在焉。安在乎？乃在乎天地之前，故人虽在天气及奉天气者，不得与天元，本天元命，而共违其所为也"。（《春秋繁露·重政》）元就是开始，即宇宙的开始，元即原，万物之本，万物本原。这种本元论和民族国家的统一、政治上的中央集权等是相应的。在整个世界，要强调"一元"之道是本原；在国家内部，则君主是本元。董仲舒明确提出："君人者，国之元，发言动作，万物之枢机"，又说："君人者，国之本也"（《春秋繁露·立元神》）。"本元"就是世界的统一性，抓住"本元"治国理政，就是"大一统"，表现出来就是他上策汉武帝所提出的，以《春秋》统一天人、古今，统一学术思想为经学研究和经学教育，统一礼法为三纲五常，从而使"法度可明，民知所从"（《汉书·董仲舒传》）。

根据一统思路，将家庭归诸父亲、丈夫，国家归诸君王，所有一切归诸上天、天命。归诸，就是本原，就是以之为本、为核心、为理想。这是一种将世界万物化约为一的形而上学思维方式，表达和承载的则是希贤成圣、天下为公的儒学理想主义观念。

因为在董仲舒看来，三纲五常等礼法制度是这种理想主义思路的制度落实。他说："夫礼，体情而防乱者也，民之情不能制其欲，使之度礼，目视正色，耳听正声，口食正味，身行正道，非夺之情也，所以安其情也。"（《春秋繁露·天道施》）礼法制度正是人的需要和供给产品之间保持平衡的一个度。将这个度找出来，加以规范化，就是制度。制度这个词产生于《周易》。《易·节》："天地节，而四时成。节以制度，不伤财，不害民。"节就是节制、限制，符合规范。董仲舒著作中有《度制》篇。顺天应人的礼法制度则是中和思维的规范化表现。非礼勿视、听、言、动，即是实践上保持和达到中和境界的基本方法。

第二，中和思维包含了历史思维在内，体现出中国哲学重视历史的特点。中国哲人普遍相信历史中有不变的道。研究历史要能贯通古今，研究"道"则要"究天人之际"。司马迁即明言自己的学问是"究天人之际，通古今之变"。董仲舒也将天人和古今相贯通，从天人讲到古今，走出一条和司马迁不同的知道、求道之路。究天人之际，通古今之变，是司马迁的史学核心问题；他以通古今之变究天人之际，借助历史描述呈现哲学道理。与之同时代的公羊学大师董仲舒，却以究天人之际来通古今之变，哲学中有历史。在董仲舒看来，天人和古今、历史和哲学能够统一的依据就在于，"天之道，终而复始"（《春秋繁露·阴阳终始》），天道包含了古今在内，古今关系中蕴含着天人关系。他认为"孔子作《春秋》，上揆之天道，下质诸人情，参之于古，考之于今"，已经将天人和古今关系统一起来思考。故《春秋》能"视前世已行之事，以观天人相与之际"，"天人之征，古今之道也"（《汉书·董仲舒传》）。司马迁首次明确将"究天人之际"的天人之学和"通古今之变"的历史学结合起来，使其互为方法；这实际上潜藏着用历史思维思考和解决"天人之际"这种形而上问题的思路。这种思路也正是汉唐学人气论思维和历史思维紧密关联的表现。

如汉武帝提问："三代受命，其符安在？""三代受命"是历史事实，但其中的"受命"却包含着天对人的赏罚和人对天的信仰在内。"三代受命"说已经暗含着用历史材料说明形而上的天人关系问题的恰当性。董仲舒回答："臣谨案：《春秋》之中，视前世已行之事，以观天人相与之际，甚可畏也。""视前世已行之事"，是历史认识；"观天人相与之际"，是形上思维。汉代学者习惯于由历史看天人关系，从历史角度看形而上世界，追根溯源，寻求世界万物的根源或材料。汉武帝知道，"善言天者必有征于人，善言古者必有验于今"，天与人、古与今不分割，此其一；其二，董仲舒则直接将形而上的天人问题归结为形而下的历史问题，深刻洞察到"天人之征，古今之道也"（《汉书·董仲舒传》）的道理：这些都是"气"论中和思维的表现。

第三，归根结底，董仲舒的中和思维是以道德为本、尊道贵德的儒学思维方式。

在董仲舒看来，天人统一，古今统一，天人和古今统一，它们都统一于道。而道又集中记载于圣人所作经典中，故求道和读经统一。这种信仰框架强调法天和尊天统一，法天、尊天和奉本、法先王统一。治国理政有普遍规律（董仲舒叫先王常法，今人谓为优秀传统）在其中。《春秋》道往而明来，但其中有天人道理。只是文化传承，古今合一，需要人道努力；人道努力，又可以落实为父子合一。他说："父者，子之天也；天者，父之天也"，"天者，万物之祖"（《春秋繁露·顺命》），万物、人，当然都是天之子。故董仲舒说"尊天"和"敬宗庙"同类。同时，"父授之，子受之，乃天之道也"，意思是说，"诸父所为，其子皆奉承而续行之，不敢不致如父之意，尽为人之道也"。（《春秋繁露·五行对》）故在董仲舒那里，天是人的本原，人要承受它，相信它，认同它，并在天的主宰下尽人事，听天命。这种天人关系也被董仲舒视为古今、父子关系的形上依据，而古今、父子等关系则是天人关系的现实原型，两者可以互相映照，相互支持。

这种以仁义道德为本的思维方式，是儒家、儒学一脉相承、一以贯之的基本思维方式。儒家皆重道德。董仲舒的贡献是，将儒家道德思维发展为纲常思维方式和经学思维方式。所谓纲常思维方式，即以三纲五常为制度准则的实践方式。所谓经学思维方式，即以仁义道德为核心、以经典为标准、以圣人为理想人格的认识方式和经典诠释方式。经学思维方式、纲常思维方式，都是董仲舒中和思维的具体表现。

董仲舒新儒学思想的文化特质、
历史贡献与当代价值

吴金生　吴昊

（太原理工大学　马克思主义学院；山西大学　环境与资源学院）

引 言

自古及今，董仲舒对于儒学思想建树和西汉政治社会的贡献，史界学界一向有着高度评价，称其为一代经学大师，是当之无愧世所罕有的鸿学大儒。西汉史学家司马迁说，董仲舒为学则三年"不观于舍园，其精如此"，力行则"进退容止，非礼不行，学士皆师尊之"，"汉兴至于五世之间，唯董仲舒名为明于《春秋》"。（《史记·儒林列传》）西汉经学家刘向称赞董仲舒"有王佐之才，虽伊吕亡以加，管晏之属，伯者之佐，殆不及也"。（《汉书·董仲舒传》）东汉思想家王充对董仲舒推崇备至，认为"孔子生周，始其本；仲舒在汉，终其末"。（《论衡·案书》）近代国学大师梁启超在《两千五百年儒学变迁概略》中，将董仲舒与司马迁、扬雄、桓谭、张衡、王充同列为汉代儒学六大家。[1]当代历史学家许倬云认为，董仲舒是儒家系统的划时代人物。[2]当代学者周桂钿认为，董仲舒是与孔子、

---

① 梁启超：《儒家哲学》，吉林出版集团股份有限公司 2016 年，第 30—31 页。
② 许倬云：《求古编》，商务印书馆 2014 年，第 366 页。

朱熹在中华文明史中并列的大圣人，大约一千年才出一个这样的大圣人。[①]

然而，在名重古今的儒家道统和圣哲学统中，董仲舒的大儒地位并没有体现于万一。从唐代韩愈和皮日休、宋初柳开、南宋朱熹和陆九渊，到明末清初孙奇逢、清初魏裔介，历代学者所开出的儒家"道统"世系中竟然皆未现其名，[②] 汉代儒学六大家中也仅有扬雄为柳开所纳入。晚清曾国藩曾经在《圣哲画像记》中定立了一个学问系统，列举自"文、周、孔、孟"至"顾、秦、姚、王"凡三十二人，[③] 也不见董仲舒踪影。这无疑是中国学术思想史上一种极为反常的现象。

关于董仲舒在中国学术思想史上的地位，如果我们搁置来自五四新文化运动和"文革"期间曾经对其"三纲"等理论进行严重批判所形成的影响，董仲舒在儒家"道统"世系中被湮没，在儒学圣哲"学统"中缺席，都是董仲舒思想研究中需要正视和正听的问题。笔者从文化特质的视角考察董仲舒新儒学思想，旨在对于董仲舒为儒学思想发展作出的历史贡献给予更加充分的认识，进而推及其社会治理思想的当代价值，以增强我国文化建设事业迈向"文化强国"进程中的文化自觉和文化自信。

一、文化特质

董仲舒在《春秋繁露》和《天人三策》等著作中，通过对汉代公羊学的元典《公羊传》进行系统阐述，提出了尊君、大一统、改制、受命、三纲、阴阳五行等一整套立国治国理论，被称为新儒家、新儒学。董仲舒新儒学思想的文化特质主要体现为和合性、正当性、创新性和致用性等几个方面。

1. 和合性

董仲舒新儒学思想的核心是天人感应理论。这个天人感应理论结构，

---

① 周桂钿：《今天来看董仲舒》，《光明日报》2015年5月18日，第16版。
② 常裕：《河汾道统：河东学派考论》，人民出版社2009年，第5、8、9、309、312页。
③ 钱穆：《中国学术通义》，九州出版社2011年，第244页。

以儒家为面向，融合了先秦诸家和当时的宇宙观、术数、原始巫术、儒家伦理、法家政府结构及功能、道家的本体论与阴阳五行学说……集其大成，熔铸于一炉，形成了庞大复杂的系统。在这一系统中，天体运行，四季递换，人间伦理，政府组织，以至人身生理与心理，都是一个又一个严整的系统。系统与系统之间，阴阳与五行的均衡，表现为常态；阴阳与五行的过分与不及，则表现为变态。董仲舒的宇宙，有常有变，微小的局部变动，反映了大系统的失衡。一切离开常态的变化，又可以经过适当安排，重新回归正常。这一天人系统的设计秩序井然，层层套叠，彼此相关，牵一发而动全身：天然影响人事，人事也影响天然；社会影响个人，个人也影响社会。许倬云先生对董仲舒天人感应的理论结构有极高的评价：这是一个颇似系统论的理念和宇宙，竟与近代牛顿的物理世界有相似之处，二者都是有条理可循，能为人理解，人力也能有所影响的宇宙。①

　　董仲舒的天人感应理论突出体现了文化和合性特质。张立文先生认为，和合是中国文化人文精神的精髓和首要价值。②多种思想的融突和合集为大成是从孔子儒家开始的传统。中华民族汇聚融合的标志性事件，是秦汉大一统；中国思想文化融突和合的标志性事件，是先秦诸子百家争鸣。有学者提出，是诸子"思想文化的集大成导致了秦汉的大一统"。③从这个意义上说，董仲舒继孔子儒家思想集大成传统，挟先秦诸子思想文化集大成之余绪，和合儒、道、法、阴阳五行等先秦诸家，浑然一体、宛如天成地创造了天人感应思想，堪称和合文化典范，也由此奠定了西汉一统中国的思想基础，形成了中国学术思想史上集大成的高峰。

2. 正当性

　　董仲舒的新儒学思想，不仅奠定了西汉一统中国的思想基础，而且对西汉的学术与政治均有着深刻的影响。与中国学术思想史上重要思想的创

---

① 许倬云：《万古江河》，湖南人民出版社 2017 年，第 124—125 页。
② 张立文：《和合学：21 世纪文化战略的构想》，中国人民大学出版社 2016 年，自序第 1 页。
③ 荒林：《学术的创意之美》，《光明日报》2018 年 8 月 22 日，第 16 版。

立一样，董仲舒新儒学思想创立伊始，也面临着正当与不正当的一系列重大问题。这些问题概括起来主要涉及三个方面：第一是创立新儒学之文化源泉的合法与不合法，① 第二是汉王朝秉受天命的当令与不当令，② 第三是汉天子巩固大一统政治的需要与不需要。③

董仲舒新儒学思想文化源泉的合法性，取决于对孔孟儒家的继承。众所周知，自两汉以后，儒家思想文化即成为中华文化的主体和核心。其实，孔孟儒家仁义思想在先秦诸子中就已形成了有理解共识的概念（或者说，是意义确定的概念）。④ 儒家仁义思想为诸子所共识，体现了先秦思想文化和合的精神气象。孔子说过一句话："一日克己复礼，天下归仁焉。"（《论语·颜渊》）"天下归仁"，是孔子的治世愿景，引起了诸子们的共鸣与共识，不仅奠定了儒家思想作为"基本思想类型"的历史地位，而且发端于先秦而作用于秦后中国社会两千多年的历史影响也由此初露端倪。⑤ 当代美国社会学家爱德华·希尔斯提出，传统的开端，往往有神圣的历史事件和具有奇才异能的克里斯玛人物。意思是说，传统的传承必须具有"积累起来的注释传统的合法性源泉"，才能得到后人的崇拜和效法。⑥ 董仲舒新儒学思想以孔孟儒家德性为面向和核心，顺应了当世思想文化潮流，而且他的一整套理论都可以在先秦经典，特别是在"《春秋》之义"中找到立论的根据，⑦ 其合法性应该是毋庸置疑的。

汉王朝秉受天命的当令与不当令，也关涉董仲舒新儒学思想的正当性。

---

① ［美］爱德华·希尔斯著，傅铿、吕乐译：《论传统》，上海人民出版社2014年，第66页。
② 许倬云：《万古江河》，第125页。
③ 汪高鑫：《董仲舒与汉代历史思想研究》，商务印书馆2012年，第5页。
④ 陈来：《仁学本体论》，生活·读书·新知三联书店2014年，第121页。
⑤ 李幼蒸：《儒学解释学：重构中国伦理思想史》，中国人民大学出版社2009年，第466页。
⑥ ［美］爱德华·希尔斯著，傅铿、吕乐译：《论传统》，第66、102页。克里斯玛（Charisma）一词，来自《新约》，原指因蒙受神恩而被赋予的天赋。马克斯·韦伯延伸和扩大了Charisma的含义，用它来指具有神圣感召力的领袖人物非凡体格特质或精神特质。（详见《论传统》译序第3页）
⑦ 林瞬聪：《儒学与汉帝国意识形态》，上海人民出版社2017年，第196页。

司马迁说过："昔虞夏之兴，积善累功数十年，德治百姓，摄行政事，考之于天，然后在位。"（《史记·秦楚之际月表》）自古祖先敬德、血缘世袭、于政事建立功业者，方可正当地受命为开国之君。但是汉朝开国之君刘邦既没有高贵血统，也没有强大族群实力作后盾，却以一介默默无闻的布衣成为天子，其受命的正当性即成为当时一个重大问题。董仲舒以其思想的正当性解释了刘邦以布衣而为天子的正当性。董仲舒的天人感应思想借天之权威来论政治，赋予天以明确的"行为表现"，认为各种自然现象即是天的意志，称之为"天象"；借助阴阳五行和气本体等理论，认为人的道德属性也为天所赋予；赋予邹衍的王朝更替论"五德终始说"以新的内涵，将王朝受命与人的道德努力联系起来；以天地之气以及四时寒暑等变化为依据创立"祥瑞说"与"灾异说"，警惧和规范君主权力的使用。①这样一个以天为核心的宇宙论图式，不仅正当地解释了高祖刘邦受命的正当性，而且也正当地阐释了其后汉天子改命（频繁改制度更国号）、享命和保命（巩固大一统愿景）的正当性。

迎合汉天子巩固大一统政治的需要，是董仲舒新儒学思想获得正当性的关键。西汉初年，高祖刘邦有鉴于秦王朝因严刑酷法而导致国家迅速败亡的历史教训，采取了以稳定政策、休养生息和宽缓刑法为主要内容的黄老思想作为统治思想。经过六七十年黄老政治的推行，终于迎来了"民则人给家足"的"文景之治"盛世。然而，黄老思想毕竟是先秦道家的支流，具有浓厚的无为色彩。这种无为，在政治上则表现为一种保守性，缺乏进取精神。这对于大一统政权的巩固，特别是解决匈奴边患等国家安危和经济社会发展等重大问题，便显得力不从心。正是因为有了这样的背景和时机，董仲舒以《天人三策》为对策，向汉武帝提出了"罢黜百家，独尊儒术"，以儒家思想作为统治思想的建议。汉武帝之所以采信董仲舒"独尊儒术""置五经博士"（《汉书·百官公卿表》）等建议，也正是因为儒

---

① 屈永刚：《儒家政治正当性观念发展研究：从孔子到董仲舒》，中国传媒大学出版社2016年，第90、92、93页。

家学说内蕴着大一统和尊王攘夷之义，迎合了有着雄才大略的汉武帝想在政治上大有作为的诉求。同时，儒家的仁政主张与黄老道家的与民休息思想也是相一致而不相抵触的。① 董仲舒"罢黜百家，独尊儒术""置五经博士"等建议被采纳，不仅使董仲舒新儒学思想获得了政治文化的正当性，也意味着儒家经学从此获得垄断官学文化的正当性。

3. 创新性

文化是一种创造，是现实的人面对现实需要的一种创造。文化继承紧紧抓住现实人的现实活动，也就进入了文化的创新。古老过时的东西不断减速减弱，而新的东西又不断凝结为传统。传统就是这样在保存和变迁中演进的。正是在这个意义上，希尔斯认为，传统不仅仅是沿袭物，而且是新行为的出发点，是这些新行为的组成成分。② 从文化传统视角考察，董仲舒新儒学思想即具备了文化的创新特质。董仲舒新儒学思想的创新性，主要表现为天人观的重构。③

首先，董仲舒新儒学思想重塑了天的至高权威。春秋以来，天作为终极意义的神性色彩逐渐暗淡。孔孟虽然都敬畏天命，但都不再关注天之神性，而是强调人之主观努力对于现实生活的意义。只有在人力有所不及之时，才归之于天命。孟子虽然通过"天人一贯"的哲学认识，为民意乃是天意找到了理论根据。但是孔孟的道德哲学在现实中过于依赖君主自身的道德自觉，这种期望在现实中往往落空。秦始皇不信天命，君主权力无所限制，以严刑酷法治国，最终因暴政二世而亡。约束君主权力，保障民之利益，并在君与民之间建立起普遍的道德联系，是董仲舒新儒学思想的核心要素。面对刘邦以一介布衣而登天子之位的正当性，董仲舒以其新儒学思想的正当性给予正当解释，所运用的方法即在于以天作为权力正当性讨论的基点，通过天命来论证和重塑天的至高权威。

---

① 汪高鑫：《董仲舒与汉代历史思想研究》，第1、4、7页。
② ［美］爱德华·希尔斯著，傅铿、吕乐译：《论传统》，第50、66页。
③ 屈永刚：《儒家政治正当性观念发展研究：从孔子到董仲舒》，第90、92页。

其次，董仲舒新儒学思想创立了天的德性理性。董仲舒新儒学思想以人心来解释天命，在天、君主、民之间，天处于最高主宰位置，天赋予君主统治民的权力，而君对民的统治亦在天的监视之下。这实际上形成了一种潜在的"理性"。君与民都在天的掌控下生活，天以一种理性的道德眼光在监视着人的活动。天成为儒家政治思想的一个新的支点，自孔孟而始的个体道德自觉论述路径在汉代一变而成为神性之天的道德理性。邹衍的"五德终始说"只是解释了受命和改命的必然，却没有解释如何才能拥有五德之运以受命。董仲舒新儒学思想以人心来解释天命，强调了通过德行以及对民的重视来享有天命的可能，是对孔孟道德哲学以及邹衍"五德终始说"的继承和发展。

再次，董仲舒新儒学思想大胆规范了君主权力。董仲舒新儒学思想通过"天人感应"来对君主权力大胆进行了规范。孔孟皆言人之道德乃是根源于天，但是天如何赋予人这些道德属性，孔子却没有明说。孟子虽然将"仁义礼智"归于"天之与我者"，但如何赋予人却依然未知。到汉代，天文学和自然科学已经较前代有所发展，董仲舒通过阴阳五行、气体论、天人相符等，将人的活动与自然世界的运行相结合，自然世界的运行是在以天为核心的宇宙系统内，人亦是此系统内的一部分，从而使天与人直接发生了感应。人气之变会引起天象之变，而天象之变，尤其是灾异，则是天对君主政治活动的态度。在"天人感应"理论下，天象代表了民的利益，并对君主权力进行了规范。这不仅是一个创新，而且敢于警惧和规范君主权力，表现了董仲舒理论创新的智慧和政治创建的胆识。

4. 致用性

来自理论和实践的常识告诉我们，学问与事功不能全然画上等号。有学问，不代表能事功。但事功却能反映人间世事。要将学问转化为事功，正在于思想理论的致用性。董仲舒是一代经学大师，是汉代第一大学问家，他的新儒学思想也难能可贵地具有显著的致用性。

黄仁宇先生指出过："整个汉代思想，是一种有选择性的大综合"，"董仲舒之尊儒，并不是以尊儒为目的，而是树立一种统一帝国的正规思想"。①
这有董仲舒自己的言辞为证。他在《天人三策》中曾对汉武帝说："《春秋》大一统者，天地之常经，古今之通谊也。今师异道，人异论，百家殊方，指意不同，是以上亡以持一统，法制数变。下不知所守。臣愚以为诸不在六艺之科孔子之术者，皆绝其道，勿使并进。邪辟之说灭息，然后统纪可一而法度可明，民知所从矣。"（《汉书·董仲舒传》）董仲舒这段话坦白地承认了自己之所以提倡学术思想，旨在支持当今的政权。而汉武帝也采信了董仲舒"罢黜百家，独尊儒术"的主张，君臣联手"将所谓'儒术'扩展之后又延长"，又把孔子创立的儒家学说"全部构成官僚集团行动上的规范"，②御宇54年，勃兴了一个延续达400年的全新朝代，成为"儒家治世"的典范。仅以此为例，也足以说明董仲舒不愧是学以致用的典范。

相形之下，孔子创立儒家学说也并非不想致用于政治社会。面对春秋战国纷争，孔子曾经开出社会治理和人文修为良方：树立政治清明的唐尧、虞舜、夏禹、商汤和周文王等帝王榜样，塑造民主自由、人民富裕、文化昌盛的"二帝三王"治下黄金盛世的理想社会，提出施仁政、重道义、讲秩序、崇和平的社会主张，创立"修身齐家治国平天下"的儒家学说。"二帝三王"时代的黄金盛世，是孔子追求的理想。③在春秋当下，孔子的学说虽然在思想文化领域的诸子百家中曾经引起过共鸣、产生过共识，但并没有真正引起各国诸侯领袖和政治社会的高度重视。其后秦以"焚书坑儒"和严刑苛法统一中国的事实，就证明了孔子儒家学说经世致用理想的落空。

事实上，董仲舒新儒学思想的形成和经世致用理想的实现，关键在于恰逢其时地适应了大一统王朝所要求的新的上层建筑。李泽厚先生认为，所谓"新"，是意味着正式地摆脱极为久远的氏族传统结构和意识形态，由分散的、独立或半独立的原氏族部落基础上的邦国（春秋时期），逐步

---

① 黄仁宇：《赫逊河畔谈中国历史》，生活·读书·新知三联书店2015年，第16—17页。
② 黄仁宇：《中国大历史》，生活·读书·新知三联书店2007年，第48页。
③ 韩昇：《唐太宗治国风云录：盛世是这样治理的》，中国方正出版社2014年，第42页。

合并成为真正地域性的、以中央集权为标志的统一的专制大帝国（由战国"七雄"到秦汉）。① 先秦思想文化界一向有求统一的趋向，诸子虽然在学术观念上发生争鸣，但无不憧憬建立天下秩序之理想，胸怀统摄散乱社会之使命。荀子和《易传》提出了天、地、人如何相统一之类的世界观问题，成为秦汉政治哲学的思想先导；后期法家成为中国权势者御用的智库和执行者、王权内部的精神资源、统治者权势动作的动力和方法；《吕氏春秋》祖述阴阳而综合百家，企图求取思想上的统一天下；《淮南子》被归入"杂家"，提出了一种新的构建统一王朝的上层建筑理论体系。由此见得，诸子思想不仅是秦汉政治哲学形成的基础，而且也正是其经世致用价值之所在。② 先秦诸子的这一社会责任和担当，贡献了影响深远的经世致用价值。正是从这个意义上，我们认为，董仲舒新儒学思想旨在"树立一种统一帝国的正规思想"，是切实传承和体现诸子思想文化经世致用价值的典范。

二、历史贡献

许倬云先生认为，董仲舒新儒学思想系统，由于公羊家的影响，有两个方面的历史贡献：一是天人之际加上了时间（历史）一环，一是将褒贬之权操之于知识分子手中。"这两点重要的贡献，使董仲舒虽多引阴阳家语不为纯儒，却成为儒家系统的划时代人物，也使儒家能超轶其他学派而居中国学术主流。"儒家之所以从此成为中国文化的主体和核心，原因在于"董仲舒的大系统正是知识分子的精神凭借，天人交感并不是由董仲舒创新的理论……以自然与人间两重秩序综合为一，已是当时学术的共有的时代精神。不过以儒家为主体的系统具有浓重的道德性"。从这个意义上来讲，正是董仲舒新儒学思想所内蕴着的这种"共有的时代精神"和"浓重的道德性"，加之"儒家为汉室的政治肯定的合法性"，"相对的把知

---

① 李泽厚：《中国古代思想史》，生活·读书·新知三联书店 2008 年，第 139—140 页。
② 荒林：《学术的创意之美》，《光明日报》2018 年 8 月 22 日，第 16 版。

识分子提升到与政权抗衡的地位。由此以后，汉代的知识分子脱离了役属的身份，建立了新的信念和自觉"。①抑或是从这个意义上，东汉思想家王充给予董仲舒新儒学思想以极高的赞誉："文王之文在孔子，孔子之文在仲舒。"（《论衡·超奇》）很显然，在王充看来，董仲舒就是汉代的孔子。言外之意，孔子儒家学说经世致用的理想追求在董仲舒身上得到了完美的实现。

金观涛、刘青峰二位学者认为，自汉武帝采信董仲舒"罢黜百家，独尊儒术"的主张以后，"历代中央政府都很重视办学，培养具有儒家信仰的知识分子"，以"依靠儒家国家学说，制定一整套政策法令，用儒生官僚实施对国家的管理，以维持统一的局面。到这时为止，中国封建大国才真正比较稳定地建立起来了"。②抑或是从这个意义上，钱穆先生在《统治与道统》中提出，"汉武帝罢百家博士，专立五经博士，于是道统始定于一"，这表明了"中国文化一大特色，即学术必求能领导政治，而政治必求能追随学术。有关人事方面之责任，学术界应更重于政治界"，"中国人在此政学不分、重学轻政之大原则下，乃使中国历史能常保此一大一统之局面于不坏"。③钱穆先生以董仲舒新儒学思想的历史贡献为佐证，言外之意，无疑是在强调中华先哲的思想文化之于立国强国的重大意义和作用。

三、当代价值

以上所述，董仲舒没有为传统的儒家道统和圣哲学统所接纳，其原因需要专文追根溯源给予历史性的分析，但他的新儒学思想因其历史贡献所具有的历史地位，即使是儒家道统和圣哲学统中人也是鲜有能企及和望其

---

① 许倬云：《求古编》，第 366、368、369 页。
② 金观涛、刘青峰：《兴盛与危机：论中国社会超稳定结构》，法律出版社 2011 年，第 35 页。
③ 钱穆：《中国学术思想史论丛（九）》，九州出版社 2011 年，第 53、55、56 页。

项背的。弄清楚这一点，对于当代中国文化建设将是十分重要的。

历史和现实表明，董仲舒是一个学术思想与理想人格交相辉映的儒学大师，董仲舒新儒学思想及其重大历史贡献也绝不会是"前空往劫，后绝来尘"①的历史绝唱，而将成为当代中国社会治理的重要思想资源和借鉴。因为，我们从中看到了中华思想文化"使中国历史能常保此一大一统之局面"的重大意义和作用，对于复兴中华民族和构建人类命运共同体具有极为重要的价值。

2020年9月，习近平总书记在教育文化卫生体育领域专家代表座谈会上指出："要坚定文化自信，推动中华优秀传统文化创造性转化、创新性发展，继承革命文化，发展社会主义先进文化，不断铸就中华文化新辉煌，建设社会主义文化强国。统筹推进'五位一体'总体布局、协调推进'四个全面'战略布局，文化是重要内容；推动高质量发展，文化是重要支点；满足人民日益增长的美好生活需要，文化是重要因素；战胜前进道路上各种风险挑战，文化是重要力量源泉。""不断铸就中华文化新辉煌"对于"建设社会主义文化强国"，对于"新时代坚持和发展中国特色社会主义、开创党和国家事业全新局面"的重要性不言而喻。从孔子、董子，再到朱子，儒家思想文化从来就是中华民族汇聚融合统一大业的"精神共业"，②已经深深地嵌入了我们的文化基因，追寻和还原、创造性转化并创新性发展儒家思想和董仲舒新儒学思想，正是增强我国文化建设事业的表现。

---

① 梁启超：《论中国学术思想变迁之大势》，上海古籍出版社2001年，第21页。
② 钱穆：《中国文化丛谈》，九州出版社2011年，第37页。

儒家法律文化研究

汉代法律儒家化与董仲舒的影响探析

赵立新　赵　悦

（河北师范大学　法政与公共管理学院）

一、汉代法律儒家化的背景与理论基础

中国历史上的法律儒家化进程，大致可以分为三个阶段：第一个阶段是两汉，主要从汉武帝采纳董仲舒"独尊儒术"建议开始到东汉末期；第二阶段是三国两晋南北朝时期；第三个阶段为隋唐时期，《唐律疏议》的完成代表了法律儒家化的基本实现。

汉武帝时期，长期对立的儒法两家思想开始出现相互融合的局面，这一现象的产生与当时复杂的社会背景密切相关。

（一）汉代法律儒家化的背景

西汉前期的法律儒家化，不仅是汉武帝面临复杂社会形势所做出选择的结果，也是儒学者自身重塑经典知识体系并使其适应汉帝国中央集权体制的结果。

汉初统治者从秦朝二世而亡，社会民生凋敝的局面中吸取经验教训，采取休养生息的国策。在政治制度方面汉承秦制，在思想上采用黄老的治国思想。西汉初期的崇尚黄老是以道家思想为主，同时结合法家和儒家思想。到汉武帝时期，黄老思想已不能适应"大一统"帝国的需要，结合法

家思想又杂糅阴阳五行学说的"新儒学"开始登上历史舞台。

就法律方面而言，由于汉初的黄老之术兼顾了《黄帝四经》的"重法"和老子的"无为"思想，因此，汉初统治者在全面继受秦律的基础上又推崇黄老"无为而治"，从而达到既可以消除或减弱秦朝制度的弊端，以避免极端的严刑峻法激发民怨，又可以维护社会秩序的稳定，发展生产的目的。与此同时，黄老思想也包含有约束君主与各级官吏在各自职权范围内行使权力的含义。

汉朝初期，民众摆脱秦朝苛法的时日不长，且刚刚经历过战争的浩劫，民不聊生，急需恢复生产，休养生息。此时采用黄老思想，约法省刑，轻徭薄赋，符合汉初社会状况的现实需要。

但采用黄老思想在不断发展汉朝国力的同时，在内，由于诸侯势力增大，汉景帝时期发生了七国之乱；在外，北方的匈奴不断进犯边境，边境居民生产生活受到很大影响。内忧外患给汉朝统治者带来了巨大的威胁。因此，汉帝国的统治者需要一种新的统治思想维护秩序，以达到长治久安的目的。

（二）汉代法律儒家化的理论基础

战国后期，儒法二家在思想上明显对立，似乎难以调和，但秦"专任法术"导致二世而亡的结果，促使汉初的统治者和知识分子开始反思。虽然陆贾、贾谊等以儒术为基本思路的文士都曾以秦亡为例，论述儒学作为意识形态的合理性，但毕竟时代已经变化，大多数儒者不得不放弃理想主义的固执与昔日王者之师的尊严，在继续确立民族国家的时代，思想学说只能改变纯粹的精神主义与道德主义，为了思想的生存和学说的实现，已经具备了一种十分实用的入世倾向。[1] 这就为儒法结合、法律儒家化奠定了基础。具体而言：

首先，根据当时学术发展趋势，各个派别呈现趋同化倾向。历经战国

---

[1] 葛兆光：《中国思想史》（第一卷），复旦大学出版社 2016 年，第 234 页。

时期学术竞争后，有的学派逐渐衰落，在此期间，各个学派思想之间相互交流影响，导致汉以后的儒家也杂糅了一些其他学派的思想，已非原来的面目，如此一来，儒法之间的壁垒也就逐渐减小。同时，汉代研习律学和解释法律等相关活动离不开儒生的参与，在儒生任官以后，也必须懂法用法，这也进一步促进了法律的儒家化。

其次，从儒家的态度上看，儒家从未绝对排斥过法律，一开始只是主张不能以法治代替礼治，后来在进一步探讨谁主谁辅的过程中主张以德为主。如上所述，汉儒思想中已蕴含若干法家思想，以刑辅教的观念在汉儒中间获得普遍认同，可见儒法本体之争在汉代已不存在。这些原因也导致了法律与儒家思想相融合。

而且，法律儒家化符合统治者的利益取向。儒家思想主张"亲亲""尊尊"的立法原则，主张维护等级特权制度，从统治者角度出发维护阶级统治，认为统治者应该将刑法锋芒收掩在伦理道德的面纱之后，也就是所谓的"德主刑辅"，这是符合统治者立法目的与根本利益的。因此，儒家思想成为治国之道并且引导法律朝着儒家化的方向发展，也是统治者积极促成的结果。从汉律规定"不忠"罪名，再到魏晋时期的"重罪十条"，然后演变为隋唐时期以及宋元明清时期的"十恶"犯罪，尤其是"十恶"中的前三条规定"谋反""谋大逆""谋叛"的罪名，明确法律拥护统治者至高无上的权力，这不仅是法律逐渐儒家化的最重要的特征之一，也是它的主要目的。以秦汉之际司法价值的对立为例，不同思想下司法价值的对立仅仅是工具价值的对立，最终仍要回归"皇权至上"这一终极价值。正是皇权对其他司法价值的统摄作用，才使得儒法合流成为可能。

最后，毋庸赘言，传统中国社会是一个泛道德化的社会，"三纲五常"等伦理教条，虽然无形却有力地影响着人们的一言一行，统治者通过法律活动，利用这种影响来维护社会的稳定，也促进了法律儒家化。中国古代人们大多生活在熟人社会中，受到伦理道德约束较大，儒家化之后的法律也更能为传统百姓所遵守。而且，传统中国人的生产生活方式为普遍的个体小农经营，这决定了有生产经验的长者和年轻力壮的男子在生产中的重要性，逐步形成了老对小、夫对妻、父对子的领导，形成了宗法式的个体血缘家庭关系，其中也内含复杂深刻的伦理关系。而儒家思想中蕴含丰富的伦理规定。因此，法律伦理化对于维护以宗法式的个体血缘家庭为组成细胞的社会的长期发展稳定有着重要作用。

二、作为汉代儒学奠基者的董仲舒

学者一般认为，就构建统治的基本原理及统治者范型以适应统一帝国的新形势而言，董仲舒是汉代儒学兴起的主要奠基者。但事实上，儒学的制度化是一个延续数世纪并牵涉众多学者的历史过程，自汉高祖时期的叔孙通、陆贾为始，包括董仲舒弟子及再传弟子，乃至西汉后期刘向、刘歆父子的注释等的活动，[①] 但董仲舒无疑是最重要的一员。

董仲舒，西汉广川（今河北衡水）人，其生卒年月在《史记》的《儒者列传》和《汉书》的《董仲舒传》中都没有记载。一般认为，董仲舒约生于汉文帝前元元年（前 179 年），约卒于汉武帝太初元年（前 104 年），另外一种说法认为其生卒年月约前 194 年至前 114 年。董仲舒是西汉中期儒家公羊学派大师，今文经学的创始人。少时攻读经书，勤奋专心，曾"三年不窥园"，[②] 一生著作颇多，现存有《贤良对策》《春秋繁露》等。主要思想包括大一统论、天人感应说与独尊儒术。

大一统论强调"屈民而伸君"，以保证全国上下统一于皇帝的领导和领土的完整，维护了中央集权制度，使得中国成为人口庞大，民族众多的国家。

天人感应论则在一定程度上限制了皇帝个人私欲，达到"屈君而伸民"的效果，协调了统治者与被统治者之间的关系，缓和阶层上的矛盾。为了

---

① ［美］桂思卓著，朱腾译：《从编年史到经典：董仲舒的春秋诠释学》，中国政法大学出版社 2010 年，第 2 页。

② 见《史记》和《汉书》的相关记载。

实现大一统论，既要树立皇帝的权威，又要限制皇帝的私欲。董仲舒用天人感应的理论，正是为了实现统治者树立皇权与限制私欲的目的。董仲舒论证天人感应论，首先认为天是至高无上的神，在《春秋繁露·郊祭》中就直接表达"天者，百神之大君"。其次，董仲舒证明天与人是相联系的。他说，人的喜怒哀乐与春夏秋冬相对应，人体三百六十六块小骨节与一年的天数相副，人有十二块大骨节与一年的月数相副，人的四肢对应天的四季，人的五脏对应五行。天与人中间充满了阴阳之气，天人通过气相互感应，天气通过气的变化对人（主要是指皇帝）的言行表示自己的赞许或者批评，如果皇帝表现得好，天会产生祥瑞之势；相反，如果皇帝表现得不好，天就会降下灾害。这就要求天子效法，不能感情用事，要按天道来治理。

独尊儒术的思想与天人感应理论也有密切关系，天人感应理论中主张"屈君而伸天"，而天这一概念是由儒家学者依照儒学思想进行阐释，因此，在天人感应理论中已经涵盖了独尊儒术的思想。

总之，董仲舒的政治思想相互融会贯通，例如在天人感应和阴阳五行说的基础上构建德主刑辅说，将阴阳五行说和人性论相联系等，这不仅仅为当时的策论作证，更是为整个汉代的繁荣稳定发展，为民族的兴盛和社会的安宁做出了长远规划。

三、董仲舒与汉代法律儒家化

法律儒家化是指儒家的道德伦理内化到法律当中，指导法律活动的开展，并且在外形成具体的法律制度与原则。法律儒家化在多个领域都有所表现，在这些制度中我们能发现其中蕴含着董仲舒的思想理论。

（一）在法律思想领域的表现

董仲舒的"大一统"理论也体现为思想上的"大一统"，法律儒家化首先表现为法律思想的儒家化，用新儒家思想取代之前的法家思想和黄老思想，以求"独尊儒术"，之后以"《春秋》决狱"为例，将法律思想融入司法活动，最后以"引经注律""引礼入法"为例，再将法律思想融入到立法活动当中。

汉代大儒董仲舒立足于孔孟的仁义道德，又吸收融儒法于一体的荀子的思想，再采源于道法的阴阳学说，将各个学派中能为己用的理论学说总而汇之，加上儒家思想的外衣，总结出"德主刑辅""立法结合"的新型治国之策，法律儒家化的理论基础就在于此。

"德主刑辅"作为指导思想，主张以"德治"为主，以"法治"为辅，官吏在办理案件时，以教化为主，惩罚为辅。虽然"德"与"刑"在思想上相互对立，但它们又有着统一的目的，即止奸灭奸。这个指导思想在西汉时期发挥了十分重要的作用，汉文帝与汉景帝就先后两次进行刑制改革，呈现轻刑的倾向。董仲舒在《天人三策》中，多次强调教化的作用，他认为礼乐教化是维护封建统治秩序的重要防线，一旦教化的防线被破坏，那么再重的刑罚也无济于事。刑罚是维护统治阶级统治的必要手段，董仲舒虽然主张"刑"为辅，但是并不代表完全用"德"来取代"刑"，而是适当地减少"刑"，先德而后刑，所谓"刑者，德之辅"①。

"三纲五常"②是伦理基础，汉代法律走向儒家化之后，"三纲五常"的伦理思想也逐渐渗透到法律条文中，以它作为基本框架所构建的法律体系，通常被视为封建中国各朝代的正统法律体系。董仲舒用他的"天人感应"论为"三纲五常"思想披上一层神秘的外衣，他说"三纲五常，可求于天"③。董仲舒主张"阳尊阴卑"，阳处于主导地位，阴处于从属地位。与之相对，在伦理关系中君、父、夫处于主导地位，臣、子、妻处于从属地位。作为中国古代封建法律体系的中华法系，它维护中国古代的宗法制度，而这种宗法制度的主要内容就是"三纲五常"，基础是伦理法。以东

---

① 《春秋繁露·天辨在人》，上海古籍出版社 1985 年，第 526 页。

② 所谓"三纲五常"，三纲是指君为臣纲，父为子纲，夫为妻纲；五常是指仁、义、礼、智、信。

③ 《春秋繁露·基义》，第 797 页。

汉时期忠孝之风盛行为例，"君为臣纲"为"忠"，"父为子纲"为"孝"。"忠"的概念在封建社会意味着对皇帝的绝对服从，东汉时期出现了"忠孝一体"的观念，在于劝导臣民在遵守孝道的同时也要尊崇忠君。在立法上，一方面对忠臣实行奖赏激励，另一方面将不忠列为法律禁止的内容。"忠"本身就是儒家所倡导的，而法律在惩治"不忠"时难免需要"礼"作为理论依据，这也体现了引礼入律，是法律儒家化的表现。

"孝"风席卷上自贵族统治者，下至平民百姓，成为社会的主流意识。明帝主张"以至孝理天下"[①]，不仅宣扬孝道，任用孝廉，而且对不孝之人严刑处罚。随着推崇孝道的盛行，复仇之风开始发展，章帝之时更是颁布了《轻侮法》[②]。《轻侮法》的实行一方面体现了儒法交流过程中出现了冲突，另一方面也表明了伦理思想在法律活动中的重要地位。

（二）在司法领域的表现

作为西汉大儒的董仲舒，在司法领域提出了"《春秋》决狱"，即，在官吏断案时若法律未作明确规定，则可以直接采用儒家经义作为司法定罪量刑的判断依据。《春秋》决狱的特点要根据行为人主观上的出发点是否违背纲常伦理来判断行为人是否有罪与罪轻罪重。实际上，是看行为人的主观动机与客观行为是否符合经义所记载的有关善恶的规定。"《春秋》决狱"落实之后，儒家思想不仅干涉了审判活动，扩展到了司法活动当中，还逐渐对法律制度建设施加影响，打破了法家思想指导立法与司法的一统天下的局面。但是，它的适用需要符合一定的条件，经义毕竟不是法律，因此也不具有普遍约束力。"引经决狱"推动了法律儒家化的进程，在当时有许多制度和原则都是在司法过程中逐渐形成的，这些制度和原则能够有效补充当时法律存在的空白，极大地完善中国古代司法制度。

董仲舒在提倡"《春秋》决狱"的同时还主张"原心定罪"。他主张

---

① （宋）范晔：《后汉书·班梁列传》，中华书局1965年，第1585页。
② （宋）范晔：《后汉书·邓张徐张胡列传》："建初中，有人侮辱人父者，而其子杀之，肃宗贳其死刑而降宥之，自后因以为比。是时遂定其议，以为《轻侮法》。"

审理案件应当弄清犯罪事实，并要认真分析犯罪动机，但是该主张极大地受制于断案者的主观意志，因此归根结底在中国古代司法领域仍是以封建统治者的利益为准绳。

（三）在立法领域的表现

就立法领域而言，汉代明定的法律形式是律、令、科、比等，但实际还应该包括经义。所谓"经义"就是指儒家的伦理规范，立法者通过立法活动赋予其法律效力，另外，汉代盛行解释法律，汉朝儒生们通过对法典进行注释参与到立法活动中。而在立法等各领域的人才选拔上，也体现了董仲舒的"大一统"思想，即以考察儒学作为选拔人才的手段，这些原因促使了法律的儒家化。

在立法原则上，董仲舒提出了"君权神授，法自君出"①的观点，这与他的天人感应论是有极大关联的，这项立法原则是从统治者的角度出发，有助于加强中央集权，维护君主的统治地位，这也使得董仲舒的新儒学思想被汉武帝采纳为治国之策。

在立法的内容上，首先，汉武帝时期，在原来刑法的基础上，又制定了许多新的法律，以加强皇权的统治。除了增加《左官律》、阿党附益之法等律令来巩固中央集权外，还规定了"欺瞒""诬罔""诽谤"等一系列严重的犯罪罪名，这反映了统治者不仅对民众行为施加约束，还要求民众对于统治者的统治达到内心的服从。其次，在刑罚上相比于秦朝最明显的变化就是对于刑事处罚的减轻，汉以秦为戒，在汉文帝时期，就采纳了废除黥、劓、刖这三种肉刑的建议，后来汉景帝又两次减轻了笞刑，这是刑罚改良深化的体现，与秦朝绝对地用严刑来止奸息暴不同，汉朝开始不再一味地追求重刑来惩恶行。再者，在民商法上规定不同身份地位的人享有不同的待遇，并且受到儒家义利观的影响，汉朝实行"重农抑商"的政策。最后，在东汉时期法律构成上，除了"国家法"还包括"民间法"，"民

---

① 意思是指君主的意志代表上天的意志，君主的权力也是上天授予的，因此君主的决定不仅具备法的效力，甚至高于法律。

间法"是指国家认可的，以道德伦理或者风俗约定解决宗族和乡村内部的争议的族内法规和乡俗民约。因为东汉时期，崇儒尚礼，法律走向儒家化的进程深一步发展，在民间人们的思想观念受道德伦理所支配，"民间法"在内以"礼"作为精神内核，在外将部分伦理思想规定为规范，影响着东汉法律体系的建设，汉代法律体系逐渐儒家化。

（四）在刑法原则上的表现

1. 恤刑原则

恤刑原则是"仁政"思想的体现，与董仲舒的天人感应思想相关联，该原则源于《周礼》，表示在量刑时要有怜悯之心，使罪与罚相适应。后来一般是指对老幼废疾者在量刑方面的优待、怜悯制度，本质上是统治者为了缓解社会矛盾，维护君主统治。汉文帝时期，经过汉初几十年的发展，社会秩序趋于稳定，在这种环境下统治者为缓解社会矛盾，开始推行"矜老恤幼"的政策，完善恤刑制度，以维护和巩固政权。但是，恤刑制度的实行，并非统治者的单纯善意行为，归根结底是为了维护统治者的统治，保障社会的稳定。恤刑原则在汉代主要体现为对刑事责任年龄的规定。如东汉光武帝曾诏言："男子八十以上，十岁以下，及妇人从坐者，自非不道，诏所名捕，皆不得系。"①

除此之外，汉代的轻刑倾向也体现了董仲舒"德主刑辅"的思想，汉文帝与汉景帝前后进行了两次刑制改革。一方面减少了肉刑，降低了当时刑罚的酷厉性；另一方面，自此开始传统的五刑慢慢向隋唐五刑过渡，为封建法制形成"笞、杖、徒、流、死"五刑制度奠定了基础。

2. 上请原则

上请制度的前身是西周的"八议"制度②。到了秦朝，在法家思想的

---

① （宋）范晔：《后汉书·光武帝纪》，第35页。
② 《周礼·秋官·小司寇》有记载："以八辟丽邦法，附刑罚：一曰议亲之辟，二曰议亲之辟，三曰议贤之辟，四曰议能之辟，五曰议功之辟，六曰议贵之辟，七曰议勤之辟，八曰议宾之辟。"

指导下，开始主张"刑无等级"，自此，"八议"制度被废除。西汉建立后，随着儒家思想逐渐渗透到法律领域，儒家主张的等级特权思想也融入法律当中，逐渐确立了上请制度。汉律中规定贵族官僚犯罪，须上请皇帝或廷尉裁决。而上请的结果一般都会根据犯罪官员的官职位阶、以往功劳的大小、与皇帝关系的亲疏远近来减免刑罚。

汉代上请制度始于高祖七年（前200年），当时的适用对象仅限皇亲国戚，后来上请的使用范围越来越大，到东汉光武帝建武三年（27年）时，对象已经扩张为秩级三百石以上的官吏。可见，虽然上请制度一定程度上能够规范刑罚，但是它更多地维护了封建等级特权。

在特殊情况下，上请制度还适用于有关社会弱势群体和亲情犯罪的案件，因为这种案件更多地引起了社会的关注，与道德伦理的关系更为密切，所以将此类案件划入上请制度适用的范围内，谨慎地适用刑罚，更有利于社会的长治久安。

上请制度还有利于司法的统一。适用上请制度的案件都会交给君主或者廷尉做出审判，在此之后如果再发生类似的案件都会参照君主的处理结果，最后形成一个较为统一的结果。西汉前期形成的判例原则，西汉中后期逐渐制度化。

3. 亲亲得相首匿

"亲亲得相首匿"是指汉律明确记载三代以内直系亲属或者配偶之间，除了犯威胁统治者根本的重大犯罪，应该互相之间隐瞒、包庇罪行。当然，依照该项原则断案官员也不能追究其隐瞒行为的刑事责任。该原则深刻体现了中国古代家族伦理观念，与董仲舒的阴阳五行观念与天人感应说相连相系。

《论语·子路》中就有关于亲属相隐不为罪的记载。[①] 到了汉代，亲属相隐制度更加完善，汉宣帝时规定，家族中的晚辈为有罪的长辈隐匿，

---

① 孔子云："父为子隐，子为父隐，直在其中矣。"

可以免除刑事责任；^①而长辈隐匿有罪的晚辈，如果行为人犯了死罪，可以上请廷尉来决定是否问罪，如果是较轻的罪行，不追究刑事责任。但如果是谋反、谋大逆等危害专制统治的大罪，不再适用"亲亲得相首匿"，而是需要依照儒家思想中的"大义灭亲"，因为这些重罪已经对君主的统治产生了威胁。"亲亲得相首匿"这一重要刑法原则也对以后各朝代的容隐制度有很大影响。

4. 先自告者除其罪

"先自告者除其罪"是指在被其他人举报发现之前，犯罪人就其罪行主动向府衙自首的，可以适当地减轻或者免除其刑罚的刑法原则。汉代的自告制度包括以下具体规定：

先自告者减其罪一等，其中犯迁罪者可以减为赎耐。这是通过减刑促使人们主动揭发自己的罪行。

犯重罪^②与身份低微者^③如果再犯重罪，即使先自告，仍然处以死刑。这里限制了减罪适用范围，体现了对身份等级和封建权力的维护。

规定杀伤祖父母、父母，或者仆杀伤主、主的父母妻子，不适用自告减刑^④。体现了儒家思想中的家族、血缘、身份等伦理观念对立法内容的影响。

一人犯数罪，只免自告之罪。严格限制了先自告者除其罪原则的适用条件。

从上面的内容我们可以分析出，该制度与董仲舒的"德主刑辅"思想相关，对于奸恶行为主张"教化"，它一方面可以减少破案成本，加大对犯罪的打击，另一方面能够给予人改过自新的机会，极大体现了儒家思想

① 《汉书·宣帝纪》记载汉宣帝下诏明确规定："自今子首匿父母，妻匿夫，孙匿大父母，皆勿坐。其父母匿子，夫匿妻，大父母匿孙，罪殊死，皆上请廷尉以闻。"
② 《二年律令》简92规定："城旦刑尽而盗臧（赃）百一十钱以上，若贼伤人及杀人，而先自告也，皆弃市。"
③ 《二年律令·具律》简122有："（人奴婢）刑尽而贼伤人及杀人，先自告也，弃市。"
④ 《告律》简132有："杀伤大父母、父母，及奴婢杀伤主、主父母妻子，自告者皆不得减。"

中的"仁"。当然，关于"先自告者除其罪"的适用也有很大的限制，主要是为了避免有人利用该制度犯案，根本上也是为避免对君主统治的侵犯。

四、汉代法律儒家化的意义

汉代的法律儒家化是整个中国封建时期法律儒家化的开端，它所带来的是立法、司法和办案官吏等方面的转变，其中最突出的是办理案件的官吏由法吏向儒吏的转变。汉代法律儒家化之后，在确定立法思想时，各个朝代的统治者不再从"礼"还是"法"中做出抉择，而是根据社会情况确定"礼"与"法"的主辅，在立法方面引礼入法一直延续到清朝没有改变。在社会生活中"亲亲""尊尊"等纲常礼教逐渐成为民众的日常规范。在司法领域，"《春秋》决狱"的法律原则对办案官吏也提出了更高的要求，不仅要求办案官吏灵活应用法律知识，还要精通儒家学说，这也导致了办案官吏由法吏向儒吏的转变。而且，汉代的法律逐渐儒家化以后，法家思想并没有消失，但也不再是一种完全独立的思想，而是被儒家思想的核心所吸收，逐渐成了儒家思想的一部分。

汉儒开辟了中国传统法律儒家化的先河，在他们的影响下三国两晋南北朝时期的儒者对法律进行全面改造，直到《唐律》集合法律儒家化之大成，标志着中国传统法律的价值重建终于完成，达到"礼之所去，刑之所禁；失礼则入刑，相为表里者也"①。《唐律》和《唐律疏议》都是标准的伦理化法典，它所蕴含的精髓都为后世各朝代全面继受，直至清末西方法律文化传入中国之时，中国传统法律才开始摆脱儒家伦理的束缚。

法律儒家化也影响了中国传统法律的根本精神与价值取向。它进一步奠定了中国传统法律的根本精神是人治，它的特点不仅包括将特权制度化、法律化，还包括法律作为"礼"的工具存在，这些特点都与法律儒家化的发展息息相关。中国传统法律文化的价值取向是"无讼"。董仲舒所提出

---

① （宋）范晔：《后汉书·陈宠传》，第 1547 页。

的"德主刑辅"的治国之策正是传统中国通往无讼治国的一条最佳途径，反之，中国传统法律文化的"无讼"价值取向，也决定着选择"德"与"刑"的融合，即法律儒家化的必然。

小 结

汉代法律儒家化开始并不是直接以法典的形式表现出来，而是先让法律思想儒家化，然后再渐渐地渗透到司法领域和立法领域，最后使得封建法律体系走向儒家化。

儒法的思想观念之间本有许多矛盾之处，但是在董仲舒主张"独尊儒术"之后之所以能够实现儒法合流，是因为一方面儒家伦理思想从开始就没有排斥"法"的存在，另一方面刑罚作为中国古代封建统治者的必备统治手段，是不可或缺的，单纯的"礼治"不能实现政治统治，必须要与"法"结合。而这些思想上的交融、贯通，根本上都是为更好服务于封建统治，其结果是儒家思想逐渐杂糅了法家思想，而法律体系又逐渐由儒家观念作为思想内核。

汉武帝在复杂的社会背景下，为了维护汉代的长治久安，放弃了汉初的黄老思想治国，改为以强化中央集权和大一统为核心的董仲舒的新儒学思想治国，由此使中国历史走上了法律儒家化的道路，并对以后各朝代法律体系建设产生了深远影响，奠定了中华法系的深厚思想基础。

引经决狱与儒法法律文化的融通

武占江

（河北经贸大学　图书馆）

西汉以来，尤其是汉武帝"罢黜百家，独尊儒术"以来，在司法活动频繁出现援引《春秋》判决疑案的现象，学界将这一现象称之为"《春秋》决狱"，这种说法自西汉一直延续到晚清[①]。20世纪以来，新的学术研究范式及学术语言体系开始建立，但是在这一问题上，不少学者仍然沿用"《春秋》决狱"这一说法。这种说法有一定的道理，由于西汉特殊的政治环境以及《春秋》寓褒贬于叙事的自身特点，在司法实践中引用《春秋》较多，但是《春秋》绝非唯一当作"决狱"的经典依据，儒家其他经典也多被引用，就是在引用《春秋》的时候也往往杂引其他经典以为旁证[②]，而且随着儒家政治地位的日益巩固，《春秋》之外的经典在处理疑难案件中的地位日益重要，仅举"《春秋》决狱"并不能全面反映当时的实情，因此本文采用更为宽泛的"引经决狱"的说法。

---

① 晚清关中大儒刘古愚云："汉儒以董子为醇，郑康成为大。董以《春秋》决狱，郑以律令注礼，汉制试士，讽诵尉律籀文九千字，则汉儒无不习律者。"见《刑部尚书薛公墓志铭》，《烟霞草堂文集》（民国思过斋刻本）卷四。

② 《汉书·张汤传》："是时上方向文学，汤决大狱欲传古义，乃请博士弟子治《尚书》、《春秋》，补廷尉史，平亭狱法。"《汉书·陈汤传》关于郅支单于是否传首的问题，双方都引经义：反对方引《月令》，《月令》是《礼记》中的一篇，赞成方引《春秋》。

百年来，学界关于"引经决狱"（大多以"《春秋》决狱"为研究对象）的研究成果非常丰富，程树德的《九朝律考》梳理了汉代"引经决狱"的基本史料，20世纪80年代以来，学界又对"引经决狱"的基本情况进行了比较细致的微观研究，概括出引经决狱的基本原则，并对引经决狱在历史上的正反面作用以及对当今立法、司法实践的借鉴意义进行了分析，有的学者还把"引经决狱"研究延伸到魏晋时期[1]。一些学术大师则从更为宏阔的法律文化视角进行探讨，如陈寅恪、瞿同祖[2]认为引经决狱开启了中国法律儒家化的历程。就两汉魏晋引经决狱对当时法制建设的正反面作用以及引经决狱现象对今天法制建设的意义而言，前贤的研究已经比较充分，剩义难寻，但是从中国法律儒家化这个角度而言，似仍然有待发之覆。汉武帝以来中国法律的儒家化这一趋势固是事实，但如果我们深究一步，当时的法律究竟"化"向什么样的儒家？是孔子时期的先秦儒家还是经过后儒改造过的"儒家"？法律的"儒家化"是否有范围和边界？既然儒家长期成为官方意识形态，为什么不重起炉灶，颁布儒家的法律体统，而要经过几百年的历程去"化"秦汉以来的法律体系？这实际上涉及中国法律文化史上儒家与法家的相互关系问题。由于秦律没有流传下来，传统的研究只能通过儒生批评性的话语去判断在法家思想指导下的秦法律体系，这种情况下，认识的偏颇在所难免。20世纪70年代以来，发现了埋藏于地下的大批秦代法律文书，人们对秦律的认识开始摆脱汉儒的窠臼，这就为探索上述问题提供了资料基础。本文拟就此略陈管见，以就教于方家。

一、儒家思想主张向法家制度系统的靠拢

汉武帝时期，与当时国家政权相结合的儒家思想已非孔孟之旧，而是

---

[1] 赵建林：《魏晋引经决狱》，清华大学硕士学位论文，2004年。

[2] 陈寅恪在多处提到这一问题，比较集中的是《崔浩与寇谦之》一文，见《金明馆丛稿初编》，上海古籍出版社1980年。瞿同祖在《中国法律之儒家化》一文中盛发此义，见《瞿同祖法学论著集》（中国政法大学出版社1998年）。

经过董仲舒及其他儒生的改造，以适应在法家思想指导下建立起来的绝对君主专制体制。孔子的思想是以维护等级君主制为出发点而建立起来的，体现的是一种贵族精神，而不是秦以后绝对君主制下的绝对专制精神①。孔子所讨论的君臣、父子、夫妇、兄弟、朋友关系（即五伦）是一种相互关系，君、父、夫、兄等对后者固然有一定的支配性，但是也负有一定的责任，尽管这种责任是不平等的。但是集法家之大成的韩非子把君臣关系规定为片面的绝对关系，君主拥有绝对的权力，臣下只能绝对地服从，君主可以凭借手中的权力运用各种手段控制臣下，甚至阴谋在君主都是合理的②。把这种关系进一步延伸到父子、夫妇方面就是"三纲"③。董仲舒对儒学的改造主要表现在两个方面：其一是用阴阳五行理论，重新论证了皇权的合法性，尽管通过"谴告"等方式保持了对皇权一定程度的抗议权，但是绝对专制下的皇权还是得到了"上天所授"的合理性。其二，董仲舒实际上认可了西汉从秦所继承的一套法家化的法律体系，而先秦以及唐宋之后的儒家认为秦为霸道，与儒家的"仁道"是对立的。《春秋繁露》第四十九《阴阳义》云："天地之常，一阴一阳。阳者，天之德也，阴者，天之刑也。"这里董仲舒肯定刑罚如阴阳一样，不仅是人类社会所必需的，而且也是宇宙秩序的体现，这里所云"刑罚"并非泛指，而是实指西汉当时的法律体系，汉律则是对商鞅以来秦律的继承。有人将《春秋繁露》与20世纪70年代出土的《黄帝四经》进行了对比，"发现两者有着惊人的相似之处。尽管两者之间存在着繁简详略的差异，但在思想实质上是一致的。可以说，董仲舒把《黄帝四经》中的阴阳刑德理论进一步系统化和缜密化了"。④ 这种说法有待商榷，董仲舒毕竟不是法家，两者的思想实质还是有方向性的区别的（后文详论），但是董仲舒认可当时的法律体系应

---

① 参见武树臣：《孔子的贵族精神》，《河北经贸大学学报（综合版）》2010年第3期。

② 《韩非子·内储说》中的"七术""六微"就是具体的统御群臣的方法，如"疑诏诡使，挟智而问，倒言反事"等都是不折不扣的阴谋，其他的例子很多，不赘。

③ 贺麟：《五伦观念的新检讨》，载《文化与人生》，上海文艺出版社2001年，第60—61页。

④ 崔永东：《帛书〈黄帝四经〉中的阴阳刑德思想初探》，《中国哲学史》1998年第4期。

该是正确的。在儒学的历史上，对秦国传统以及法家思想指导下所建立的皇权体制的肯定，董仲舒是第一人。由此可见，汉武帝时期，在当时法律体系"儒家化"之初，先经历了一定程度的"儒学法家化"的过程，由董仲舒发端的片面化、绝对化的"三纲"伦理思想就是儒家法家化的突出体现。这种儒学"法家化"的成果经过西汉的石渠阁会议以及东汉的白虎观会议，在皇帝的亲自主持下进一步固定化、法典化，成为此后中国古代社会政治、法律制度的基本准则。

上文揭示了董仲舒以来儒学总体上的法家化现象，下面就引经决狱的具体案例来说明这一点。学界根据两汉魏晋引经决狱的事例总结出一些"原则"，"君亲无将，将而诛焉"就是其中之一。支持这一原则的事例有西汉淮南王刘安谋反、王莽之孙谋篡位、汉哀帝罢免帝舅丁明事件、东汉广陵王事件①等。儒家、法家都是维护君主制的，对于谋反事件都是不允许的，但是对于反对君主的性质，儒家与法家有不同看法。法家绝对维护当政君主的地位，任何反对当时君主个人及其政令的做法和行为都是不允许的，《韩非子·五蠹》篇可以典型地说明这一问题。先秦儒家，尤其是孔子、孟子对正义的反对甚至废除君主的行为是赞成的，孔子云"君使臣以礼，臣事君以忠"（《论语·季氏》），强调君主对臣下要以礼相待，如果违背了礼，臣下就可以反对君主。商伊尹废太甲、国人反对甚至驱逐厉王、郑人在乡校批评执政子产，这些行为都受到儒家经典的赞成。孟子甚至提出不合格的君主可以废除甚至诛杀，他盛赞汤武革命。儒家经典《周易·革卦》象辞云"汤武革命，顺乎天而应乎人"。即使在西汉初期，儒生也是坚持汤武革命的观念。大儒辕固生与黄老道家黄生在景帝面前辩论，辕固生坚持汤武革命是正确的，黄生针锋相对地说："冠虽敝，必加于首；履虽新，必贯于足。何者，上下之分也。今桀纣虽失道，然君上也；汤武虽圣，臣下也。夫主有失行，臣下不能正言匡过以尊天子，反因过而诛之，代立

---

① 分别见《汉书》的《淮南王传》《董贤传》《王莽传》和《后汉书·樊鯈传》。

践南面，非弑而何也？"（《史记·儒林列传》）黄生把君臣关系绝对化、凝固化，这是典型的法家思想（黄老学派在法律思想与君臣关系方面与法家没有区别）。上述淮南王刘安谋反、王莽之孙谋篡位可以算作臣对君的"将"①，而哀帝与丁明则是出于政见的不同，明帝则本来袒护广陵王，樊儵坚决搬出一套"君亲无将"的原则，其观点与法家已经没有什么区别了。樊儵通《严氏春秋》，为东汉大儒，这说明东汉儒学繁盛的时期，儒生已经不自觉地在君臣关系绝对化这个问题上与法家没有什么区别了。隽不疑引用《春秋》，收捕"卫太子"的行为（《汉书·隽不疑传》），也是法家不论具体事件的是非，以维护现任君主绝对权力的体现。当时有男子自称"卫太子"，丞相、御史、中二千石等高官都不能判定是冒充，"长安中吏民聚观者数万人"，体现了对卫太子的爱戴之情。卫太子为武帝所立，虽然在"巫蛊事件"中与武帝刀兵相见，确实属于"将君"行为，但是事后武帝已经明白太子无辜，并且诛杀江充及加害太子家人者，等于是为太子平反。在先秦儒家观念来看，卫名分正当，加上百姓的拥护，这种情况比晋文公、齐桓公借助他国兵力复位的行为要合理得多；如果卫太子没死，重新即位为皇帝，也是合理的。隽不疑的理论是："君何患于卫太子！昔蒯聩违命出奔，辄距而不纳，《春秋》是之。卫太子得罪先帝，亡不即死，今来自诣，此罪人也。"实际上隽不疑"得罪先帝"的理由只说出了部分事实，而且是被汉武帝推翻的事实，其真正的动机和理由还是维护现任皇帝的绝对地位。引经决狱还有另外一条规则就是"诸侯不得专地"，这既不符合《春秋》所反映的当时历史时期等级君主制的事实，也和儒家甚至是汉代当时运行的部分政治实际不相符，是维护、构建秦以来以郡县制度为基础的绝对君主专制的新思想，与法家精神高度合拍。

无论是《左传》还是《公羊传》，所谓的"君亲无将"都是针对具体情境而言，相反的事例不胜枚举，至于"诸侯不得专地"则更与春秋时期

---

① "将"是反对的意思，与象棋中的"将军"义同。

的历史事实不相符。在引经决狱中，把"君亲无将""诸侯不得专地"抽象为义例，并将其绝对化，反复引用，这本是借儒家经典之身还法家之魂的做法。在这里，儒家的法家化特点非常突出。

二、秦律体系的严密性与科学性不容忽视

历来研究引经决狱的论著都注意法律儒家化的问题，但很少注意到儒家在"化"法家的法律体系的过程中，自己先一定程度地法家化了。陈寅恪认为中国法律儒家化在唐代完成，瞿同祖则得出"中国法律之儒家化经魏晋南北朝已大体完成，不待隋唐始然"。[①] 无论是隋唐还是魏晋南北朝，法律的儒家化还是极其漫长而曲折的。陈寅恪指出，"两汉之时虽颇以经义折狱，又议论政事，解释经传，往往取儒家教义，与汉律之文比傅引伸，但汉家法律，实本嬴秦之旧，虽有马、郑诸儒为之章句，并未尝以儒家经典为法律条文也"。[②] 也就是说两汉时期，儒家在法律方面的作为只限于引经决狱与引经注律，未能直接指定法律。如果说西汉儒家的地位并不稳固，上有崇尚霸术的皇帝（汉武帝、汉宣帝），中间有一个庞大的出身文法吏的官僚集团，在民间儒学远未普及，东汉则形势发生了很大变化，开国皇帝刘秀本是儒者出身，历代帝王崇任儒术不遗余力。之后的时代，都是儒学占统治地位，法家再没恢复旧有的位置。儒家要制定一套自己的法律体系，在政治环境方面是不存在障碍的，但这样的情况并没有发生，不是历代的儒家知识分子没有这个能力，原因只能是法家的法律体系已经取得了不可替代的地位。

由于秦律已佚，陈寅恪、瞿同祖诸大师在研究法律儒家化问题的时候，对秦法律的认识仅限于间接的认识，主要是通过正史以及历代儒生对秦律以及法家的评价，而西汉建国以来，儒家与法家处于尖锐对立的地位，儒

---

① 瞿同祖：《瞿同祖法学论著集》，第368页。
② 陈寅恪：《崔浩与寇谦之》，《金明馆丛稿初编》，第129页。

生对法家以及秦律评价的片面性是非常突出的。20 世纪 70 年代以来，随着大批秦律的出土，人们才得见秦代法律的真容，发现秦律之所以在两汉以及很长时期具有难以撼动的地位，是因为它适应了时代的需要，体系严密，水平极高。"秦律是以刑律为主体，专律、令为辅，再佐之以律说、式、例、比和地方法规。秦律形式多样，体系完备，其立法是采取一事一例，广设条款的原则，使律文规定得特别具体，条目繁杂，法网严密，可谓继李悝《法经》之后，集春秋战国以来诸侯各国刑法典的大成。其所表现出的理论、原则及规范性结构的严密性、准确性，已经达到相当稳定和成熟的地步。在当时的古代世界，无疑应属最先进的法学体系。也为两千年来中华法系的发展，奠定了深厚完善的规模和基础。""《封珍式》刑事诉讼文书，各自按照本类案件在调查、检验、审讯等诸多程序上的要求，作了大量的、详细的、科学的调查核实工作，并作出详细的记录，合乎刑事诉讼法在程序上的要求，反映了不同案件所特有的规律。由于这些案例作为各类案件官方司法文书的程式，显然可见秦律诉讼文书的规范已达到相当成熟的高度，是秦法制建设的突出成就之一。"而且秦律也并非如传统儒家所云，与礼是对立的，有些规定与儒家的人伦人道原则是一致的，如子告父母、臣妾告主为"非公室告"，官府不予受理，这与儒家引经决狱所体现出的亲亲相隐原则是一致的。①

秦法不仅在立法、司法方面精细严密，富有科学性，而且秦法以及法家文化更代表着一种强大的传统，有为后世统治者不能废、不愿废者。第一，秦法把绝对君主专制制度系统地予以法律化，秦法以及法家、黄老学派所总结出的一套法、术、势的统治方策为后来君主所必需，只要皇权专制存在一天，这一套思想、制度体系就有其市场，事实上"人君南面术"伴随整个中国古代社会始终。第二，秦法把春秋以来废除分封制、世卿世禄制、井田制的政治、经济成果予以总结和固定化，代表了历史发展的新成果。

---

① 吴福助：《睡虎地秦简考论》，文津出版社 2004 年，第 6—7、13、8 页。

西汉是沿着这条道路前进的，汉武帝实行盐铁官营，进一步把重要工商业集中到中央政权之下，这依然是商鞅的路线，而背后支持其政策的是具有浓厚法家色彩的桑弘羊等人。汉武帝的这些政策为历代封建王朝奉行，这种政治形势下，代表中央集权的秦法的内核是不可能被废弃的。

同时，儒家的主体思想某种程度上也决定其不可能像法家那样进行大规模的法制创造而代替既有的法律制度另起炉灶。因为儒家把尧、舜、禹、汤、文王、武王、周公当作最高价值的凝聚体，把井田制当作理想的土地制度，他们的趋向是复古而不是开新。而且经过了春秋战国长时间、大规模的动乱，古礼多半散失，孟子大力提倡井田制，但是自己对井田都说不清楚。即使儒家自己所标榜的一些礼仪也都残缺不全，如秦始皇、汉武帝要举行封禅大典，儒生对典礼言人人殊，莫衷一是，使秦始皇产生了轻视儒学的情绪。两汉时期，儒家经典已经残缺不全，对于这些经典的解释也是众说纷纭，东汉大儒郑玄等人不得不用当时的法律制度注释、推测各种礼仪制度。即使有机会让儒家恢复周礼，也往往与时代扞格不通，甚至带来灾难，闹出笑话，如王莽的恢复周礼，结果造成天下大乱。更为关键的是法家已经构建了一套基本适应当时政治（绝对君主专制而不是分封制）、经济（小农经济而不是家族共同体经济）制度的法律体系，儒家无法从根本上推翻既有的法律体系，只能通过引经决狱、引经注律的形式，采取浸润式的方式，把自己的思想灌注在既定的法律体系中。

三、引经决狱对法家法律体系的调适与纠正

法家的统治思想以及法律体系虽然不可废除，但是并不能包打天下，因为法家自身也存在着不可克服的局限，儒家就是在克服这种局限的过程中，逐渐将自己的思想渗透在法律体系的方方面面。

（一）差别性行为规范及同一性行为规范

在法家的思想与实践中，贯彻着比较坚决的否定血缘性、身份性宗法

贵族制的精神，要取得官职和特权必须通过实际的贡献，这就是吴起、李悝所推行的"食有劳而禄有功"的政策。这种政策在列国激烈竞争的情况下，能够调动各方面的积极性，极富效率，秦国凭此而统一天下。但这又与家天下制度存在着本质的矛盾，不仅血缘贵族不愿放弃特权，皇帝首先相信并凭借着宗族乡里甚至外戚的实力巩固政权，加强统治。但是这部分势力一旦坐大，对皇帝的威胁又非常巨大，高、文、景、武等各位西汉帝王都为此而伤透脑筋。在这方面，法家"不别亲疏，不殊贵贱，一断于法"（《史记·太史公自序》）的原则难以产生一种既保持特权又维护皇权独尊的制度。引经决狱这种形式比较好地解决了这一问题。儒家经典内容丰富，有很大的发挥空间，截然相反的做法都能在其中找到依据（如郅支单于是否传首的问题，诸侯是否专地、出疆大臣是否可以专断等问题，论辩双方都从儒家经典中找依据，但是观点则相反），而且儒家一贯秉持的"亲亲尊尊"思想，也为从制度上解决这一难题提供了合适的思路。我们看到，两汉时期的引经决狱不少事例就是处理这种贵族间矛盾的。武帝祖母窦太后侄子窦婴与武帝母舅田蚡发生激烈争端，汉武帝让二人在朝堂辩论，由大臣参与定案。王太后抱怨武帝不庇护自己的弟弟，武帝说："俱外家，故廷辨之。不然，此一狱吏所决耳。"（《汉书·灌夫传》）"狱吏"即恪守秦法传统的专职司法人员，他们只根据法律条文判案，法律之外的因素不予考虑。窦太后爱子梁王刺杀大臣袁盎事件，一开始由文吏调查，梁王觊觎皇位的不端行为开始暴露出来，窦太后以绝食反对治梁王的罪，景帝在国法与亲亲之间陷入两难。大臣们提出用通晓经术的官员处理梁王事件，"于是遣田叔、吕季主往治之。此二人皆通经术，知大礼"。他们涉及谋反的审讯文件烧毁，空手而归，对景帝说："梁王不知也。造为之者，独其幸臣羊胜、公孙诡之属为之耳。谨以伏诛死，梁王无恙也。"景帝听后大喜，曰："急趋谒太后。太后闻之，立起坐餐，气平复。故曰：'不通经术知古今之大礼，不可以为三公及左右近臣。'"（《史记·梁孝王世家》）在羊胜、公孙诡被诛杀之后，梁王还请其门客邹阳疏通景帝，邹阳通过景帝宠姬王美人之兄向景帝进言，其所用一套说辞也是儒家的亲亲之意。①

两汉通过引经决狱的渐进式实践，加之由儒家所主导的强大的意识形态方面的力量，基本上摸索出了在新的中央集权的模式下，既维护皇权神圣不可侵犯（尊尊），又对血缘贵族以及显爵高官、有功人员在刑罚上有所庇护（亲亲）的法律模式。在西汉时期实行的法家的法律模式带有同一性行为规范的倾向，使皇室在处理贵族、勋戚方面遇到了困难，而儒家礼的思想则是一种差别性行为规范②，通过引经决狱把这种思想引进法律领域，就使符合条件的贵族、勋戚法律面前有了区别。这种思想在曹魏时期正式以"八议"的形式纳入正式法律体系之中，之后历代王朝沿袭不替。

（二）重刑主义与慎刑精神

法家重刑主义的特点史无异词，睡虎地秦出土法律文书也证实了这一点："在刑罚的强度上，秦律一般采取的是轻罪重罚的原则。并将预备、未遂犯与已遂犯等同起来，给予同样的刑罚。又将一般违法行为与犯罪同罚。"③法家的基本思路就通过厚赏重罚来统一国人行为，这是一种把人工具化的做法，与儒家的仁爱思想形成严重的对立。孔子主张在"道之以礼"的前提下"齐之以刑"，孟子更在政治原则的高度提出了"仁政"的思想，经过孔子及其后继者整理的儒家经典都贯穿着这一精神，这种精神体现在法律领域就是宽刑、慎刑。秦灭汉兴的事实体现了法家法律体系遇到严重危机。引经决狱正是在儒家思想的指导下，系统地更正法家重刑主义，"亲亲相隐""恶恶止其身"都是慎刑原则的体现。相对于法家的轻刑重罚，引经决狱中的"原心定罪"原则也为从宽处理打开了方便之门。程树德《汉律考》中所辑录董仲舒《春秋》决狱的六条佚文中，有五条就是根据儒家

---

① 《汉书·邹阳传》载邹阳的说辞如下："鲁公子庆父使仆人杀子般，狱有所归，季友不探其情而诛焉；庆父亲杀闵公，季子缓追免贼，《春秋》以为亲亲之道。鲁哀姜薨于夷，孔子曰'齐桓公法而不谲'，以为过也。以是说天子，傥幸梁事不奏。""长君曰：'诺。'乘间入而言之。及韩安国亦见长公主，事果得不治。"

② 瞿同祖：《瞿同祖法学论著集》，第362页。

③ 吴福助：《睡虎地秦简考论》，第17页。

的仁爱原则作出了"无罪""不当坐""可从"的裁定[①]。《后汉书》中《赵熹传》《刘恺传》《杨终传》所记载的赦免平原"盗贼"余党，不罪及居延都尉范邠子孙、免除"广陵、楚、淮阳、济南之狱"中上万人发配边疆的事件，都是根据《春秋》以及《尚书》经文实行宽刑的例子。《汉书·张敞传》云："敞本治《春秋》，以经术自辅，其政颇杂儒雅，往往表贤显善，不醇用诛罚。"这里，儒法两家在重刑与宽刑方面的分野就非常明确了。唐宋以来的法律文化，不仅支持宽刑，而且提倡"无讼"，尽量通过教化、和解的方式处理争端，法家重刑主义得到纠正。

（三）面向历史与反文化主义

法家最突出的优点就是正视现实，富于进化精神，毫不留情地摒弃不适应时代的制度和幻象，因而在制度创造方面贡献突出，可以说自春秋战国以来的一系列新制度多为法家所制定。但是法家的思想是建立在功利主义的基础上的，尤其是韩非子，把性恶论发展到极端，把人与人之间的关系彻底规约为利害关系，天然的血缘亲情，人与人之间的友爱、温情被否定，所谓"严家无悍仆而慈母有败子"，"君垂利禄以与臣市，臣效死力以与君市"，在治国方面实行以战争为本位的"耕战"政策，认为一切反对现行国家意志的思想都是害虫"蠹"，应予力禁。国人无须学习文化，只要"以吏为师、以法为教"，这是一种把法律目的化的思想，国家只要制定好法律，并用强力推行，通过厚赏重罚来维护社会的安定。秦始皇将这种思想彻底付诸实践，焚书坑儒，禁绝文化。法律只是维护社会秩序的消极性手段，在它的下面应该有道德价值为基础，以法律以外的非强制性规范为支持，在它的上面应该有良好的政治体制为指导，脱离上下层的其他因素，法律自身不会单独发挥作用。而且一个仅仅以严苛的法律为支撑的文明体系，是不会有生命力的。引经决狱则引进了儒家文化、价值系统，为秦法的封闭性体系敞开了宽敞的文化、意义世界，使既有的以及新创造的文化

---

① 程树德：《九朝律考》卷七《汉律考》，商务印书馆1927年，第2—4页。

因子能源源不断地注入到法律世界当中，使其能够不断地与时代相契合，与文明共同发展。我们可以这样说，汉代儒家就是三代以来文明的凝聚体，是汇聚文明成果的百科全书。《礼》经提供了系统而强大的行为规范系统，《书》经是传统行政经验的集合，《诗》经起到了陶冶情操的作用，《易》经是哲学思维方式的海洋，《春秋》是三百多年来各种事件及其是非判断的汇集，为后人行为提供经验和借鉴，有着很强的现实指导性，所以引经决狱先从《春秋》开始。儒家五经尽管有些内容、价值甚至相互冲突（所谓的五经本来就不是一人一时一地的创造），但是经过孔子及其历代弟子的删定、整理，基本上形成了一个以"仁""礼"为原则的解释方向，有相对集中的意义指向。儒家之外的任何一派，都不具备这样包罗万象、海纳百川的风格，可以说儒家就是秦以前中国民族精神的代表，儒家能够长期作为中国的统治性意识形态是有其深刻的内在依据的。一种法律体系不可能离开民族精神而独立存在，孟德斯鸠提出："法律应该和国家的自然状态有关系，和寒、热、温的气候有关系，和土地的质量、形势与面积有关系；和农、猎、牧各种人民的生活方式有关系。法律因应该和政治所能容忍的自由度有关系；和居民的宗教、性癖、财富、人口、贸易、风俗、习惯相适应。"上述各种因素综合起来就构成了一个民族的民族精神，孟德斯鸠有时称为"一般精神"，"在不违反政体原则的限度内，遵从民族的精神是立法者的职责"。① 秦法产生于文化相对质朴、落后的西陲诸侯国，直接目的服从于增强一国的军事力量，在制度上总结了战国以来列国政治、经济变法的成果，其文化内涵相对薄弱。秦始皇统一六国之后，把秦法推广到整个国家，本来就有不适应的地方，而秦始皇再采取极端的反文化政策，其弊端就越发暴露出来，秦法体系就产生了巨大的危机。通过引经决狱为秦汉法律体系注入了文化因素，挽救了这种危机。

---

① ［法］孟德斯鸠著，张雁深译：《论法的精神》，商务印书馆 2005 年，第 8、365 页。

结　语

引经决狱现象是西汉以来儒家与法家思想博弈、融通的体现。引经决狱固然开中国法律儒家化的先河，但是儒家在通过与王权结合而影响、改变法律的同时，自身也作了适应绝对君主专制制度的调适。当时的法律之所以必须要儒家化，是因为其自身存在着一些不能克服的问题，这些问题概括起来就是与现实政治的矛盾及与主流意识形态的矛盾。就政治方面而言，自项羽时期，就一定程度地恢复了分封制，虽然西汉时期郡县制与分封制反复斗争，但是最后没有完全退到秦朝那样否定分封制的道路上，血缘宗法制通过各种形式部分地被保留下来，这就与比较彻底地否定血缘宗法制的法律体系发生了矛盾。前文已经指出，法律不能脱离意识形态而独立存在，汉武帝以来，儒家已经成为占统治地位的意识形态，而通行的以法家思想为指导的法律体系与主流意识形态存在着明显的价值冲突，引经决狱就是在调整这种价值冲突，使既有的法律体系在司法方面做出改变。司法领域的改变最后延伸到立法领域，那就是魏晋南北朝时期的法律儒家化。通过儒家化，法律与意识形态水乳交融地统一起来，中华法系就消化了其自身的矛盾而稳定下来了。这是引经决狱在法律自身建设方面的意义。

另外，儒家将其思想渗透在法律中，一方面更加巩固了自身的地位，另一方面对整个中华文明的维系与延续也具有重要意义。儒家得以维系其自身地位的制度有选官制度及与之配套的教育制度。选官制度与教育制度只对读书的士大夫阶层直接发生作用，而法律则对于当时占中国大部分的非读书人也有着同样的效力。浸透着儒家化的法律也把儒家文化深深嵌入到每一个没有文化的中国人心中，进而使国人深度服膺儒家价值观，有力地维系了中华民族的总体文化面貌。这也是中华文明能够不为其他文明系统所同化，成为世界上唯一在文化上没有中断的文化系统的原因之一。

公羊学研究

《公羊春秋》政治运行规则研究

续晓梅　冯江峰

（廊坊师范学院　社会发展学院；中国人民警察大学　公安法学院）

《春秋》是孔子晚年修订的一部编年史，根据鲁国的历史而作，关于孔子写作《春秋》的目的，《孟子·滕文公下》曾说："世衰道微，邪说暴行有作，臣弑其君者有之，子弑其父者有之。孔子惧，作《春秋》。《春秋》，天子之事也。"孔子编写《春秋》是试图为后世确立政治运行的基本规则。《春秋》一书所载史实虽多，但都事关国家政治大事。从其内容而言，《春秋》"上明三王之道，下辨人事之纪，别嫌疑，明是非，定犹豫，善善恶恶，贤贤贱不肖，存亡国，继绝世，补敝起废，王道之大者也"。[①]从《春秋》对后世的影响而言，无疑也发挥了这样的作用。司马迁在《史记·太史公自序》评价："故有国者不可以不知《春秋》，前有谗而弗见，后有贼而不知。为人臣者不可以不知《春秋》，守往事而不知其宜，遭变事而不知其权。为人君父而不通于《春秋》之义者，必蒙首恶之名。为人臣子而不通于《春秋》之义者，必陷篡弑之诛，死罪之名。……故《春秋》者，礼仪之大宗也。"是以"《春秋》之义行，则天下乱臣贼子惧焉"。[②]总之，《春秋》力主君主集权。

---

① 《史记·太史公自序》，中华书局 2010 年，第 2491—2492 页。
② 《史记·孔子世家》，第 1563 页。

　　汉朝初年，先有异姓王封侯，后有同姓王叛乱，君主深感加强权威的迫切需要，要巩固大一统的专制王朝，其最合适的理论依据就是《春秋》。董仲舒是西汉时代著名的政治思想家和政治哲学家。他"少治《春秋》，孝景时博士"，"兼通五经"，"为群儒首"。董仲舒相信，《春秋》是先王留给后世君主用以治国安邦的大法。"《春秋》正是非，故长于治人。"①《春秋》通过特殊的写法来寓褒贬，定是非，因而可以成为指导政治活动的法典。董仲舒认为："《春秋》二百四十二年之文，天下之大，事变之博，无不有也。"②只要精通《春秋》经义，现实生活中的政治法律问题，都可以从中找到解决办法。"论罪源深浅，定法诛，然后绝属之分别矣；立义定尊卑之序，而后君臣之职明矣。"③《春秋》根据犯罪程度的深浅决定惩罚的轻重，确定尊卑次序，因此有关法律和礼制的规则均可以参考《春秋》。当遇到疑难的政治法律问题时，可以根据《春秋》对类似问题处理的原则来决断疑狱。

　　董仲舒把《春秋》看成无所不包的经世大典，治国之策都藏于其中。只要精通《春秋》，善于从中总结先王治理天下之道，并且用来指导当今的政治法律活动，就一定会成果卓著。《春秋繁露·俞序》说："仲尼之作《春秋》也，上探正天端王公之位，万民之所欲，下明得失，起贤才，以待后圣。故引史记，理往事，正是非，见王公。史记十二公之间，皆衰世之事，故门人惑。孔子曰：'吾因其行事，而加乎王心焉。以为见之空言，不如行事博深切明。'……故卫子夏言：'有国家者，不可不学《春秋》。不学《春秋》，则无以见前后旁侧之危，则不知国之大柄，君之重任也。故或胁穷失国，掩杀于位，一朝至尔，苟能述《春秋》之法，致行其道，岂徒除祸哉？乃尧舜之德也。'……故予先言《春秋》详己略人，因其国

---

① 《春秋繁露·玉杯》，张世亮、钟肇鹏、周桂钿译注：《春秋繁露》，中华书局 2012 年，第 36 页。

② 《春秋繁露·十指》，第 162 页。

③ 《春秋繁露·正贯》，第 158 页。

而容天下。《春秋》之道，大得之则以王，小得之则以霸……故子夏言：'《春秋》重人，诸讥皆本此，或奢侈使人愤怒，或暴虐贱害人，皆祸及其身。'"①

董仲舒所治《春秋》为《公羊春秋》，战国公羊高撰，是专门阐释《春秋》大义的儒家经典，由于公羊学适应了中央集权的封建专制政权的需要，汉武帝时公羊学取得独尊的地位，国家据此制定政策。《公羊春秋》的核心要义是所谓"大一统"。"大一统"一词出自《公羊春秋·隐公元年》，传文在解释《春秋》开篇第一句话"元年，春，王正月"时认为："何言乎王正月？大一统也。"其含义即指尊崇周王室的一统天下，"一统"实际上是孔子对于世界大同理想的一种社会意识形态。"大一统"在《公羊春秋传》中只出现过一次，但其位置却是在开篇之首，其思想也贯穿于全传始终，这一理论为维护中央的集权和国家的统一提供了支撑。

《公羊春秋》对中国后世的政治运行发挥了重大影响，统治者遇到重大政治事件难以决断之时，争论的各方都会运用《春秋》为自己寻找理论依据和权威来源。加以始于汉朝的"经义决狱"的影响，《春秋》中的部分原则和精神也已经渗透到历朝封建大法之中。在中国古代，当然没有现代意义上的宪法内涵，但中国古代的政治运行也必然要遵守一些规则，如果违反了这些规则，对封建社会的政治就会发生重大影响，例如嫡长子继承制是封建社会王位继承的基本规则，如果新君的产生违背这一规则，其统治的合法性往往遭到质疑。从《春秋》一书写作的目的、内容和影响而言，毫无疑问起到了为封建社会确立政治规则的作用，所谓"王道之大者""礼仪之大家"。我们总结《春秋》一书中蕴含的政治运行规则，对了解封建社会的国家基本规范有一定的作用。由于董仲舒所本为《公羊春秋》，其代表作《春秋繁露》又是阐释《公羊春秋》的大作，本文即以这两本著作为研究依据。在中国传统社会的权力运行中，涉及的主体主要包括"天""君""臣""民"。其中"天"在现代法律意义上是不存在的，但"天"在古代对于"君权"确实起到了制约作用，"天"与"民"又有一定的联系，

---

① 《春秋繁露·俞序》，第183—186页。

所谓"天视自我民视，天听自我民听"。本文即以"天""君""臣""民"四者之间的关系为研究对象，探讨《公羊春秋》所确立的政治运行规则。

一、天与君的关系

（一）君权神授

董仲舒作为公羊派的代表人物，将今文经学的"贵志"的阐释方法运用于《春秋》决狱。"《春秋》之论事，莫重于志。"[1]孔子作《春秋》，字里行间有大义。充分理解《春秋》，需要在文字之外领悟《春秋》隐藏的孔子的思想。"缘此以论礼，礼之所重者在其志。文质偏行，不得有我尔之名。俱不能备而偏行之，宁有质而无文。"[2]董仲舒在《春秋繁露》中着力阐发"《春秋》大一统"的思想，用"天人感应""君权神授"之说来强调封建统治制度的合理性，并借以说明君权之所以不可违抗，是由于它体现了上天的意志。《春秋繁露·盟会要》说："王意虽难喻，盖圣人者贵除天下之患。贵除天下之患，故《春秋》重而书天下之患遍矣，以为本于见天下之所以致患，其意欲以除天下之患，何谓哉？天下者无患，然后性可善；性可善，然后清廉之化流；清廉之化流，然后王道举，礼乐兴，其心在此矣。"[3]君权不仅是神授的，而且君主又是代表上天来统治人世的，这样就把"天"和"人"沟通起来，建立起系统的理论。董仲舒解释"王"字的写法："三画而连其中，谓之王。三画者，天地与人也。而连其中者，通具道也。取天地与人之中，以为贯而参通之，非王者孰能当是？"[4]

（二）屈君而伸天

儒家思想宣扬君权神授，有利于君主集权。但是集权下的君主又可能

---

① 《春秋繁露·玉杯》，第25页。

② 《春秋繁露·玉杯》，第27页。

③ 《春秋繁露·盟会要》，第155页。

④ 《春秋繁露·王道通三》，第421页。

导致权力膨胀，为此必须防止君主权力的滥用。董仲舒在设计"大一统"的理念时，试图通过制度方案限制君主权力。一方面君主的权力来自神授，为君主统治的合法性提供了依据，另一方面由于君主权力来自"天"，所以君主不得违背"天"的意志。董仲舒总结了秦朝灭亡的教训，提出"天人感应""屈君而伸天"，用天的权威限制皇帝的权威。同时董仲舒又把"天意"与儒家传统的"德"联系起来，天子的命运取决于上天，而上天是否眷顾天子则取决于天子是否有德，故曰："故天子命无常，唯命是德庆。"①

（三）灾异谴告

"《春秋》之法：上变古易常，应是而有天灾者，谓幸国。"②在上位的执政者改变古代的制度和常规，上天响应这些而有天灾的，这样的国家是侥幸的。董仲舒在其理论体系中提出了"灾异谴告论"。董仲舒在《春秋繁露》中说："天地之物有不常之变者，谓之异，小者谓之灾。灾常先至而异乃随之。灾者，天之谴也；异者，天之威也。谴之而不知，乃畏之以威。《诗》云：'畏天之威'。殆此谓也。凡灾异之本，尽生于国家之失。国家之失乃始萌芽，而天出灾害以谴告之；谴告之而不知变，乃见怪异以惊骇之；惊骇之尚不知畏恐，其殃咎乃至。"③

灾异谴告被公羊派认为是《春秋》最重要的写作特点之一，董仲舒也认为："国家将有失道之败，而天乃先出灾害以谴告之；不知自省，又出怪异以警惧之；尚不知变，而伤败乃至。"④根据《汉书·五行志上》记载，武帝建元六年六月丁酉，辽东高庙灾。四月壬子，高园便殿火。董仲舒对曰："……故天灾若语陛下：'当今之世，虽敝而重难，非以太平至公，不能治也。视亲戚贵属在诸侯远正最甚者，忍而诛之，如吾燔辽东高庙乃可；视近臣在国中处旁仄及贵而不正者，忍而诛之，如吾燔高园殿乃可'云尔。

---

① 《春秋繁露·三代改制质文》，第 229 页。
② 《春秋繁露·二端》，第 177 页。
③ 《春秋繁露·二端》，第 176—177 页。
④ 《汉书·董仲舒传》，中华书局 2010 年，第 1901 页。

在外而不正者，虽贵如高庙，犹灾而燔之，况诸侯乎！在内不正者，虽贵如高园殿，犹燔灾之，况大臣乎！此天意也。"①

在该事例中，高庙和陵园遭受火灾是典型的灾异现象。董仲舒以灾异谴告说对此进行分析，他认为庙与宗亲相关，而陵园与皇帝的近宠相关，火灾意味着德行有缺而受天谴。"在外不正者"指淮南王刘安，"在内不正者"指武安侯田蚡。从现代的眼光看，火灾本来属于日常生活中的一种现象，董仲舒却从中推导出有关大臣应当受到惩罚，这一结论完全超越了两者之间的联系，自然得不到统治者的认可，董仲舒也因为试图干预政治而险遭灭顶之灾。

《汉书·董仲舒传》记载，"仲舒治国，以《春秋》灾异之变推阴阳所以错行"，"先是辽东高庙、长陵高园殿灾，仲舒居家推说其意，草稿未上，主父偃候仲舒。私见，嫉之，窃其书而奏焉。上召视诸儒，仲舒弟子吕步舒不知其师书，以为大愚。于是下仲舒吏，当死，诏赦之。仲舒遂不敢复言灾异"。②这一事实说明，当最高统治者认为引用《春秋》决狱的结果会挑战自己的权威时，即便是对于《春秋》决狱首倡者的董仲舒也毫不留情。终汉一朝，《春秋》决狱始终在统治者的掌控之下，为维护其利益而服务，这在相关政治案件中体现得尤其明显。

董仲舒倡导"灾异谴告说"既有限制皇权之目的，以通过"天意"对皇帝进行警告，也有试图通过"灾异谴告说"表达相关政治诉求的目的。在上例中，董仲舒为了汉朝统治秩序的稳定，为了维护皇权的集中统一，通过对火灾的理论阐发，试图说服汉武帝除去田蚡、刘安。后来的历史发展也证明董仲舒的意见是正确的。"先是，淮南王安入朝，始与帝舅太尉武安侯田蚡有逆言。其后胶西于王、赵敬肃王、常山宪王皆数犯法，或至夷灭人家，药杀二千石，而淮南、衡山王遂谋反。胶东、江都王皆知其谋，阴治兵弩，欲以应之。至元朔六年，乃发觉而伏辜。时田蚡已死，不及诛。

---

① 《汉书·五行志上》，第1092—1093页。

② 《汉书·董仲舒传》，第1919页。

上思仲舒前言，使仲舒弟子吕步舒持斧钺治淮南狱，以《春秋》谊颛断于外，不请。既还奏事，上皆是之。"①

但为了缓和阶级矛盾，有时统治阶级也会采纳建议，以灾异为由更改此前的错误做法。例如，东汉"建初元年，大旱谷贵，终以为广陵、楚、淮阳、济南之狱，徙者万数，又远屯绝域，吏民怨旷，乃上疏曰：'臣闻"善善及子孙，恶恶止其身"，百王常典，不易之道也。……臣窃按《春秋》水旱之变，皆应暴急，惠不下流。自永平以来，仍连大狱，有司穷考，转相牵引，掠考冤滥，家属徙边。加以北征匈奴，西开三十六国，频年服役，转输烦费。又远屯伊吾、楼兰、车师、戊己，民怀土思，怨结边域。……愁困之民，足以感动天地，移变阴阳矣。陛下留念省察，以济元元。'书奏，肃宗下其章。司空第五伦亦同终议。……终复上书曰：'……鲁文公毁泉台，《春秋》讥之曰先祖为之而己毁之，不如勿居而已，以其无妨害于民也。襄公作三军，昭公舍之，君子大其复古，以为不舍则有害于民也。今伊吾之役，楼兰之屯，久而未还，非天意也。'帝从之，听还徙者，悉罢边屯"。②

二、保障君位传承有序

在中国传统社会，王位继承是关系国家稳定和统治秩序的重大政治事件，经历了奴隶社会早期的"兄终弟及"和"父死子继"，历代统治者总结历史教训，逐步形成了嫡长子继承制，以后封建社会的王位继承尽管未能全部遵循这一规则，但嫡长子继承制成为传统社会中王位继承的基本规则，为保障君位的传承有序发挥了重大作用。《公羊春秋》一书也贯穿了相关的指导原则。

（一）君子大居正

维护皇权的一个重要原则就是保证皇位能世代相传，这就涉及皇帝驾

---

① 《汉书·五行志上》，第 1094 页。

② 《后汉书·杨李翟应霍爰徐列传》，中华书局 2010 年，第 1077—1078 年。

崩之后又由谁来继皇位的问题。"君子大居正"出自《公羊春秋传·隐公三年》："故君子大居正。宋之祸，宣公为之也。""君子大居正"即君主去世，应由嫡长子继承王位，不能违反礼制让与庶子。董仲舒在《春秋繁露·王道》中说道："《春秋》立义：立嫡以长不以贤，立子以贵不以长。"即立嫡子继承王位，要立年龄大的，不立贤明的；立儿子要立出身高贵的，不立年龄大的；立夫人要立嫡妻，不要立妃妾。从这可以看出，汉代的继承王位，采用的是父死子继制，而非兄终弟及制。但在汉初，却发生过一场争夺皇位的斗争，而汉儒就是根据《春秋》大义"君子大居正"来解决的。汉景帝时，窦太后"意欲立梁王为帝太子"。帝问其状，袁盎对曰："殷道亲亲者，立弟。周道尊尊者，立子。殷道质，质者法天，亲其所亲，故立弟。周道文，文者法地，尊者敬也，敬其本始，故立长子。周道，太子死，立嫡孙，殷道，太子死，立其弟。"帝曰："于公何如？"皆对曰："方今汉家法周，周道不得立弟，当立子。故《春秋》所以非宋宣公。宋宣公死，不立子而与弟，弟受国死，复反之与兄之子，弟之子争之，以为我当代父后，即刺杀兄子。以故国乱，祸不绝。故《春秋》曰：'君子大居正，宋之祸，宣公为之。'臣请见太后白之。"袁盎等入见太后："太后言欲立梁王，梁王即终，欲谁立？"太后曰："吾复立帝子。"袁盎等以宋宣公不立正，生祸，祸乱后五世不绝，小不忍害大义状报太后。太后乃解说，即使梁王归就国。①

（二）杀世子诛

封建社会是一个君权至上的社会，儒家主张以天子为核心，宗室外戚只能安分守己，无权干预朝政。否则，就必然导致内亲骨肉、外疏忠臣，至杀世子、诛杀不辜的严重后果。如果后妃不安分守己，干预朝政，诛杀世子，也要遭到贬斥，甚至被诛杀，祸及家族。汉成帝时，赵皇后、赵昭仪姐妹专宠嫉妒，特别是赵昭仪，自己不能生育，又屡杀成帝所举后宫子，

① 《史记·梁孝王世家》，第 1664 页。

司隶解光对此十分不满。他鉴于赵皇后、赵昭仪屡杀成帝所举后宫子，如许美人、曹伟能所生皇子，均被赵氏谋害致死，而灭成帝继嗣。所以，要求根据"杀世子诛"的《春秋》经义，将赵氏及其家属严惩以法。他说："臣谨案，鲁庄公夫人杀世子，齐桓公召而诛焉，《春秋》予之。赵昭仪倾乱圣朝，亲灭继嗣，家属当伏天诛。前平安刚侯夫人谒，坐大逆同产当坐，以蒙赦令归故郡。今昭仪所犯，尤悖逆，罪重于谒，而同产亲属，皆在尊贵之位，迫近帷幄，群下寒心。请事穷竟，丞相以下议正法。"①哀帝采纳了解光的意见，对赵氏家族重新问罪。赵昭仪之前就畏罪自杀，而赵皇后在王莽上台执政后，被废为庶人，并被逼自杀。可见，对于赵氏一家，哀帝是根据"杀世子诛"的《春秋》经义来惩治的。

三、维护君主权威

在处理"君"与"臣"的关系时，《春秋》强调君主在国家享有至高无上的地位，"唯天子受命于天，天下受命于天子，一国则受命于君"，②其基本含义就是要求臣子绝对服从君主，忠于君主。董仲舒说："为人臣者其法取象于地，故朝夕进退，奉职应对，所以事贵也；⋯⋯委身致命，事无专制，所以为忠也⋯⋯故为地者务暴其形，为臣者务著其情。"③这就是说，人臣对君主必须绝对忠心和服从，不能有丝毫的叛逆和奸伪，为了维护君主的尊严和地位，臣子必要时不惜牺牲自己的性命。

（一）君亲无将，将而诛焉

"君亲无将，将而诛焉"出自《春秋·庄公三十二年》及《公羊春秋传·昭公元年》。鲁庄公三十二年七月，鲁庄公之弟因怀篡逆之心而被鸩杀，《春秋》记此事为"秋七月癸巳，公子牙卒"。《公羊春秋传·昭公元年》：

---

① 《汉书·外戚传下·孝成赵皇后》，第 2939 页。
② 《春秋繁露·为人者天》，第 400 页。
③ 《春秋繁露·天地之行》，第 632 页。

"叔孙豹会晋赵武、楚公子围、齐国豹、宋向戌、卫石恶、陈公子招、蔡公孙归生、郑轩虎、许人、曹人于漷。此陈侯之弟招也，何以不称弟？贬。曷为贬？为杀世子偃师贬，曰陈侯之弟招杀陈世子偃师。大夫相杀称人，此其称名氏以杀何？言将自是弑君也。今将尔，词曷为与亲弑者同？君亲无将，将而必诛焉。"①这就是《公羊传》得出的"《春秋》之义"，即"君亲无将，将而诛焉"。将，指将有叛逆之意。按儒家伦理观念，君主的绝对权威表现在臣下不能有丝毫的侵犯意图，臣下对君主若有叛逆行为，即使只是预谋而未实行，也是大逆不道的犯罪行为，必须处以极刑。经汉代统治者的提倡，"君亲无将，将而诛焉"一语，遂成为审判触犯皇权的尊严与安全的犯罪的理论依据。汉代以"君亲无将，将而诛焉"作为判案依据的例子很多。

如武帝元狩元年淮南王刘安谋反。当时，胶西王刘端便议曰："安废法度，行邪辟，有诈伪心，以乱天下，荧惑百姓，背畔宗庙，妄作妖言。《春秋》曰'臣毋将，将而诛'。安罪重于将，谋反形已定。臣端所见其书印图及它逆亡道事验明白，当伏法。论国吏二百石以上及比者，宗室近幸臣不在法中者，不能相教，皆当免，削爵为士伍，毋得官为吏。其非吏，它赎死金二斤八两，以章安之罪，使天下明知臣子之道，毋敢复有邪僻背畔之意。"皇帝因此采纳了刘端的建议，根据《春秋》经义而重惩淮南王刘安谋反案。"未至，安自刑杀。后、太子诸所与谋皆收夷。国除为九江郡。"②

（二）奸以事君，则常刑不舍

这条原则和"君亲无将，将而诛焉"的主旨相同，也强调臣下对君主的忠诚、顺从。"奸以事君，常刑不舍"意指以奸邪之心侍奉君主，难以得到刑罚的赦免。臣对于君来说，是卑者与尊者的关系，臣子对于君主，不能有违抗之心，只能有服从之义。国君所作所为要是有什么不妥的地方，臣子可以向君主进谏，若是君主不听从则可以弃君而去，《春秋》认为这

---

① 《公羊春秋·昭公元年》，刘尚慈：《春秋公羊传译注》，中华书局 2010 年，第 506 页。
② 《汉书·淮南衡山济北王传》，第 1657 页。

样才叫作"君臣之义",而做出弑君的行为或者是虽然身在朝堂却心生奸邪之意,那便是应当受到强烈谴责的,也难以得到刑罚的赦免。

东汉末年太傅马日磾奉命出使山东,路经淮南袁术的势力范围时,袁术对其百般侮辱,并夺走马的节杖。马请求离去,袁术非但不准,还强迫他为军师,马日磾怨恨交加,呕血而亡。灵柩回来时,朝廷欲加礼厚葬。孔融力排众议,用《春秋》之义"奸以事君"而反对加礼,他说:"日磾以上公之尊,秉髦节之使,衔命直指,宁辑东夏,而曲媚奸臣,为所牵率,章表署用,辄使首名,附下罔上,奸以事君。昔国佐当晋军而不挠,宜僚临白刃而正色。王室大臣,岂得以见胁为辞!又袁术僭逆,非一朝一夕,日磾随从,周旋历岁。《汉律》与罪人交关三日已上,皆应知情。《春秋》鲁叔孙得臣卒,以不发扬襄仲之罪,贬不书日。郑人讨幽公之乱,斫子家之棺。圣上哀矜旧臣,未忍追案,不宜加礼。"[1]他认为马日磾代表皇帝出使,袁术僭逆之心非一朝一夕,马日磾理应知情,但是没有完成君主赋予给他的使命,没有制止袁术的叛乱行为,有愧于君主,存在严重失误,不对马日磾丧事加礼,才能宣扬天子本位,惩戒其他朝臣忠以事君。于是朝廷听从了孔融的建议,没有对马日磾的丧事加礼。

(三)王者无外

"王者无外"一词出自《公羊春秋传·隐公元年》:"冬,十有二月,祭伯来。祭伯者何?天子之大夫也。何以不称使?奔也。奔则曷为不言奔?王者无外,言奔则有外之辞也。"[2]对于天子而言,普天之下莫非王土,没有国内国外之说。祭伯是周天子的大夫,未经天子派遣出走鲁国,但鲁国也是周天子的天下,所以不能用"奔",只能用"来"。《春秋》大义中的另一项原则"大夫出疆,有可以安国家,则专之可也"赋予大臣较大的自由裁量权,有利于臣子在外杀敌保国,维护边疆安宁。但是大夫出疆,便宜行事,有时又成为某些官员矫制违法、以权谋私的借口,从而危害到

---

① 《后汉书·孔融传》,第1530页。
② 《公羊春秋·隐公元年》,刘尚慈:《春秋公羊传译注》,第10页。

皇权。此时儒家又引入了"王者无外"来对其进行限制。经典案例是徐偃鼓铸盐铁案。

元鼎中年，博士徐偃擅自违法，使胶东鲁国鼓铸盐铁，被御史大夫张汤弹劾。徐偃即引用"《春秋》之义，大夫出疆，有可以安国家，则专之可也"来为自己辩驳，张汤无言以对。但终军却不以为然，他说："古时诸侯国异俗分，百里不通，时有聘会之事，安危之势，呼吸成变，故有不受辞造命专己之宜。今天下为一，万里同风，故《春秋》王者无外，偃巡封域之中，称以出疆，何也？"接着他又说："且盐铁，郡有余藏，国家不足以为利害，而以安社稷存万民为辞，何也？偃直矫作威福，以从民望，干名采誉，此明圣所必加诛也。"徐偃理屈认罪。[①]

四、规范大臣权力

春秋之时，礼崩乐坏，诸侯不尊周王，卿大夫乱国政者时有发生，孔子为了恢复周礼而作《春秋》，书中对于春秋时的政治乱象以"微言大义"多有批判，后世在涉及君臣关系的政治事件中，也以《春秋》作为评判准则，从中我们可以归纳出《春秋》对于臣下的行为规范。

（一）诸侯不得专讨

其含义源自楚庄王杀陈夏征舒，《春秋》书曰："楚人杀陈夏征舒"，以表示楚国国君越权惩治陈国大夫。但是该原则的适用也有例外情况："上无天子，下无方伯，天下诸侯有为无道者，臣弑君，子弑父，力能讨之则讨之，可也。"[②]与之类似的规则还有，大夫不得专执。即卿大夫应遵守的道义之一，不可以擅自相拘捕。"三月，晋人执宋仲几于京师。仲几之罪何？不蒉城也。其言于京师何？伯讨也。伯讨则其称人何？贬。曷为贬？不与大夫专执也。

---

① 《汉书·严朱吾丘主父徐严终王贾列传》，第2127页。
② 《公羊春秋·宣公十二年》，刘尚慈：《春秋公羊传译注》，第360页。

曷为不与？实与而文不与。文曷为不与？大夫之义，不得专执也。"①

（二）诸侯不得专地

其含义源自楚灵王杀齐庆封，庆封参与崔杼弑杀齐庄公，后出逃并在吴国被封，《春秋》仍称"齐庆封"，以表示不承认诸侯专封。国家的"大一统"必然表现为政治上的"大一统"，实行君主专政。所谓诸侯皆系天子，不得自专。董仲舒说："《春秋》之法，大夫不得用（专）地。"② 又说："《春秋》立义，……有天子在诸侯不得专地，不得专执天子之大夫，不得舞天子之乐，不得致天子之赋，不得适天子之贵。"③

所谓"诸侯不得专地"就是说，普天之下，莫非王土，率土之滨，莫非王臣。诸侯在天子统治的范围之内不许私自吞并土地，扩张自己的势力范围，否则就是犯上作乱，要受到严惩，以维护国家大一统、君权至上的局面。如《汉书·匡衡传》记载："初，衡封僮之乐安乡，乡本田堤封三千一百顷，南以闽佰为界。初元元年，郡图误以闽佰为平陵佰。积十余岁，衡封临淮郡，遂封真平陵佰以为界，多四百顷。至建始元年，郡乃定国界，上计簿，更定图，言丞相府。衡谓所亲吏赵殷曰：'主簿陆赐故居奏曹，习事，晓知国界，署集曹掾。'明年治计时，衡问殷国界事：'曹欲奈何？'殷曰：'赐以为举计，令郡实之。恐郡不肯从实，可令家丞上书。'衡曰：'顾当得不耳，何至上书？'亦不告曹使举也，听曹为之。后赐与属明举计曰：'案故图，乐安乡南以平陵佰为界，不从故而以闽佰为界，解何？'郡即复以四百顷付乐安国。衡遣从史之僮，收取所还田租谷千余石入衡家。"但是司隶校尉骏、少府忠，却从实劾奏说："衡监临盗所主守直十金以上。《春秋》之义，诸侯不得专地，所以壹统尊法制也。衡位三公，辅国政，领计簿，知郡实，正国界，计簿已定而背法制，专地盗土以自益，及赐、明阿承衡意，猥举郡计，乱减县界，附下罔上，擅以地附益大臣，皆不道。"

---

① 《公羊春秋·宣公十二年》，刘尚慈：《春秋公羊传译注》，第 580 页。
② 《春秋繁露·玉英》，第 84 页。
③ 《春秋繁露·王道》，第 114 页。

于是，成帝同意忠所奏，而将匡衡"免为庶人，终于家"①。这是根据"《春秋》之义，诸侯不得专地"，而匡衡被免相夺爵，至于沦为庶民。可见，"诸侯不得专地"意在阻止大臣任意兼并土地，维护国家的"大一统"局面。诸侯尚不得专地，大夫自然更不能专地。《春秋》之法，大夫不得用地。②

（三）卿不忧诸侯，政不在大夫

国卿可以忧虑国事，不可以忧虑诸侯国之间的事，忧虑则与身份不符。《公羊春秋·襄公十三年》云："卿则其称人何？贬。曷为贬？卿不得忧诸侯也。"③政不在大夫则是因为孔子在《论语》中说过："天下有道，则政不在大夫。"

（四）《春秋》讥世卿

《春秋》讥世卿出自《公羊春秋传·隐公三年》，《春秋》书曰："夏，四月，辛卯，尹氏卒。"《公羊》传云："其称尹氏何？贬。曷为贬？世卿，非礼也。"何休注云："卿大夫任重职大，不当世，为其秉政久，恩德广大。小人居之，必夺君之威权。"④"讥世卿"即反对大夫世袭。汉朝中后期，皇室逐渐衰落，卿大夫势力不断增长，有的卿大夫逐渐掌握了国家的军政大权，威胁着皇权。为了维护君主的权威和绝对尊严，就必须遏制卿大夫的权力，以便确立稳定而有序的君主专制政体。于是汉儒们便引用《春秋》的经义极力反对公卿大夫的地位世袭相传，主张削弱他们的势力，巩固皇权。典型的例子是霍光家族世袭案。

霍光是汉代煊赫一时、权倾朝野的大将军，因受汉武帝临终嘱托辅佐昭帝，成为托孤大臣，位高权重。霍光死后，宣帝"封光兄孙山云，皆为列侯，以光子禹为大司马"，让其家族继续霍光在世时的荣耀。然而，汉代的官员几乎异口同声反对其子孙世袭官职，并引用《春秋》经义加以劝

---

① 《汉书·匡张孔马列传》，第2493页。

② 《春秋繁露·玉英》，第84页。

③ 《公羊春秋·襄公十三年》，刘尚慈：《春秋公羊传译注》，第503页。

④ 《公羊春秋·隐公三年》，刘尚慈：《春秋公羊传译注》，第21页。

阻。张敞说道："臣闻公子季友，有功于鲁，大夫赵衰，有功于晋，大夫田完，有功于齐，皆畴其庸，延及子孙，终后田氏篡齐，赵氏分晋，季氏颛鲁，故仲尼作《春秋》，迹盛衰，讥世卿最甚。间者辅趁臣专政，贵戚太盛，君臣之分不明，请罢霍氏三侯皆就第。"① 魏相的观点与张敞不谋而合，他说道："《春秋》讥世卿，恶宋三世为大夫，及鲁季孙之专权，皆危乱国家。自后元以来，禄去王室，政繇冢宰，今光死，子复为大将军，兄子秉枢机，昆弟诸婿，据权势在兵官。光夫人显及诸女，皆通籍长信宫，或夜诏门出入，骄奢放纵，恐浸不制，宜有以损夺其权，破散阴谋，以固万世之基，全功臣之世。"②

（五）大夫出疆，由有专辄

语出《公羊春秋传·庄公十九年》，鲁国大夫公子结，在出使送媵女途中，得知齐宋将伐鲁国，为解除危险，与齐宋结盟。传对此评价说："大夫受命不受辞，出境有可以安社稷、利国家者，则专之可也。"③《公羊春秋传·襄公十九年》："晋士匄帅师侵齐，至谷，闻齐侯卒，乃还。还者何？善辞也。何善尔？大其不伐丧也。此受命乎君而伐齐，则何大乎其不伐丧？大夫以君命出，进退在大夫也。"④ 士匄接受国君之命去攻打齐国，因为齐国国君去世，他就退兵。公羊《春秋》对士匄不伐丧的行为予以肯定，认为大夫奉君命出使，是进是退由大夫做主。

董仲舒在《春秋繁露·精华》中说："《春秋》之法，大夫无遂事。……处境有可以安社稷、利国家者，则专之可也。……大夫以君命出，进退在大夫也。"⑤ 将军在边境安营扎寨，保家为国，只要是有利于社稷，有利于国家的事，他们都有临时决定权，可以先斩后奏，不必事先征得君王的同意，也就是我们通常说的"将在外，君命有所不受"。

---

① 《汉书·赵尹韩张两王列传》，第 2403 页。
② 《汉书·魏相丙吉列传》，第 2346 页。
③ 《公羊春秋·庄公十九年》，刘尚慈：《春秋公羊传译注》，第 144 页。
④ 《公羊春秋·庄公十九年》，刘尚慈：《春秋公羊传译注》，第 472 页。
⑤ 《春秋繁露·精华》，第 91 页。

汉朝的冯奉世就是根据这一原则而加官晋爵的。西汉统治者数年派使者出使匈奴，但多数使者都有辱使命，不是贪污就是被羞辱。后西汉欲与西域诸国交好，冯奉世被举荐持节作为使者出使大宛各国。"至伊修城，都尉宋将言莎车与旁国共攻杀汉所置莎车王万年，并杀汉使者奚充国。时匈奴又发兵攻车师城，不能下而去。莎车遣使扬言北道诸国已属匈奴矣，于是攻劫南道，与歃盟畔汉，从鄯善以西皆绝不通。都护郑吉、校尉司马意皆在北道诸国间。奉世与其副严昌计，以为不亟击之则莎车日强，其势难制，必危西域。遂以节谕告诸国王，因发其兵，南北道合万五千人进击莎车，攻拔其城。莎车王自杀，传其首诣长安。诸国悉平，威振西域。奉世西至大宛，大宛闻其斩莎车王，敬之，异于他使，得其名马象龙而还。上甚悦，下议封奉世。丞相将军皆曰：《春秋》之义，大夫出疆，有可以安国家，则专之可也。奉史功效尤著，宜加爵士之赏。"[1]

"《春秋》之义，大夫出疆，由有专辄"，这条原则对君臣之间的分工有了非常清楚的划分，即"将在外，君命有所不受"，同时被严格限定在"安社稷利国家"的大事上。这一原则对专制统治王权的加强、巩固起了重要作用。同时，也由于何事是"安社稷、利国家"，本身具有不确定性，因而给了最高统治者任意发挥的余地。

五、君与民的关系

在"君"与"民"的关系上，《春秋》以及董仲舒对《春秋》的解释都体现了儒家的"民本"思想，在尊君的前提下，要求君主"重民"，认为"天之立君，以为民也"。

（一）屈民而伸君

董仲舒的思想体系，用最简单的两句话来概括，就是"屈民而伸君，

---

① 《汉书·冯奉世传》，第 2457—2458 页。

屈君而伸天"。① 董仲舒认为：《春秋》之法，以人随君，以君随天，② "唯天子受命于天，天下受命于天子，一国则受命于君。君命顺，则民有顺命；君命逆，则民有逆命"。③ 在君与民的关系上，《春秋》首要的也是维护君主权威。

（二）敬贤重民

董仲舒说："秦穆侮蹇叔而大败，郑文轻众而丧师；……且《春秋》之法，凶年不修旧，意在无苦民尔；苦民尚恶之，况伤民乎！伤民尚痛之，况杀民乎！"④ 文中所引两个事例，一例是公元前627年，蹇叔劝阻秦穆公派兵偷袭郑国，秦穆公不但不听，反而侮辱蹇叔，结果秦军大败于殽；一例是《春秋》闵公二年，郑文公轻视民意而丧失了军队。董仲舒由此得出结论，春秋敬贤重民。"重民"是春秋处理"君"与"民"关系的另外一项规则，由此形成了《春秋》处理君民关系的完整规则，一方面君主有最高的权威，对应的人民有服从的义务，另一方面君主也应当"重民"，"重民"思想当然不同于现代的"人权"，但是在客观上对于维护人民的权利起到了一定的积极作用。

（三）天子命无常

董仲舒引用《荀子·大略》所言："天之生民，非为君也。天之立君，以为民也。"得出结论："故其德足以安乐民者，天予之，其恶足以贼害民者，天夺之。""故夏无道而殷伐之，殷无道而周伐之，周无道而秦伐之，秦无道而汉伐之。有道伐无道，此天理也。"⑤《荀子·大略》言："天之生民，非为君也。天之立君，以为民也。"涉及"天""君""民"之间的关系，其中所反映的思想仍然没有超出"民本"的范围，与现代的"人民主权"思想不可同日而语，但"天之立君，以为民也"在"君"与"民"

---

① 《春秋繁露·楚庄王》，第3页。
② 《春秋繁露·玉杯》，第30页。
③ 《春秋繁露·为人者天》，第401页。
④ 《春秋繁露·竹林》，第48页。
⑤ 《春秋繁露·尧舜不擅移汤武不专杀》，第277页。

的关系上认为"君为民"，而非"民为君"，在某种程度上体现了"君主为民"的思想，对正确认识封建社会君主应发挥的作用具有一定意义。"故其德足以安乐民者，天予之，其恶足以贼害民者，天夺之。"①则以儒家的"德"为判断标准，证明了"革命"的正当性，并且运用殷代夏、周代殷、秦代周、汉代秦的历史事实说明了这样做符合"天理"，这从另一方面说明了"天""君""民"之间的关系，"天意"即"民意"，在某种程度上将"天"与"民"统一起来。我们在理解《春秋》时，必须将处理"天"与"君"的规则和处理"君"与"民"的规则联系起来，即可发现儒家试图假借"天意"之名，以"民意"来限制"君意"，并为"民"革"恶君"之命找到理论依据，认为此符合"天理"。从中国政治运行的历史实践来看，这与人民主权理论中所倡导的当政府不能维护人民利益时人民即有权起来推翻政府的思想有异曲同工之妙。

---

① 《春秋繁露·尧舜不擅移汤武不专杀》，第277页。

公羊学义理辨析七条

张延国

（中钢石家庄工程设计院）

学习儒学，可以侧重儒学义理的辨析，具体到公羊学的学习，我们可以辨析公羊学义理。公羊学义理属于《春秋》义理，有自己的特点，不清楚这些特点，可能会认为公羊学中有很多的矛盾，如果下功夫去熟悉这些特点，就能很容易地发现公羊学的精妙之处。对于初学者，公羊学有一些基础的义理需要先辨析了解。我根据最近的教学经验总结了七条义理，供刚接触公羊学的朋友辨析使用。

第一条：《春秋经》和鲁国国史"春秋"的关系

鲁国的国史别名叫"春秋"，孔子摘抄部分鲁国国史表达自己的理想并教授学生，这个摘抄的文稿就叫《春秋经》。孔子之前只有鲁国国史"春秋"，没有《春秋经》。《春秋经》和鲁国国史"春秋"在篇幅上、内容上都有很大差异。

首先鲁国国史"春秋"应该是从周公开始记录，一直延续到鲁国灭亡，《春秋经》是从鲁隐公开始的，到鲁哀公十四年结束。其次鲁国国史"春秋"采用的是鲁国史官的笔法，孔子摘抄鲁国国史"春秋"为《春秋经》，总结采用了鲁国史官、晋国史官、齐国史官、许国史官等人的笔法，形成"春秋笔法"。"春秋笔法"是列国史官笔法的总结、集大成。

第二条：诸夏和夷狄是对国家的判别

夷夏之辨是公羊学中一条重要的义理，诸夏和夷狄是对国家的判别，即《春秋》公羊学义理中的夷夏之别主要指国家和国家之间的差别，不是单个的人与人之间的差别。

孔子作为华夏族出类拔萃的圣人，其教学提倡的是"有教无类"和"因材施教"，三千弟子分属鲁、齐、晋、宋、陈、蔡、秦、楚等多个诸侯国。孔子去世之后，弟子四散天下各自授徒讲学，孔子的再传弟子遍天下。从传世的文献中找不到孔子针对学生的夷、夏身份而有特殊教法的痕迹。在《春秋》公羊学义理中有一条法则就是"古者有分土无分民"，即周天子分封给诸侯的只是国土，国土上的百姓是可以自由迁徙的。因为百姓可以自由迁徙，孔子才说"近者悦，远者来"。一个很远的夷国人，听说鲁国行善政就来归附，那这个人是鲁人还是夷国人？是夷狄还是诸夏？

在《春秋》公羊学义理中天下诸侯国分为三类：第一类是王者亲自治理之国，第二类是诸夏之国，第三类是夷狄之国。在《春秋》公羊学所描述的世界中，王道礼法在王者亲自治理之国进行试验，试验成功后就推广到诸夏，最后再推广到夷狄。这就是《公羊传》中的"《春秋》内其国而外诸夏，内诸夏而外夷狄"，也就是何休注解中的"明当先正京师，乃正诸夏。诸夏正，乃正夷狄，以渐治之"。诸夏是王者的佐助，是王道大行天下的基础。在《春秋》公羊学义理的"六辅"中有"公辅天子，卿辅公，大夫辅卿，士辅大夫，京师辅君，诸夏辅京师"，没有诸夏，则京师难保，京师不保，王者也就无处安身立命，王道礼法也就是镜中花水中月。

诸夏是王者坚定的支持者，是王道理想的信仰者，也是王道世界的实践者。王者之德有优劣，但都尊为天子，天子有贤有不肖，天子偶有失德则有诸夏辅助匡正，王道世界不至于一败涂地。因此诸夏就是心慕王道，虚心学习，能够独立行王道的诸侯之国。诸夏之诸侯，行朝聘之礼，五年一朝天子，问天子身体是否安康，王者法度是否更改，同时也携带朝贡物品参加天子的祭祀。若天子无恙、王者法度无变更，则诸侯之间有聘礼，派贤大夫去诸夏之国慰问、学习，互相勉励，同时沟通礼仪、法度执行过程中存在的问题。

夷狄是诸夏的对立面，夷狄之国一不朝天子，二不聘诸侯。不朝天子则不能了解天子的安危，不能熟悉王者的法度。不聘诸侯则无法和诸夏之国沟通践行王道中遇到的困难，或者根本就对践行王道没有任何兴趣，凡事以利当先。夷狄是王道世界的破坏者，夷狄无信义，以侵略攻伐为能事，不遵从王者的礼乐制度，经常挑战王者的权威。强大的夷狄甚至贪图王者的威仪，但却不参悟天道，不能顺应天道，承担王者应该承担的责任。

诸夏和夷狄是一个诸侯国的两端，夷狄进为诸夏，诸夏退为夷狄，是经常发生的。在《春秋》公羊学义理中预设了一个王道大行天下的未来理想世界，如果这个未来理想世界能得以实现，需要诸夏之国越来越多，夷狄之国越来越少，这是公羊学论述的一个基调。

第三条：治国平天下依靠王者、追随王者

"王"是号，在春秋以前只有天子才能使用。春秋时期，楚国、吴国、越国的国君自称"王"，天下就有了很多的"王"。春秋时期中原的诸夏国还是颇知"王"的大义，因此虽然齐国、晋国比吴国、越国大得多，但仍然自称是齐侯、晋侯，并没有称"王"。战国以后，一些诸夏国的国君也开始称"王"，天下的诸侯都开始自称"王"，"王"这个词也就迅速贬值。汉朝以后，"王"这个词逐渐失去了孔夫子、孟夫子那个时代的意义。大部分人对汉朝以后"王"的概念很熟悉，所以当公羊家宣称孔夫子是"王"时，很多人便不自主地开始反对，孔夫子怎么会是"王"，"王"可不是

孔夫子这样的。

楚国、吴国的国君僭称"王"，但是在孔夫子修的《春秋经》中，楚王、吴王都是冒充的，都是僭越的，都是假的，只是楚子、吴子。孔夫子不承认这些人是"王"，夫子的"王"是有标准的，是能让天下太平的，夫子的"王"是神圣的。

"王"这个称呼很重要，孔夫子、子夏及公羊家的许多理想都是建立在"王"上的，如果从公羊家心中拿走了"王"，那公羊家也就没有希望了。学习公羊学，信服公羊学，可以先在心中恢复"王"的理念。公羊家心目中的"王"是智慧与德行合一的圣人，公羊家说"王者往也"，天下归往之人就是"王者"。

从历史来说最早掌握了建筑技巧的人可以得到天下人的归往，最早掌握了用火的技巧的人可以得到天下人的归往，最早掌握了种植技巧的人也可以得到天下人的归往，这就是公羊家眼中万民归往的例子。对于天下万民而言，归于有智慧之圣人可以得到庇护，可以摆脱野兽的侵扰，可以远离疾病的困扰，可以远离饥饿之苦，这就是归往。对于圣人而言，天下万民来归往，必将产生许多纠纷，于是圣人利用自己的智慧参悟天道，在顺承天道契合民情的基础上，开始制定一些行为规范，并把这些行为规范称之为"礼"。

"王"是非常尊贵的，也要能解决一些实际问题。在中国历史上每当天子不能节制天下诸侯，诸夏开始混战时，就自然有新的"王者"带着新的礼制应运而生，并以王道礼法重建天下秩序，比较著名的有轩辕黄帝、商汤、周文王等人。

在公羊家看来，轩辕黄帝之所以能得到民众归顺，就是因为神农氏时，天下诸侯混战，而神农氏不能解决这个问题，轩辕黄帝能解决这个问题，因此轩辕黄帝就得到了天下诸侯及民众的归往。尧帝参悟天道，委派专人观察天地的运行之道，并根据天地的运行，完善了历法，使天下人能够在合适的时间种植五谷，从而获得了较好的收成，也正因此尧得到了天下民众的归往。

想民众之所想，急民众之所急的智者是公羊学中"王者"的基本条件，"王者"之为"王者"是因为当民众孤苦无告时，"王者"能给民众以希望。民众归往的"王者"拥有一定的特权，也有相应的责任。楚国本是周朝的诸侯国，爵位为子爵，他只喜欢"王者"拥有的特权，不乐意承担"王者"所应该承担的责任，这是公羊家最痛恨的地方。

在公羊学中"尊王"是一个永恒的话题，"王者无外，王者无敌"更是公羊学坚定的信念。孟夫子曾经说过："王者之迹熄而《诗》亡，《诗》亡然后《春秋》作。"所指的就是孔夫子在真实的"王者"消失后，在《春秋经》中保留了"王者"的精神。在其他的儒学经典中，也都存有"王者"的痕迹，《周礼》有"惟王建国"，其中的"王"，就是指理想中的大下归往的"王者"。

公羊学中"土"的概念和后世那些僭越的王或者分封的诸侯王是不一样的，公羊学中的"王"有很多的责任和义务，其中最主要的任务就是"平治天下"。公羊学理想中的治国平天下以周文王为榜样，修齐治平均是文王事业，个人所能做的就是分辨国君贤明程度，自己选择一个去追随，用自己的力量把国君辅佐为尧舜那样的圣王。

第四条：素王是从王道礼法的角度推导出来的

公羊学的天下观是乱→治→乱→治→乱→治……的循环，天下乱的原因有两个，一是因为"旧礼法"已经不适应那个时代，二是因为天子、诸侯、大夫背弃了王道。天下进入乱世以后，按公羊学的观点就会有一个新圣王携带更新过的"新礼法"重新把人间拉回"王道"。例如商汤携带商朝的新礼法，周文工携带周朝的新礼法，所以商汤和周文王都是实实在在的"受命之王"。

周朝天下进入乱世，但是携带更新过的"新礼法"的实实在在的"受命之王"并没有如期降临，只有一个孔子以修《春秋经》的形式昭示了"新礼法"，那么孔子应该如何定位呢？公羊家的定位就是孔子是"素王"，和周文王等有所区别。

公羊学承认的"王"一般是德、位相匹配的，比如尧、舜、商汤、周文王，但是在公羊学中还有一位"有王者之德而无王者之位"的空王，这个王就是孔夫子。在公羊学中，孔子是先王之道的集大成者，孔子之前的尧、舜、禹、汤、周文王等等圣王所制定的使天下太平的礼法精义被孔子继承下来并发扬光大。包含了先王礼法精义的"孔子之道"是如此地博大精深，以至于公羊家坚信孔子之后的圣王必须向孔子学习才能更好地平治天下。孔子生前只是一个大夫，连诸侯也不是，但是却拥有"仪范百王"的王者精神，因此公羊家尊称孔子为"素王"。"素王"在公羊学里就是指孔子虽然没有土地，没有人民，没有践天子位成为真实的王者，但是孔子却是王者精神的守护者，王道礼法的创建者，孔子对王者精神、对王道礼法的贡献要大于以往的任何一位曾经在位的王者。在公羊家的视野中，孔夫子就是素王，是"王道"的中心。先夫子而王（圣）者，非夫子无以明；后夫子而王（圣）者，非夫子无以法。所谓祖述尧舜，宪章文武，仪范百王，师表万世者也。

孔子本人并不承认自己是王，也不承认自己是圣，但是从《论语》来看，孔子是以圣人自期。

> 子曰："若圣与仁，则吾岂敢？抑为之不厌，诲人不倦，则可谓云尔已矣。"公西华曰："正唯弟子不能学也。"（《论语·述而》）

同时，孔子的弟子及同时代的人承认孔子为圣人。

> 大宰问于子贡曰："夫子圣者与？何其多能也？"子贡曰："固天纵之将圣，又多能也。"子闻之，曰："大宰知我乎。吾少也贱，故多能鄙事。君子多乎哉？不多也。"（《论语·子罕》）

仪封人请见。曰："君子之至于斯也，吾未尝不得见也。"从者见之。
出，曰："二三子何患于丧乎？天下之无道也久矣，天将以夫子为木铎。"
（《论语·八佾》）

孔子弟子及同时代的人不承认孔子为王，承认孔子为王，是孔子的再
传弟子以后的事，在孟子那里，孔子就已经有一点为王的意思了。

世衰道微，邪说暴行有作；臣弑其君者有之，子弑其父者有之。
孔子惧，作《春秋》，《春秋》，天子之事也。是故，孔子曰："知
我者其惟《春秋》乎！罪我者其惟《春秋》乎！"圣王不作，诸侯放恣，
处士横议，杨朱、墨翟之言盈天下。天下之言不归杨，则归墨。杨氏
为我，是无君也；墨氏兼爱，是无父也。无父无君，是禽兽也。公明
仪曰："庖有肥肉，厩有肥马；民有饥色，野有饿莩，此率兽而食人也。"
杨墨之道不息，孔子之道不著，是邪说诬民，充塞仁义也。仁义充塞，
则率兽食人，人将相食。吾为此惧，闲先圣之道，距杨墨，放淫辞，
邪说者不得作。作于其心，害于其事；作于其事，害于其政。圣人复起，
不易吾言矣。昔者禹抑洪水而天下平，周公兼夷狄，驱猛兽而百姓宁，
孔子成《春秋》而乱臣贼子惧。（《孟子·滕文公下》）

孔子所做的事情，本来应该是天子要做的。孟子将孔子和周公、禹并
列为三圣，抬高了孔子的身位，贬低了周天子。在孟子那里王和圣可以通用，
所以孟子的孔子为圣说也就是"孔子为王说"。

"孔子为王说"真正兴起当在汉朝。汉承秦制，作为一个新兴的王朝，
运转过程中有很多的事情无法处理，比如卫太子之事。当人们开始依据《春
秋经》为汉朝国家的正常运转出谋划策时，孔子和汉天子谁高谁低也就成
为一个问题，当日的定论是孔子高于汉大子，并流传有孔子为汉立法。

那么认定孔子为素王的价值在哪里？

昔者仲尼与于蜡宾，事毕，出游于观之上，喟然而叹。仲尼之叹，

盖叹鲁也。言偃在侧曰："君子何叹？"孔子曰："大道之行也，与三代之英，丘未之逮也，而有志焉。大道之行也，天下为公，选贤与能，讲信修睦，故人不独亲其亲，不独子其子，使老有所终，壮有所用，幼有所长，矜寡孤独废疾者皆有所养。男有分，女有归。货恶其弃于地也，不必藏于己；力恶其不出于身也，不必为己。是故谋闭而不兴，盗窃乱贼而不作，故外户而不闭，是谓大同。今大道既隐，天下为家，各亲其亲，各子其子，货力为己。大人世及以为礼，城郭沟池以为固，礼义以为纪，以正君臣，以笃父子，以睦弟兄，以和夫妇，以设制度，以立田里，以贤勇知，以功为己。故谋用是作，而兵由此起。禹、汤、文、武、成王、周公，由此其选也。此六君子者，未有不谨于礼者也，以著其义，以考其信，著有过，刑仁讲让，示民有常。如有不由此者，在势者去，众以为殃，是为小康。"（《礼记·礼运》）

认定孔子为素王，并且认定大道之行的时代已经远去，我们能够追求的只能是渐复三代，以礼法纲纪天下。儒生的社会理想只能是礼法社会（大顺），而不能是大同社会或其他类似社会。

四体既正，肤革充盈，人之肥也。父子笃，兄弟睦，夫妇和，家之肥也。大臣法，小臣廉，官职相序，君臣相正，国之肥也。天子以德为车，以乐为御，诸侯以礼相与，大夫以法相序，士以信相考，百姓以睦相守，天下之肥也。是谓大顺。大顺者，所以养生，送死、事鬼神之常也。（《礼记·礼运》）

如果努力的目的是在若干年后建设一个礼法完备的太平世界，这个太平世界的礼法是怎样的？如何为这个太平世界做预备呢？

颜渊、季路侍。子曰："盍各言尔志？"子路曰："愿车马，衣轻裘，与朋友共，敝之而无憾。"颜渊曰："愿无伐善，无施劳。"子路曰："愿闻子之志。"子曰："老者安之，朋友信之，少者怀之。"（《论

语·公冶长》）

　　子路、曾皙、冉有、公西华侍坐。子曰："以吾一日长乎尔，毋吾以也。居则曰：'不吾知也。'如或知尔，则何以哉？"子路率尔而对曰："千乘之国，摄乎大国之间，加之以师旅，因之以饥馑，由也为之，比及三年，可使有勇，且知方也。"夫子哂之。"求，尔何如？"对曰："方六七十，如五六十，求也为之，比及三年，可使足民；如其礼乐，以俟君子。""赤，尔何如？"对曰："非曰能之，愿学焉。宗庙之事，如会同，端章甫，愿为小相焉。""点，尔何如？"鼓瑟希，铿尔，舍瑟而作。对曰："异乎三子者之撰。"子曰："何伤乎？亦各言其志也。"曰："莫春者，春服既成；冠者五六人，童子六七人，浴乎沂，风乎舞雩，咏而归。"夫子喟然叹曰："吾与点也。"（《论语·先进》）

"老者安之，朋友信之，少者怀之"是孔子的"志"，这个志向是困于现实才有的志向，是可以通过修身养性获得的。而"吾与点也"却是"如或知尔"的志向，是一种理想状态的抱负，不是单依靠修身就能得到的。宋明诸儒的社会理想也是渐复三代，但他们那个时候已经将王道与周礼等同了。而孔子为王，也就慢慢变为周公摄王。今天重提孔子为王，也是要重现先贤的社会理想，并为之奋斗。

第五条：麒麟是王道盛世的象征，有超越性

　　《礼记·礼运》说"麟、凤、龟、龙，谓之四灵"。在公羊学中，"麟"是"仁兽"，是伴随太平盛世而来的一种嘉瑞，先有太平盛世，然后麒麟才会在世间出现。麒麟出现表明太平盛世已经来临，如果想让麒麟在世间出现，人们就要努力实现太平盛世。

　　"麟"是一种奇怪的动物。当华夏有仁义的"圣帝明王"出现时，麒

麟也就会出现，理论上不应该说"麟非中国之兽"，"麟"也并非中国经常保有的动物，所以《公羊传》说"非中国之兽"，这并不是说"中国"不应当、不配拥有"麟"，就好比鲁昭公二十五年"有鹳鹆来巢"一样。"麟"是太平盛世的象征，是一个非常美好的事物，夫子非常渴望见到太平盛世，非常渴望见到麒麟，所以《春秋经》流露出对"麟"的思慕，希望"麟"能够长期生活在中国。"麟"并不是鲁哀公十四年才来中国，中国也不是鲁哀公十四年才第一次有麒麟光顾。这里要表达的就是这样一个意思。

在公羊家的世界里，王道盛世是曾经存在过的，未来也要实现的，麒麟也是曾经存在过的，未来也要重新再来的。麒麟和王道盛世有很多共同点，公羊家就做了一个绑定，信一个反常的东西可以获得一定的超越感。麒麟具有超越性，信麒麟和信王道盛世一样，需要超越自我。

第六条：拨乱反正是孔子修《春秋经》时思虑的主线

《春秋经》记载的是乱世的是非，其中有许多的不正之事，如果我们把其中的不正之处都一一正过来，不就是王道盛世了吗？这是孔子修《春秋经》时思虑的主线。我们学习公羊学，也可以按这个主线去思考。

孔子有正名的想法，认为"名不正则言不顺，言不顺则事不成"，强调名与实相符。《春秋经》内名与实差异最大的就是"王"，周天子号"王"，但是所行之事离真正的"王者"太远，最名不符实。例如：

（1）鲁国司空无骇灭极，周天子不能惩罚。

以天子的"王者之心"去评判"无骇灭极"，在无骇灭极后，周天子应当迅速派人诛杀无骇，但是周天子没有这么做。

（2）公子州吁弑君，周天子不能诛杀。

以天子的"王者之心"去评判"州吁之乱"，州吁弑君之后，周天子应当迅速派人诛杀公子州吁，然后立卫国的君位第一继承人为君，但是周天子没有这么做。

（3）鲁桓公弑君，周天子不能诛杀反而追命。

鲁桓公联合公子翚弑杀了鲁隐公，天子若以"王者之心"进行评判，必定要诛杀鲁桓公，但是周天子不但没有诛杀鲁桓公，反而在鲁桓公去世后给他"锡命"。

春秋时期，名不符实需要"正名"的地方很多，周天子没有王者之心，没有王者之行，这是孔子最伤心的地方。"陈力就列，不能者止"，孔子希望有一位名实相符的"王者"出现，这是孔子的理想。在这个理想之下，将天子、诸侯、大夫的不正之处，一一纠正过来，天下就能进入孔子理想中的"太平世"。

《春秋经》不是单纯的鲁国国史"春秋"，《春秋经》是承载着夫子理想的"经书"，是记录夫子总结的"拨乱反正"礼义的大经。

第七条：《春秋经》昭示的礼法是完备的

《春秋经》的记载只是一段历史，可以说是残缺的，但是《春秋经》所昭示的礼法是足够的，是全的，是完备的。如何去理解这个全，理解这个完备，需要体会孔子的用心以及《春秋经》的谨严。

"备矣"就是说足够了，够用了，也可以说是成了。长江的水很多，渴了，可以从长江里舀一瓢来喝，一瓢水对于一个渴了的人就是"备矣"。如果做饭，可以舀一桶水，这一桶水对于做饭的需求就是"备矣"。

公羊家认为"《春秋》是经非史"，《春秋经》是一本经书，不是一本历史书，我们不能用看历史书的眼光和经验来读《春秋经》。"《春秋》是经非史"这个命题牵涉今文、古文之争等等许多问题，"《春秋》是经非史"的核心观点就是"《春秋经》是完备的"。公羊家内部对这个问题的传承见下：

弟子问：夫子修《春秋经》为什么修到哀公十四年春就结束了？

公羊家答：夫子修《春秋经》的目的是总结一套能使天下摆脱乱世，进入太平盛世的制度和义法。夫子修《春秋经》修到哀公十四年春，已经把平定天下的制度和义法总结完了，已经足够了，不需要再继续重复了。

何邵公说"人道浃，王道备，必止于麟者"，浃在汉朝有"融洽"的意思，在这里就是"人道融洽，王道齐备"的意思。何邵公认为，公羊家认为《春秋经》到鲁哀公十四年就"备矣"，但是鲁哀公十四年没有结束，也没有多少内容，只有一个"西狩获麟"，《春秋经》实际上在鲁哀公十三年就已经义理齐备了。《春秋经》之所以再多写一句，就是为了这个麒麟，想以这个麒麟结尾。

夫子总结"拨乱反正"礼义的过程也是很伟大的，拨乱反正的礼义齐备也是非常难得，非常值得庆祝的，是值得用麒麟来结尾的。

儒学思想研究

"仁义礼智信"内涵的变化 *

王泽春

（西南政法大学　哲学系）

"仁义礼智信"①自从被董仲舒提出之后，特别是被官方文件《白虎通》确定以后，成为影响中国人两千年的价值观。至今为止，已经有很多学者对五常的产生、内涵、与五行的关系、与三纲的关系、与五性的关系以及对后世的影响进行了研究②。但是，上述的研究基本忽视了《春秋繁露》文本真伪问题，这些研究是基于错误的文献进行的思想研究，不管研究得如何充分，却基本不可靠。其次，上述的研究都只注意到五常是一种道德，关注到《天人三策》与《白虎通》的继承关系，但是却没有注意到五常、五性以及《春秋繁露》"五行"诸篇之间的差异。

《春秋繁露》中的"五行"诸篇③不是董仲舒的作品，有些是东汉的

---

* 本文受到重庆市社会科学规划项目（2019BS018）、2019 年西南政法大学资助项目（2019XZQN-13）、重庆市教育委员会人文社会科学研究项目（21SKJD041）的资助。

① "仁义礼智信"在董仲舒《天人三策》中被称为"五常"，在《白虎通》中被称为"五性"，为了行文简洁，除非对比《白虎通》与《天人三策》，其他地方一律写作"五常"。

② 高云萍《论作为伦理道德范畴"五常"的形成》，《北京邮电大学学报》2006 年第 2 期；邓球柏《"仁义礼智信"的由来、发展及其基本内涵》（上、下），《长沙大学学报》2005 年第 6 期、2006 年第 1 期。

③ "五行"诸篇是指《春秋繁露》中篇名包含"五行"二字的九篇文章：《五行对》《五行之义》《五行相胜》《五行相生》《五行顺逆》《治水五行》《治乱五行》《五行变救》《五行五事》。

作品，有些甚至是魏晋的作品^①，所以只能以《天人三策》及《春秋繁露》的其他篇章研究董仲舒的思想。《天人三策》中的五常是"王者所当修饬"的角色伦理，希望以此提高整个社会的道德水平，维护统治秩序；《白虎通》中的五性是所有人的普遍道德；《春秋繁露》"五行"诸篇中的五常是臣下的角色伦理，是臣下的道德义务。

一、董仲舒的"五常"之道

在给汉武帝的对策中，董仲舒首次把"信"与"仁义礼智"并称为"五常"^②，但是《春秋繁露》中再无一例"仁义礼智信"并称。《汉书·艺文志》著录"《公羊董仲舒治狱》十六篇"^③、"《董仲舒》百二十三篇"^④，《春秋繁露》的名称首见于魏晋时期，是魏晋时期的人编定的；并且现存的《春秋繁露》的篇目远远少于《艺文志》的著录，所以，很多学者认为现在通行的《春秋繁露》中有很多篇章不是董仲舒的原著，里面窜入了后世的作品。其中，与本文主题相关的"五行"诸篇基本可以断定不是董仲舒的作品，而是东汉及之后的作品。所以，对董仲舒五常思想的研究，只能以《天人三策》及现在认定的真篇为依据。

---

① 笔者综合下述学者的研究成果，认为"五行"诸篇都不是董仲舒的著作。庆松关雄撰，张亮、杨宪霞译，邓红校《〈春秋繁露〉五行诸篇伪作考——和董仲舒的阴阳、五行说的关联》，王中江、李存山主编《中国儒学》（第十一辑），中国社会科学出版社 2016 年，第 334—348 页；戴君仁《董仲舒不说五行考》，《思想与学术》，中国大百科全书出版社 2005 年，第 19 页；田中麻纱巳撰，秦祺译，邓红校《关于〈春秋繁露〉五行诸篇的考察》，《中国儒学》（第十一辑），第 349—362 页；江新《〈春秋繁露〉五行诸篇真伪考》，《河北师范大学学报》2011 年第 4 期，第 43 页；程苏东《〈春秋繁露〉"五行"诸篇形成过程新证》，《史学月刊》2016 年第 7 期，第 27 页。

② "为政而宜于民者，固当受禄于天。夫仁谊（义）礼知信五常之道，王者所当修饬也；五者修饬，故受天之佑，而享鬼神之灵，德施于方外，延及群生也。"（《汉书·董仲舒传》）

③ 《汉书·艺文志》，中华书局 1962 年，第 1714 页。

④ 《汉书·艺文志》，第 1725 页。

与汉代的大部分思想家一样，董仲舒也希望总结秦亡的教训，避免重蹈覆辙。他认为虽然秦朝已经灭亡，但"遗毒余烈，至今未灭"，要想改变当时"法出而奸生，令下而诈起"的情况，就必须"更化"，而"更化"的具体内容就是提倡"五常之道"。（《汉书·董仲舒传》）这也使董仲舒认识到"社会的稳定不那么依赖于对外部力量的运用。社会稳定的主要原因是，人们发现自己所处的心理状态使他们在内心植根于现存的社会状况"。[①]

> 夫仁谊礼知信五常之道，王者所当修饬也；五者修饬，故受天之佑，而享鬼神之灵，德施于方外，延及群生也。（《汉书·董仲舒传》）

董仲舒的五常并不是对所有人提出的道德要求，而是对统治者（"王者"）提出的道德要求。之所以对王者提出道德要求，一方面是因为他认为道德对政治有重大影响，如果整个社会道德高尚，政治更容易稳定；如果整个社会道德败坏，则政治不容易稳定，甚至可能会发生王朝更替。另一方面，他认为整个社会的道德水平的决定力量是君主，并且君主的五常之道要落实到君主的具体行为上，就会成为国家的政策，也就是孟子所说的"仁政"。 这与孟子所讲的由"仁心"到"仁政"的思路是一样的，这是君主制度下的必然要求。统治者的个人行为与国家行为是一致的。所以，董仲舒的五常既是君主道德方面的要求，也是国家政策方面的要求。

> 或夭或寿，或仁或鄙，陶冶而成之，不能粹美，有治乱之所生，故不齐也。孔子曰："君子之德风也，小人之德草也，草上之风必偃。"故尧舜行德则民仁寿，桀纣行暴则民鄙夭。夫上之化下，下之从上，犹泥之在钧，唯甄者之所为；犹金之在熔，唯冶者之所铸。"绥之斯来，动之斯和"，此之谓也。（《汉书·董仲舒传》）

---

① ［美］弗洛姆：《基督的教条》，黄颂杰主编：《弗洛姆著作精选》，上海人民出版社 1989 年，第 10 页。

并且，董仲舒跟孔子一样，认为君主的行为对普通民众的行为有示范作用，所以对君主提出了道德要求。对此，董仲舒还进一步说明：

> 《春秋》深探其本，而反自贵者始。故为人君者，正心以正朝廷，正朝廷以正百官，正百官以正万民，正万民以正四方。四方正，远近莫敢不一于正，而亡有邪气奸其间者。（《汉书·董仲舒传》）

> 然而功不加于百姓者，殆王心未加焉。……愿陛下因用所闻，设诚于内而致行之，则三王何异哉？（《汉书·董仲舒传》）

董仲舒的"五常"是五种道德，但并不是所有人的普遍道德，而是君主的角色伦理。实际上，在阶级社会"每一个阶级，甚至每一个行业，都有各自的道德"①。董仲舒明确指出"五常"是"王者所当修饬"的，是君主应该具备的道德；就这一点，也是与孔子相一致的。孔子就曾否定小人可以具有仁德，把仁德仅仅限定在君子身上，"君子而不仁者有矣夫，未有小人而仁者"（《论语·宪问》）。

董仲舒的"仁义礼智信"基本是继承了郭店楚简《五行》与孟子的观点，只不过或者说是把"仁义礼智圣"中的"圣"换作了"信"，或者说是在"仁义礼智"外加上"信"。董仲舒强调"信"，可能受到法家的影响。虽然先秦儒家有很多关于"信"的讨论，但并没有把"信"上升到与"仁义礼智"并列的地位，甚至还有一些看似否定"信"的言论，而法家则对"信"比较重视，并且主要是作为统治者治理国家的一种手段。董仲舒没有专门论述"仁义礼智信"，而是散见于《天人三策》与《春秋繁露》中，除了在《仁义法》中对"仁""义"有特殊的定义，在其他篇章中，"仁义礼智信"的含义与先秦儒家基本没有区别。

但是，董仲舒的五常之道与先秦儒家的五常之道还是有区别的。首先，董仲舒把"道"明确限定为治国之道，并且还说明了"道"与"仁义礼乐"

---

① ［德］恩格斯：《路德维希·费尔巴哈和德国古典哲学的终结》，《马克思恩格斯选集》第 4 卷，人民出版社 1995 年，第 236 页。

的关系。

> 道者,所由适于治之路也,仁义礼乐皆其具也。(《汉书·董仲舒传》)

董仲舒所谓的"道"就是"五常之道",就是"仁义礼智信"。

> 道之大原出于天,天不变,道亦不变。(《汉书·董仲舒传》)

董仲舒把人类社会所应当遵守的道德原则(仁义礼智信)的来源诉诸"天",为人为制定的道德原则增添了一层神圣的色彩,使得人为制定的道德成为不可置疑的普遍原则;并且,董仲舒还由"天"的永恒性推论"道"(仁义礼智信)的永恒性,使得某 时期的道德原则成为永恒不变的原则。

二、《白虎通》的"五性"

白虎观会议是东汉章帝时期由官方主持的一次关于儒家义理的学术研讨会,在这次会议上主要就儒家的核心概念进行讨论,并且会议记录由班固整理,现存的《白虎通》就是这次会议记录的整理稿。由于是官方主持的一次会议,这次会议所达成的一些共识成为当时儒家的共同理念,并且对后世产生了重大影响。

《白虎通》与先秦及西汉儒学思想有紧密关系,主要讨论的是先秦及西汉儒家内部的重大问题,并且,基本上继承了先秦及西汉儒家的主要思想。作为西汉大儒的董仲舒,他的思想也是《白虎通》讨论与继承的重要部分,《白虎通》的"五性"就是继承了董仲舒《天人三策》的"五常"——仁义礼智信。至今为止,关于这一问题,已经有很多的研究成果。不同于《天人三策》,《白虎通》把"仁义礼智信"称为"五性":

> 五性者何谓?仁义礼智信也。(《白虎通·性情》)

《白虎通》还明确指出，人的"五性"是来自天的"五行"的。

> 故人生而应八卦之体，得五气以为常，仁、义、礼、智、信也。（《白虎通·性情》）

> 性所以五，情所以六者何？人本含六律五行之气而生，故内有五藏六府，此情性之所由出入也。（《白虎通·性情》）

《白虎通·性情》分别讲了"五常"与"五藏"的关系，"五行"与"五藏"的关系，也讲了"五行"（五气）与"五常"的关系，即人的"五常"来自天地的"五行"。但是，《白虎通》没有明确讲"五常"与"五行"的一一对应关系，而是通过中间环节——"五藏"把"五行"与"五常"联系起来。

> 五藏，肝仁，肺义，心礼，肾智，脾信也。（《白虎通·性情》）
> 肝，木之精也……肺，金之精也……心，火之精也……肾者，水之精……脾者，土之精也。（《白虎通·性情》）

这样《白虎通》就把"五常"的来源归于人身的五种器官，证明了五种道德有内在的依据；五种器官又对应于五行，而五行又是来自"天"的，这样就又保证了"五常"的外在依据。

不同于董仲舒没有对"仁义礼智信"专门论述，《白虎通》则进行了专门论述。

> 仁者，不忍也，施生爱人也；义者，宜也，断决得中也；礼者，履也，履道成文也；智者，知也，独见前闻，不惑于事，见微者也；信者，诚也，专一不移也。（《白虎通·性情》）

《白虎通》关于"五常"的论述不同于董仲舒的《天人三策》，可以说是对董仲舒的观念进行了改造，并且也不同于孟子。

恻隐之心，仁也；羞恶之心，义也；恭敬之心，礼也；是非之心，智也。（《孟子·告子上》）

恻隐之心，仁之端也；羞恶之心，义之端也；辞让之心，礼之端也；是非之心，智之端也。（《孟子·公孙丑上》）

首先，相较于孟子，《白虎通》在"仁义礼智"之外加入了"信"；其次，孟子主要把"仁义礼智"看作道德心理，而《白虎通》则不同，主要把"五常"定义为外在的行为。

三、《春秋繁露》"五行"诸篇中的"五常"

上文已经指出，至今为止的很多研究已经证明《春秋繁露》中的"五行"诸篇不是董仲舒的著作，而可能是东汉之后的作品，并且这九篇文章也不是出于一人之手，而是出于众人之手。现在基本可以断定，《五行对》与《五行之义》出于一人之手，《五行相胜》《五行相生》《五行顺逆》出于一人之手，《治水五行》《治乱五行》出于一人之手，《五行变救》《五行无事》出于一人之手。并且，这些文章的水平并不高，即使同一篇文章中也有自相矛盾之处。但是，这些文章确实反映了当时一些无名人士的思想。

并不是《春秋繁露》"五行"诸篇都提到了"五常"，"五常"主要集中于《五行相生》。虽然《五行相胜》《五行顺逆》没有明确提到"五常"，但因为出于一人之手，我们还是把《五行相胜》《五行顺逆》作为研究文本。在"五行"诸篇中，虽然提到了"仁义礼智信"，但并没有明确称它们为"五常"或"五性"。

天地之气，合而为一，分为阴阳，判为四时，列为五行。行者行也，其行不同，故谓之五行。五行者，五官也，比相生而间相胜也。故为治，逆之则乱，顺之则治。（《春秋繁露·五行相生》）

东方者木，农之本。司农尚仁，……南方者火也，本朝。司马尚智，……中央者土，君官也。司营尚信，……西方者金，大理司徒也。司徒尚义，……北方者水，执法司寇也。司寇尚礼。（《春秋繁露·五行相生》）

不同于《白虎通》需要中间环节——"五藏"把"五行"与"五常"联系起来，《春秋繁露》中的"五行"诸篇把"五行"与"五常"直接一一对应：木仁、火智、土信、金义、水礼。但是《五行相生》还把"五常"对应于五种不同的官职。虽然这样的对应关系非常牵强，甚至里面有些自相矛盾的地方，但《五行相生》所表达的思想则非常明确，"五常"不是所有人都应该具有或都能具有的普遍道德，而是作为臣下的角色伦理，"故五行者，乃孝子忠臣之行也"（《春秋繁露·五行之义》）。这是不同于《天人三策》与《白虎通》的：《天人三策》中的"五常"是君主的角色伦理，《白虎通》中的"五常"是所有人的普遍道德。

"五行"诸篇没有对"五常"的含义进行解释，而是对"五常"所对应的行为进行了罗列。

东方者木，农之本。司农尚仁，进经术之士，道之以帝王之路，将顺其美，匡其恶。执规而生，至温润下，知地形肥硗美恶，立事生则，因地之宜，召公是也。亲入南亩之中，观民垦草发淄，耕种五谷，积蓄有余，家给人足，仓库充实。司马，本朝也。本朝者火也，故曰木生火。（《春秋繁露·五行相生》）

木者，司农也。司农为奸，朋党比周，以蔽主明，退匿贤士，绝灭公卿，教民奢侈，宾客交通，不劝田事，博戏鸡，走狗弄马，长幼无礼，大小相睹，为寇贼，横恣绝理。司徒诛之，齐桓是也。行霸任兵，侵蔡，蔡溃，遂伐楚，楚人降伏，以安中国。木者，君之官也。夫木者农也，农者民也，不顺如叛，则命司徒诛其率正矣。故曰金胜木。（《春秋繁露·五行相胜》）

上文已经指出，这些品德与行为、官职、人物的对应关系非常牵强，无法就其与《天人三策》及《白虎通》的同异进行比较。

"五行"诸篇中的"五常"的顺序不同于《天人三策》与《白虎通》。在《天人三策》与《白虎通》中都是"仁义礼智信"这样的顺序，而在《五行相生》中则是"仁智信义礼"。其实，"五常"顺序的变化是为了表现"五常"重要性的不同。虽然董仲舒在《天人三策》中没有明确指出"五常"中的哪种品德更为重要，但是根据《仁义法》等还是可以推断，董仲舒认为"仁义"更为重要。《白虎通·性情》中并没有明确指出"五常"之中什么最重要，但是《白虎通·五行》明确指出"五行"之中"土"最重要。

> 土所以不明时者，地，土之别名也。比于五行最尊，故不自居部职也。《元命苞》曰："土无位而道在，故大一不兴化，人主不任部职"。（《白虎通·五行》）

> 土者最大，苞含物将生者处，将归者入，不嫌清浊为万物。（《白虎通·五行》）

> 五行所以二阳三阴何？尊者配天，金木水火，阴阳自偶。（《白虎通·五行》）

> 土尊不任职，君不居部，故时有四也。（《白虎通·五行》）

上文已经指出，虽然《白虎通》没有明确把"五常"与"五行"一一对应，但是根据中间环节——"五藏"还是可以看出"五常"与"五行"的一一对应关系，即"五常"中的"信"对应于"土"。由此可以推断，既然"五行"中"土"最重要，那么"五常"中"信"最重要。当然认为《白虎通》的"五常"之中"最重要的是礼"[1]的说法就不太可靠了。与《白虎通》一样，"五行"诸篇中的"五常"中"信"最为重要。董仲舒对"信"的强调是通过对"五常"顺序、"五行"顺序的改变而展开的。

在《白虎通》中，"五行"的顺序是"金木水火土"。

---

[1] 任继愈主编：《中国哲学发展史》（秦汉卷），人民出版社1985年，第489页。

五行者，何谓也？谓金木水火土也。（《白虎通·五行》）

但是，在《春秋繁露》"五行"诸篇中的顺序却是"木火土金水"。

对曰："天有五行，木火土金水是也。"（《春秋繁露·五行对》）

天有五行：一曰木，二曰火，三曰土，四曰金，五曰水。（《春秋繁露·五行之义》）

调整"五行"的顺序，主要是为了强调"土"的重要性。

木，五行之始也；水，五行之终也；土，五行之中也。此其天次之序也。（《春秋繁露·五行之义》）

土居中央，为之天润。土者，天之股肱也。（《春秋繁露·五行之义》）

五行莫贵于土。……土者，五行最贵者也，其义不可以加矣。（《春秋繁露·五行对》）

土者，五行之主也。（《春秋繁露·五行之义》）

"五行"诸篇由"土"在"五行"中处于中间位置，以及在空间上对应于"中央"，得出了"土"最为重要的结论。虽然这样的推论经不住推敲，但其所要表达的意思则非常明确，就是为了强调"信"的重要性。不同于《白虎通》没有明确指出"信"的重要性，"五行"诸篇则明确指出了"信"最重要。

是故圣人之行，莫贵于忠，土德之谓也。人官之大者，不名所职，相其是也。天官职大者，不名所生，土是也。（《春秋繁露·五行之义》）

这里的"忠"就是"信"的意思，"中央者土，君官也。司营尚信"（《春秋繁露·五行相生》）。总之，在"五行"诸篇的作者看来，"五常"之中"信"最重要，也就是"忠"最重要，这也是符合"五行"诸篇把"五常"作为臣下的角色伦理的。

"五行"诸篇对"信"的行为描述与要求基本就是"忠"。

> 司营为神，主所为皆曰可，主所言皆曰善，顺主指，听从为比。进主所善，以快主意，导主以邪，陷主不义。（《春秋繁露·五行相胜》）
>
> 司营尚信，卑身贱体，夙兴夜寐，称述往古，以厉主意。明见成败，微谏纳善，防灭其恶，绝源塞执绳而制四方，至忠厚信，以事其君，据义割恩，太公是也。（《春秋繁露·五行相生》）

"五行"诸篇所说的"信"就是指臣下对君主的绝对服从，虽然有所谓的"微谏纳善"，但总体而言还是要求"主所为皆曰可，主所言皆曰善，顺主指，听从为比"，这是与先秦儒家对于臣下的要求完全不同的，不管是孔子、孟子还是荀子，都认为臣下对君主的服从是有限度的，以道义为原则。就此而言，"五行"诸篇"五常"的含义与《大人三策》《白虎通》有很大不同，特别是"信"。

余 论

虽然"五常"观念对中国产生了深远的影响，但是至今为止对"五常"内涵的研究却并不充分，对"五常"的认识不准确。现在有所谓的传统文化的现代转化，有学者认为"三纲"不能要，"五常"应该保留。上文已经指出，"五常"本身是复杂的，到底作为何种意义上的"五常"可以保留，这一问题值得探讨。

董仲舒符瑞灾异思想与中唐"天人之争"

杨智雄

（南京师范大学 文学院）

　　符瑞与灾异是指在古代社会人们对自然现象与人关系的基本认识。符瑞是吉的征兆，代表吉祥如意；灾异是凶的征兆，代表灾难降临。符瑞灾异与人类关系的话题自古以来都在谈论不休，一直受到人们的关注。汉代董仲舒将古代自然的、朴素的对待符瑞灾异的看法与政治思想结合起来，建立了"天人合一"的统治思想，这在后世产生了深远的影响。但是在中唐时期却出现了对董仲舒"天人合一"思想质疑的声音，尤其以柳宗元、刘禹锡最为强烈。他们主张"天人相分"，并对自董仲舒以来的符瑞灾异思想提出反对的意见，一般认为这是发端于荀子及汉代王充而来。这一观点早已为人们所接受，然而，这里却忽略了一个重要的文化现象，即中唐时期士人的"天人之争"。"天人之争"是中唐时期以韩愈、柳宗元、刘禹锡为代表的士人关于天道降福、罚祸问题的争论，阵地主要集中在柳宗元《天说》一文中，属于一种思想意识的论争。韩愈主张天能降福、罚祸，这显然是董仲舒天人感应思想的直接接受者，而柳、刘则认为"天人相分"，并无降福、罚祸的功能，二者构成了较大的差异、对立与矛盾。从这一角度分析，中唐的"天人之争"表面上是天与人的论争，属于哲学上的思想交锋，而实质上富含不同的政治理念的搏斗因素，理应属于政治思想交锋的问题。故而在对柳宗元《天说》作出评判时也应当将这一理念纳入其中，并对此作出新的评判。

一、董仲舒符瑞灾异思想及其理论建构

自古以来人们就把祥瑞灾异与人类的吉凶、王朝的盛衰联系起来。《山海经·西山》记载人在看到蛇有"六足四翼，见则天下大旱"。①《山海经·北次三经》也说人见到一种名为"酸与"的鸟则"其邑有恐"。②类似的记载在史籍中较多，如《诗经》《尚书》等。关于灾异现象的书写在先秦文献中多以文学、史学、哲学体式呈现，即文史哲交融一体。在与政治联系方面，如《尚书·洪范》对阴阳五行学说进行阐释，《诗经·十月之交》从文学视角对荒芜政治进行讽喻等，但是这些与政治的直接联系并不那么紧密。汉代陆贾《新语·明诚》较早把国家政治的清浊与灾异现象的发生紧密地联系起来，提出了"恶政生恶气，恶气生灾异"③的思想，但是显得零碎化，难以认为是理论体系。

真正将符瑞灾异现象与政治建立紧密关系，并构建新的理论体系的是董仲舒。他在先秦史籍及文献记载的基础上，结合自己的理解，将单纯书写符瑞灾异现象的记载上升到符瑞灾异与政治建立联系的双重并重的层次来重新解读，这是一种质的蜕变。《春秋繁露》卷十一云：

> 天有五行：一曰木，二曰火，三曰土，四曰金，五曰水。木，五行之始也；水，五行之终也；土，五行之中也。此其天次之序也。木生火，火生土，土生金，金生水，水生木，此其父子也。土居中央，此其父子之序也，相受而布。是故木受水而火受木，土受火，金受土，水受

---

① 陈富元译注：《山海经》，青海人民出版社 2004 年，第 16 页。
② 陈富元译注：《山海经》，第 58 页。
③ 王利器：《新语校注》，中华书局 1986 年，第 155 页。

金也。诸授之者，皆其父也；受之者，皆其子也。常因其父以使其子，天之道也。是故木已生而火养之，金已死而水藏之，火乐木而养以阳，水克金而丧以阴，土之事火竭其忠。故五行者，乃孝子、忠臣之行也。五行之为言也，犹五行欤？是故以得辞也，圣人知之，故多其爱而少严，厚养生而谨送终，就天之制也。①

五行之说本源于《尚书·洪范》，其次序为："一曰水，二曰火，三曰木，四曰金，五曰土。"董仲舒则按照其相生之次序对其进行排序："一曰木，二曰火，三曰土，四曰金，五曰水"，并作出自己的解读。五行之中每个元素都有属于自身的功能，"水曰润下，火曰炎上，木曰曲直，金曰从革，土爱稼穑"②，这是一种自然关系中相生相克的原则。但董仲舒则将五行之说与儒家伦理联系起来："诸授之者，皆其父也；受之者，皆其子也。常因其父以使其子，天之道也。"这种将人与自然搭建起来的理论体系是董仲舒的重要创举。

董仲舒的祥瑞灾异思想是建立在五行之说的基础之上的。但值得注意的是，这里的五行已经融入了董仲舒的思想，染上了浓厚的天人感应的色彩。董仲舒《春秋繁露·二端》云：

> 《春秋》至意有二端，不本二端之所从起，亦未可与论灾异也，小大微著之分也。……是故《春秋》之道，以元之深正天之端，以天之端正王之政，以王之政正诸侯之即位，以诸侯之即位正竟内之治，五者俱正而化大行。故书日蚀、星陨、有蜮、山崩、地震、夏大雨水、冬大雨雹、陨霜不杀草、自正月不雨至于秋七月、有鹳鹆来巢，《春秋》异之，以此见悖乱之征。③

在董仲舒来看，《春秋》所记载的日蚀、星陨等天灾异象之所以发生并非

---

① （清）苏舆撰，钟哲点校：《春秋繁露义证》，中华书局 1992 年，第 321 页。
② 李学勤主编：《十三经注疏·尚书正义》，北京大学出版社 1999 年，第 301 页。
③ （清）苏舆撰，钟哲点校：《春秋繁露义证》，第 155—156 页。

单纯的自然现象，而是与人类的行为有必然的联系。它们的出现则是人间一种悖理逆乱的征兆。类似记载，如《春秋繁露·符瑞》："有非力所能致而自至者，西狩获麟，受命之符是也。"①阐述"西狩获麟"受命之符的征兆等。

董仲舒天人感应的思想意识是其符瑞灾异思想理论得以成立的基础驱动，也是灾异与政治构成联系的向心力。《春秋繁露·必仁且智》讲述了对国家人才选拔的重要性，强调国家治理人才必须兼备仁爱与智慧双重能力的重要性，但对灾异思想却作出了系统的理论阐述：

> 其大略之类，天地之物有不常之变者，谓之异，小者谓之灾。灾常先至而异乃随之。灾者，天之谴也；异者，天之威也。谴之而不知，乃畏之以威。《诗》云："畏天之威。"殆此谓也。凡灾异之本，尽生于国家之失。国家之失乃始萌芽，而天出灾害以谴告之；谴告之而不知变，乃见怪异以惊骇之；惊骇之尚不知畏恐，其殃咎乃至。以此见天意之仁而不欲陷人也。②

董仲舒认为，"灾"和"异"虽是两种不同的自然现象，但是两者紧密地联系。灾，一般是指灾害、灾难；异，主要指发生的异常现象。首先，两者具有大小、程度上的区别，灾者为小而异者为大，灾者轻而异者重；其次，发生的先后顺序也有区别，灾先异后；第三，灾与异的功能作用不同，灾主要给予谴责、警告，而异则是一种具有威力的惩罚手段。尽管"灾"和"异"在形体、程度、发生次序、功效作用上存在区别，但是二者又具有紧密的联系。它们联系的衔接点是"国家"："凡灾异之本，尽生于国家之失。国家之失乃始萌芽，而天出灾害以谴告之"。所以，"灾"往往发生在前，"异"发生在后，一前一后以传达上天对国家的旨意，以达到对政治得失的谴告作用。显然，在董仲舒理论体系中，天是一位具有意识的统治者，

---

① （清）苏舆撰，钟哲点校：《春秋繁露义证》，第 157 页。
② （清）苏舆撰，钟哲点校：《春秋繁露义证》，第 259 页。

能发号施令、降福罚祸，是灾异的最高指挥官。因此，国家要想要获得平安，避祸趋福，必须要善待上天，祭拜上天，遵循上天的意志，不得逆天而行。《春秋繁露·必仁且智》说：

> 灾异以见天意。天意有欲也，有不欲也。所欲所不欲者，人内以自省，宜有惩于心；外以观其事，宜有验于国。故见天意者之于灾异也，畏之而不恶也，以为天欲振吾过，救吾失，故以此报我也。《春秋》之法，上变古易常，应是而有天灾者，谓幸国。孔子曰："天之所幸有为不善而屡极。"楚庄王以天不见灾，地不见孽，则祷之于山川，曰："天其将亡予邪？不说吾过，极吾罪也。"以此观之，天灾之应过而至也，异之显明可畏也。此乃天之所欲救也，《春秋》之所独幸也，庄王所以祷而请也。圣主贤君尚乐受忠臣之谏，而况受天谴也？①

在董仲舒看来，天和人是合而为一的，天亦有喜怒哀乐，有欲望，有意志。但是天属于统治地位，人受之统治。因此，人若违背了天意，上天则将现出灾异以谴告人类。首先出现自然灾害，主要以警告统治者的治理行为要符合上天的意志，而其出现的自然灾害便是体现了上天对统治的惩罚。若统治者未知悔改，便出现重大灾异以恐吓之。若确实出现了灾异现象，可是想进一步地挽救，那么人类则可以祷告，以传达其对上天的谴责之意。最后，董仲舒认为："天灾之应过而至也，异之显明可畏也"，"圣主贤君尚乐受忠臣之谏，而况受天谴也？"可见，董仲舒谈论灾异与天意，实际上其最终目的则归心于政治。换言之，董仲舒以灾异现象来说政治，以天意来恐吓统治者，最终都是为了政治的统治能够达到更好的理想效果。通过上述分析会发现，在董仲舒所提出的灾异、天意、政治这些基本要素所建构的灾异思想体系中，如果用一条线贯之，则可以形成轮回的曲线，而政治居于中间位置，即政治统治是整个思维系统的出发点和归宿点。具体而言，其运行规则呈现政治—天意—灾异—政治的模式。这体现了董仲

---

① （清）苏舆撰，钟哲点校：《春秋繁露义证》，第 260—261 页。

舒符瑞灾异思想以政治为向心力的仁政思想以及人性向善的儒家思想。

总而言之，董仲舒的符瑞灾异思想是在阴阳五行的基础上，通过天人感应的基础理论将自然的灾异现象与现实政治联系起来，建立了以政治为中心，以服务政治为目的的一套国家治理理论。他从先秦的文献中截取有关记载符瑞灾异的现象纳入自己的思想体系中，其目的就是更好地为政治服务，为统治者服务。政治统治是董仲舒符瑞灾异思想的生命力。这是建立在以汉代儒术为基础的政治信仰之上，由此成为后代的国家统治意识形态，故其思想理论的核心是儒家思想，其建构的向心力是政治统治。

二、董仲舒符瑞灾异思想的传承发展及其影响

两汉时期对董仲舒符瑞灾异思想有直接继承的是刘向及其子刘歆。《汉书·五行志上》记载说："汉兴，承秦灭学之后，景、武之世，董仲舒治《公羊春秋》，始推阴阳，为儒者宗。宣、元之后，刘向治《穀梁春秋》，数其祸福，传以《洪范》，与仲舒错。至向子歆治《左氏传》，其《春秋》意亦已乖矣，言《五行传》，又颇不同。"[1]董仲舒治《公羊春秋》，而刘向治《穀梁春秋》，刘歆则治《左氏春秋》，看似不同的发展学脉，但实际上并非如此，他们是一脉相承的关系，是对董仲舒灾异理论的补充，一定程度上是对董仲舒符瑞灾异思想的形成、发展及其传播的梳理传承，故后才出现夏侯胜、京房等人。《汉书·刘向传》记载："向见《尚书洪范》，箕子为武王陈五行阴阳休咎之应。向乃集合上古以来历春秋六国至秦、汉符瑞灾异之记，推迹行事，连传祸福，著其占验，比类相从，各有条目，凡十一篇，号曰《洪范五行传论》，奏之。"刘向所撰之著《洪范五行传论》是"集合上古以来历春秋六国至秦、汉符瑞灾异之记"，"著其占验，比类相从"。[2]这是历史上第一次灾异记事和灾异理论的集成，也是灾异

---

① （汉）班固撰，（唐）颜师古注：《汉书》，中华书局1962年，第1317页。
② （汉）班固撰，（唐）颜师古注：《汉书》，第1950页。

论儒学传统构建完成的标志①。刘歆继承父业，"集六艺群书，种别为《七略》"，表明他对刘向的思想有过进一步的完善，而实质上都是建立在董仲舒神学政治理论上的进一步补充。

此外，同时期对董仲舒符瑞灾异思想有继承和发展的还有著名思想家如京房、翼奉、谷永等。《汉书·五行志》记载："是以揽仲舒，别向、歆，传载眭孟、夏侯胜、京房、谷永、李寻之徒所陈行事，讫于王莽，举十二世，以传《春秋》，著于篇。"②他们的理论思想精神与刘向一样，努力将不同的经典与单纯的灾异论建立起了多方面的联系，使之有集成性、系统性，成为更加立体化、网络化的较为厚实的儒家灾异理论体系。这是继董仲舒在武帝时期所面对的问题中就如何通过灾异促使朝廷接受儒家之"道"的进一步发展。类似的继承方式比较多，如司马相如《封禅文》"休烈液洽，符瑞众变"③，扬雄《剧秦美新》"帝王之道，兢兢乎不可离已。夫能贞而明之者穷祥瑞，回而昧之者极妖惢"④，班彪《王命论》"取舍不厌斯位，符瑞不同斯度"⑤，班固《典引》"若乃嘉鼓灵草，奇兽神禽，应图合谍，穷祥极瑞者"⑥，等等。他们的思想都是一脉相承的，肯定符瑞之应，并对其祥瑞灾异思想有进一步的发扬。柳宗元《贞符》说："何独仲舒尔，自司马相如、刘向、扬雄、班彪、彪子固，皆沿袭嗤嗤，推古瑞物以配受命。"⑦这是直接指出了董仲舒符瑞灾异理论在汉代的继承与发展的关系。董仲舒符瑞灾异理论得到进一步发展是到东汉后期的何休。他的《春秋公羊传解诂》直接继承了董仲舒公羊春秋的治学精神，与应验性、"天人感应"思想一脉相承，将有关"灾异"理论与谶纬神学理论融会贯通，并依据自己的阴阳灾异理论进行解释，从而说明人事吉凶的缘由。因此，何休被称

---

① 陈侃理：《刘向、刘歆的灾异论》，《中国史研究》2014年第4期，第71页。
② （汉）班固撰，（唐）颜师古注：《汉书》，第1317页。
③ （汉）班固撰，（唐）颜师古注：《汉书》，第2604页。
④ （唐）萧统编，（唐）李善注：《文选》，中华书局1977年，第679页。
⑤ 严可均辑：《全后汉文》，商务印书馆1999年，第227页。
⑥ （梁）萧统编，（唐）李善注：《文选》，第685页。
⑦ （唐）柳宗元：《柳宗元集》，中华书局1979年，第30页。

为汉代《公羊》学派"阴阳灾异"理论的集大成者①。董仲舒符瑞灾异理论是汉代儒术的重要组成部分，也是构建国家思想意识形态体系的重要部分。灾异理论是基于"罢黜百家，独尊儒术"的背景下，故与政治统治必然发生紧密的联系。因为汉代儒术不仅仅是一种"学说"，而且是一种政治"实践"②。因此，灾异的发生往往是对政治清明或者浑浊的直接反映，这在实质上已经不是单纯对自然灾异现象的理论阐释，而是上升成为重要的政治思想。

董仲舒的符瑞灾异思想以及其理论体系自汉代得到官方认可以来，基本上在后世的各朝各代中都产生了影响，并逐渐上升为国家的意识形态。天作为思想的主要载体和一切事物的主宰理念自西周以来便已形成，而汉代的董仲舒则在其基础上拉向了宗教与政治，使天成为具有政治向度的主宰者，成为权威的象征，也为后世君王登上帝位铺平了合法性的道路，于是使有了"受命于天"的君权神授。如南朝沈约《宋书·符瑞》："陛下受天之命，符瑞告征"③，《晋书·天文》："政教兆于人理，祥变应乎天文"④等，史书中皆能见到董仲舒思想的影响。《新唐书·百官志》记载若有大瑞、小瑞的出现，则大小官员要按照一定的礼节进行祭祀。《唐会要》卷二十八载《祥瑞上》也有明令："若灾祥之类，史官不实对者，黜官三等。"⑤这些记载表明了唐人对符瑞思想的重视。唐代大多数人对灾异现象持有敬畏的态度。李俊《初唐时期的祥瑞与雅颂文学》一文曾对此研究，他指出："统治者对天降祥瑞表现出极大的兴趣和政治依赖，受其影响不但产生了大量润色鸿业、歌颂祥瑞的表奏赋颂，而且渐渐形成了初唐诗歌'观照自然'的一种普遍的心理状态。"⑥这一现象在唐代较为普遍。董仲舒的符瑞灾

---

① 黄朴民：《何休阴阳灾异思想析论》，《中国史研究》1999年第1期，第37页。
② 张明荣：《汉代儒术与政治信仰》，《天津师范大学学报》2003年第5期，第27—32页。
③ （宋）沈约：《宋书》，中华书局1974年，第776页。
④ （唐）房玄龄等：《晋书》，中华书局1974年，第277页。
⑤ （宋）王溥：《唐会要》，载王云五主编：《丛书集成初编》，商务印书馆1936年，第531页。
⑥ 李俊：《初唐时期的祥瑞与雅颂文学》，《中国青年政治学院学报》2005年第5期，第112—117页。

异思想是儒家思想的一部分，在唐代也随着儒家思想的兴衰而起伏变化，中唐以前一直作为主流思想在影响着人们，但在后期则开始出现了质疑的声音，故在中唐产生了"天人之争"。这种论争对于主流思想而言虽属于逆流，但一定程度上则反映了董仲舒符瑞灾异思想影响的深度和广度。

三、中唐的"天人之争"及柳、刘对董仲舒符瑞灾异思想的"叛逆"

这里的"天人之争"并不是政治运动，也不是文学运动，也不算是轰轰烈烈的思想运动，而是源于中唐时期韩愈、柳宗元、刘禹锡之间关于天人关系的争论。争论的起源是韩愈曾写了一篇谈论天能罚祸、降福的文章，而后柳宗元写《天说》、刘禹锡写《天论》进行反驳，阐述他们对天人关系的观点。虽然这算不上是严格意义上的运动，但他们争论的内容、焦点及其行为值得我们关注。

首先，先看韩愈的观点。他认为："天闻其呼且怨，则有功者受赏必大矣，其祸焉受罚亦大矣。"[①]这是因为，当人有严重的疾痛、倦辱、饥寒时一定呼喊上天，对上天埋怨世道之不公，说那些残害民众的人获得昌盛，而那些庇护民众的人反而遭受罪戾。他说，这样的做法实际上是对"天"的误解，并不懂得真正的天。于是韩愈指出，水果之类的食物是因为坏了才有虫生，植物之类也是因为先干枯了才出现蝎子之类的虫子，人类是因为血气不畅才出现痈疡、疣赘、瘘痔，于是才有虫在里面生长。在这里韩愈以果、木、人作为本体，以虫作为客体，把本体之"坏"作为两者联系的中间条件。发生顺序是：本体（果、木、人）先坏，然后才出现客体（虫）。但值得注意的是，这里的本体和客体都还是指自然之物。其后，他又说："物坏，虫由之生，元气阴阳之坏，人由之生。"这里的本体和客体已经发生了变化，即本体之"物"指自然之物，客体之"虫"也是指自然之物；本体之"元气阴阳"指自然之物，客体之"人"则指非自然之物。

---

① （唐）柳宗元：《柳宗元集》，第441—442页。

如果将本体与本体、客体与客体合并则可以得出公式为：物 = 元气阴阳；虫 = 人。因此，他指出，虫子越生长，而物越损坏，那么，虫对物的祸害就越大。于是，若能够祛除这些虫类，则对物有功劳；反之，则是仇人。由此类推，人对元气阴阳的破坏同样如此：垦原田，伐山林，凿泉井，窦墓埋葬死人，挖穴排泄粪便，修筑城墙、城郭、台榭、观游，疏川渎、沟泄、陂池，焚烧林木，革铁镕金，陶甄琢玉等这些人类行为都是破坏元气阴阳的表现。显然，这里的元气阴阳则已经属于自然大地了，但在韩愈看来那就是"天"，换言之，天就等同于元气阴阳。所以他说，人类的这些行为不亚于虫类，人类破坏大自然就像虫破坏干枯的植物一样。于是，韩愈说："吾意有能残斯人使日薄岁削，祸元气阴阳者滋少，是则有功于天地者也，繁而息之者，天地之仇也。"最后他指出，现在的人都不懂得什么叫作天，所以才或呼喊或埋怨，但其实天是有意识并且具备辨识能力的，当天听到有人呼喊或者抱怨的时候，天对那样的人是功过分明：越有功的人受到的赏识就越大，祸害越大的人受惩罚也越大。

其次，看柳宗元的观点。第一，柳宗元明确地指出了"天"是自然的存在物，天、地、元气、阴阳和果蓏、痈痔、草木一样，是物质存在的具体形式。第二，对"天"应采取如何的态度，即对人要不要怨"天"的问题进行论证。柳宗元认为，"天"本无知，因而不必怨也不必喊。因此，他提出了"功者自功，祸者自祸，欲望其赏罚者大谬；呼而怨，欲望其哀且仁者，愈大谬矣"[①]的观点。第三，对"知天"即"知天命"问题提出了看法。柳宗元认为，"信子之仁义以游其内，生而死尔"，他坚信人的道义力量和人类自身完善的能力。从这点上看，柳宗元发扬了荀子"不求知天"[②]的思想，即摆脱了"天命"的束缚，才能从根本上确立"人"的主动地位。柳宗元持"天人相分"的观点直接站到了"天人合一"的对立面，提出人"天人不相预"的思想。这是基于自然哲学的唯物论观点引申出来

① （唐）柳宗元：《柳宗元集》，第 442 页。
② （清）王先谦撰，沈啸寰等点校：《荀子集解》，中华书局 1988 年，第 309 页。

的态度。① 当然，柳宗元只讲"相分"不讲"相合"，就难免把天与人绝对对立起来，否认人同天的正常联系，人也就无法认识自然，改造自然，这是柳宗元理论上的弱点。②

再次，看刘禹锡的观点。刘禹锡认为柳宗元的"天"与"人"相分固然是好的，但还是有激愤的因素，他说："余之友河东解人柳子厚作《天说》以折韩退之之言，文信美矣，盖有激而言，非所以尽天人之际。故余作《天论》，以极其辩云。"③刘禹锡作《天论》上、中、下三篇以谈论天与人的关系问题。他在这里提出了"天人交相胜"的思想，即"天之所能者，生万物也，人之所能者，治万物也"。④人和天是分开的，它们各有自己的功能、特长，只是在运行中遵循一定的法则，按照规律运转。在谈到人与天的关系时，刘禹锡认为："德与怨不归乎天，生乎乱者，人道昧，不可知，故由人者举归乎天，非天预人尔。"⑤但需要注意的是，刘禹锡的《天论》阐述的观点柳宗元并不完全同意，他认为这是对自己思想的补充而已，其《答刘禹锡〈天论〉书》说："发书得《天论》三篇，以仆所为《天说》为未究，欲毕其言……详读五六日，求其所以异吾说，卒不可得。其归要曰：'非天预乎人也。'凡子之论，乃《天说》传疏耳，无异道焉。"⑥柳宗元认为，刘禹锡的核心观点是"非天预乎人"，这与他的"天人不相预"的观点相一致。

最后，看他们争论的焦点。韩愈的中心论点是天能赏功罚祸，"贼元气阴阳而残人者则有功"⑦，即天与人是一体的，两者合一，故可以用"阴阳元气"来"残人"。在韩愈看来，天就是"阴阳元气"，也就是自然物。

---

① 孙昌武：《柳宗元评传》，南京大学出版社 1998 年，第 175 页。
② 廖剑鸣：《中唐天人关系论争的再思考》，载梁超然、谢汉强主编：《国际柳宗元研究撷英》，广西人民出版社 1994 年，第 103 页。
③ （唐）柳宗元：《柳宗元集》，第 444 页。
④ （唐）柳宗元：《柳宗元集》，第 445 页。
⑤ （唐）柳宗元：《柳宗元集》，第 445 页。
⑥ （唐）柳宗元：《柳宗元集》，第 816 页。
⑦ （唐）柳宗元：《柳宗元集》，第 441 页。

"贼元气阴阳"实际上就是用自然灾异来残害人，威慑人。这里的"元气阴阳"被赋予人格化，具备意志力，具有人格的意识，所以能辨别人的善恶是非，因此能赏功罚祸。从中可以明显看到董仲舒符瑞灾异思想的影子。董仲舒的符瑞灾异思想及其理论体系上文已经详细论述，这里不再赘述。韩愈关于"功赏祸罚"的天人关系以及"贼元气阴阳而残人"的思想实际上是对董仲舒"天人合一"中符瑞灾异思想的继承和发扬。因为韩愈对董仲舒思想的继承发展也是多方面的，除了符瑞灾异思想之外，还有仁政等关乎儒家道统思想的成分，这也是他努力在中唐时期复兴儒学的重要方式。王昌猷《韩愈生平及其思想的评价——兼论董仲舒对儒学的改造与沿袭》一文中指出："'古之所谓正心而诚意者，将以有为也。'从这种积极有为的态度出发，韩愈宣扬'博爱之谓仁'。人道之本在于'一视而同仁'与董仲舒阐述的'仁大远'、'仁者所以爱人类也'意思一样。"① 这符合两人倡导儒家仁政思想发展的要求。

与韩愈、董仲舒提倡"天人合一"相对立的是柳宗元和刘禹锡，他们的思想可以归纳为"天人相分"。"天人相分"思想发端于儒家荀子。汉代王充等人进一步完善，这也是在"天命"论的斗争中发展起来的。如《论衡·谴告》说："夫天道，自然也，无为。"② 但总体而言，这一派的理论影响比较微弱。魏晋南北朝以玄学、佛、道发展最盛，虽然其理论中亦有反对"天命"的思想，但是批判性不强，力度也不够。完全站在"天命"论对立面进行论战注定要到中唐时期才掀起较大的波澜。柳宗元和刘禹锡发展了荀子的天人合一观，对天人关系作了辩证的分析。③ 故提出了"天人相分"之论，认为"天人不相预"，这在当时算是一种"叛逆"的思想。孙昌武先生认为："只有到了柳宗元及其战友刘禹锡，在当时的时代条件下，才为历史上这一重大的，长期争论的问题做出了明确的、系统的解答。这同时也标志着思想史发展的

---

① 王昌猷：《韩愈生平及其思想的评价——兼论董仲舒对儒学的改造与沿袭》，《湖南师院学报（哲学社会科学版）》1979 年第 2 期。
② 黄晖：《论衡校释》，中华书局 1990 年，第 636 页。
③ 宋志明等：《中国古代哲学研究》，中国人民大学出版社 1998 年，第 49 页。

重大转变：经过了长期的论争，包括佛、道二教思想的冲击，中国人的观念已由主要关注'天人之际'的问题转移到人的自身的'性理'问题上来。"①柳宗元在《天对》《天说》中采用"天人相分""天人不相预"的观点与韩愈等人进行论战，可以说是这个思潮背景下的产物。

应该说，柳宗元与刘禹锡提出"天人相分"之说的立脚点是符合儒家"仁"政思想的。这与韩愈所继承的孔孟之道及其董仲舒神学政治思想相一致。但柳宗元主要着眼于人道，并非着眼于天道。这在以董仲舒"天人合一"统治思想笼罩下的唐代来说算是一种"逆流"。柳宗元曾在《贞符》文中表明了关于符瑞受命之说的态度。他认为帝王登上王位不是靠着上天赐予，而是依靠修炼仁德来获取民心，受命于"生人之意"，这才是真正的贞符。他说："受命不于天，于其人；休符不于祥，于其仁。唯仁之人，匪祥于天；匪祥于天，兹惟贞符哉！"②这是直接针对董仲舒"君权神受"的天命论而提出的观点。柳宗元《贞符》之序云：

> "董仲舒对三代受命之符，诚然，非耶？"臣（柳宗元）曰："非也。何独仲舒尔。自司马相如、刘向、扬雄、班彪、彪子固，皆沿袭嗤嗤，推古瑞物以佩受命。其言类淫巫瞽史，诳乱后代，不足以知圣人立极之本，显至德，扬大功，甚失厥趣。"③

从其序言可知，柳宗元的矛头直接指向董仲舒"三代受命之符"，对其提出否定。董仲舒"受命之符"在上文已论述，它实际上可以直接延伸到符瑞灾异的理论体系。这一理论的内驱动则是天人感应，即在"天人合一"基础上的天与人的互动关系。中唐的"天人之争"表面上是天与人的论争，属于哲学上的思想交锋，而实质上富含不同的政治理念的搏斗因素，理应属于政治思想交锋的问题。

---

① 孙昌武：《柳宗元评传》，第156—157页。
② （唐）柳宗元：《柳宗元集》，第35页。
③ （唐）柳宗元：《柳宗元集》，第30页。

董仲舒的限田思想与宋代限田实践

马元元　任克宁

（河北工程大学　文法学院；河北工程大学　研究生部）

西汉武帝时期，土地兼并日趋严重，产生了一系列的流民问题、犯罪问题、贫富差距问题，严重影响了西汉社会的安定。为此，董仲舒首倡限田之说，他提出"古井田法虽难卒行，宜少近古，限民名田，以澹不足，塞兼并之路"。[1]尽管汉武帝时期并没有实际践行限田之法，但此思想却得以延续。其后历朝，每当国家困于兼并之时，总有人秉承此思想提出不同的限田举措。中唐之后，随着均田制的崩溃，封建国家土地所有制逐渐走向衰落，取而代之的是以地主所有制为主要标志的封建土地私有制。宋朝政府对土地买卖实行放任甚至鼓励的政策，土地所有权的频繁和自由转移成为这一时期的主要标志，引发了一系列土地生产关系和生产方式的变化，使宋代的土地兼并问题非常突出，同时也引发了很多社会问题。与此同时，社会上出现了很多抑制土地兼并的思潮，宋朝政府也颁布过若干法规条令，其中以南宋晚期贾似道一手推动的"景定公田法"影响最大，因为其是打着遵循"汉人名田之说"和仿"先朝限田之制"[2]的旗号进行的，

---

[1]　《汉书·食货志四》，中华书局 2007 年，第 162 页。

[2]　（宋）徐经孙：《宋学士徐文惠公存稿》卷三《上丞相贾似道言限田》，四川大学古籍所编：《宋集珍本丛刊》第 83 册，线装书局 2004 年。

故本文以南宋"景定公田法"的提出和实施作为切入点，探求其与董仲舒限田思想的异同。

一、董仲舒限田思想的提出及影响

汉武帝时期的土地兼并问题十分严重。经过长时期讨伐匈奴的战争损耗，国库空虚，财用靡费，再加上对文治的忽视，使得汉初"文景之治"时靠休养生息积攒下的家底基本上被掏空了，这就加速了农民对土地的脱离。在传统农业社会中，农民失去了土地就失去了生存基础，往往变成了流民，甚至铤而走险，变成匪盗，不但使得政府失去了财政来源，更大大危害了社会的治安。正是在这种情况下，董仲舒的限田思想应运而生。

董仲舒的限田思想，出自他给汉武帝的上疏，不过寥寥数语，却提出几个层次的问题。首先，他提出限田思想是对古井田法的继承，"古井田法虽难卒行，宜少近古"。井田法是商周时期的土地国有制度，进入春秋时代，随着生产力的上升与生产方式的改变而逐渐被摒弃。作为一种落后的制度，董仲舒对之显然也是经过取舍的，并没有一味遵循，正所谓"宜少近古"。其二，"限民名田，以澹不足，塞并兼之路"指出了董仲舒限田思想的实践道路及终极目标，即通过限制民间占有土地，达到对贫富两个阶层的平衡，既可济贫民之不足，又可阻塞富者兼并之路。

董仲舒的限田思想，史籍记载极为简略，但却是他自身儒家哲学的现实体现，尤其是与他的天人感应说、三纲论和更化说息息相关，以下作简要分析。

（一）天人感应

就董仲舒提出的天人感应论的具体内容而言，是指人类的政治活动与作为主宰的天之间的对应关系。在古代社会，人类的政治活动主要是由君主来进行的，所以天人感应自然讲的也是帝王君主与主宰之天的关系。作为早期今文经学的代表人物，董仲舒的天人感应论是以《春秋》为依据，糅杂了墨家神学和阴阳家自然哲学的混合物。

董仲舒认为，"观天人相与之际，甚可畏也。国家将有失道之败，而天乃先出灾害以谴告之，不知自省，又出怪异以警惧之，尚不知变，而伤败乃至。以此见天心之仁爱人君而欲止其乱也。自非大亡道之世者，天尽欲扶持而全安之，事在勉强而已矣"。[①] 君主政治实践的正确与否直接由天来裁决，如果君主的行为符合大道、顺应天意，天就会使国泰民安；反之就会降下灾异，甚至剥夺其天子的名位。

天人感应论有论证现实政治合理的一面，同时为了维护政权统治的长治久安，也有对现实政治进行批判的一面。限田论的出现，就是对当时土地兼并的批评，是董仲舒这种政治哲学的体现。

（二）三纲论

《易传》中曾提出过"一阴一阳之谓道"的命题，董仲舒继承和发展了这种思想，用天道的阴阳、五行关系来论证人类社会的纲常名教，得出"王道之三纲，可求于天"的观点。他根据天道观上的阳尊阴卑论，认为统治者应该采用以德治为主的统治方式，重德轻刑，重义轻利，这也是限田思想产生的根源之一。

（三）更化说

董仲舒的"更化说"是与"三统论"相对应的，"三统论"的核心是改制不改道，侧重于宏观的社会历史中不变的一面，而"更化说"则侧重具体的社会政治状况下需积极变化的一面。在具体论述汉武帝时期的社会政治现状时，董仲舒就提出了比较激烈的政治改革主张。在答对汉武帝的《天人三策》中，他对周王朝以降的历代政治提出了激烈批评，认为暴虐无道的统治造成国家体制的崩坏和社会道德的堕落，而"汉兴，循而未改"[②]，引起了严重的社会问题，改革势在必行；"窃譬之琴瑟不调，甚者必解而更张之，乃可鼓也；为政而不行，甚者必变而更化之，乃可理也。

---

① 《汉书·董仲舒传》，中华书局 2007 年，第 562 页。
② 《汉书·食货志四》。

当更张而不更张，虽有良工不能善调也；当更化而不更化，虽有大贤不能善治也。故汉得天下以来，常欲善治而至今不可善治者，失之于当更化而不更化也。……今临政而愿治七十余岁矣，不如退而更化；更化则可善治，善治则灾害日去，福禄日来。……夫仁义礼知信五常之道，王者所当修饬也；五者修饬，故受天之佑，而享鬼神之灵，德施于方外，延及群生也。"①

董仲舒指出西汉的统治是秦王朝暴政的延续，汉武帝应该"更化"，即进行政治改革。以这样的思想为指导，董仲舒提出了抑制兼并、不与民争利、薄赋敛、省徭役等一系列措施，而限田思想的提出显然与《天人三策》的思想是一脉相承的，表现了儒家经学初起阶段积极干预现实政治的通经致用精神。

总之，董仲舒限田思想的提出，既有现实社会政治的考量，更是儒家哲学对中央专制集权统治积极施加影响的表现，限田政策的出现，成为儒家哲学积极实践的代名词。这种思潮一旦萌发，很快就对后世产生了深刻的影响，毕竟在中国古代封建社会，田制始终是重中之重，是考验历代君主执政能力的大课题，更是儒家政治哲学关注的焦点。

汉唐以降，均田制日趋崩溃，封建国家土地制度走向衰落，以地主所有制为标志的封建土地制度逐渐占据上风，加之宋代政府的"田制不立""不抑兼并"，随之而来的是"富者田连阡陌，贫者无立锥之地"的境况。当然，由董仲舒肇始的限田思潮也再次出现。北宋时，苏洵就曾提出："吾欲少为之限而不夺其田，尝已过吾限者，但使后之人不敢多占田以过吾限耳。要之数世，富者之子孙或不能保其地以复于贫，而彼尝已过吾限者散而入于他人矣。或者子孙出而分之，已无几矣。或者子孙出而分之以为几矣。如此，则富民所占者少而余地多，余地多则贫民易取以为业，不为人所役属，各食其地之全利，利不分于人，而乐输于官。夫端坐于朝廷，下令于天下，不惊民，不动众，不用井田之制，而获井田之利。"②在这里，

---

① 《汉书·董仲舒传》，第564页。
② （宋）苏洵：《苏洵集》卷五《田制》，中国书店2000年，第43页。

他提出了一个可供实践的方法，即从国家法令的角度出发，设置一个占田的限额，作为对富民子孙占田的限制。随着富民子孙繁衍，土地自然分割，兼并自会消弭。这种方法当然过于理想化，但却可看出当时宋人在面对社会问题时是秉承着思考与解决的积极态度的。

到宋仁宗时期，限田思想终于得以实践，第一条限田令得以颁布。北宋乾兴元年（1022 年）十二月，宋仁宗下诏："公卿以下毋过三十顷，衙前将吏应复役者，止一州之内，过是者论如违制律，以田赏告者。"此令对品官形势户的占田数额进行了硬性的规定，官户一律不可过三十顷，衙前将吏等应复役者占田不可过十五顷，如果有违反，则以违制论处。直至宋仁宗天圣七年（1029 年）仍然有关于限田令的记载，说明这一政令至少在仁宗朝得到了落实。这道限田令从表面上看是为了限制品官形势户对土地进行兼并，实则不然，从"差役赋役之未均，形势豪强巧授扰也"[①] 等记载来看，其目的还是为了解决当时社会上由于官员有无限制免役的权力而导致的"诡名寄产"和普通民众应役负担过重的问题。从唐中叶"均田制"崩溃以来，土地自由买卖已经逐渐成为历史发展不可阻挡的趋势，到了北宋，这种趋向已经表现得愈发明显，并且已经成为土地所有权转移的主要方式。在这种趋势下，将品官形势户的占田数额封顶至三十顷和十五顷，限制其土地占有的数量以均平差役，这种政策无疑是过于一厢情愿和理想化了，这从此后愈演愈烈的土地兼并浪潮就可以看得出来。但是这次限田令毕竟开了"限田均役"之先河，为以后宋朝政府解决差役不均的问题提供了借鉴。

二、景定公田法的提出和主要内容

南宋末年，蒙古铁骑在北方边境对南宋王朝进行持续的轮番猛攻，国内的和籴之祸、造楮之害和财政的入不敷出等各种矛盾又不断地激化，这

---

① 《宋会要辑稿》食货一之一九至二十，中华书局 1957 年。

就迫使统治者不得不拿出有效对策以挽救岌岌可危的南宋王朝。右相贾似道在"开庆之役"之后，威望日增，恩宠日隆，也想在内政治理上有所建树，遂"欲行富国强兵之策"。宋理宗景定三年（1262年）四月，知临安府刘良贵、浙西转运副使吴势卿"遂交赞公田之事"①，向贾似道献出了回买公田的主张。同时，殿中侍御史陈尧道、右正言曹孝庆、监察御史虞虑等以遵循"汉人名田之说"和仿"先朝限田之制"②为由，联名上书附和："限田之法，自古有之，买官户逾限之田，严归并飞走之弊，回买官田可得一千万亩田，则岁有六七百万之入，其于军饷沛然有余，可以免籴，可以饷军，可以住造楮，可平物价，可安富室，一事行而五利兴，实为无穷之利。"③

建议在两浙东西里、江南东西路四路实行公田法，保证此法可彻底解决军粮不足，还能解决诸如和籴、楮币等令朝廷头疼万分的财政问题。如此厚利，宋理宗自然高兴万分，遂下御笔批准施行，并设立了专门的机构——提领官田所来具体执行。

对于回买公田可能带来的危害，朝中大臣多有议论，反对者甚多，矛盾主要集中在政策制订的可执行性不强和有可能给中下户造成更大的损失上。但由于贾似道的一力坚持和独断专行，最终，公田法在一片争议之中还是开始施行了，史称"景定公田法"。公田法从景定三年提出到德祐元年（1275年）废除，历时十四年，内容主要有以下几个方面：

第一，实施范围。一开始准备在两浙东西路和江南东西路四路施行，宋理宗担心反对面过大，下诏："买田永免和籴，自是良法美意，要当始于浙西，庶他路视为则也。所在利病，各有不同，行移难于一律，可令三省照此施行。"④将实施范围缩小到了浙西六郡，即平江府、镇江府、嘉兴府、

---

① （宋）周密：《齐东野语》卷一七《景定行公田》，中华书局1983年，第313页。
② （宋）徐经孙：《宋学士徐文惠公存稿》卷三《上丞相贾似道言限田》。
③ （宋）周密：《齐东野语》卷一七《景定行公田》，第313页。
④ （宋）周密：《齐东野语》卷一七《景定行公田》，第314页。

安吉州、常州、江阴军。由各地方长官分别兼理，任务完成后，"各转一官，前守臣并以主观公田系衔"①，可见推行力度之大。

第二，适用对象。回买的适用对象不分官户和民户，只要超过限额，即须回买，即"除品官限外之数，官买三分之一，无官之家亦以九品之限与之"②。而回买的限额，根据任克宁《南宋限田问题研究》中推断，一品官的限额应该在五十顷到一百顷之间，九品及民户应该在五顷到十顷之间。

第三，回买公田的价格。最开始规定"不以亩为价，而随租以为价"，以地租额的高低来确定回买公田的价格，每亩价格最高为二百贯。而支付形式五花八门，包括银、官告、度牒、会子等，而且这几种支付形式也和出卖田地的多少有关，直接说明了南宋晚期财政的窘迫。

三、公田法在实施过程中的变化

首先是回买范围发生了变化，从最开始的按官员品级不同而以不同的标准回买，最后变成"虽百亩之家亦不免焉"③，回买范围大大扩大。

其次是回买价格的变化。公田法最初规定每亩最高为二百贯，以下递减，而实际回买时，却变成了只相当于初定五分之一的价格，甚至出现了一亩田地价值千缗，却"均以四十缗买之"④的情况，而且有一半是官告、度牒之类。此等东西本身有部分免役和免税的作用，可在南宋末年社会动荡的背景之下，还不如会子来得实用，这就使得本来就不愿意"投买"公田的地主们的积极性进一步降低，甚至激起了他们强烈的反对。

景定三年五月，为了使公田法得到更好的管理和贯彻，"乃命江阴、平江隶浙西宪司，安吉、嘉兴隶两浙漕司，常州、镇江隶总所，每岁秋租

---

① （宋）周密：《齐东野语》卷一七《景定行公田》，第314页。
② （宋）徐经孙：《宋学士徐文惠公存稿》卷三《上丞相贾似道言限田》。
③ （宋）周密：《齐东野语》卷一七《景定行公田》，第314页。
④ （元）脱脱：《宋史》卷四七四《贾似道传》，中华书局1977年，第13782页。

输之官仓，特与减饶二分，或水旱则别议收数"。[1] 这提高了管理级别，将公田事宜由路级机构直接负责，并在收租之时减收两成。后又在官田所之下设四个分司，进一步将事由中央委派的官员直管。

与高层的调整相适应，基层的管理方式也发生了变化。在"州、县、乡、都则分差庄官，以富饶者充应，两年一替"[2]，每乡置官庄一所，抽差当地上户督责耕种，称为"庄官"，抽调农民进行劳作，称为"官佃"，每年秋季收租，并且对官租进行了一定的减免。但在具体施行时，却是弊端丛生。比如有些地方在回买时，为了完成任务，将地租额只有六七斗的土地都算作一石，由于回买公田是"随租以为价"[3]的，故而田主得到了实惠，有了积极性，官员也获得了政绩，吃亏的只有朝廷，额外地支出了大笔钱财，使原本糟糕的财政更加雪上加霜。

四、公田法的失败

公田法从景定三年开始实施到德祐元年被朝廷发布诏书废除，共历时十四载，其间历经多次变化，浙西六郡"已买公田三百五十余万亩"，取得了不小的成效。在施行过程中，由于回买公田的范围一再扩大，回买价格一再降低，并用官告、度牒等物抵价，不但打击了大地主，就连中小地主甚至一部分富农的利益也受到了损害，但是富农以下却并没有受到多少冲击。当时回买公田的最低限额是一百亩，既然占有一百亩的田地，断然不至于有"自从田归官，百姓糠难"的情况出现，从当时的规定来看，拥有一百亩以上的土地才在回买之列，而且是按三分之一的比例回买。地主占有的土地越多，被迫出让的土地也就越多。在南宋有土地最多的基本都是官僚权贵，可以说当时实行公田法最大的受害者是那些广占良田的大官

---

① （宋）周密：《齐东野语》卷一七《景定行公田》，第 314 页。
② （宋）周密：《齐东野语》卷一七《景定行公田》，第 314 页。
③ （宋）黄震：《黄氏日抄》卷四八《与叶相公西涧》，《影印文渊阁四库全书》，台湾商务印书馆 1982 年。

僚大地主阶级，中小地主受的冲击较小，广大的自耕农更是看不出有什么明显损失。

总体来看，公田法是失败的。首先的表现是反对者太多。既然最大的受害者是大官僚大地主，那么，作为当时最有权势也是最能主导舆论的阶级，自然会竭尽所能来保护自己的既得利益不被侵犯，这是一条无法超越阶级局限的规律，任何地区、任何阶级都会如此。虽然这个阶级人数很少，但是其能量是极其强大的，大到足以控制国家方针政策的走向。公田法失败的另一个表现就是，其提出之时所许诺解决的弊病并没有得到完全的解决。比如说货币问题，不但没有因为公田法的出现而得到解决，反而贬值得更加厉害。要买地主的土地，就需要钱，而当时政府财政拮据，只能增印会子以支付地价。而会子因为历年来大量地发行，早已是"楮币"，现在为了购买土地而再增印会子，只会使会子贬值得更加严重，进而令物价腾沸，社会动荡，加深了朝廷和百姓之间的矛盾。

而当我们再回顾这段历史，可以看到贾似道的"景定公田法"已经与董仲舒的限田初衷背离太远。董仲舒限田思想的提出，是为了抑制兼并、不与民争利、薄赋敛、省徭役，"更化"前朝暴政，进而以重义轻利思想为指导，通过天人感应哲学的贯彻，最终实现儒家均贫富、以民为本、天下大同的大一统社会理想。而"景定公田法"则是有名无实，虽然打着遵循"汉人名田之说"和仿"先朝限田之制"的旗号，但既没有完备的哲学思想做指引，在实施过程中也丝毫没有将儒家理想贯彻其中，只是一味地敛财，处处充满了王朝末期的惶恐与急切，最后草草收场，不了了之，反而激化了社会矛盾，加速了南宋王朝的灭亡。

在朝与在野：先秦两汉儒家道统的延迟效应

——从"丧家犬"到"王佐之才"

王孝庭

（西藏大学　文学院）

韩愈首倡道统说："尧以是传之舜，舜以是传之禹，禹以是传之汤，汤以是传之文、武、周公，文、武、周公传之孔子，孔子传之孟轲，轲之死，不得其传焉……由周公而上，上而为君，故其事行。由周公而下，下而为臣，故其说长。"[①]三代以上，已不可考，但在"下而为臣"时，即从孔子到董仲舒这一历史时段，传统儒家伴随着汉帝国的崛起和意识形态的整合，亦发生了经学化与神学化的巨大转变。董仲舒是否上承孟子（或者说荀子）的儒家道统可以暂且不论，但是考察儒家在西汉发生的巨大变化，对于董仲舒学说的研究是必要的。冯友兰先生将董仲舒到康有为的时代划为经学时代："自孔子至淮南王为子学时代，自董仲舒至康有为为经学时代。"[②]束景南先生指出："在这两千多年的经学时代，经学发生过两个文化意义的转型：如果说北宋仁宗庆历年间是汉学（汉唐经学）向宋学（义理经学）转型的时期，那么西汉武帝建元年间就是传统儒学（孔孟儒学）向经学（汉

---

① （清）吴楚材选注：《古文观止》（上），上海古籍出版社 2016 年，第 301 页。
② 冯友兰著：《中国哲学史》（下），重庆出版社 2009 年，第 3 页。

唐经学)转型的时期,而关键人物正是董仲舒。"①儒家在这一时期的深刻变化,亦即中国学术史上子学向经学的转变过程。此外,儒家由民间学术上升成为汉帝国意识形态的深刻变化,不仅影响了此后中国人两千多年的思维方式和公共话语体系,同时这也是钱穆先生所指出的:"中国历史是盼由学术来领导政治,再由政治来领导社会,而学术则由社会兴起……但在中国学术史上,往往在朝、在野双方意见相反,常是在野的学术得势,转为此下政府采用,而又遭继起的在野新学派所反对。此在中国学术史上,是一项极该注意的大趋势。不明白此一趋势,便无法明白中国学术之真精神真贡献所在。"②基于对钱穆先生的这一命题和儒家自孔子子学时代到董仲舒经学时代道统在朝与在野延迟的思考,比较孔子与董子二者在人物品格、学术源流(尤其是二者对《易经》的体用)方面的差异,能够一窥中国古代每逢时变社会的自我教育。

一、新时代研究董学的基本情感态度与方法

自 2014 年河北省董仲舒研究会正式获准成立以来,以《衡水学院学报》"董仲舒与儒学研究"专栏为主要平台③,在多方面的关怀与支持下,一众学界前辈们笔耕不辍,继绝扶衰,董学研究亦伴随着新时代儒学复兴的脚步,承前启后、继往开来,不断深入,已基本摆脱了如董子生卒、董子里籍等问题的纠缠,渐入佳境,蔚为大观。而在新时代研究古人的学说时,就不得不注意我们的基本态度(这直接影响到得出什么样性质的研究结论)、基本情感(对待古人的学说,我们不能指望他在两千多年前就超越当时的社会生产力,超脱社会意识的局限)、基本方法(董学既是哲学的,也是史学的,到底应用哪种叙事方式去呈现他的原貌,观照他的思想理路、

---

① 张实龙编著:《董仲舒学说内在理路探析》,浙江大学出版社 2007 年,第 1 页。
② 钱穆:《中国历史研究法》,生活·读书·新知三联书店 2001 年,第 88—89 页。
③ 王文书:《2014 年董仲舒研究综述》,《衡水学院学报》2015 年第 2 期,第 28—33 页。

心路历程）。

（一）基本态度：人的哲学

无论是孔子还是董子，无论他前面加了多少个伟大的"思想家""教育家""政治家""社会改革家"之类的头衔，首先，他是一个人。既然是人，那他的学说就是人的学说、人的学问，那么就一定不可能是完美的。因为不完美，所以伟大。他呈现了他的思考，供后人去研究，我们自然拥有提出自己意见的空间，这门学说在后继者的不断丰富和完善中被赋予新生。对于董学研究，我们要持有这样的态度：它是人的哲学，因为它是人创造的（而不是神或其他形而上的什么超自然力量）并且最终服务于人的学说。朱文运先生在《人与哲学》一书中指出："费尔巴哈说：真正的哲学应该是人学，人才是哲学的根本出发点。天地人，人是中心，没有人，天地虽然存在，但已经没有什么意义了。"[1]这便是人的哲学的意义所在。

（二）基本情感："体贴"

在中国传统文学的作品感知过程中，常会提到"知人论世"这个词。"不知人，不解圣贤经典，浩渺深邃；不论世，不明千秋万代，万物更迭。'知人论世'乃是中国古人了解事物、体察实物的方式和手段，亦是古代文人和近现代学者鉴赏作品的方法和路径。"[2]说来也巧，"知人论世"最早却是由孟子提出的："以友天下之善士为未足，又尚论古之人，颂其诗，读其书，不知其人可乎？是以论其世也，是尚友也。"[3]与之相辅的是"以意逆志"，用儒家亚圣提出的方法来观照儒家的学说，没有比这更合适的了。"体贴"则既包含孟子所说的"知人论世"与"以意逆志"这两种方式，又蕴含着人性的温度在里面，"文变染乎世情，兴废系乎时序"（《文心雕龙·时序》）。时代在变，学说在变，而起到沟通古今作用能够"通古今之变"的恰恰是人的感情。事实上也是如此，太史公司马迁也绝对是

---

① 朱文运：《人与哲学》，2016年，第13页。

② 李建中：《中国文论话语导引》，武汉大学出版社2018年，第291页。

③ （清）曾国藩：《曾刻孟子要略译注》，安徽人民出版社2013年，第365页。

用一支有温度的笔去记录历史的，这非但不会造成负面影响，反而使得《史记》成为史家之绝唱。中国社科院的刘艳老师在《做有温度和体贴的文学批评——析毕飞宇的〈小说课〉》一文中明确提出了"体贴的文学批评"这一态度，她指出一种不单是文学批评领域而是我国目前学术研究领域的学者们都值得警惕的现象①：缺乏温度与体贴，不与作者进行肌肤之亲，则难以走进他的思想内部，文学批评如此，学术、学说的研究与批评也莫不如是。

（三）基本方法："循本溯源，古为今用"

"循本"出自《庄子》的"请循其本"②，在庄子和惠子濠上观鱼的辩论中，庄子巧妙地转变了初始问题，打了惠子一个措手不及。我们在研究一派学说时尤其要注意对"元"问题的回归。张实龙先生在专著《董仲舒学说的内在理路探析》中给出的观点是："研究一种学术，究竟采用何种方法，其实应取决于研究对象本身的特点。不少学者研究中国学术，喜欢套用西方的本体追问的方法。中国古人对于纯思辨的本体论并没有多大的兴趣。即使他们谈到本体，也是从实用角度去发表议论的。'本'是根，是立说之宗旨；'体'是由根上生长出的主干和枝叶，是理论系统。我们

---

① "一种有温度的文学批评——这在时下是比较罕见的。我们的文学批评尤其是学院批评，一度离文学本身越来越远，同时也失掉了文学批评本该具有的温度，变得冷冰冰面目可憎，语言无味。20世纪80年代，外国文学及文学理论的涌入，虽有建设性意义，但也导致批评一度朝着埋论西化的径向高歌猛进，文学批评尤其学院批评习惯套用西方理论，文学批评向'论文体'让渡——'项目体'、'C刊体'、'学报体'等，这样体式的文学批评，意味着对评论者写作个性的消泯和祛除。拥有学报、核心期刊写作经验的评论者都能体会，越是重要的评论刊物和学术刊物，越不允许在评论文章当中过多凸显评论者'我'的主体色彩，所有的论述都应该是执中、公允的，不允许文学批评当中出现'我'的字眼，还仅仅是一个表象，这及膝甚至是足以湮没人的厚雪层，彰显的是文学批评的客观、理性、中性，等等，掩埋掉的是批评者的主体色彩、热度和文学批评本该具有的温度。没有温度的文学批评，不只常常导致文风僵化的现象，而且也往往难以打动人。"参见刘艳：《做有温度和体贴的文学批评——析毕飞宇的〈小说课〉》，《中国文学批评》2018年第3期，第18—19页。

② 卢盛江：《细读庄子》，外语教学与研究出版社2019年，第207页。

探求董子学说的宗旨和系统，实际上就是追寻董学的理论本体。"①

如果上溯孔子与董子二人的学说渊源，不难发现其二者与群经之首的《易经》之间的关系。用阳明先生的话来说就是："不离日用常行内，直造先天未画前。"②而"古为今用"重点在于探究董子学说对构建符合当代中国乃至世界社会发展的公共伦理价值。诚如余治平先生指出的："关于董仲舒之于儒学的转折及其思想的创造性……独立构建出富有活力的思想体系，其理论视野、学术胸襟，将政治伦理化、伦理政治化的转换技巧，都值得当代哲学人建构全球化时代的'中国哲学'取法和借鉴。孔子之后，还没有哪一位儒学思想家能够像董仲舒这样提出那么多对中华民族灵魂塑造起到构成性作用的观点和理念。"③这是我们当下以及今后需要长期共同努力的方向。

二、孔子与董子：哲学家与宗教家

（一）孔子的人格

对于孔子，我们是这样熟悉，又是这样陌生。像"逝者如斯""不舍昼夜""犯上作乱""不亦乐乎"这样的成语不胜枚举，孔子的言行教化早已融入中国人的血脉，深刻影响着我们的语言表达方式和思维习惯。说他陌生，是历代对孔子的延誉已将孔子神话得不像人样，李零先生在《丧家狗——我读〈论语〉》一书中将孔子形象分为活孔子、死孔子、真孔子和假孔子，他说："活孔子是典型的复古主义者。西周灭亡，东周衰败，贵族传统大崩溃礼坏乐崩，他看不惯，坐不住。他不是当时的贵族，却比贵族还贵族，唯恐他们完蛋了……他死乞白赖劝他们，一定要复周公之礼。但鲁君不听，其他国家的国君也不听。他颠沛流离，到处跑，谁都不听，

---

① 张实龙编著：《董仲舒学说内在理路探析》，第 4 页。
② （明）王阳明：《王阳明全集》，中国画报出版社 2016 年，第 241 页。
③ 余治平：《孔子之文在仲舒》，《光明日报》2015 年 5 月 4 日，第 16 版。

好像无家可归的丧家狗，但他一辈子都生活在周公之梦当中，就像塞万提斯笔下的堂吉诃德，可笑也可爱。"① 李零先生所描述的"丧家犬"正是一个活生生的真实孔子形象。"丧家狗"典出《史记·孔子世家》："孔子适郑，与弟子相失，孔子独立郭东门。郑人或谓子贡曰：'东门有人，其颡似尧，其项类皋陶，其肩类子产，然自要以下不及禹三寸。累累若丧家之狗。'子贡以实告孔子。孔子欣然笑曰：'形状，末也。而谓似丧家之狗，然哉！然哉！'"② 孔子就像塞万提斯笔下的堂吉诃德毅然地冲向风车，是一个典型的理想主义者，有一肚子的"不合时宜"。

孔子个性中最重要、最伟大的部分也从这个故事中体现出来。钱穆先生说："但在看一人之聪明之外，更应察其性格之能'平淡'与否。此语中极涵深义。从前儒家多讲仁、义、礼、智、信，渐渐把美德讲成了名色。至刘卲时便不再讲此，却转移重点，来讲人之性格与其用处。人之性格与其用处之最高者，刘卲谓是'平淡'一格。此如一杯清水，乃是淡的。惟其是淡，始可随宜使其变化，或为咸、或为甜。人之成才而不能变，即成一偏至之材，其用即有限。故注意人才而求其有大用，则务先自其天性平淡处去察看。所谓'平淡'，应可有两种讲法：一指其人之内心来讲，即其人之所好、所愿望。如人都喜欢在某一方面欲有所表现，此人即是不平淡。以其不平淡，因而亦只能依其所好、所想望，而成一偏至之材。又如人好走偏锋，急功近利，爱出锋头，此等皆是不平淡。大圣如孔子，始是一真平淡者。惟其平淡，故可大受，而当大任。如孔子之'毋意、毋必、毋固、毋我'，及其'无可、无不可'，此即孔子之平淡。"③ 子曰："君子不器。"④ 即是此意。不了解这一点，便无法真正读懂"活孔子"。除了活孔子外，尚有死孔子、真孔子和假孔子。死孔子是"老子说的刍狗，今人说的摆设、

① 李零：《丧家狗：我读〈论语〉》，山西人民出版社 2008 年，第 12—13 页。
② （汉）司马迁：《史记》，中国文史出版社 2003 年，第 347 页。
③ 钱穆：《钱宾四先生全集·讲堂遗录》，联经出版事业公司 1998 年，第 202 页。
④ 刘毓庆：《论语绎解》，商务印书馆 2017 年，第 30 页。

道具和玩偶……真孔子是教书匠的祖师爷……假孔子是历代统治者的意识形态……我喜欢活孔子、真孔子，不喜欢死孔子、假孔子。"[1]

（二）董子的人格

综合《汉书·董仲舒传》举贤良对策，为易王、胶西王相，辽东高庙、长陵高园殿灾这几个事件来看，董子在当时似乎并不特别受重视，而且此后对董子的评价呈现出褒贬不一、毁誉参半的态势。一方面，有着"三年不窥园，其精如此。进退容止，非礼不行，学士皆师尊之……仲舒为人廉直"[2]的美谈，刘向称其曰："董仲舒有王佐之材，虽伊、吕亡以加，管、晏之属，伯者之佐，殆不及也。"[3]董子的主要学术著作《春秋繁露》被冯友兰先生称作是"盖董仲舒之书之于《春秋》犹《易传》之于《周易》"[4]。而另一方面，臧振先生指出："今人将大一统说、性三品说、三纲五常等归为董仲舒专利，只要多接触典籍，便知不妥。将这些思想当作董子学术的主要内容，更属不妥。"[5]王文元先生总结出西汉儒学勃兴先天"四不足"有一半都要归结到董仲舒这儿来，他指出："董仲舒是德操比较好的一位，然而他为汉武帝出的主意却给中国的社会发展与文明进步带来致命伤。董仲舒'天不变道亦不变'的主张，乃中国文明停滞不前的重要原因之一。更重要的是，一边说'不变'，一边又在偷偷地、隐蔽地'变'。灾异说与天人感应说就是一大'变'。后来的'变'就更多了，到了宋的理学，变数几乎不计其数。然而，这一切'变'统统在董仲舒所说的'道亦不变'的'不变'之中，就像孙悟空逃不出如来佛掌心。儒家因此而带有了极强的诡辩性。用花样翻新来维护'不变'，而且一切都可以在其阐释之下。此西汉儒学勃兴之先天不足三也。董仲舒人品好，政治主张却不好。在他

---

[1] 李零：《丧家狗：我读〈论语〉》，第13—14页。

[2] （汉）董仲舒著，陈蒲清校注：《春秋繁露 天人三策》，岳麓书社1997年，第350—351页。

[3] （汉）董仲舒著，陈蒲清校注：《春秋繁露 天人三策》，第351页。

[4] 冯友兰：《中国哲学史》（下），重庆出版社2009年，第10页。

[5] 臧振：《古史考论 西雍集》，商务印书馆2016年，第133页。

的说服下，汉武帝最终采取了'废黜百家，独尊儒术'的方针。摈弃众家之说，把学术分为'正统'与'旁门'严重窒息了学问发展，'百家争鸣'就此彻底终结。中国人渐渐适应了学问上的一种声音、一种观点与一个腔调。圣人制经，众贤继轨，治学变为'阐释'。此西汉儒学勃兴之先天不足四也。"[①] 刘歆则认为其父刘向对董子显然是过誉了："仲舒遭汉承秦灭学之后，《六经》离析，下帷发愤，潜心大业，令后学者有所统壹，为群儒首。然考其师友渊源所渐，犹未及乎游、夏，而曰管、晏弗及，伊、吕不加，过矣。"[②] 董子的弟子吕步舒在我们今天所谓双向匿名的"盲审"情况下居然将他老师的著作斥为"下愚"，实在令人啼笑皆非，这件事的始末被完整地记录在《汉书·董仲舒传》里："仲舒治国，以《春秋》灾异之变推阴阳所以错行，故求雨，闭诸阳，纵诸阴，其止雨反是；行之一国，未尝不得所欲。中废为中大夫。先是辽东高庙、长陵高园殿灾，仲舒居家推说其意，草稿未上，主父偃候仲舒，私见，嫉之，窃其书而奏焉。上召视诸儒，仲舒弟子吕步舒不知其师书，以为大愚。于是下仲舒吏，当死，诏赦之，仲舒遂不敢复言灾异。"[③] 综合以上材料，我们看到即便是在史家的笔下，董子都是一位充满矛盾、极具争议的人，不能片面、单纯地归结为"好"或者"不好"。

（三）哲学家与宗教家

一般而言，宗教虽然会在一定程度上影响思想的解放和真理的传播，但同时也在统　群体思想、维系特定社会群体族群认同、增进群体的精神力量等方面发挥着巨大作用。对于这一点梁启超先生在《论宗教家与哲学家之长短得失》一文中有详细论述。梁任公将哲学思想与宗教思想的功用做了对比，他说："至其所以能震撼宇宙，唤起全社会之风潮，则不恃哲学，而仍宗教思想之为之也。若是乎，宗教思想之力，果如此其伟大而雄

---

① 王文元：《权力图腾》，湖南文艺出版社 2008 年，第 254 页。
② （汉）董仲舒著，陈蒲清校注：《春秋繁露 天人三策》，第 351—352 页。
③ （汉）董仲舒著，陈蒲清校注：《春秋繁露 天人三策》，第 350—351 页。

厚也。"①梁任公认为宗教强于"治事"而哲学强于"明理"。宗者，主也，中国历来无真正意义上的宗教，而起到宗教作用的便是自董仲舒之后的新儒家。孔夫子与董仲舒二人确实一个如哲学家，一个如宗教家。梁启超先生作为康南海的高足，在深入参与了社会改革后，将这一点看得十分透彻。他将宗教的作用划分为五个方面陈述，而这五个方面的作用也同样适用于董仲舒学说的研究。

这五个方面是："一曰无宗教思想则无统一……二曰无宗教思想则无希望……三曰无宗教思想则无解脱……四曰无宗教思想则无忌惮……五曰无宗教思想则无魄力。"②这正与董子的观点不谋而合，限于篇幅此处不再展开详述。

1. "一曰无宗教思想则无统一"

由于夏与商的文献遗存较少，周则"郁郁乎文哉"，从现有文献来看，大一统是自西周而下我国固有的历史传统和基本的立国理念。《春秋》开篇就写："隐公元年春，王正月。"《公羊传》解释说："何言乎王正月？大一统也。"③这里的"大"是"尊崇"的意思，大一统就是尊崇统一，不论当时分封的"国"面积大小和人口多少，首先要保持历法与文化上的统一（当然也包括政令统一、文字统一、思想统一、礼仪统一等多种表现形式与内涵），就算经历了春秋战国的礼乐制度与政治格局的崩坏，但在当时的人的观念里"天下将定于一"④。这种趋向并非孟子一人的预言，而是民众的普遍认同。⑤正是因为这种观念的缘故，我们才能在一次次分裂后又重新回归统一。这一问题或许对于我们是不言而喻的，但却使得西方学者十分好奇，大为不解。南怀瑾先生在《新旧教育的变与惑》一书中

---

① 梁启超：《饮冰室文集全编》，广益书局1948年，第126页。

② 梁启超：《饮冰室文集全编》，第127—130页。

③ （清）吴楚材选注：《古文观止》（上），上海古籍出版社2016年，第109页。

④ （战国）孟轲著，杨伯峻、杨逢彬注译：《孟子》，岳麓书社2000年，第9页。

⑤ 此处正好印证了前文所述臧振先生的论断，不能将"大一统"说单纯地归结到董子身上了事。

提到过一段有趣的对话可供我们参考。有美国学者曾问南怀瑾先生道："中国经过几次等于亡国的时代，但是这个国家、民族、文化，不但没有亡掉，而且每经过一次历史的灾难，反而更加光辉而强大，这在西方历史上几乎是绝无此例，这是什么力量？"南怀瑾先生答道："这是文化统一的力量。当我们在春秋战国时期，和欧洲一样，诸侯之国大小数百，言语、文字、经济、交通等都各自为政。自从秦汉统一以来，'书同文，车同轨'，因此不仅是政治上的统一，实在也是中国文化的大统一。后世二千年来，中国各地的方言、习惯与风俗，虽然还保持各自成文的惯例，甚之，相隔数里，便有言语完全不同的情形。但是，中国的文字和文化思想却完全一致，而且远及亚洲的日本、韩国、越南等地。因此，后来中国的历史，虽经历代政治上的变革，更改了历史的面貌，但是民族文化的大统一，始终是一贯不变的。假如西方古代的欧洲，文字和文化的统一，也和中国一样，那么，西方的历史便不是现在的情形了。不过，话说回来，正因为西方的历史背景不同、文化背景的同异互见，所以才有十七八世纪以后的进步和今天西方文化在美国表现的情况。我们传统文化的精神，儒家、道家的思想，都是要求统一的。"① 但同时我们也要认识到，大一统并非是儒家的专利，实则是西周以来中华民族的历史传统。《老子》中"小国寡民。使有什伯之器而不用，使民重死而不远徙"② 的政治思想就隐含国家文化习俗统一的前提条件。《庄子·齐物论》"天地与我并生，而万物与我为一"③，更将"大一统"的思想由人与人的社会关系发展到人与自然、天地万物相统一的境界，使得"大一统"观念进一步发展继而成为"天人合一"思想的源头活水。

上文更多是现有文献里从思想文化角度对"大一统"观念渊源的解读，而从史实上来看，也确实与之相适应。李零先生在《茫茫禹迹：中国的

① 南怀瑾：《新旧教育的变与惑》，东方出版社 2015 年，第 19 页。
② 张葆全选释：《老子选译》，广西师范大学出版社 2017 年，第 300 页。
③ 杨柳桥：《庄子译诂》（上），上海古籍出版社 2017 年，第 22 页。

两次大一统》中提出"西周封建和秦并天下是中国的两次大一统"①的观点。他指出，在西周初年武王克商是第一次大一统，秦灭六国则是第二次大一统。按照这个思路往下，汉代的大一统更是从政治领域深入到了思想文化领域，罢黜百家，独尊儒术；唐代的大一统直接促使儒释道三教合流；元明清三代更多是在民族意义上的大一统，形成了我们今天统一的多民族国家的雏形。

综上，无论是在隐性的思想观念上，还是在显性的历史事实上，我国历来都有"大一统"的文化思潮和历史传统，中华民族崇尚统一，统一是我国历史的主流，这就致使每有分裂割据的动荡时局，民众总是希望能够重新统一，也相信必将重新统一。而董子所处的时期正与我们今天中华民族伟大复兴的时代相同，盛世所追求的"大一统"不单指国家统一，更多的是如"人类命运共同体"这样的文化认同意义上的"大一统"。

2. "二曰无宗教思想则无希望"

梁启超先生说："希望者人道之粮也。人莫不有两境界：一曰现在界，二曰未来界。现在界属于事实，未来界属于希望。"②而中国人连接现实与未来界正是通过祖先祭祀／崇拜实现的。

这种一脉相承的祖先祭祀／崇拜让人理解中国历来并无真正意义上的宗教，而充当宗教这一角色并起到相应的社会功能的，正是中国人"慎终追远"的祖先崇拜③。《左传·成公十三年》有："国之大事，在祀与戎。"④

① 李零：《茫茫禹迹：中国的两次大一统》，生活·读书·新知三联书店 2016 年，第 7 页。
② （清）梁启超：《饮冰室文集全编》，第 128 页。
③ 《黄土地的变迁》一书说："祖先崇拜是鬼神崇拜的一种形式，也是民间人生礼仪（生老病死）中最普及、最常见、最主要的一项内容，更是神秘色彩最少而亲情氛围最浓的一种家庭内或家族内的祖先祭祀活动。祖先崇拜建立在相信人死后灵魂不灭的基础上，把祖灵当作一种超自然的存在，认为灵魂具有超人的能力，活着的人畏惧它，但也能够依赖它。即将血缘关系内的祖先鬼魂当作'神'，并通过一定的仪式将去世的祖先的灵魂与活着的人维系在一起，使家庭成员与祖先之间保持精神的沟通通过祭祀仪式使祖先在彼岸世界得到安宁，同时庇护生者。"（参见张畯、刘晓乾：《黄土地的变迁》，甘肃人民出版社 2010 年，第 222 页。）
④ 顾馨、徐明校点：《春秋左传》，辽宁教育出版社 2000 年，第 179 页。

将祭祀与战争放到了同等重要的地位。"慎终追远"一词，出自《论语·学而》，意即通过悼念祖先的祭祀活动来追忆遥远的过去。这养成我们民族敬天法祖、重史怀旧的文化传统。这样的文化传统效用显著，辜鸿铭先生说："这种国家是绝对牢固和永恒的认识，使人们体会到社会发展的无限性和持久性，并由此最终使中国人感到族类不朽。同样，儒教所宣传的祖先崇拜，与其说是建立在对来世的信仰之上，不如说是建立在对族类不朽的信仰之上，因此儒教的祖先崇拜和忠诚之道是中国人民在活着的时候得到了生存的永恒感，而当他们面临死亡时，又由此得到了慰藉。"① 孟子说："不孝有三，无后为大。"② 其原因也在于此，通过祖先崇拜将先祖与子孙联系起来而产生族类不朽的永恒感，正是中国国家绝对牢固思想的源头活水。同时也借此一并打通了忠与孝的隔阂，在儒家体系之下，只需对皇帝尽忠、对父母尽孝，这样两点简单的教育就完成了种族永续的宗教任务，所以儒家取代了宗教，并使民众也没有感到有宗教的需要。在这里大有"百姓日用而不知"③ 的意味。

陈麟书先生在《宗教观的历史》一书中指出："《大雅·既醉》曰：'孝子不匮，永锡尔类。'《国语·鲁语上》称：'夫祀，昭孝也。各致齐敬于皇祖，昭孝之至也。'《左传》隐公三年称：'君义臣行，父慈子孝，兄爱弟敬，所谓六顺也。'《左传》文公十八年称：'孝敬忠信为吉德，盗贼藏奸为凶德。'这为两汉之后祖先崇拜的功能在于推行'孝道'，圣贤崇拜的功能在于推行'忠君'奠定了理论基石。秦朝统一六国，为中华民族的大统一奠定了政治的、经济的、文化的扎实基础；而秦王朝短暂的历史，又为汉代统治者敲响了警钟。他们认真总结秦王朝迅速崩溃的教训，于是又重新倡导以'孝'为核心的社会伦理道德。这样既能巩固封建社会群体的细胞组织——家庭、家族、宗族，又有助于子孙世袭的家长式

---

① 辜鸿铭：《中国人的精神》，海南出版社 1996 年，第 58 页。

② （战国）孟轲著，杨伯峻、杨逢彬注译：《孟子》，第 133 页。

③ 王财贵主编：《易经》，上海古籍出版社 2015 年，第 186 页。

的中央集权政治体制的稳定。董仲舒提倡的'君为臣纲，父为子纲，夫为妻纲'的'三纲'，成为汉以来继承和发扬周以来的'尊尊，亲亲'和孔子倡导的'君君、臣臣、父父、子子'的政治伦理道德观的中心。从此，'百善孝为先'成为中国2000多年来维护封建伦理道德的心理意识，'孝为国之本'则成为历代封建王朝所奉行的基本政策，'不孝有三。无后为大'又成为中国历代朝野上下所遵循的传宗接代的原则，它还带有浓厚的生殖崇拜的痕迹。汉代以来，祖先崇拜体现在帝王之家立太庙，群臣立家庙。虽然比之周代，同姓诸侯王国的地位下降，血缘关系减弱，但随着郡县制的推行，除皇室外，逐渐以行政品级确定官员家族祭祖规格，增强了祭祖活动中政治与社会地位的因素。"①这使我们了解到董仲舒的"三纲"首先是基于三代以来的文化传统，打通"忠"与"孝"的隔阂，从而构建起"忠孝"为核心的社会伦理道德。

3."三曰无宗教思想则无解脱"

梁启超先生认为："人之所以不能成大业者，大率由外境界之所束缚也。身且非我有，而身外之种种幻象更何留恋焉！得此法门，则自在游行，无挂无碍，舍身救世，直行所无事矣。"②他指出，人之所以不能成就大事业，是因为环境对人的束缚造成的，宗教思想能够帮助人突破现有环境的束缚，使人"自在游行，无挂无碍，舍身救世，直行所无事"。③诚如上文所述，在打破忠孝隔阂之后，用祭祀和崇拜连接现实与未来，那么人就不会只看现世生死，如关云长、岳武穆、史可法等等忠义之士死节舍生取义的传统从这里生发出来。

4."四曰无宗教思想则无忌惮"

通过"忠孝"确立规范的合理秩序后，董仲舒接下来面临的问题是战国以来不断扩张的君主权力专制问题，秦横扫六合，六国列为郡县，孔孟

①　陈麟书主编：《宗教观的历史·理论·现实》，四川大学出版社1996年，第15页。
②　（清）梁启超：《饮冰室文集全编》，第128页。
③　（清）梁启超：《饮冰室文集全编》，第128页。

时代虽然礼崩乐坏，但贵族民主专政的遗风尚存，而到了西汉，这时的孔孟学说便对君主专制颇感无力，如何确立规范的合理秩序这一问题便摆在董仲舒面前。

董仲舒的解决办法是"天"，用天的"祥瑞"与"灾异"现象规范君主行为："臣闻天之所大奉使之王者，必有非人力所能致而自至者，此受命之符也。天下之人同心归之，若归父母，故天瑞应诚而至。《书》曰'白鱼入于王舟，有火复于王屋，流为乌'，此盖受命之符也。周公曰'复哉复哉'，孔子曰'德不孤，必有邻'，皆积善累德之效也。及至后世，淫佚衰微，不能统理群生，诸侯背畔，残贼良民以争壤土，废德教而任刑罚。刑罚不中，则生邪气；邪气积于下，怨恶畜于上。上下不和，则阴阳缪盭而妖孽生矣。此灾异所缘而起也。"[1]

5. "五曰无宗教思想则无魄力"

梁启超先生说："夫人之所以有畏者何也？畏莫大于生死。有宗教思想者，则知无所谓生，无所谓死。"[2]这一点与第三点颇类，上文已有述及，此处不再赘述。

三、先秦两汉儒家道统的延迟效应与儒家经学化

王充对董仲舒十分赞赏，他说："文王之文在孔子，孔子之文在仲舒。"[3]这可以说是极高的评价了，也体现出儒家道统的一种延

---

[1] （清）曾国藩编：《经史百家杂钞》，吉林人民出版社 1998 年，第 356 页。
[2] （清）梁启超：《饮冰室文集全编》，第 129 页。
[3] （汉）王充：《论衡》，上海人民出版社 1974 年，第 214 页。

迟①。所谓"西伯拘而演《周易》，仲尼厄而作《春秋》"②，欲明了
从孔子到董子儒家内核的传承与变化，《周易》与《春秋》的重要性就
凸现出来了。从文王演《周易》到孔子"韦编三绝"作《系辞》，昭示
儒家道统"下而为臣"；再由《春秋》到《春秋繁露》则实现了传统儒
家到新儒家的转变，这何尝又不是中国社会经济政治从"封邦建国"的
贵族时代向"郡县制"平民时代转变的缩影？每逢时变，中国社会自身
总能孕育出解决那个时代最迫切问题的哲人，这便是传统东方文明传承
千年屹立不倒的伟大之处，所以《周易》与《春秋》两部中华民族文化
上的"元"典，值得我们下大功夫去研究。

钱穆先生在梳理儒家经典脉络时就曾指出《春秋》的重要性："隋唐
以前人尊孔子，《春秋》尤重于《论语》。两汉《春秋》列博士而《春秋》
又几乎是五经之冠冕。《论语》则与《尔雅》、《孝经》并列，不专设博士。
以近代语说之，《论语》在当时，仅是一种中小学教科书，而春秋则是大
学讲座。……此下魏晋南北朝以迄于隋唐，《春秋》刊于经，仍非《论语》
所能比。"③

董仲舒是汉景帝时专治《春秋公羊传》的博士，林义正先生在《公羊
春秋九讲》中指出："《公羊传》视《春秋》是一本拨乱反正的政书，其

---

① 自然科学领域有所谓的"延迟效应"（Delayed Effect），一般指景观中生态过程的因果
之间或干扰和反应之间常常具有一定的时间延迟。如小到微观生物，大到天体物领域里
都会存在观测上的延迟。而在这里我们侧重于儒家道统至某一特殊时期，其人与学说虽
然十分伟大，具有划时代影响，但他的伟大之处并不能在当时显示出来，而需要具备一
定时间和社会条件人们方可认识到他的伟大。就像尼采在《查拉图斯特拉如是说》一书
中写道："千万不要忘记：我们飞翔得越高，我们的形象在那些不能飞翔的人眼中就越
渺小。"这时往往需要将著作"藏之深山，传之后世"，等待千百年之后的"知己"，
就如庄子在当时也不过是一介小小的漆园吏，他说：若有人善解我心，则亿万年之久犹
似旦夕之相逢，可以和我把酒言欢矣。如此看来颇似藏传佛教中的"伏藏"，心理学上
的"延迟满足"（Deferred Gratification）也很有趣：如果你能忍得一时寂寞，那么你就
能得到千古盛名，周文王如此，孔夫子如此，董仲舒又未尝不如此？
② 周啸天主编：《古文鉴赏》，四川辞书出版社 2019 年，第 556 页。
③ 钱穆：《孔子与春秋》，商务印书馆 2001 年，第 263—264 页。

总纲就在'元年，春，王，正月'中，示五始，立基于王，上以志求尧舜公天下之太平世，下以奖霸尊王化，示一统天下之意，《传》以文王释王，其实是《春秋》经纶天下的理想王，它是人格化的礼义本身，以此来'贬天子，退诸侯，讨大夫，以达王事而已矣。'"①《春秋》是形而下的，它有它具体的作用，那就是上文述及的贬天子，退诸侯，讨大夫。或者说孔子作《春秋》而乱臣贼子惧。而《周易》是形而上的，从孔子和董子二人对《周易》的研读与应用上，我们可以看出二人的体用各有千秋：孔子读《易》经之"体"，所以夫子讲"仁、义、礼、智、信"；董子读《易》经之"用"，《春秋繁露》《天人三策》皆是从《易》经的"象、数、理、气"中化出来的。

结 语

从孔子到董仲舒儒家道统的延迟上所映射出的另一重要命题是学术引导政治（即中国社会转型时中国社会自身具备自我教育功能），钱穆先生指出在传统中国这一过程应是学术领导政治，政治领导社会，社会孕育学术（即社会转型的关键力量是社会的自我教育）。而另一种观点即熊逸先生所说的："而其实呢，儒家的做人不是做人，道德不是道德，哲学不是哲学，根子全在政治上呢，政治问题是所有问题的出发点，这一点我们一定要搞清楚。"②他认为儒家学术被政治所决定（即每次社会转型都会产生符合统治或符合社会需要的意识形态）。这两种观点在某一方面讲都有其合理性，值得我们去细细推敲。

---

① 林义正：《公羊春秋九讲》，九州出版社 2018 年，第 85 页。

② 熊逸：《春秋大义：中国传统语境下的皇权与学术》，陕西师范大学出版社 2007 年，第214 页。

董子文化普及与传播研究

从"不遇"到"不朽"

——董仲舒《士不遇赋》讲读与解析

曹迎春

（衡水学院　学报编辑部）

　　《士不遇赋》是西汉大儒董仲舒晚年退休居家时所作的一篇文学作品。这篇赋在《汉书·艺文志》里没有提到过，被收录在唐朝的《艺文类聚》和宋朝的《古文苑》中。董仲舒生活的汉武帝时代，正是汉赋的繁荣期。班固的《两都赋》序里说："故言语侍从之臣，若司马相如、虞丘寿王、东方朔……之属，朝夕论思，日月献纳；而公卿大臣御史儿宽、太常孔臧、太中大夫董仲舒……时时间作。"可见，董仲舒也算得赋坛好手，"时时间作"想必作品也不会少，可惜到今天只剩《士不遇赋》一篇存世。这篇《士不遇赋》只有485个字，描述了汉代知识分子真实的生存状态和矛盾痛苦，是儒者之宗发出的盛世悲声。

　　本文首先对这篇赋逐句进行讲读，然后从艺术、情感、思想等角度进行解析。

一、《士不遇赋》讲读

　　1.呜呼嗟（jiē）呼！遐（xiá）哉邈（miǎo）矣！

"呜呼"和"嗟呼"都是感叹词。"嗟呼"，也写作"嗟乎"。在这里，两个感叹词连用，是为了加强语气。

"遐"和"邈"都是远的意思。我们熟悉的成语"闻名遐迩"，意思是远近闻名。"遐"就是远，"迩"就是近。董仲舒开篇发出慨叹：时光如此悠长没有穷尽，但是时运却转瞬即逝。

2. 时来曷（hé）迟，去之速矣！

时：时运。曷：同"何"，为什么。时运为什么来得这么晚，消失得又那么快啊！我们知道，董仲舒人生的巅峰就是在三次对策中受到汉武帝的赏识，这是他的"时"到来的时候，也就是他"遇"的时候，此时他已经六十多岁。对策完，董仲舒便被派去江都为相，伺候又骄横又霸道的刘非了，之后在仕途上接连遭遇坎坷磨难。因此，晚年的董仲舒回顾为官之路，发出了这样的感慨。

在这里，我们要注意这个"时"字。在《士不遇赋》中，"时"字出现了三次，可见董仲舒是非常重视"时"的，时不我待的危机感，时运不济、生不逢时的惆怅弥漫在字里行间。

3. 屈意从人，非吾徒矣！

屈意从人：委屈自己的意志以迎合他人。非吾徒：指不是我们的同类中人。这句话的意思是：迁就、屈从，违背初衷而追随他人，不是我们这类人能做得出来的事。

4. 正身俟（sì）时，将就木矣！

正身：端正自身，修身。《春秋繁露·仁义法》中董仲舒也提到了"正身"："内治反理以正身。"意思是：在对待自己方面，依据道理端正自身。俟时，等待时机。《荀子·法行》中有："君子正身以俟，欲来者不拒，欲去者不止。"说的是，君子端正自己的身心来等待求学的人，想来的不拒绝，想走的不阻止。就木：就是进棺材，死亡。这句话的意思是：我端正自身，等待时机，但是岁月流逝，眼看就要走到生命的尽头了。表达了一种时不我待的危机感。

5. 悠悠偕（xié）时，岂能觉（jué）矣？

悠悠：指忧愁思虑的样子，在诗歌中经常出现。《诗经·郑风·子衿》："青青子衿，悠悠我心。"偕时：与时俱去，指虚度光阴。觉：觉醒、醒悟。这句话的意思是：忧思伴随着时光流逝，何时才会醒悟呢？

6. 心之忧欤（yú），不期禄矣。

欤：感叹词。禄：俸禄，指出仕为官。这句话的意思是：心中充满忧伤，不再奢望禄位。

7. 皇皇匪宁，只增辱矣。

皇皇：通"惶惶"，内心不安貌。匪：同"非"。宁：心境平和宁静。增辱：增加耻辱。这句话的意思是：内心不安、心境不宁地忙碌奔波，只是给自己带来羞辱。

8. 努力触藩（fān），徒摧角矣。

触藩：用角撞篱笆。摧：摧折、毁坏。这里用的是《周易·大壮》里的典故。《大壮卦》九三爻辞说："羝羊触藩，羸其角。"羝羊：公羊。羸：卡住。意思是：公羊撞篱笆，角被卡住了。上六爻辞说："羝羊触藩，不能退，不能遂。"公羊的角被篱笆卡住，不能退，不能进。"羝羊触藩"描述的是一种进退两难的境地。董仲舒在这里运用《周易》中的这个典故，要说明的就是：尽力想有所作为，反而像被卡住犄角一样，进退两难，白白把犄角弄坏了。

9. 不出户庭，庶无过矣。

户庭：内院。庶：大概、或许。这里化用了《周易·节卦》初九爻辞"不出户庭，无咎"。咎：灾祸。这句话的意思是：我不出家门，在家隔离，大概就不会犯错了。

这九句是赋的第一部分，从时光流逝、时不我待讲起，申明自己不愿屈意从人，只愿正身自守，但又觉得自己时运不济，因此颇为伤感。

10. 重（chóng）曰：生不丁三代之盛隆兮，而丁三季之末俗。

重曰：指的是前面的意思还没有表达完备，再进一步重述、引申、总括。《古文苑》："前意未畅，重述而铺衍之，故曰重。""重曰"相当于很多赋中的"乱曰"。乱，在音乐演奏中指乐曲最后的合奏部分。赋中的"乱辞"指的则是篇末总括全篇要旨的话。董仲舒这里的"重曰"，就是"乱辞"这部分内容。

丁：当，遭逢，遇到的意思。三代：指夏商周三代。儒家有"三代情结"，向往夏商周时期的道德、制度。董仲舒在这里感叹自己生不逢时，没有遇上夏商周三代鼎盛时期的道德制度，却赶上了三代末世的败坏风俗。

11. 以辨诈而期通兮，贞士耿介而自束。

辨：通"辩"。辨诈：能言善辩，伪善奸诈。期通：期望通达。贞士：品行忠贞高洁的人。耿介：正直。自束：自我约束。这句话的意思是：我生不逢时，没赶上好时代，在这个末世败坏的风俗里，人们都希望通过伪善狡诈去获得亨通，只有品性忠贞、行为正直的人才自觉约束自己。

12. 虽日三省于吾身兮，繇（yóu）怀进退之惟谷。

日三省于吾身：语出《论语·学而》："吾日三省吾身。"每天都多次自我反省。即使是如此反省自律，"繇怀进退之惟谷"。繇：通"犹"，依然。进退之惟谷，语出《诗经·大雅·柔桑》："人亦有言，进退维谷。"维：相当于"是"；谷：比喻困境。无论是进还是退，都是处在困境之中。形容进退两难。董仲舒这句话的意思是：即使每日多次省察自己的言行，依然是进退两难。

13. 彼实繁之有徒兮，指其白以为黑。

实：实在、确实。繁：多。徒：人（多指坏人），比如匪徒、暴徒、赌徒、叛徒，这里的"徒"都是指人，坏人。《尚书·仲虺之诰》："简贤附势，实繁有徒。"意思是：轻慢贤人，依附权势，这样的人实在不少。在这里，董仲舒所说的"彼实繁之有徒"，也是说社会上确实有很多这样的坏人。

什么样的坏人呢？"指其白以为黑"，颠倒是非的人。他们怎么颠倒是非呢？看下一句。

14. 目信嫮（hù）而言眇（miǎo）兮，口信辩而言讷（nè）。

信：确实。嫮：通"嫭"，美好。"目信嫮"就是眼睛明明是健全美丽的，但是颠倒是非的坏人愣是说你的眼是瞎的。"眇"，瞎了一只眼，后亦指两眼俱瞎。第二句"口信辩而言讷"，辩：通"辩"，巧言善辩。讷：言语迟钝、口齿笨拙。意思是：嘴巴确实是能说会道，但是颠倒是非的坏人愣是说你笨嘴拙舌。这两句话用打比方的方式，解释了这些人是如何以白为黑、颠倒是非的。

15. 鬼神不能正人事之变戾（lì）兮，圣贤亦不能开愚夫之违惑。

戾：乖张、违逆。违惑：错乱迷惑。违：邪恶、过失。惑：迷惑。这句话的意思是：鬼神不能改变人间事物的变异和乖戾，圣贤也不能使愚人改变其错乱和迷惑。

这种颠倒是非的社会现状，是鬼神、圣贤都不能改变的。那么自己又该怎么做呢？

16. 出门则不可以偕往兮，藏器又蚩（chī）其不容。

偕往：一同前往。"出门则不可以偕往"，出门不可以和这些颠倒是非的人结伴同行，也就是不能和他们同流合污。藏器，乃是"藏器待时"的略语。这也是来自《周易》的一个词。《周易·系辞下》："君子藏器于身，待时而动。"器：引申为才能。蚩：同"嗤"，讥笑。不容：不被接纳。这句话的意思是：我如何在这样的社会生存呢？同流合污自然是不行的，怀藏才学、等待时机，又会遭到他们的讥笑排斥。

17. 退洗心而内讼兮，固未知其所从也。

洗心：比喻清除邪念、杂念。典出《周易·系辞上》"圣人以此洗心，退藏于密"，用此典表明自己注重内心的修养，涤荡心灵。内讼：内心自责。典出《论语·公冶长》"吾未见能见其过而内自讼者"，原义为有过错而知道自我反省。用此典表明自己不断自我反省。

这句话的意思是：尽管我不断净化内心，不断自我反省，但仍然没有出路，暗示深陷困顿的局面并非自己的原因，而是所处时代所致。

这八句，讲的是在这个是非颠倒的社会里，作者洁身自好，不愿随波逐流，但依然不知何去何从。于是，他把目光投向古圣先贤，去寻求解决之道。

18. 观上古之清浊兮，廉士亦茕茕（qióng）而靡（mí）归。

"观上古之清浊"，就是看看上古时代政治清明或政治昏暗的时候是怎么样的。清浊：比喻政治的清明与昏暗，就是治乱的意思。那时候怎么样呢？"廉士亦茕茕而靡归"，廉正之士也是孤独而无所归依的。廉士：清廉之士。茕茕：孤独无依的样子。靡：无。靡归：无所归依，指怀才不遇。这句话的意思是：纵观上古之世，不管政治清明还是昏暗，廉士也一样孤独无依，怀才不遇。

19. 殷汤有卞（biàn）随与务光兮，周武有伯夷与叔齐。

20. 卞随、务光遁迹于深渊兮，伯夷、叔齐登山而采薇。

卞随和务光是商汤时代的贤士。《吕氏春秋·离俗》和《庄子·让王》记载了他俩的故事：相传商汤将讨伐夏桀，曾和卞随、务光商量，他俩都拒不回答。汤战胜桀后，要把天下让给卞随和务光，他俩投水而死。"遁迹于深渊"，就是投水而死。

伯夷和叔齐的故事就更为有名了。他俩是商末孤竹国国君的两个儿子，相传其父欲传位于叔齐。孤竹国君死后，叔齐让位给哥哥伯夷，伯夷不受，叔齐也不即位，两人先后逃到周地。周武王伐纣的时候，两个人曾经进谏劝阻，后来周武王灭商以后，两个人义不食周粟，逃到首阳山，采薇而食，最后双双饿死在山里。

董仲舒首先举到的商周政治清明时候的这四位"廉士"，殷汤欲让天下给卞随和务光，伯夷和叔齐受到周武王的出仕之邀，但他们均选择了不与统治者合作而从容赴死。

21. 使彼圣人其繇周遑兮，矧（shěn）举世而同迷。

繇：通"犹"，尚。周遑：亦作"周惶"，彷徨、犹疑不定。矧：何况。迷：迷惑。这句话的意思是：上古政治清明，尚使圣贤感到疑惧惶惑，何况举世同迷的时代，士人的处境更是可想而知了。

22. 若伍员（yún）与屈原兮，固亦无所复顾。

董仲舒接着列举了政治昏暗时的两位贤人的例子：一个是伍员，一个是屈原。

伍员，就是伍子胥，春秋时楚国人。他的父亲和哥哥都被楚平王杀死了，他逃到吴国，帮吴王阖闾攻破楚国，把楚平王的尸体挖出来鞭尸泄恨。后来吴王阖闾的儿子夫差即位，他不听伍子胥灭掉越国的建议，逼得伍子胥自杀了。

屈原，战国时期楚国人，早年受楚怀王信任，任左徒、三闾大夫，兼管内政外交大事。他主张对内举贤任能，对外联齐抗秦。因遭贵族子兰、郑袖等人的排挤诽谤，顷襄王时被流放。楚国郢都被秦军攻破后，自沉于汨罗江，以身殉楚国。

董仲舒说伍子胥和屈原是"固亦无所复顾"。固：已经。复顾：留恋。也就是已经没有什么留恋的了。伍子胥和屈原为小人所诬陷，为昏庸的君王所疏远，他们均以死明志。从董仲舒举到的这六位历史人物，可以看出，不管政治清明还是黑暗，古代廉士都孤独无依，怀才不遇，不得善终。

23. 亦不能同彼数子兮，将远游而终慕。

数子：指上文提到的六位人物。终慕：内心总是羡慕。这句话的意思是：我虽不能同这些廉士一样杀身或远游，内心总是羡慕他们。

不管是隐居还是弃世，都与董仲舒修齐治平的儒家理想相矛盾。董仲舒的儒者担当与崇高品格，在这里显露无遗，十分让人敬佩。

24. 于吾侪（chái）之云远兮，疑荒涂而难践。

吾侪：我辈。云远：遥远。疑：怀疑、担心。涂：通"途"。荒涂：荒僻的道路。践：踩、踏。这句话的意思是：对于我辈来说，古人已经离我们很遥远了，古人之路已经变得荒芜，因此担心此路难再通行。也就是说，因时代不同，不能再走古人之路。

25. 惮（dàn）君子之于行兮，诚三日而不饭。

惮：怕。诚：小心。不饭：不吃饭。这句话化用了《周易·明夷》初九爻辞："君子于行，三日不食。"这句话的意思是：害怕君子远行，一连几天吃不上饭。联系上文可知其意，古人远游之路难通，即使可行，又担心远游途中几天吃不上饭。

这八句，董仲舒以六位上古贤人为例，指出不管是政治清明还是政治昏暗，廉士们都会有怀才不遇的苦闷，而他们或隐逸，或杀身，选择了各不相同的道路。那么董仲舒自己将何去何从呢？

26. 嗟（jiē）天下之偕违兮，怅无与之偕返。

嗟：叹息。怅：怅惘、失意。偕违：共同陷于邪恶之中。偕返：一起返回正道。这句话的意思是：叹息和惆怅的是天下人都陷于邪恶之中，竟无人同我一起返回正道。范仲淹在《岳阳楼记》的最后，也发出了"微斯人，吾谁与归"的感叹。

27. 孰若返身于素业兮，莫随世而轮转。

孰若：何如、怎么比得上。素业：清素之业，指儒学。"孰若返身于素业兮"，怎么比得上回归到儒学研究的事业上来。"莫随世而轮转"，不要再随着社会形势的起伏而奔波折腾。

28. 虽矫（jiǎo）情而获百利兮，复不如正心而归一善。

矫情：改变、违背真实的性情。这句话的意思是：即使改变了本性就能获得百利，仍不如端正心意集中到某一有益的事业上来。

董仲舒选择的这种"正身俟时""正心归善"的对不遇之感的消解方式，

体现出儒者的精神境界。鲁迅在《汉文学史纲要》中评价道："终则谓不若返身素业，归于一善，托声楚调，结以中庸，虽为粹然儒者之言，而牢愁狷狭之意尽矣。"

29. 纷既迫而后动兮，岂云禀性之惟褊（biǎn）。

纷：众多的样子。迫而后动：受到外在的逼迫而后有所行动。禀性：天赋的资质。褊：偏狭，指心地狭隘。这句话的意思是：那么多的耿介之士都是迫不得已才采取那样的远游、杀身的行为，怎能说是天生的心地狭窄呢？

30. 昭同人而大有兮，明谦光而务展。

昭：使……显扬。明：与"昭"同义。在这里，董仲舒提到了《周易》中连续的三卦：《同人》《大有》和《谦卦》。董仲舒在这里标举《同人》《大有》，是有深意的，一个人不可能永远倒霉，接下来就是与人和谐，大有所获。很明显，《周易》给予他消解"不遇"的信心。务：致力、追求。展：伸张。这句话的意思是：要使与人和谐之风显著并兴盛起来，使谦退之风显著并发扬光大。

31. 遵幽昧（mèi）于默足兮，岂舒采而蕲（qí）显？

遵：遵照。幽昧：昏暗。默：沉默。《礼记·中庸》："国有道，其言足以兴；国无道，其默足以容。"此指沉默不语而苟活于世。舒采：施展才华。蕲显：祈求显达。蕲，通"祈"，祈求。这句话的意思是：遵照在昏暗中沉默的原则就足够了，哪里还想施展才华以求得显达？董仲舒此意暗合了儒家"穷则独善其身，达则兼济天下"的宗旨，毕竟追求道德完人不失为儒家提倡的一种理想人生境界。

32. 苟肝胆之可同兮，奚须发之足辨也？

苟：如果，假如。奚：何，哪里。须发：胡须和头发。这句话的意思是：假如肝胆可视为一体，那么胡须头发哪里还值得辨别呢？也就是说，肝胆是人体内在器官，很重要，须发是身上外在附加物，不重要。那些上古廉士要么隐逸，要么杀身，虽然表现不一，但内里是相同的。我和他们选择的道路也不同，但是我和他们的内里也是相同的。所以章樵在《古文苑》中说："索于形骸之内，不求于形骸之外。"看本质，不看表象。

最后这七句，董仲舒声明了自己的选择，"返身素业""正心归善"，为后世士人引领了一条从政治上的"不遇"通向精神上的"不朽"的道路，使生命在最崇高的意义上实现了超越和升华。

在《史记·孔子世家》中，司马迁评价孔子有这么几句话："天下君王，至于贤人众矣，当时则荣，没则已焉。孔子布衣，传十余世，学者宗之。自天子王侯，中国言六艺者，折中于夫子，可谓至圣矣！"

孔子如是，董子亦如是。

钱穆也说过："我们看那些失败英雄时，此等人物乃被其所努力之事业抛弃在外，因而其全心全人格反而感觉特别突出。宋儒陆象山曾说：'人不可依草附木。'一有依附，其人格价值便会不出色。纵使依附于事业，也一样如此。失败英雄，因无事业可依附，而更见出色。"

河北师大的秦进才教授曾说过，董仲舒拥有今天的地位应该感谢汉武帝的"不重用"。正是因为不受重用，他才有时间、有精力构建出博大精深的思想体系，为我们留下这么多精神财富。万事如意的董仲舒到今天也许毫无价值。

因为"不遇"，所以"不朽"，这就是人生的辩证法。

二、《士不遇赋》解析

（一）艺术形式

汉赋从内容和形式上看，主要分三类：汉大赋，是那种以铺叙帝王贵族游猎、宫苑、京都为内容的赋作，比如司马相如的《子虚赋》《上林赋》、班固的《两都赋》；骚体赋，着重个人情志的抒发，因为较多借鉴了楚辞的表现手法和语言特色，所以叫"骚体赋"，比如贾谊的《吊屈原赋》、董仲舒的《士不遇赋》、司马迁的《悲士不遇赋》；散文赋，内容上也是述志言情的，但是不用韵，纯用散体，而且题目里面大多没有"赋"字，比如东方朔的《答客难》、扬雄的《解嘲》。

董仲舒的《士不遇赋》属于骚体赋，"骚体"也就是"楚辞体"，是从楚辞发展而来的，因此在艺术形式上仍保留着楚辞的痕迹。主要有三个突出的特点：

第一，"重曰"之辞申己意。

"重曰"相当于很多赋中的"乱曰"。两汉相当数量的骚体赋保留了这种以"乱"来结束全文的形式。贾谊《吊屈原赋》末有"讯曰"，"讯"也即是"乱"。不管是"乱曰""重曰""讯曰"，大都是以比较整齐的韵语构成，或总结归纳，或重申己意，形成了骚体赋的一个重要特征。

第二，句式排列较整齐。

在句式上，骚体赋亦受到楚辞的影响，与大赋有很大差别。大赋句式均为散体，句式不整齐。而骚体的基本句式为四言、六言，间或用五言、七言、八言、九言等。董赋前面用四言，"重曰"后则六言、七言、八言相互融合，交替出现。句式没有固定的模式，每句的字数随着作者情感抒发的需求而变化。

第三，两句之间运用"兮"。

"兮"为楚地方言，楚辞中大量运用，由此形成楚辞的重要特征。我们熟悉的那句"路漫漫其修远兮，吾将上下而求索"，有这个"兮"字，就非常有韵味。董赋受楚辞影响也大量运用"兮"字。用"兮"字隔开的两句，音隔义不隔，句断势不断，前后两部分形成一种节奏上独立、意义和语势上连贯的微妙关系，特别适合表现这种伤感、幽怨、凄楚的思想感情。

（二）写作手法

在写作手法上，董赋最突出的特点就是引经据典。这短短的485字中，用典有16处之多。

董仲舒在这篇赋中引用了多部经典：《诗》里的"进退维谷"，《书》

里的"实繁有徒"，《礼》里的"国无道其默足以容"，《易》里的"羝羊触藩""不出户庭，无咎""君子藏器于身，待时而动"，《论语》里的"吾日三省吾身"，《荀子》里的"君子正身以俟"，还有《吕氏春秋》《庄子》里卞随务光、伯夷叔齐的故事。

董仲舒通过援引古人事迹或历史典故来佐证自己的观点，使得赋文具有较强的说理性，区别于其他的抒情赋作。

（二）情感抒发

在西汉"士不遇"主题的赋中，士人表达"不遇"情感的方式主要有两种：借题发挥型和直抒胸臆型。董仲舒的《士不遇赋》和司马迁的《悲士不遇赋》，属于直抒胸臆型，直接以标题明意，表明该赋是自己遭受"不遇"有感而发之作。董赋的开头发出感慨："呜呼嗟呼！遐哉邈矣！时来曷迟，去之速矣"，直言自己的知遇之难。司马迁赋开篇也是感慨："悲夫！士生之不辰，愧顾影而独存！"抱怨生不逢时，顾影自怜，孤独失意。

借题发挥型的赋，从题目上是看不出"不遇"的，这类作品往往通过历史上典型的"不遇"人物来抒发自己现实"不遇"的情怀，比如贾谊的《吊屈原赋》。借题发挥型的赋，除了借屈原这样"不遇"的历史人物来写"不遇"者，还有借描写美人失宠后的寂寞惆怅，以表现"不遇"的悲愁情绪的，比如司马相如的《长门赋》。这种借闺怨写不遇的文学作品，到了词里，就更多了。美人无人欣赏，暗自神伤，正如怀才之人一样，空有满腔抱负，却无君重用，只能嗟叹不遇。

（三）人生境界

鲁迅评价董仲舒的《士不遇赋》是"粹然儒者之言"，这点出了董仲舒在这首赋中展现的儒者境界。赋中的"正身俟时""耿介自束""日三省于吾身""洗心而内讼""正心而归一善"，处处体现了儒家的自律、进取精神。虽然赋中有"不出户庭，庶无过矣"的说法，也对隐逸远游的廉士表示羡慕，但是董仲舒的"隐"也是儒家之隐，而非道家之隐。

很多人一提"隐逸"，就主观地认为是道家特有的理论，儒家思想是主张入世而反对"隐逸"的。其实不然。积极入世，参与政治，无疑是儒家思想的主流，但儒家的"隐逸"思想也是不可忽视的。《论语·泰伯》中孔子提出："天下有道则见，无道则隐。"孔子还以赞赏的语气评价"隐士"的"隐逸"行为，《卫灵公》："君子哉！蘧伯玉，邦有道则仕；邦无道，则可卷而怀之。"《公冶长》："宁武子，邦有道，则知；邦无道，则愚。其知可及也，其愚不可及也。"甚至连孔子自己在晚年无法实现其大志的情况下也无奈叹息"道不行，乘桴浮于海"。

儒家有"隐逸"思想，但是儒家之隐是有条件的，即"邦无道"。董赋中便描述了自己所处的时代"辨诈期通""指白为黑"的败坏风俗。也正是在现实中接连遭到小人陷害，董仲舒最终选择了告病归家。董仲舒的"隐"是儒家在"邦无道"情形下的权变，是"藏器"，但是这个器只是暂时藏起来，等到时机来了，还是要用的。"用"是常态，"藏"是权变，该用则用，该藏则藏。董仲舒在《春秋繁露·竹林》中说："《春秋》之道，固有常有变，变用于变，常用于常，各止其科，非相妨也。"《春秋》的原则，本来就有恒定性和变通性，变通用在变通性的场合，恒定用在恒定性的场合，各有自己适用的范围，不相妨碍。董仲舒把《春秋》中原则性和灵活性相结合的智慧，应用到自己的生活中，所以鲁迅评价他的《士不遇赋》"托声楚调，结以中庸"。

儒家之隐不仅是有条件的，也是有要求的，并不是简单地放弃官位，被动地保全性命，而是"求义之隐"，即使"隐"也不放弃对道的执着，不放弃对义的坚守。

在赋中，董仲舒举到了伯夷叔齐两位有名的隐士，这也是儒家之隐的代言人。在《论语》中孔子一再赞赏这两位隐士。《论语·微子》中孔子就赞赏他们："不降其志，不辱其身，伯夷、叔齐与！"隐居饿死，是不放弃自己的志向；不仕周朝，是不辱没自己的身份。《述而》中子贡问："伯夷、叔齐何人也？"孔子回答："古之贤人也。"曰："怨乎？"曰："求仁而得仁，又何怨？"

儒家更加推崇"隐士"高风亮节、韬光养晦的仁义楷模和道德表率作用，而并不是十分认同单纯地隐姓埋名、无欲无求、仅仅为享受山水田园之乐。因为就儒家积极入世、治国平天下的原则而言，"出世"是一种不得已的选择，或者说为了更好地"入世"，从而以退为进。隐逸只是一种方式。所以就算是隐逸，也应该隐得有一定的社会和道德伦理价值，即虽身在山林，但却能够为社会做道德表率，这才是儒家"隐逸"的价值。

儒家对伯夷、叔齐的隐逸是肯定的，在孔子看来能够求仁得仁的隐逸主体是无怨无悔的，正所谓"君子疾没世而名不称焉"（《卫灵公》）。因此，伯夷、叔齐虽饿死于首阳山下，却为后人称颂褒扬，留名至今。以个体的利益为代价赢得了社会的认同，其个体的社会价值也就得到了充分体现。

道家的立论基点则与之完全相反，《庄子·骈拇》中这样论述此事："伯夷死名于首阳之下，盗跖死利于东陵之上。二人者，所死不同，其于残生伤性，均也。奚必伯夷之是而盗跖之非乎？"可见，道家认为伯夷、叔齐为名而死是残生伤性之举，与盗跖为利而死性质是相同的。道家讲隐逸，体现的是对个体生命的珍视，注重追求精神的绝对自由。

"士不遇"作为中国古代文学恒久而普遍的主题之一，肇始于先秦，彰显于两汉，在唐诗、宋词、明清小说中都有表现，贯穿于中国古代文学的始终。而这些抒发不遇情感的失意之人，也格外值得我们关注。钱穆先生在《中国历史研究法》中说："有时失败不得志的，反而会比得志而成功的更伟大。此处所谓伟大，即指其对此下历史将会发生大作用与大影响言，而得志与成功的，在其身后反而会比较差。"董仲舒就是这样的人，虽然生前"不遇"，但是他的思想"不朽"，时至今日董子思想仍然有着鲜活的生命力。

致敬董仲舒：新天人三策 *

黎红雷

（中山大学　哲学系）

董仲舒的"天人三策"，是中国历史上第一个以儒学为基础构建的国家治理体系。时过境迁，两千多年前提出的许多具体的治理措施，已经不适应当代社会的现实。但是，董仲舒将本来是思想探索性质的学术性儒学，转化为能够实际运用于国家和社会治理实践的制度化儒学，这种勇于开创的精神永远值得后人学习和致敬。为此，笔者不揣谫陋，沿着董氏的思路，按照当代中国社会治理的需求，提出"新天人三策"，以就教于方家。

策一：崇"五尊"以重建信仰

董仲舒明确主张"尊天"，即所谓"高其位，所以为尊也"（《春秋繁露·离合根》），目的是为了树立"天"在国家治理体系中的最高权威。而"天地君亲师"作为中国传统社会的精神信仰体系，其思想来源于先秦儒家。荀子指出："天地者，生之本也；先祖者，类之本也；君师者，治之本也。无天地恶生，无先祖恶出，无君师恶治，三者偏亡，则无安人。故礼，上事天，下事地，尊先祖而隆君师，是礼之三本也。"（《荀子·礼

---

* 本文系河北省董仲舒研究会暨董子学院 2020 学术年会所作主旨演讲。

论》）到了清朝初年，正式确定"天地君亲师"为全国民众的共同信仰，家家户户都供奉"神主牌"。辛亥革命以后，人们把君主赶跑了，"神主牌"变成"天地国亲师"（至今民间社会特别是农村依然存在，其中祭拜祖先更是普遍流行的信仰仪式）。如何转化这一传统社会的精神遗产，使之成为重建当代社会精神信仰的宝贵资源，是我们面临的时代课题。

一是尊天道以心存敬畏。天，是中国古代精神信仰体系的核心。"天"字的本义指人的头颅，后演变为人头顶之上的苍天，与人脚底之下的大地相对应。孔子指出："君子有三畏：畏天命，畏大人，畏圣人之言。"（《论语·季氏》）这里的"畏"就是敬畏，"天命"指上天的意志，也可以理解为自然的规律。确立"敬畏自然"的精神信仰，对于人类社会有着根本性的意义。首先，"敬畏自然"是人类生存发展的起点。据现代科学研究，宇宙的历史有200亿年，地球的历史有40亿年，人类的历史有300万年。作为天地自然造化的产物，人类一直对自己的"造化主"天地自然保持着一份敬畏之心。其次，"敬畏自然"是人类伦理道德的基点。现代人一般认为，伦理道德是人类社会处理人际关系的行为准则，似乎与天地自然无关。其实，只要我们认可人类生命来自天地自然，那就同时意味着承认天地自然是人类道德的基点。一方面，天地自然是人类所要处理的最根本的伦理关系；另一方面，诸如男女、夫妇、亲子等人类社会的伦理关系也无一不是天地自然造化的产物。"敬畏自然"，我们就可以找到人类伦理道德的最终根源，并确立其最高权威。最后，"敬畏自然"是人类信仰的共通点。不同的宗教，对于信仰的对象有不同的理解，并由此而带来相互间的误解、冲突乃至争斗。儒家不是宗教，但有其信仰。在儒家看来，天地是我们人类共同的父母，天底下的同类都是我的兄弟姊妹，万物都是我的朋友。这种基于天地生人而没有人格神崇拜的精神信仰，非但不与任何现有的宗教信仰发生冲突，而且可以成为这个星球上所有人类群体和谐的黏合剂，有助于消除不同宗教人群之间的误解、冲突乃至争斗，从而为世界和平带来福音。

二是亲大地以保护环境。在儒家的精神信仰体系中，"天地"经常并尊，而在具体功能的描述中，"地"更多地被赋予了养育万物的意义。大地，是养育万物的母亲，是人类赖以生存和发展的生态环境。由此，人类与大地的关系，便转化为人类如何对待自己生存于其中的生态环境的问题。在这方面，现代社会存在着两种针锋相对的观点，一种是"人类中心主义"，另一种是"自然中心主义"。从儒家的立场来看，这两种观点都有所偏颇。一方面，儒家主张人类天然地具有驾驭万物的权威和能力："水火有气而无生，草木有生而无知，禽兽有知而无义。人有气有生有知亦且有义，故最为天下贵也。"（《荀子·王制》）另一方面，儒家看到了人类与万物之间密不可分的内在关系："君子之于物也，爱之而弗仁；于民也，仁之而弗亲。亲亲而仁民，仁民而爱物。"（《孟子·尽心上》）质言之，儒家融合了"人类中心主义"与"自然中心主义"的合理价值，他们在肯认天地自然为最高价值根源的同时，承认天下万物也有其内在的价值，并主动承担人类作为"万物之灵"的道德义务。由此，儒家在人类利用万物的问题上形成了"取物而不尽物"的思想，用现代语言来说，就是"可持续发展"。为了实现可持续发展，外在的限制是完全有必要的，这其中包括了政治、经济、法律等层面的限制，但最根本的还是人们道德层面和精神信仰上的自我限制。敬畏天地自然，仁爱天下万物，并将其提升为自觉的道德行为和崇高的精神信仰，这才是人类可持续发展的心灵根基。

三是爱祖国以振兴中华。尊君，是中国传统精神信仰的对象之一。而在儒家看来，"尊君"的前提是"民本"。民众是国家的基础，君主则是国家的管理者，国家成为联结民众与君主的纽带。由此，"尊君"便可转化为"爱国"。从尊重历史、继承传统的角度，我们今天可以把"热爱祖国"作为我们共同的精神信仰。首先，要热爱养育我们生命的祖国大地。祖国，顾名思义就是祖先开辟的疆域、子孙赖以生存的家园。人们世世代代在这块土地上生活、劳动、奋斗，传宗接代、繁衍生息，从而形成眷恋、怀念、爱惜乃至崇敬之情，那是发自内心、油然而生、自然而然的。其次，要热爱哺育我们成长的祖国人民。儒家的仁爱思想，一方面提倡"泛爱众"，主张"四海之内皆兄弟也"（《论语·颜渊》），另一方面，又主张"能近取譬，可谓仁之方也已"（《论语·雍也》），爱人从爱自己的家人开始，爱民从爱自己的国民开始。在儒家看来，二者内在的仁爱精神是完全一致的，并不存在矛盾。最后，要热爱陶冶我们精神的祖国文化。春秋时期的管仲，协助齐桓公"尊王攘夷"，维护华夏文化，受到了孔子的高度称赞。清儒顾炎武指出："有亡国，有亡天下……是故知保天下，然后知保其国。保国者，其君其臣肉食者谋之；保天下者，匹夫之贱，与有责焉耳。"（《日知录》卷十三"正始"）这里的"国"可以理解为不同时期所建立的政治国家，"天下"则可以理解为代代相传的文化祖国。顾炎武的话，将保卫文化祖国的行为推到了更加崇高的地位。"天下兴亡，匹夫有责"，热爱并保护我们源远流长、博大精深的祖国文化，是所有华夏子孙的神圣使命！

四是隆祖先以继承传统。尊亲，指尊崇父母或祖先。父母和祖先不仅是生命的创造者，而且是文化传统的创造者。由此看来，"尊亲"的实质是"报本"，是对人类生命源泉的尊崇，对人类文化根源的肯定，对人类文化传统的敬重。敬重传统就要继承传统。《中庸》指出："夫孝者，善继人之志，善述人之事也。"这里的"志"指先人的意志，"事"指先人的事业。"继"的本义为"连续"，"述"的本义为"遵循"，所谓"父作之，子述之"，就是敬重传统而继承传统的意思，它不仅是从事业的角度而言，更重要的，是精神传统的代代相传。敬重传统还要光大传统。《孝经》指出："身体发肤，受之父母，不敢毁伤，孝之始也。立身行道，扬名于后世，以显父母，孝之终也。"在儒家看来，作为人子，其最大的孝行在于遵循仁义道德，有所建树，显扬名声于后世，从而使父母和祖先显赫荣耀。这种"光宗耀祖"思想，鼓励人们奋斗向上，自强不息，建功立业，报答父母，报效国家，是一种无论对于个人，还是对于家庭和社会都有积极意义的伦理意识。"光宗耀祖"的底线是不让祖先和家人蒙羞，警醒人们不要胡作非为，这也有助于消减各种社会丑恶现象的产生。更重要的是，这种"光宗耀祖"思想，对于延续和光大一个家庭、一个族群、一个国家的精神传统，都发挥着重要的作用。敬重传统更要发展传统。孟子指出："孔子，圣之时者也。"（《孟子·万章下》）与后人所描绘的"迂腐"形象相反，孔子虽然敬重传统，却不墨守成规，而是与时偕行，随遇而安。儒家的传统发展观，是坚持中有发展，发展中有坚持，坚持的是传统的根本精神，发展的是传统精神的表现形式。

五是敬师长以传续文化。"尊师重道"是中华民族的传统美德。"师者，所以传道受业解惑也。"（韩愈《师说》）尊重老师的意义不仅仅是尊重老师本人，而是尊重老师所传授的道理；尊师重道的目的则在于传承和延续人类文化之精神、民族道统之精义，从而使其薪火相传，经久不坠，历久弥新。传续文化，从个人的层面来看，就要重视学习。学习不仅可以使一个人出类拔萃、领袖群伦，还可以使整个人类文化传承发展、不断更新。传续文化，从国家的层面来看，就要重视教育。我们应该借鉴包括传统蒙学教育在内的儒家教育思想及其实践经验，将社会教育、家庭教育和学校教育有机地结合起来，坚持立德树人，大力推广家风、家教、家训教育，并在学校中进一步完善中华优秀传统文化教育，以培养既有道德又有智慧、既懂礼义又知廉耻、既会做人又能做事的现代新人。传续文化，自然就要敬重作为文化传续者的老师。就个人层面而言，老师是读书学习的指导者与引路人；就国家层面而言，老师是国家社会秩序的倡导者与维护者。荀子指出："国将兴，必贵师而重傅，贵师而重傅则法度存。国将衰，必贱师而轻傅；贱师而轻傅，则人有快，人有快则法度坏。"（《荀子·大略》）在他看来，老师的地位和作用，直接关系到国家的前途和命运。国家兴盛，就一定会尊重老师；老师受到尊重，国家的法律制度就能得到保存。相反，如果国家趋于衰败，就一定会轻视老师；老师受到轻视，人们就会放纵性情，国家的法律制度就要受到破坏。所以，是否尊重老师，事关国家的兴衰存亡。今天，我们要大力弘扬尊师重道的优良传统，以促成民众好学上进，社会文明进步，人类文化持续发展！

策二：复"五常"以提升道德

董仲舒提出："夫仁谊礼知信五常之道，王者所当修饬也。"（《汉书·董仲舒传》）从此，"仁义礼智信"被确立为中国传统社会的道德行为规范。相传成书于南宋的《三字经》即有："曰仁义，礼智信，此五常，不容紊。"作为儒家道德体系的代表性符号，"仁义礼智信"对于当代社会的道德文明建设依然具有重要的价值。

一是修仁道以培育爱心。"仁"是孔子的原创性概念，是儒学最核心的范畴。儒家的仁学，本质上是关于人的道德伦理，是一个人如何做人、如何待人的道理。关于如何做人，儒家的回答是"为仁由己"，自我完善；关于如何待人，儒家的回答是"仁者爱人"，相互关爱。孟子指出："君子所以异于人者，以其存心也。君子以仁存心，以礼存心；仁者爱人，有礼者敬人。爱人者，人恒爱之；敬人者，人恒敬之。"（《孟子·离娄下》）君子通过自我修养，提升德性，把仁和礼保存在心中，就必然外化为关爱别人和尊敬别人的行为举止。关爱别人的人，就永远得到别人的关爱；尊敬别人的人，也永远得到别人的尊敬。

二是守道义以公正合宜。"义"是中国古代一种含义极广的道德范畴，指的是公正合宜的道理或行动。要做到公正合宜，在个人操守上就要做到恪守道义，保持节操；在处理义利关系时就要做到取之有义，先义后利。当代人对儒家的义利观有诸多误解。其实，儒家并不反对人们谋利，而是主张谋利的行为必须符合道义的要求。孔子指出："富与贵，是人之所欲也；不以其道得之，不处也。贫与贱，是人之所恶也；不以其道得之，不去也。"（《论语·里仁》）这就是后世所谓"君子爱财，取之有道"的最早出处。追求富足与尊贵，这是人人都有的欲望，这里并没有"君子"和"小人"之分。而道德意义上的"君子"与"小人"，其区别则在于，前者心中拥有道义的准绳，因而不符合道义而得到的利益，就不会去占有它。儒家的"义利观"，一方面主张"因民之所利而利之"（《论语·尧曰》），放手让民众谋利，官府不与民争利，这一点与现代市场经济的基本原理是兼容的；另一方面主张"义然后取，人不厌其取"（《论语·宪问》），这一点则是对市场经济的补充与完善；而孔子提出"见利思义，见危授命，久要不忘平生之言，亦可以为成人矣"（《论语·宪问》），这一点更是对"经济人"弊病的克服与救济。人不仅是经济的动物，也是道德的动物。只有将谋取利益的经济冲动与恪守道义的道德自觉结合起来，取之有义，先义后利，人生才能富足而尊严，光荣而精彩！

三是明礼仪以和睦待人。"礼"是人际交往中的道德行为规范。儒家主张"明礼"，首先是"明礼之仪，学礼以立"。孔子将礼仪的学习与践行作为道德训练的切入点，主张"兴于诗，立于礼，成于乐"（《论语·泰伯》），认为学礼知礼践礼乃是一个人形成独立人格并进而自立于社会的必要条件。其次是"明礼之义，辞让恭敬"。人们通过学习礼仪把握礼义，内心具有尊重他人的荙敬之心，对外就会表现为尊让他人的谦逊之举。最后是"明礼之用，以和为贵"。礼作为协调人际关系的道德规范，其功能在于促使人们和谐相处，促进社会和睦安定。儒家主张"礼之用，和为贵"（《论语·学而》），肯定了和谐在社会活动和人际交往中的价值。如何处理人类社会的矛盾冲突？一种方式是通过斗争，矛盾双方不是你吃掉我，就是我吃掉你，最终结果是"胜者为王，败者为寇"，也可能是"两败俱伤"。另一种方式是通过协调，尊重双方的不同价值，谋求双方共同的利益，最终实现"双赢"。当代中国著名人类学家费孝通先生的十六字箴言："各美其美，美人之美，美美与共，世界大同"[①]，虽然是针对处理不同文化关系而提出的，实际上对于我们正确处理各种错综复杂的人际关系也具有重要的启示。在人际交往中，我们既要尊重自己，也要尊重他人，接受差异，理解个性，从而使社会更加和谐安定，世界更加丰富多彩，充满生机和活力。

四是求智慧以行为有度。"智"是儒家最基本的德目之一。到底什么

---

① 参见费孝通：《人的研究在中国——个人的经历》，《读书》1990 年第 10 期。

是"智"？历来众说纷纭。笔者认为，《中庸》中的"尊德问学"三句"君子尊德性而道问学，致广大而尽精微，极高明而道中庸"，其实就是对儒家明智思想的最好诠释。"尊德性而道问学"，就是要好学求知，明辨是非；"致广大而尽精微"，就是要慎微慎独，积善成德；"极高明而道中庸"，就是要合乎中庸，德行有度。"中庸"是儒家道德的最高境界。孔子说："中庸之为德也，其至矣乎！"（《论语·雍也》）《论语》中的道德条目不少，为什么孔子偏偏拈出"中庸"作为"至德"呢？笔者以为这同儒家伦理道德的特性有关。儒家伦理本质上是"美德伦理"，强调的是伦理道德的主体性和实践性。由此，道德主体在实践过程中的行为选择是否适度，就成为决定其道德行为是否有效的关键。"中庸"的本质就是合适，即《中庸》所言："致中和，天地位焉，万物育焉。"由此，《中庸》所说的"极高明而道中庸"，强调的不仅是高明的道德境界，更是合乎中庸的道德行为。我们的道德建设，应该着眼于社会大众的道德行为，而不能变成空谈理想的道德说教。我们需要远大的道德理想，更需要适应现实需要的良俗美德。为此，就要将理想与现实、教化与行为、"高大上"与"平易实"结合起来，让广大人民群众喜闻乐见，便于实行，从而形成一个人人向上的良好道德氛围。

五是本信诚以成就事业。"信"和"诚"都是儒家道德的重要范畴。一般来说，"诚"指一个人内在的真诚，"信"则指一个人外在的信用。在儒家看来，"诚信"不仅是个人也是国家安身立命的根本，即所谓"人而无信，不知其可也"（《论语·为政》），"民无信不立"（《论语·颜渊》）。要达到诚信，在个人修行上就要"内诚于心，真实无欺"。真诚是自我的完善，也是一切事物的发端和归宿。一个真诚的人，能发挥自己的本性，就能进而发挥众人的本性；能发挥众人的本性，就能进而发挥万物的本性；能发挥万物的本性，就可以帮助天地培育生命；能帮助天地培育生命，就可以自立于天地之间了。要达到诚信，与人交往中就要"外信于人，言行一致"。从汉字结构来看，"信"由"人"与"言"两个字组成。《春秋穀梁传·僖公二十二年》指出："人之所以为人者，言也。人而不能言，何以为人？言之所以为言者，信也。言而不信，何以为言？信之所以为信者，道也。信而不道，何以为道？"人之所以成为人，是因为能够言语；言语之所以有意义，是因为能够表达承诺获得信誉；信誉之所以可靠，是因为符合道义；如果不符合道义，那么言语和信誉也就没有价值了。重诺守信是十分重要的，对熟人如此，对陌生人也同样如此。我们只有始终讲求信用，才能获得社会的信誉，得到他人的信任，从而取得自己人生事业的成功，同时营造一个"讲信修睦"的美好社会氛围。

策三：施"五美"以治理国政

董仲舒主张"以德治国""德主刑辅"，要求国家统治者实行"惠民"政策，不与民争利，等等。据《论语·阳货》记载："子张问仁于孔子。孔了曰：'能行五者于天下为仁矣。''请问之。'曰：'恭、宽、信、敏、惠。恭则不侮，宽则得众，信则人任焉，敏则有功，惠则足以使人。'"在孔子看来，恭敬、宽厚、守信、勤敏、惠爱，是一个仁人应该具备的五种美德。恭敬就不会受到侮辱，宽厚就能得到人心，守信就能获得信任，勤敏就会有功绩，惠爱就能使用他人。这些论述，对于当代治国理政的理论和实践，具有重要的启示。

一是行恭敬以服务民众。孟子指出："民为贵，社稷次之，君为轻。"（《孟子·尽心下》）人民、国家与当政者，在这三者关系中，人民最重要。有了人民，才需要建立国家；有了国家，才需要国家的管理者。因此，当政者应该时刻牢记，自己的权力是人民给的，人民才是国家的主人，官员只是人民的公仆。由于受官本位思想的影响，我们现在一些领导干部，"一朝权在手，便把令来行"，作威作福，对白姓颐指气使，为所欲为，霸气十足。这些官员忘记了，共产党就是为人民服务的，不为人民服务，那还叫共产党吗？中国共产党是中国各族人民利益的忠实代表，除了最广大人民群众的利益之外没有自己特殊的利益，党的宗旨是全心全意为人民服务。因此，向人民负责和向党负责、为人民说话和为党说话，从根本上说，都是一致的。党的领导干部必须俯下身子，放下架子，把自己作为人民群众的一分子，从思想上尊重群众、感情上贴近群众、行为上为了群众，发自内心地服务好群众，一时一刻也不脱离群众。只有这样，才能继续经受住执政的考验、改革开放的考验、市场经济的考验、外部环境的考验。

二是用宽政以获得民心。儒家虽然不否定法律刑罚的作用，但更看重道德教化的价值。在儒家看来，治理国家有"德"与"刑"两种手段，"德"的作用在于培养社会良善的氛围而纠正不良的风气，"刑"的作用则在于惩治危害社会的罪恶并禁止罪恶的发生。二者相比较，"德"的作用更加根本，更能保证国家的长治久安。当代中国社会，利益主体多元化，社会矛盾错综复杂，道德建设与法治建设的任务均十分艰巨。首先，要大力提倡"以德治国"，高度凝聚社会的道德共识，引导人们向往和追求讲道德、尊道德、守道德的生活，形成向上的力量、向善的力量。其次，要全面推进"依法治国"，建设中国特色社会主义法治体系，建设社会主义法治国家，促进国家治理体系和治理能力现代化。而无论是"以德治国"还是"依法治国"，落实的关键还是当政者自身素质的提高。儒家主张："善为吏者树德，不善为吏者树怨。"（《说苑·至公》）我们的领导干部，要真正树立"为人民服务"的大德，不要累积损害群众利益的怨气，要立党为公，执政为民，秉公执法，依法行政，严格司法，不谋私利，不求虚名，以自己的"德政"获得人民的拥护，促成国家的发展。

三是讲信用以树立威望。据《论语·颜渊》记载，"子贡问政。子曰：'足食，足兵，民信之矣。'子贡曰：'必不得已而去，于斯三者何先？'曰：'去兵。'子贡曰：'必不得已而去，于斯二者何先？'曰：'去食。自古皆有死，民无信不立。'"这里的"民信之矣"，有人解释为"民众信任政府"；"民无信不立"，有人解释为"民众没有信用就不能自立"。其实，孔子这里是从当政者的角度立论的，"民信之"应解读为"为民所信"，

"民无信"应解读为"不为民所信"，都是强调当政者应该"取信于民"的意思。[1] 社会需要秩序，政府需要权威，权威从哪里来？来自民众对政府发自内心的信任。威信威信，"威"来自"信"，有"信"才有"威"，无"信"则无"威"；非但无"威"，还会引起民众的反感乃至反抗。当政者只有充分取得民众的信任，才有可能去发动民众，组织民众。处于社会转型时期的当代中国，道德滑坡，诚信缺失。解决这一问题的关键在于从"政府诚信"抓起。政府既是社会信用制度的制定者、执行者和维护者，又是公共信用的示范者。只有一个具有公信力的政府，才有可能带领广大人民群众去实现国家发展的目标。

四是促勤政以奋发有为。按照儒家的思想，当政者要做到"敏则有功"，就要任劳任怨，率先垂范。大禹就是儒家心目中无可挑剔的典范。孔子说："禹，吾无间然矣。菲饮食而致孝乎鬼神，恶衣服而致美乎黻冕，卑宫室而尽力乎沟洫。禹，吾无间然矣。"（《论语·泰伯》）据《史记·夏本纪》记载，禹为了治水，身先士卒，不怕劳苦，风餐露宿，过家门而不入，经过十三年的治理，终于消除了中原洪水泛滥的灾祸，让人民安居乐业，为华夏民族建立了丰功伟绩。人们为了表达对禹的感激之情，尊称他为"大禹"，即"伟大的禹"。从政当官，究竟是为个人享受还是为民众操劳？这个问题在汉代就有过争论。他们以大禹为例子，说明当政者来自民众而为民众排忧解难，胸怀天下之志而担当天下之责，只有勤勤恳恳，任劳任怨，才对得起民众的委托，也对得起民众给自己的这份俸禄。现在有的干部说什么"当官不发财，请我也不来"，把手中的权力看成是提升自己生活质

---

[1] "民信之矣"一句，《论语》高丽本"民信"上有"使"字，皇侃本"民信"上有"令"字。"民无信不立"一句，学界有三说。一说指当政者，孔安国："死者古今常道，人皆有之。治邦不可失信。"一说指民众，郑玄："言人所恃急者食也。自古皆有死，必不得已，食又可去也。民无信不立，言民所最急者信也。"一说兼指当政者和民众，朱熹："无信则虽生而无以自立，不若死之为安。故宁死而不失信于民，使民亦宁死而不失信于我也。"王若虚《论语辨惑》："夫民信之者，为民所信。民无信者，不为民信也。"对此两句解释最为清楚。

量的途径而不是报国为民的责任。其实，在现实生活中，从不从政完全是个人的权利，可以自由选择。如果觉得当干部不合算，可以辞职去经商搞实业，但千万不要既想当官又想发财。须知无论是古代还是当代，在中国当官和发财是完全不兼容的，当官就不要想发财，想发财就不要来当官。中国共产党明确将"全心全意为人民服务"作为自己的宗旨，"如果说共产党人有职业病，这个病就是自讨苦吃"①。我们的干部要通过辛勤工作而建功立业，造福于民，从而实现自己的政治抱负。

　　五是真惠民以共同富裕。孔子有一句名言："有国有家者，不患寡而患不均，不患贫而患不安。盖均无贫，和无寡，安无倾。"（《论语·季氏》）当代人对这句话有不少误解。其实，这里的"有国有家者"指的是当政者，而不是民众个人或家庭；这里的"不患寡而患不均"指的是社会利益的分配原则，而不是反对发展生产、创造财富；这里的"均"指的是"均衡"而不是"平均"，其内涵不仅指财富分配，而且包括社会资源、社会地位、生存状况、发展机会等各方面的全方位均衡。儒家不但不反对民众发展生产、创造财富，而且将其作为当政者推行社会利益分配的必要前提。正如荀子所说："百姓时和、事业得叙者，货之源也；等赋府库者，货之流也。故明主必谨养其和，节其流，开其源，而时斟酌焉，潢然使天下必有余，而上不忧不足。"（《荀子·富国》）儒家不但注意社会财富的均衡分配，而且更重视整体上维护社会的安定和睦。正如《礼记·礼运》所说："大道之行也，天下为公，选贤与能，讲信修睦。故人不独亲其亲，不独子其子，使老有所终，壮有所用，幼有所长，鳏、寡、孤、独、废疾者皆有所养。"当代中国改革开放遵循邓小平的设计，从"让一部分人先富起来"到"共同富裕"②，正印证了孔子思想的远见卓识。"让一部分人先富起来"，解决了计划经济所造成的平均主义"吃大锅饭"问题，促进了生产力的发展；

---

① 电影《杨善洲》台词。北京紫禁城影业公司、云南电影集团、新疆天山电影制片厂联合摄制，2011 年。
② 邓小平：《邓小平文选》第三卷，人民出版社 1993 年，第 110—111 页。

"共同富裕"则要解决市场经济所伴随的贫富悬殊问题，必将促进社会的安定和谐。我们既要"做大蛋糕"，使人民群众真正富裕起来；也要"分好蛋糕"，让人民群众享受公平正义的温暖阳光。我们要通过建设社会主义法治体系和核心价值体系，形成科学有效的社会治理体制和公平正义的良好氛围，以确保社会既充满活力又和谐有序。总之，我们要想民所想，利民所利，安民所安，把人民群众创造社会财富的巨大潜力和享受美好生活的强烈愿望结合起来，让每个人都享有人生出彩的机会，都享有美梦成真的机会，以共同实现国家富强、民族振兴、人民幸福的"中国梦"！

绘本《董仲舒与西汉政治》文案

王文书

（衡水学院　董子学院）

　　董仲舒，字宽夫，西汉广川人，中国历史上著名的思想家、政治家、教育家。古广川位于今天衡水市东部，董仲舒在西去长安之前一直生活在衡水大地上，衡水是名副其实的大儒故里。董仲舒适应历史发展的必然趋势，以儒家学说为主干，吸收法家、道家、阴阳家等诸家思想，建立了一套完整的新儒家思想体系，并提出一系列治国、齐家、修身的原则。董仲舒建构了中华帝国的政治模式，奠定了中华民族的文化基础，塑造了炎黄子孙的精神面貌，影响深远，泽被千秋。

　　1.秦汉时期，在大河以西泽水南岸的赵国故地有一聚族而居的耕读之家，这户人家姓董，祖上来自春秋末期的赵国功臣董安于。董安于为国捐躯之后，其子弟从晋阳东迁到赵国的东部与齐鲁交界的地区为官，后世子孙便定居于此地。

　　2.公元前202年，楚汉战争中，两军在垓下（今安徽省灵璧县东南）进行了一场战略决战，史称垓下之围。刘邦称帝于汜水北岸，建立西汉政权。刘邦称帝后不久，大约在公元前200年前后，董家降生一个男婴，取名叫作董仲舒。

3. 董仲舒少年和青年时期，经历了汉惠帝、汉文帝两朝。汉惠帝刘盈废除秦朝"挟书之律"，置写书之官。很多退避于林下的士人，渐渐走出了草野。汉朝初期在思想文化领域摆脱了秦朝焚书坑儒的高压态势，形成了宽舒自如的状态。

4. 正是在这样的社会环境中，秘藏起来的各家典籍，纷纷再现于世间。青年时期的董仲舒聪颖好学，博览群书，尤其喜欢钻研孔子编订的鲁国史书《春秋》。董仲舒最擅长的是《春秋》公羊学。

5.《春秋》是孔子依据鲁国国史修撰的一部政治史。为了避免政治迫害，孔子在属辞比事上常常使用隐晦的语言，于微言中彰显治理国家的大义。孔子死后，弟子各以所闻辗转传授，于是逐渐形成不同的《春秋》学说。汉代流行有五家，即公羊春秋、穀梁春秋、左氏春秋、邹氏春秋、夹氏春秋等。

6.《史记》作者司马迁说："汉兴至于五世之间，唯董仲舒名为明于《春秋》。"董仲舒论《春秋》长于论事，能援经以致用，对《春秋》公羊学的大明于汉世，作出卓越的贡献，因此在景帝年间被任命为博士。

7. 秦汉时期的博士是具官待问，只是地方官或皇帝的顾问，具员领俸而已，没有决策的权力，并不受重用。

8. 汉景帝的母亲窦太后代表的一派政治保守势力好黄老刑名学说，指斥儒家五经《诗》《书》《礼》《易》《春秋》为"司空城旦书"，辱骂儒家经典为刑徒之书。前一段时间，有人因为与老太后的观点不同还差点酿成血案。

9. 窦太后曾问《诗》博士辕固生《老子》之书如何，辕固生说《老子》是浅俗的"家人之言"，冲撞了窦太后，窦太后令辕固生与野猪搏斗，幸亏景帝给他一柄利剑，才使得辕固生免于一死。不久，辕固生被外调清河太守，离开了首都长安。

10. 作为郡博士的董仲舒在此期间只能韬光养晦，居教乡里。他广招生徒，下帷讲诵，私相传授。

11. 他讲学时，在课堂上挂上一幅帷幔，他在帷幔里面讲，学生在帷幔外面听。同时，他还经常叫他的得意门生吕步舒等转相传授。

12. 董仲舒论道高妙，又重身教，投在其门下的弟子众多，由他的弟子次相受业，以致于他的很多学生很长时间不能得到面授。

13. 董仲舒一门心思扑到授徒和读书研究之中，甚至三年都没窥视一下园中菜。这就是三年不窥园的故事。

14. 董仲舒生活的年代，参加聚会以骑乘母马为耻，董仲舒专心治学，不以为意。后世用"乘马不知牝牡"形容读书人专心致学。

15. 董仲舒的行为举止，都遵循礼节与法度，很多读书人都尊他为师，史称"为群儒首"。今衡水故城县有董学村，相传为董仲舒下帷讲学之地。

16. 他为家乡及周边地区培养了一大批人才，"为郎、谒者、掌故者以百数"，其中佼佼者有兰陵褚大，广川殷忠，温吕步舒。褚大为梁国相，吕步舒为丞相长史。这些学者为日后的独尊儒术奠定了人才基础。

17. 后元三年（前141年）正月，刘启患病，病势越来越重，他自知不行了，于是病中为太子刘彻主持加冠（成年礼）典礼。

18. 不久，刘启病死于长安未央宫，享年48岁，在位16年。葬于阳陵，谥号"孝景皇帝"。太子刘彻即皇帝位，是为汉武帝。

19. 汉武帝上台之初，建元元年（前140年）冬十月（西汉初年使用的是颛顼历，而不是太初历。以十月作为岁首），立刻对组织人事进行了安排部署，调整了中央核心决策圈，提拔重用新人，手段非常老道。

20. 少年天子汉武帝任命信奉儒学的窦婴为丞相，安排其舅父田蚡为太尉主持兵政，任命他当太子时的两位老师赵绾为御史大夫，王臧为郎中令，毅然实行改革。

21. 汉武帝下诏："丞相、御史、列侯、中二千石、二千石、诸侯相举贤良方正直言极谏之士。"

22. 广川国举荐了董仲舒，董仲舒已经年届六十，以博士的身份公车离开广川赴长安，第一次参加西汉朝廷举办的策问。

23. 建元元年春夏，董仲舒与汉武帝通过策问的方式书面对话，并获得了汉武帝的极大认可。

24. 这次应举者百余人，庄助为举首；公孙弘以明于《春秋》中选，为博士；辕固生亦以贤良应征。其余学申不害、商鞅、韩非法家之言，操苏秦、张仪纵横之说者，一概罢黜，不予录取。

25. 董仲舒完成对策之后，立即被安排在江都相的职位上，辅佐江都易王刘非。

26. 刘非与汉武帝刘彻为同父（即汉景帝刘启）异母之兄弟，长刘彻12岁。刘非好气力，治宫馆，招四方豪杰，骄奢甚。

27. 刘非问仲舒曰："越王勾践与大夫泄庸、文种、蠡谋伐吴，遂灭吴国。孔子称殷有三仁，我以为越有三仁。桓公决疑于管仲，我决疑于先生。"此番话暴露刘非对抗西汉朝廷的野心。

28. 董仲舒借古喻今，提出"正其谊不谋其利，修其理不急其功"的道理，规劝江都易王刘非不要反叛中央政府，对保持国家统一作出了贡献。《汉书》载：董仲舒"正身以率下，数上疏谏争，教令国中，所居而治"。江都王刘非愈加敬重他了。

29. 汉武帝推行的建元新政遭到以窦太后为首的保守派的抵制，他们清洗了建元新政的核心人员。建元二年（前139年），罢免丞相窦婴、太尉田蚡的职务，迫使御史大夫赵绾和郎中令王臧狱中自杀，以柏至侯许昌为丞相，武强侯庄青翟为御史大夫，并罢太尉这一官职。

30. 董仲舒一直留任江都为相，虽有骄王时时提出难题，但他远离长安的政治漩涡，躲过一劫。

31. 建元三年（前138年），董仲舒被免去江都相，回到长安担任掌论议职责的中大夫，济南太守郑当时接替董仲舒。

32. 董仲舒和瑕丘江公共同仕于朝廷，为武帝讲授《春秋》经。董仲舒讲《春秋》宗公羊之学，江公则宗穀梁之说。

33. 董仲舒通《诗》《书》《礼》《易》《春秋》五经，能持论，口才极好，文章写得花团锦簇。而江公不善表达。汉武帝使董仲舒与江公辩论，董仲舒占了上风。

34. 建元五年（前136年），在窦婴、田蚡的坚持下，西汉朝廷设置五经博士，从而确立了儒学和儒学经典的权威地位，董仲舒尊奉的《春秋》公羊派逐渐占据《春秋》的主导地位。

35. 建元六年（前135年）汉武帝向董仲舒连问三策，董仲舒亦连答三章，其中心议题是天人关系问题，史称《天人三策》，后被班固全文收在《汉书·董仲舒传》之中。

36. 董仲舒针对师异道，人异论，百家殊方，指意不同的混乱局面，提出了大一统是天地的常理，是适合古今任何时代的主张，要求"诸不在六艺之科、孔子之术者，皆绝其道，勿使并进"。这就是著名的"抑黜百家，独尊儒术"。

37. 董仲舒认为"天不重予"，自然界中，生有利齿的，上天就不给坚硬的犄角，长有羽翼的鸟类，上天就只给两只足。董仲舒主张，"所受大者不得取小"，取得国家俸禄的官员就不能经商与民争利。

38. 董仲舒认为，"天"是创造天地万物和人类的至上神，皇帝是受天命之君，百姓要服从皇帝的命令，但是天命制约着皇帝。天以祥瑞或灾异的形式所体现的赏善罚恶来制约皇帝。"国家将有失道之败，而天乃先出灾害以谴告之，不知自省，又出怪异以警惧之，尚不知变，而伤败乃至。"这就要求皇帝服从天意，天意即民意，所以皇帝就要主动地参悟天地，要以天的爱利为意，养长为事，多做爱人利民之事。

39. 董仲舒提出，"天道之大者在阴阳。阳为德，阴为刑；刑主杀而德主生"。天道任德不任刑，天意在于德主刑辅，"天使阳出布施于上而主岁功，使阴入伏于下而时出佐阳；阳不得阴之助，亦不能独成岁，终阳以成岁为名"。所以君王顺承天意从事，刑罚不可任以治世，任德教而不任刑。

40.董仲舒提出人伦关系中的君臣、父子、夫妻存在着天定的主从关系，同时双方又存在相互的责任和义务；仁、义、礼、智、信五常之道则是君臣、父子、夫妻、上下处理关系的基本法则。后人总结为"三纲五常"。

41.董仲舒强调，国家要重视教化的作用，用教化的堤防遏制私利的泛滥。"教化立而奸邪皆止者，其堤防完也；教化废而奸邪并出，刑罚不能胜者，其堤防坏也。"

42.董仲舒首倡官办学校开设德育教育，"立太学以教于国，设庠序以化于邑，渐民以仁，摩民以谊，节民以礼，故其刑罚甚轻而禁不犯者，教化行而习俗美也"。

43.建元六年五月，窦太后死，黄老之学的最后一个顽固堡垒消失了。

44.六月，武安侯田蚡复出为丞相，阻碍儒学复兴的因素已经消除。从此以后，儒家学说逐渐成为官方意识形态。

45.正在董仲舒宏图大展之时，一场牢狱之灾正在悄然逼近。建元六年春天，辽东高祖庙发生了火灾；夏天四月，高祖长陵便殿又发生火灾；秋天八月，有彗星孛于东方，占据东半天大部。古人迷信，人言汹汹。

46.一系列的灾变激起淮南王刘安及其属下的非分之想。或说王曰："先吴军起时，彗星出长数尺，然尚流血千里。今彗星长竟天，天下兵当大起。"

47.当年闽越王郢攻南越，汉武帝派遣大行王恢将兵出豫章，大司农韩安国出会稽攻击闽越，力图恢复南方秩序。

48.淮南国背靠诸越与西汉中央政府讨价还价，不希望失去诸越的凭依，极力阻止汉廷统一东南诸越，刘安上《谏伐南越书》，阻止朝廷对闽越用兵。

49.王国问题是西汉朝廷的心腹大患，妨害国家的统一。经过七国之乱，第一大诸侯国齐国被瓦解，第二大诸侯国三郡五十三县的吴国被支解，到汉武帝初年，最大的诸侯国就是淮南国了。

50.淮南王刘安之父淮南厉王刘长因无故诛杀朝廷大臣，被汉文帝流放致死，刘安因此事对朝廷也怀恨在心，时时谋划叛乱，只是还没有找到合适的时机。

51. 田蚡和刘安两大政治集团渐趋勾结起来。早在建元二年，淮南王刘安入朝，田蚡当时为太尉，在霸上迎接刘安，田蚡告诉刘安："现在天子还没有太子，大王是高皇帝亲孙，力行仁义，天下莫不闻。一旦宫车晏驾，天子之位非大王莫属！"淮南王大喜过望，厚遗田蚡黄金财物，纠集宾客，拊循百姓，时刻为叛乱做准备。

52. 面对汉帝国的政治局势，在长安担任中大夫的董仲舒敏锐地感到问题的严重，忧心忡忡，为帝国的命运担忧，作了著名的《灾异对》，准备向汉武帝进言。

53. 在《灾异对》中，董仲舒以《春秋》昭公、定公、哀公时期鲁国两观、桓釐庙、亳社灾异类比辽东高庙灾和高园便殿火，预示着朝廷有不当立而立的大臣贵戚，必须像天焚烧高庙和高园殿一样忍而诛之，才能化解不利的局势。

54. 董仲舒把矛头直指田蚡和刘安，直接得罪了田蚡和刘安两个权势集团，遭到他们的仇视和愤恨。

55. 董仲舒的《灾异对》还没有递交朝廷之时发生了一件令董仲舒意想不到的事情，涉及另一关键人物主父偃。

56. 主父偃，临淄人，出身贫寒，早年学长短纵横之术，到中年，听说汉武帝重视儒术，改学《周易》《春秋》和百家之言。

57. 他在齐国受到儒生的排挤，转而北游燕、赵、中山等诸侯国，但都未受到礼遇。

58. 主父偃抱着怀才不遇的满腔怨愤，认为在各诸侯国都不足以发挥自己的才能，便西去长安投奔卫将军卫青，请他把自己直接引荐给汉武帝。

59. 元光元年（前134年），主父偃抵长安，虽然多次拜见卫青，卫青也多次向武帝引荐，但始终没有结果。

60. 眼看所带盘缠就要花完了，却仍然未得到皇帝的召见，主父偃非常着急。

61. 情急之下，主父偃孤注一掷，鼓起勇气上了一道奏章。奏章内容非常奇特，引起了汉武帝的关注，早上呈报上去，晚上汉武帝就召见了他，当天与徐乐、严安同时拜为郎中。

62. 主父偃尝到上奏章的甜头，隔几天就上一道奏章，不久又迁为谒者、中郎、中大夫。一年中升迁四次，得到武帝的破格任用。

63. 风头正劲的主父偃听说去年董仲舒连上三道策对，受到汉武帝赏识，便主动去董仲舒家拜访，交流一下经验。

64. 不巧的是，董仲舒外出访问朋友，不在家中。主父偃很是失望，无聊地在董仲舒的书房踱步，等待董仲舒的归来。

65. 正在焦急等待之中，主父偃发现书桌上放着董仲舒誊抄的给汉武帝的《灾异对》的初稿，于是拿过来欣赏一番。

66. 刚开始主父偃很是欣赏董仲舒的观点，但是看着看着主父偃的心里泛起了一丝不安，董仲舒的策对如果引起皇帝的注意，势必会压过皇帝对自己的关注。

67. 主父偃又仔细阅读了一遍策对的原文，脸上泛起了诡异的笑容。他发现了《灾异对》的破绽。

68. 主父偃对董仲舒的家人说："我不等先生了，日后再拜访先生。先生的文章写得非常之好，我带回去欣赏一番。"

69. 主父偃没有回家，一溜烟进宫求见汉武帝。

70. 等董仲舒回到家中，发现奏章不见了，问家人谁动了他正在修改的奏章。

71. 家人告诉他："刚才主父偃先生来拜访，您不在家，他借走了回家欣赏去了。"

72. 董仲舒很是着急，他知道主父偃好倒行逆施，心术不正，为升迁重用不择手段。因奏章尚未润色修改，还有不合适的地方没有修订，倘若被人抓住把柄，后果不堪设想。

73. 主父偃把董仲舒的《灾异对》高高举过头顶，奉献给汉武帝，正色道："臣在董仲舒家中发现奏章，悖逆不道，不敢隐瞒，特呈献给陛下。"

74.汉武帝命内侍接过，展在面前的几案之上，上下阅读几遍，面无表情，幽幽地说："暂且留下。"

75.汉武帝心里泛起极大的不快，心想："淮南国谋反的迹象尚未彻底暴露，自己的舅舅田蚡虽权势熏天，但还不至于谋反。董仲舒自比圣人，却把我比作春秋时期昏聩的鲁僖公、鲁昭公，我要给他点颜色看看。"

76.第二天，汉武帝召集群臣未央宫朝会，专门讨论董仲舒的《灾异对》，但并不言明是谁的文章。

77.刘安有个女儿刘陵，聪慧伶俐。刘安"多予金钱，为中诇长安，约结上左右"。众大臣看到董仲舒指斥刘安，群情激愤，特别是大臣严助要求立即处死董仲舒。

78.董仲舒的弟子吕步舒不知道是自己的师傅董仲舒的奏章，夹在众大臣中间不知所云。

79.汉武帝令吕步舒出班陈述自己的意见，吕步舒随众人口气说："此乃下愚狂犬吠日之作，论罪当斩。"

80.汉武帝当场宣布："董仲舒妖言惑众，毁谤大臣，下狱，交廷尉议处。"

81.董仲舒在长安廷尉狱中仰天长叹，自己的一片忠心不为人所知，感叹世事的艰难。

82．吕步舒后悔不已，向汉武帝陈述对时政的看法，回顾了七国叛乱的历史，明确了淮南王刘安不法的事实，跪求汉武帝赦免自己的老师。

83.董仲舒和吕步舒的陈词，点中了长期积压在汉武帝心里的但一直以来并未彻底解决的诸侯国尾大不掉的遗留问题，董仲舒和吕步舒是将来彻底解决诸侯国问题的依靠力量。于是汉武帝赦免了董仲舒，派遣董仲舒继续去江都国担任国相。

84.在奔赴江都之前的元光元年七月，京师长安突下冰雹。鲍敞拜访董仲舒，请教董仲舒有关问题，问董仲舒说："冰雹是什么呢？是由什么气生成的呢？"

85. 董仲舒回答说："雹是霰发展到极致的产物，阴气暴上，雨滴则凝结成为冰雹了。"

86. 董仲舒进一步发挥说："太平之世，风雨雷电雾雪都不会成灾，因为圣人在上，阴阳协调，风和雨时。如果政多纰缪，则会阴阳不调，阴阳二气相荡而灾异生成。"

87. 董仲舒吸取庙火之狱的教训，没有利用灾异之说直接指斥朝廷大员和诸侯王。董仲舒的解释今天看来虽有迷信的色彩，但在当时是先进的知识。

88. 之后，元光二年（前 133 年）八月，江都国发生了水灾，地里的庄稼眼看就要绝收，百姓就会流离失所，董仲舒忧心如焚。董仲舒告诉内史和中尉："阴雨太久，恐伤五谷，去安排止雨仪式。"《春秋繁露》有《止雨》一篇。

89. 董仲舒在江都国呕心沥血，兢兢业业，境内大治，百姓安乐，一派祥和气象。

90. 董仲舒走遍江都山山水水，面临滔滔江水，董仲舒作《山川颂》，以歌颂山水表达了自己的人格理想。

91. 董仲舒为人廉直，不会趋炎附势，拍马逢迎。而与董仲舒同时被举荐的公孙弘则与之相反。

92. 公孙弘为人圆滑，每次上朝，议论起政事来，总是先开头陈述种种方案，让武帝自己去选择决定。有时，自己的观点和其他大臣对立，他也不肯当面驳斥和在朝廷上争论。

93. 公孙弘为人奸诈，在奏事前，"尝与公卿约议"，但临到奏事时却常常为了顺从皇帝的意思，而改变原来商定的议案，因而遭到一些王公大臣的非议。主爵都尉汲黯曾当庭诘责说："齐人多诈而无情实，始与臣等建此议，今皆背之，不忠。"

94. 公孙弘表面上宽宏大量，虚怀若谷，实际上他嫉妒心极强，城府极深。他容不得比自己高明的人，更容不得与自己意见相左的人。凡是与自己有隔阂嫌隙的人，无论亲疏远近，虽假装与之友好，暗地里却打击报复。

95. 董仲舒为人正直，常常批评公孙弘的阿谀之态，且治公羊学比公孙弘有名，因而遭到忌恨与排挤。

96. 汉武帝之兄胶西王刘端为人残暴凶狠，凡前往胶西任相国、二千石级的官员，如果奉行汉朝法律治理政事，刘端总是找出他们的罪过报告朝廷；如果找不到罪过，就设诡计用药毒死他们。因此，胶西虽是小国，而被杀受伤害的二千石级官员却很多。

97. 元朔三年（前126年）公孙弘任御史大夫。公孙弘见刘端放纵无忌，多次加害朝廷委任的胶西王相，于是乘机向汉武帝推荐董仲舒为胶西王相，企图通过胶西王之手加害董仲舒。

98. 董仲舒学识渊博，威望较高，又善于处理同胶西王的关系，因此深受胶西王的敬重，免遭祸害。公孙弘的阴谋没有得逞。

99. 董仲舒唯恐在胶西国时间久长会获罪，推说疾病，悬车致仕，回到长安家中。

100. 董仲舒终生不治产业，以修学著书为业。《汉书》载："仲舒所著，皆明经术之意，及上疏条教，凡百二十三篇。而说《春秋》事得失，《闻举》、《玉杯》、《蕃露》、《清明》、《竹林》之属，复数十篇，十余万言，皆传于后世。掇其切当世施朝廷者著于篇。"后世整理为思想史上的巨著《春秋繁露》。

101. 朝廷每有大事，汉武帝便派使者到董仲舒所居陋巷问策。

102. 淮南王刘安的不臣之心竟因诸子争宠而东窗事发。元朔五年（前124年），刘迁学用剑，自以为剑术高超，无人可比。听说郎中雷被剑艺精湛，便召他前来较量。雷被一让再让，后来剑误中刘迁。

103. 刘迁发怒，从此在刘安面前说雷被的坏话，雷被害怕，表示愿意去奋击匈奴，实际上是想借此离开淮南王国而到长安去。刘安听信儿子之言，罢了雷被的官。

104. 雷被逃亡长安，向汉武帝上书告发刘安、刘迁父子。汉武帝要逮捕刘迁，刘安不想让刘迁去受审，打算发兵对抗，杀死朝廷派来的中尉，但刘安犹豫未决。

105. 刘安庶子刘不害，不受刘安喜欢，刘迁也不以其为兄。刘不害的儿子刘建，才高负气，常怨望太子轻视其父，又因其父不得封侯而心怀不满，阴结交外人，打算搞垮太子刘迁，以其父代之。

106. 刘迁得知，将刘建逮捕拷打。刘建心里越加怨恨。他了解到刘迁曾想谋反情况之后，于元朔六年（前123年），派其友人严正向汉武帝上书，说才能出众的刘建知道淮南王太子阴谋之事。汉武帝将此事交给廷尉张汤处治。

107. 汉武帝忆起董仲舒的《灾异对》和元光元年的庙火之狱，派遣廷尉张汤就淮南案问计董仲舒，董仲舒推荐了学生吕步舒亲自到淮南国查处此案。汉武帝同意，并赋予吕步舒临机专断之权。

108. 董仲舒虽然身居陋巷，但仍十分关心国家大事。春秋时期，晋、周、鲁等地已有种宿麦的习惯，但西汉前期，北方种植尚不普遍。董仲舒曾引《春秋》之义建议关中种宿麦，"今关中俗不好种麦，是岁失《春秋》之所重，而损生民之具也。愿陛下幸诏大司农，使关中民益种宿麦，令毋后时"。所以，元狩三年（前120年）汉武帝在关中推广宿麦。

109. 董仲舒对汉匈关系发表自己的意见。董仲舒以为"义动君子，利动贪人"，不可能对匈奴讲义，只能用厚礼引诱他们放弃掠夺，继续实行和亲政策，但增加一些约定条款："厚利以没其意，与盟于天以坚其约，质其爱子以累其心。"

110. 元狩三年盐铁官营之后，董仲舒还对朝廷建言上策，主张盐铁之利归于民间，明确反对盐铁官营政策。

111. 董仲舒大约在汉武帝中期以寿终老于家，陪葬汉武帝茂陵，董子墓在今陕西兴平县茂陵镇东北四里。另有下马陵，亦传为董子墓，据说汉武帝每至董墓即下马。此说虽误，但仍反映出人们对先贤的尊崇。

112. 董仲舒去世后，家徙茂陵，其子孙皆以学问至大官。今西安兴平茂陵附近的策村、衡水枣强的王寿村、江西乐安的刘坑村皆有董氏聚族而居，均以董仲舒为其先祖。

其他研究

清季衡水地区州县书院教育

田卫冰

（衡水市地域文化研究会）

清代书院复兴，衡水地区各州县官绅士民积极参与创建或兴复重建，道光以后各州县几乎均设有官办书院。冀州本境两所，为信都书院、翘材书院，成本系一州五县共筹，南宫县为东阳书院，新河为堂阳书院，枣强为敬义书院，武邑为观津书院，衡水为桃城书院，深州为文瑞书院，武强为萃升书院，安平为滋阳书院，饶阳为近圣书院，景州为广川书院，故城为历亭书院，阜城无书院记载。各州县书院房舍屋宇间数、学田亩数、成本钱数列表如下：

名称	房舍屋宇	学田	成本
信都书院	康熙末知州魏定国移建； 雍正九年知州乔焞修讲堂十二间； 乾隆五年知州杨芊增修大门一座，讲堂三间，前正房三间，后正房三间，东西厢房六间，后土房三间，东西十厢房两间。	康熙末魏定国置田二顷； 乾隆五年杨芊置田二顷，生员刘尔堪捐地五亩； 光绪八年知州吴汝纶置田九百二十亩。	咸丰元年知州葛之镛筹钱三千缗，捐置书籍数千卷； 光绪二年知州陈庆滋增筹钱一千五百缗； 光绪七年知州李秉衡增筹钱七百五十缗； 光绪八年知州吴汝纶增筹银一万二千九百五十两,钱一万九千二百三十缗。[1]315-317

名称	房舍屋宇	学田	成本
翘材书院	知州吴汝纶创建于光绪十三年，其他不详。	不详	不详
东阳书院	乾隆十六年知县衷炳修察院故基创建，讲堂五间，东西厢房各三间，庖厨二间，库房二间，过厅三间，斋室六间，司阍房三间，门两座，牌坊一通，空地五亩； 嘉庆廿一年知县吴承龙捐募重修，规模复整。	乾隆十六年知县衷炳修将旧日学田十顷七亩划归书院； 嘉庆廿一年贡生魏炳文捐田四十亩。	乾隆四十八、九年知县夏元凯、沈赤然捐银六百两； 道光八年知县周杕倡官绅捐五千贯。[2]3
堂阳书院	光绪八年知县孙锡康倡建，大门三楹，门房东西各两楹，二门一楹，讲堂三楹，堂之侧屋各一楹，东西厢房各五楹，堂后正房五楹，东西厢房各三楹，东偏院平房十四楹。	不详	光绪八年知县孙锡康倡官绅捐银六千余两，以一半建书院，剩余三千余两发商生息，以为延聘山长束脩薪水，邑中布商筹定常年月课膏火之资。[3]44
敬义书院	同治十三年知县方宗诚创建两重院落，中为讲堂，后为山长讲学课文之所。 李氏捐宅基一所，瓦房六间，小阁一座，平房四间。 同治十三年士民捐制钱万八千缗，建讲堂左右东西斋房十八楹，西偏院庑舍十五楹，讲堂前精舍四楹，院墙数十丈，后有所增建，计屋五十四间。[4]23-25	同治十三年方宗诚为膏火地九顷二十亩有奇。[5]42	同治十三年士民捐制钱万八千缗。
观津书院	道光二十三年知县雷五福捐两千四百缗，士民捐九千一百五十缗创建，前大厅，中讲堂，后厅，东西廊左右斋房。[6]20-21	不详	光绪十一年郑骧以钱六百万重修，余钱一千六百万为膏火。[7]451
桃城书院	乾隆三十年陶淑创建，中为讲堂，东西六楹书舍，后有楼房，前有门厦，曲廊数间。[8]35	不详	不详

名称	房舍屋宇	学田	成本
文瑞书院	嘉靖二十六年知州余一鹏所创办，初名恒麓书院；乾隆二十年知州尹侃废州学田九百三十四亩划入书院，复捐俸筹款置地亩，岁租入银二百九十九两，武强、安平、饶阳三属县年摊银二百二十四两，又废庙产地租岁入六百六十七两，皆归书院；翌年继任知州邹云城率武强知县娆德文、饶阳知县罗以桂、安平知县黄河清将书院改建于西郊，门堂房舍共计四十间，直隶总督方观承为之易名博陵书院；嘉庆十年后书院渐颓，房舍倾圮，主讲无人，二十五年知州张杰重修门堂房舍三十四间，桥　座，易名文瑞书院，并增学田六百五十八亩，钱千万，以岁入子钱供书院膏火，为之设立条教，开始延师都讲。张杰前后捐一千一缗制钱，合州士绅捐万缗，并历任知州查废庙地亩十四顷有奇划入书院，子钱田租岁入共计制钱二千四百余缗，三县年摊银仍还三县书院；咸丰三年书院毁于太平军北伐，咸丰七年，道光甲辰举人深州陈东岭上书知州陈瑞，请重修书院，同治五年书院落成。	历任州牧为书院置地十四顷五十九亩一分二厘六毫，改征租钱，各地亩租价不等，共征租制钱一千一百八十六千五百六十四文。	道光四年时张杰劝捐制钱一万千，本拟置买田亩收租，因当时地价昂贵，改发一州三县盐店，月息一分，遇闰不加，每年利息一千二百千。同治十年知州吴汝纶追回盐商干没书院母钱银五千两。（详见燕赵文化研究第四辑拙著《清季深州文瑞书院山长考略》）
萃升书院	乾隆二十三年知县彭湜捐银一百五十两，邑绅张鹏冲等捐银四百两造讲堂、寝室各三间，两廊书斋十四间，并刘公祠三楹。	民人张义名捐地四十九亩。	乾隆二十三年士绅捐金生息为膏火之费，至道光五年知州张杰退旧帮文瑞书院制钱四百八十串，共计京钱七千六百余串。[9]13

名称	房舍屋宇	学田	成本
滋阳书院	光绪三年知县王家瑞捐制钱五十万，邑人捐制钱三百六十余万创建，前设观善堂，后建斋舍若干。	不详	光绪三年捐制钱五十万，邑人捐制钱三百六十余万，建成书院后余制钱二百余万，发商生息。后王家瑞历任东明、宣化，复捐俸钱百万。[10]9
近圣书院	嘉靖三十五年知县张仲孝建，张居正尽毁书院，饶阳以地僻独存，历代知县重修，有厅事三楹，厅事后尊经阁三间，东西号舍二十间。[11]63	不详	不详
广川书院	同治十三年知州宋朋寿购地创修，筑堂舍四十间，北院建义学十二间。[12]15	不详	不详
历亭书院	光绪二十二年以义仓改建，四十余间，郑口铺宅六十六间出租生息。	原甘陵书院学田五十一亩八分；新出河淤地二十五亩。	直隶臬宪季口在长芦都转任内筹发纹银一千两（作京钱三千串），官绅捐集二万零四百四十四千五百三十文，甘陵书院旧款三千二百千，除建院购宅并书籍外，实存成本京钱一万五千串。[13]7-10

官办书院外，民办书院也不在少数，如枣强丽泽书院、嘉会书院"名为书院，实义学"，养正书院则直书为"齐官屯义学"[5]42。冀州滏阳书院、新河坤成书院、故城卫阳书院、景州董子书院也都是屋宇数楹，学田数亩到数十亩不等，成本根本无从谈起，主讲多系族内诸生身兼，皆有书院之名，无书院之实。

衡水地区书院创建和修复集中在清晚期，书院的管理与前代大有变化。嘉庆二十五年深州知州张杰重修文瑞书院后，以州判为书院提调，学正训导为监院，州士绅共同经理书院产业，官绅发誓撰文立碑，有"官吏如擅提租息使书院废弛者，在身不善其终，后世永斩其泽；绅士有侵吞或任官吏提用者，身则士林不齿，子孙目不识丁"等语[14]30。道光二年二月乙未，吏部尚书、署理直隶总督松筠上奏整顿直隶省书院一折，疏言武强县书院由该县士人经理，条教最善，张杰所为深州书院即用武强法，道光元年乡试深州中式者五人，此杰振兴书院之效，请以深州书院为法式，下诸州县[4]8。宣宗御批："所办甚是。各省府厅州县，分设书院，原与学校相辅而行。近日废弛者多，整顿者少，如所称院长并不到馆，及令教职兼充，且有并非科第出身之人，觊居是席，流品更为冒滥，实去名存，于教化有何裨益。著通谕各直省督抚于所属书院，务须认真稽察，延请品学兼优绅士、住院训课，其向不到馆、支取乾俸之弊，永行禁止。至各属教职，俱有本任课士之责，嗣后亦不得兼充，以专责成。并著各饬所属，如有书院房屋坍塌应修之处，即行修整。俾各士子聚处观摩，以收实效，用副朕振兴教化至意。"[15]

自松筠奏定整顿书院章程后，衡水地区创建和修复的书院虽小有变通，大体全依章程办理。

书院出纳一切事宜由董事经管，董事以年为期轮值。鉴于原来书院有州署、县署管理，官员更迭频繁，展转交卸，弊窦丛生，以致废弛，深州文瑞书院以武强萃升书院为法，大得效验，直隶一省以此为法式。道光六年《文瑞书院条规》规定："书院一切事宜，业已详明各宪，以州判为提调，学正、训导为监院，选择本地绅士为董事。所有地租制钱一千一百八十六千五百六十四文，钱息制钱一千二百千概交董事管理收支，一应出入支销永不由州署经手。其地租钱息令该董事每年造簿，登记每月出入数目，至十二月初旬，将收支各帐，眼同次年经管董事彻底算清，交待接管，另造清册一本，钤用文瑞书院图章呈送州署，以凭报销"，又恐董事贤愚不等，日久弊生，"选品端学优之士，由州署更易"[16]20-21。光绪九年重定《文瑞书院条规》规定"董事五年一换，岁以一新一旧当值"[14]30。光绪二十二年《历亭书院条规》规定更加详尽，书院钱款成本京钱一万五千串发商生息借帖十二项，学田、房屋租契五项，概由总董收存，"书院成本各铺户承领生息，每年定章六月二十日交春夏季生息，腊月二十日交秋冬季生息，如过期延宕不交，由绅董禀明，请官票催"，账目管理则"书院成本及各项出入立定四柱清簿，照样三本，一存县署，一存学署，一存绅董。每年上半年，七月初结算一次；下半年至次年正月初结算一次。须会同八乡绅董在书院逐项清算核计，各项总数按照四柱一律书写，其平时流水账片，随时毁销，以省烦冗"。[13]6

住院肄业生童额数及月考奖赏。《文瑞书院条规》规定"今定为内课生童四十名，住院肄业，按月给膏火制钱二千五百文，住外准给半分膏火，每月与外课生童官课两次，奖赏额数临时酌定，其考取一等一名，奖赏制钱两千文，二名三名各制钱一千五百文，四名五名各制钱一千文，六名以下各制钱七百五十文；二等若干名，各奖赏制钱五百文；三等无奖赏。童生分上中下卷，奖赏亦如生例，于每年开印后由州署悬牌扃试，照额甄别录取"。[16]10冀州信都书院额数按《陶庐老人随年录》记载先是七人入院肄业，州二人、支县一人。后有所增扩，"州选高材生六人，五支县各一人或二人入院肄业，又于州六人中选其文行优长者，使监院，监各学生出入及所业勤惰"[1]23，住院生数在11—16名之间，且监院一职直接由肄业生员担任，不由教官兼任。另外信都书院选拔不分生童，只论高材与否，宁缺毋滥。光绪二十八年信都书院肄业十六人，为"李书田字子畚，枣强人；王宗佑字荫轩，枣强人；马震昀字旭卿，南宫人；韩殿琦字云翔，新河人；李广德字心甫，武邑人；张宝琛字淮波，枣强人；方安墉字兰阶，冀州人；齐立震字次青，枣强人；刘耀卿字赞臣，衡水人；张登杰字阶云，新河人；谢润庭字岩林，冀州人；傅之鹤字子立，冀州人；彭杜洲字仙亭，冀州人；赵宇航字航仙，南宫人；王宝昌，冀州人；李镜蓉字鉴古，武邑人"。[18]78枣强文风胜于衡水，齐立震为枣强童生占去衡水名额，上一年书院山长贺涛上书其师吴汝纶称"有枣强人齐立震者，未应童试而文颇杰出，亦招入书院，人才难得，苟异于众，不可不保爱也"[18]802。吴汝纶读过齐立震文章后大为叹赏，为之数次致函顺天学政陆宝忠予以荐举。冀州书院成本巨大，奖赏尤其丰厚，吴汝纶任知州时为免去各生往来之劳，定为官课每月初二，斋课每月初三连日并考，光绪十八年二月奖赏为"官课定额取超等十名，特等十名，童生上取十名，中取十名；斋课定额超等十二名，特等十二名，童生上取十二名，中取十二名。超等第一名十二千，第二名十一千，第三名十千，第四名九千，第五六名各八千，第七八名各七千，第九十名各六千，斋课多两名，第十一十二各五千五百；特等前五名各五千，后五名各四千五百，斋课多两名，第十一十二各四千；上取第一名五千，第二名四千，第三四五名各三千五百，六七八名各三千，九十名各二千五百；斋课十一十二名各二千；中取前五名，各一千五百，后五名各一千；斋课十一十二名各一千。每月古课上课领题，下课交卷。奖赏以京钱五十千为度，临课酌定，不立定额"[17]5。

山长的聘请及薪金。《文瑞书院条规》规定"由经管绅士确访品学兼优可为师表者，呈明州署聘为山长，居住院中，朝夕督课，其延请关书悉由董事具名，不由州署。山长于诸徒中择直谅多闻者一人为斋长，相以劝善规过、析疑辨难，佐山长所不逮"[16]8。光绪九年重定《文瑞书院条规》规定"院长关聘书用董事名延请，不由上荐，岁以十阅月为度"[14]30。《历亭书院条规》按照松筠奏定整顿书院章程，"书院掌教应由本处绅士延访文行兼优之科甲，呈本府州县聘请，不得干食束脩未亲到馆之人滥充讲席。本邑书院应遵奏定章程，每年山长由绅士访定，呈官聘请，住院主讲，本县教官暨籍隶本邑者，均不延聘"，"聘请山长每年束脩京钱三百千，薪水一百四十千，川资三十六千，节敬二十四千，按季致送"[13]1。按照"直隶臬宪季□在长芦都转任内筹发纹银一千两（作京钱三千串）"计算，历亭山长年脩脯合纹银一百六十七两左右。光绪七年吴汝纶委托赵实代为招致王树枏出任信都书院山长，函云"晋兄倘肯屈就，无论经费支绌，其山长脩脯，应由敝署足成四百金"[18]618，可知信都书院山长脩脯每年为纹银四百两。光绪十四年六月张裕钊被迫辞去保定莲池山长教席，吴汝纶致函张裕钊："目前深冀二州读书之士，意欲挽留在北，由此二州醵金为寿，亦如莲池之数"[18]639，莲池书院山长脩脯每年为纹银八百两，文瑞书院、信都书院合聘名师，亦如莲池之数，可知文瑞书院山长脩脯每年也是纹银四百两。

州书院以成本稍巨，经费充盈，可聘住院山长，县书院一般很难做到，如安平滋阳书院"初因经费不敷，不能延请山长，生童文卷，悉由县官阅取。厥后，历任推广，捐资稍裕，遂议请山长阅课。然其时仅有脩金，未筹膳食，仍不能延邀山长住院，每遇课则专足送阅，院事由儒学师官及监院董事主之"[10]9。其他各县也大抵如此。

山长学行直接影响书院办学成效，现据可考史料，将各州县历任山长胪列如下。

文瑞书院：

嘉庆二十五年重修书院后，首任山长为湖南清泉丁善庆（1790—1869），字伊辅，时年甫而立，尚为顺天府学生，深州士绅大哗，皆以山长与知州同乡，且知州功名亦不过区区一监生，恐有识人不慧之忧。道光元年顺天乡试，赵定曾、戴文懋、程印升、张麟台、贾锡畴、索殿庸等书院肄业诸生中式举人，道光二年乡试贺锡璋、任润生复又中举，山长丁善庆亦参加本科乡试中式举人，翌年联捷中式二甲四十五名进士，考取翰林院庶吉士，至是合州皆服张杰识人。[14]30丁善庆在书院讲学以程朱理学为宗，示以修身立命之要，每日儆戒肄业诸生，偶有愚蒙者，警以阴骘感应之说，由是书院秩序井然，诸生皆守法度。丁善庆后辞官主讲岳麓书院二十余年，曾国荃、刘长佑、刘坤一等同治中兴名臣皆出其门下。

孔宪勋，字辅廷，曲阜人，道光甲午科年举人。孔宪勋以诗闻名，著有《未信堂诗草》[19]6。哈佛燕京图书馆藏《咸丰乙卯科顺天乡试齿录》第一百九名举人李象乾履历中注明，业师中孔宪勋为前文瑞书院主讲。咸丰三年书院毁于兵燹，则孔宪勋为道光后期所聘山长。

孔昭然，字鉴堂，曲阜人，道光癸巳科三甲百九名进士。哈佛燕京图书馆藏《咸丰乙卯科顺天乡试齿录》第一百九名举人李象乾及第二百四十八名举人刘英华履历，均注明其现主讲文瑞书院，孔昭然咸丰四年在任，实书院已毁，当在城内借署主讲。

吴廉善，字文川，嘉庆戊子科举人。哈佛燕京图书馆藏《光绪丙子科顺天乡试同年齿录》第一百名举人张毓英及副榜第二名弓汝昌履历中均记吴廉善"前掌深州文瑞书院"云云，其当在同治初年为书院山长。

高锡畴，字雿民，献县人，同治二年癸亥恩科三甲七十八名进士。哈佛燕京图书馆藏《光绪丙子科顺天乡试同年齿录》第一百名举人张毓英及副榜第二名弓汝昌履历中均记高锡畴"前掌深州文瑞书院"，高锡畴排在齐光国之前，其出任山长当在同治五年书院重建之后。

齐光国，字讦谟，号澹斋，桐城人，同治六年江南乡试丁卯科经魁，查该科同年齿录，实为第五名。齐光国系知州吴汝纶之父吴元甲及门弟子，曾与吴汝纶同在曾国藩幕下多年，擅长桐城之诗，著有《澹斋遗诗》，其出任山长在同治十年。

游观第，字杏村，良乡人，咸丰十年庚申恩科二甲五十六名进士，《清代诗文集汇编》收其所著《杏邨文稿》一部。哈佛燕京图书馆藏《光绪丙子科顺天乡试同年齿录》第一百名举人张毓英、及第一百十六名举人王国钧、副榜第二名弓汝昌履历中均记游观第"现掌深州文瑞书院"，则光绪二年其在任，是齐光国去后所聘山长。同治十三年到任（见《杏邨文稿》卷一第二叶）。

孙赋谦，字寿棠，衡水人，同治十三年甲戌科三甲十三名进士，著有《味腴堂课草》两卷，光绪四年任文瑞书院山长。哈佛燕京图书馆藏《光绪十六年庚寅恩科会试同年齿录》三甲七十二名进士程芹香履历注明业师孙赋谦"前掌文瑞书院"，哈佛燕京图书馆藏《光绪十四年戊子科顺天乡试同年齿录》第二百名举人赵炳麟履历注明课师孙赋谦"前掌深州文瑞书院"。

王锡三（1831—1897），号云阁，清苑人，咸丰戊午举人，光绪九年任文瑞书院山长。哈佛燕京图书馆藏《光绪十六年庚寅恩科会试同年齿录》

三甲七十二名进士程芹香履历注明业师王锡三"前掌文瑞书院"。

李光斗，字希白，祁州人，同治甲戌科二甲四十一名进士，光绪十三年接掌文瑞书院。哈佛燕京图书馆藏《光绪十四年戊子科顺天乡试同年齿录》第二百名举人赵炳麟履历注明课师李光斗"现掌深州文瑞书院"。

赵衡（1866—1926），字湘帆，冀州人，光绪戊子科举人，光绪二十三年接掌文瑞书院。光绪二十八年十月文瑞书院改深州中学堂，赵衡任中文教习，翌年赵衡生病回家养疾，洋文徐姓教员教授无法，学生全堂告退，知州黄某听信徐某之言，上报直隶总督袁世凯，袁世凯以阻挠新学，札撤中文教习赵衡。[17]95

信都书院：

赫慎修，号惺斋，巨鹿人，咸丰丙辰科进士。同治间为信都书院山长。哈佛燕京图书馆藏《光绪十四年戊子科顺天乡试同年齿录》第一百七十四名举人韩杜履历注明受知师赫慎修"前信都书院山长"。哈佛燕京图书馆藏《光绪十四年戊子科顺天乡试同年齿录》第十三名举人刘登瀛履历注明受业师赫慎修"前主讲东阳书院"。

傅式芬，字玉亭，博野人，同治辛未进士，光绪初同治为信都书院山长。哈佛燕京图书馆藏《光绪十七年辛卯科顺天乡试同年齿录》第十二名举人孔广贞履历注明业师傅式芬"前掌冀州书院"。

张驹贤，字菊坪，赵州人，同治甲戌进士，光绪初为信都书院山长。哈佛燕京图书馆藏《光绪十七年辛卯科顺天乡试同年齿录》第十二名举人孔广贞履历注明课师张驹贤"前掌冀州书院"。

王树枏（1851—1936），字晋卿，新城人，光绪丙子举人，光绪八年至十二年任信都书院主讲兼分纂《畿辅通志》。王树枏自同治十三年与其师黄彭年在莲池书院修畿辅通志，光绪六年曾国荃欲聘王树枏入幕，黄彭年为之坚辞。光绪七年吴汝纶任知州，必欲得王树枏为信都山长，与黄彭年争执不下，李鸿章出面为之定为在保定编志、到冀州主讲各半。光绪十二年王树枏中丙戌科进士，选官而去。吴汝纶欲聘范当世不成，乃上禀文于直隶布政使，请调得意门生贺涛自大名县教谕同任冀州学正，以便主讲信都书院。

贺涛（1849—1912），字松坡，武强人，光绪丙戌贡士，光绪十三年至二十八年任信都书院山长。贺涛是吴"汝纶门下最著者"[19]13443，桐城古文得张裕钊、吴汝纶两家真传，为"明清八家"殿军。光绪二十八年十一月二十一日信都书院改为冀州中学堂，贺涛任中文教习，光绪三十一年正月二十二日，"冀州留学生同人公启"事起，贺涛挂冠而去，中文教习相继由其得意弟子李书田、胡庭麟接任。

翘材书院：

吴汝纶为政冀州既久，"一时俊异之彦，猋起云蒸，后讲响辖，蔚为风气"[1]，书院额数虽以倍增，不得入院之高材往往多有，如枣强于邦华，科试冠军，"桐城吴挚甫、武强贺松坡，当代所谓南北两文豪也，均器重其文行"[20]248，而其竟不得入书院读书，"迟至十有数年，始得私淑身炙于贺先生"[21]6，于是吴汝纶用书院成本"创设翘材书院，首招铁卿充山长"[17]122，以广入院读书名额。

赵铁卿，名宗忭，深泽举人，吴汝纶任冀州初，持文请教，吴留为宾客，其人"刚鲠不谐俗"，吴汝纶辞官任莲池书院山长，赵宗忭遂拜在吴汝纶门下，辞去翘材教职，跟随而去，[22]21冀州士绅公举步其诰继任。

步其诰字芝邨，号勖臣，枣强人，光绪乙酉举人，步其诰肄业信都书院，为贺涛门下弟子。光绪二十四年五月五日，步其诰选官丰润训导，李谐韺接任[17]46。

李谐韺（1856—1914），字备六，冀州人，光绪甲午举人，李谐韺肄业信都书院、莲池书院，是贺涛、吴汝纶弟子。

东阳书院：

张景沂，字鲁泉，景州人，道光戊戌进士，同光间主讲东阳书院。哈佛燕京图书馆藏《光绪十四年戊子科顺天乡试同年齿录》第八十名举人陈梦兰履历注明受业师张景沂"前掌教东阳书院"。

赫慎修，号惺斋，巨鹿人，咸丰丙辰科进士。光绪初主讲东阳书院。哈佛燕京图书馆藏《光绪十四年戊子科顺天乡试同年齿录》第十三名举人刘登瀛履历注明受业师赫慎修"前主讲东阳书院"。哈佛燕京图书馆藏《光绪十四年戊子科顺天乡试同年齿录》第八十名举人陈梦兰履历注明受业师张景沂"前掌教东阳书院"。

沈鸣珂，字晓珊，祁州人，同治壬戌进士，光绪十四年任东阳书院山长。哈佛燕京图书馆藏《光绪十四年戊子科顺天乡试同年齿录》第八十名举人陈梦兰履历注明受业师张景沂"现掌教东阳书院"。

阎志廉（1857—1904），字鹤泉，安平人，光绪庚寅科进士，吴汝纶知深州时入室弟子，光绪二十七年时任东阳书院山长。庚子乱后，新河连庄会与提督郑才盛军将兴大役，士绅往来游说，"南宫书院院长阎鹤泉实任其事"[17]73。阎志廉在南宫最为激赏的弟子为陈清震，吴汝纶离任莲池，书院改为校士馆，阎志廉出任馆长，后校士馆改普通科学馆后阎又任馆长，阎志廉一直将陈清震带在身边传授古文义法[2]45。

观津书院：

范当世（1854—1905），字无错，号肯堂，南通州人，贡生，张裕钊得意弟子，以桐城诗名。光绪十一年至十三年为观津书院山长。[7]451

桃城书院：

方宗诚（1818—1888），字存之，号柏堂，桐城人，廪生，理学名儒，是"桐城派古文的中兴大将"[23]1。咸丰九年正月方宗诚入山东布政使吴廷栋幕中为其诸孙授经，十月吴廷栋奏销迟误，左迁直隶按察使，方宗诚随其至保定，于幕中课其诸孙并兼任衡水书院山长，衡水书院即桃城书院，此为可考之桐城派首次北传于今衡水市域，到咸丰十一年正月方宗诚辞幕南归。[24]6-11

贺嘉栉，字墨侪，武强人，同治庚午举人，吴汝纶知深州时入室弟子，光绪中后期为桃城书院山长。其人"智略绝人"，不"颙颙文学"，吴汝纶取其才智，事必相商，吴汝纶"去官二十年而冀政不坏"，以贺嘉栉主

持之故 [22]20。

郭大华先生藏贺涛致弓汝恒一函，该函写于光绪二十七年八月十五日，函云是年以贺嘉枏处理武强教案，李谐韺兼任桃城书院山长。

历亭书院：

王澍，字雨田，河间举人，光绪二十二年到任，为首任山长。[17]28 光绪二十四年十二月王澍选学官，武邑葛静轩接任。[17]51

葛静轩，名亦龙，同治甲子举人。

文瑞书院历任山长可考者十一人中，丁善庆一人为诸生，孔宪勋、吴廉善、齐光国、王锡三、赵衡五人为乙榜举人，孔昭然、高锡畴、游观第、孙赋谦、李光斗五人为甲榜进士，李光斗为翰林院庶吉士。

信都书院历任山长可考者五人中，王树枏为乙榜举人，贺涛为丙戌贡士，乙丑殿试进士，赫慎修、傅式芬、张驹贤、贺涛四人为甲榜进士，赫慎修为翰林院庶吉士。

东阳书院历任山长可考者四人，张景沂、赫慎修、沈鸣珂、阎志廉皆甲榜进士，赫慎修、阎志廉为翰林院庶吉士。

观津书院山长可考者一人，范当世为贡生，以诗文闻名。

桃城书院历任山长可考者三人，方宗诚为廪生，但是当时著名的经学大师，贺嘉枏、李谐韺为乙榜举人。

历亭书院山长二人，王澍、葛静轩为乙榜举人。

这些山长多为宿儒名家，从其著述和生平传略来看均主程朱理学，王锡三墓志铭文说他继承颜李之学，其"诗易皆证之人事，不为空谈，与夏峰为近，著有语录"[25]67，可知也是继承孙奇逢北学，力主调和程朱理学和陆王心学，不多见的学者。光绪中，衡水地区各州县书院山长皆为吴汝纶门下弟子，贺涛主讲信都书院，赵衡"主深文瑞书院讲席"，冀深两"直隶州领支县，两书院皆"吴汝纶"为州所规定，后又自长莲池，凡直隶及八县蜚声翘材肄业三书院中，大氐气类相为流通"[21]6，他们以书院这一特定的教育与学术机构为载体，形成了晚期桐城古文学派的最大群体。

桐城古文学派在书院以为弟子讲读经典范文，弟子过录先生批点文本，先生批评弟子文章为主要教学方式。后期则加入讲读西学经典书籍，为诸生订阅《时务报》《万国公报》《中外纪闻》《华北月报》《农学报》《国闻报》等报章。贺涛经过反复比较，认为"阅书不及阅报章，以事愈新愈切要"[17]29，遂为书院大力购求时务书报于各都市商埠，指示赵衡多购时务书报为文瑞书院诸生讲说。赵衡掌文瑞书院后，以为不能文而高语任命皆溲渤，不能文而泛言考证皆糟粕，不能文而侈谈事功皆瓦砾，肄业诸生若不能文章，学其他学问，如瞽者失引，跛者失杖，没有根本。他抄班固律志为研求物原之始，抄丹元子《步天歌》为研求宿躔推步之始，抄地理志后叙及顾祖禹《州郡形势叙》为研求古今关隘险易之始，抄马端临《文献通考》二十四序为研求历代政治礼俗沿革之始，抄艺文志为研求周秦诸子学术导源别派之始，计文章四十二篇为诸生讲授。[1]1129

清季衡水地区各州县书院教学以旧学立身，推动新学，更化求新，书院弟子适应了社会发展大势，新政时期在城乡遍开新式学堂，大力发展家乡教育事业，为今天的基础教育奠定了坚实基础。

参考文献

[1] 王树枏 . 冀县志 [M]. 台北：成文出版社，1968.

[2] 贾恩绂 . 南宫县志 [M]. 上海：上海书店出版社，2006.

[3] 傅振伦 . 新河县志 [M]. 上海：上海书店出版社，2006.

[4] 方宗诚 . 柏堂集后编 [M]. 桐城：方氏刊行，1881.

[5] 方宗诚 . 枣强县志补正 [M]. 上海：上海书店出版社，2006.

[6] 彭美 . 武邑县志 [M]. 上海：上海书店出版社，2006.

[7] 范当世 . 范伯子诗文集 [M]. 上海：上海古籍出版社，2003.

[8] 陶淑 . 衡水县志 [M]. 上海：上海书店出版社，2006.

[9] 翟慎行 . 武强县新志 [M]. 上海：上海书店出版社，2006.

[10] 崔荫槐，马书年 . 安平县教育志略 [M]. 安平：安平县教育局，1933.

[11] 单作哲 . 饶阳县志 [M]. 上海：上海书店出版社，2006.

[12] 张汝漪 . 景县志 [M]. 台北：成文出版社， 1976.

[13] 故城县公事章程 [M]. 故城：故城县署， 1896.

[14] 吴汝纶 . 深州风土记 [M]. 深州：文瑞书院， 1900.

[15] 大清宣宗成皇帝实录，道光二年（1822）二月乙未条 .

（ https://www.zhonghuadiancang.com/lishizhuanji/daqingxuanzongchenghuangdishi lu/96196.html）

[16] 张范东，李广滋 . 深州直隶州志卷二 [M]. 深州： 文瑞书院， 1827.

[17] 贺葆真 . 贺葆真日记 [M]. 南京：凤凰出版社， 2014.

[18] 吴汝纶 . 吴汝纶全集 [M]. 合肥：黄山书社， 2002.

[19] 赵尔巽 . 清史稿 [M]. 北京：中华书局，1977.

[20] 张宗载，齐文焕 . 枣强县志 [M]. 台北：成文出版社，1976.

[21] 赵衡 . 叙异斋文集卷六 [M]. 北京：天津徐氏刊本， 1932.

[22] 吴闿生 . 北江先生文集：卷八 [M]. 北京：文学社刊本， 1933.

[23] 胡适 . 五十年来中国之文学 [M]. 上海：新民国书局，1929.

[24] 陈澹然，方守彝 . 方柏堂先生事实考略略一 [M]. 合肥：方氏刊木，1889.

[25] 姚寿昌 . 清苑县志 [M]. 上海：上海书店出版社，2002.